SPATIAL STRUCTURE AND COORDINATED DEVELOPMENT OF THE CAPITAL METROPOLITAN REGION IN JAPAN

日本首都圈空间结构与协同发展

张季风 著

社会科学文献出版社
SOCIAL SCIENCES ACADEMIC PRESS (CHINA)

前　言

自 2014 年京津冀协同发展战略实施，至今已经过去 11 个春秋，京津冀协同发展已进入深化阶段，正面临着国土空间开发及首都圈建设模式的重大转变，如何实现国家区域调控理念和调控方式的重大创新尤为迫切。《京津冀协同发展规划纲要》和《全国国土规划纲要（2016-2030 年）》公布后还亟待细化和付诸实践。从经济发展历程的相似性而言，全面、深入地剖析日本首都圈综合发展的经验和教训，具有重要的价值。

据预测，在 21 世纪全球将有半数以上的人口以城市为中心从事经济活动或社会文化活动。21 世纪被称为"城市的世纪"。而在为数众多的城市中，国际大都市特别是世界性大都市所起的作用最大。这些大城市已经发展成为大城市圈或大城市群。城市的空间结构发展以及城市圈的形成与演进大概有以下四个阶段：城市孤立发展阶段→单中心都市圈形成阶段→多中心都市圈形成阶段→成熟的大都市圈形成阶段。

从区域经济学的观点来看，城市圈的形成与演化的内在动力来源于对集聚经济效益的追求。集聚经济是一种通过规模经济和范围经济的获得来提高效率和降低成本的经济。产业发展对集聚经济的追求使得生产要素和经济活动不断向城市聚集，最终导致城市规模的扩大和空间范围的扩张。当城市规模达到一定程度时，它对周边地区的辐射和影响会逐步扩大，同时在城市内部，高密度集聚所带来的各种城市问题（集聚不经济）也促使城市开始向外扩散。中心城市通过对外产品输出、技术转移和产业空间重组，将一部分生产要素和经济活动向外疏散，这种疏散保证了城市本身规模的适度与产业结构的优化。在空间上，中心城市的扩散表现为城市沿主要交通线蔓延，并与次一级的中心城市融合形成更大一级的都市圈，因此扩散的结果往往是在更大的空间尺度上实现集聚。集聚和扩散两种力量的互动，最终推动都市圈空间形态的不断演进，实现都市圈域内空间组织的优化。

国际大都市中，首都城市居多，其中东京、巴黎、伦敦、莫斯科以及北京等都是如此。首都圈实际上是一种以首都为中心城市的特殊都市圈。首都圈的特殊性在于，其中心城市是首都，而不是一般的大城市。作为中心城市的首都城市具有一般城市所不具备的城市功能。这些功能主要为政治、科技文化、国际交往等。首都是一国中央政府所在的城市。大多数国家的首都都人口密集且人口流动性强，党政军机构、国内外各类组织机构、新闻媒体机构、文化教育机构、科研信息机构云集，对国家政治和公共政策的影响力也远远高于一般非首都城市。首都城市的发展状况不仅影响国家政治、经济、文化的发展，也在一定程度上反映着国家的发展面貌，其政治地位和政治形象是一般非首都城市所不具备的。

从国际经验来看，依托周边地区，通过构建首都圈推进首都城市发展及国际化的例子有很多，其中最具代表性的是日本首都圈——东京大城市圈。据2019年日本国土交通省发布的调查报告，2019年日本首都圈人口达到4428万人，占全国人口的35.1%[①]，人口密度高达1194人/km^2，是日本平均人口密度的3倍之多。近年来，日本首都圈的GDP规模高达2万多亿美元，相当于日本全国GDP的40%，与G7之一的意大利相当。日本首都圈不仅人口密度大，而且富可敌国。

日本是比较偏重中央集权的国家，首都东京不仅是全国政治、文化和国际交往中心，也是全国最重要的经济中心。由于集中的城市功能导致人口、经济活动向东京集中，东京地价高涨、交通拥堵、生活质量下降。面对东京

---

① 日本国土交通省『令和元年度首都圈整備に関する年次報告要旨』、2022年7月7日 https：//www.mlit.go.jp/report/press/content/001347354.pdf。

的城市问题，日本政府通过构建首都圈来缓解东京的压力，以促进首都东京的持续繁荣。日本构建首都圈的目的就是要通过首都圈的运作实现中心城市东京的功能疏导与重新组合，扩大城市功能调整的幅度，减轻首都高密度发展带来的压力与弊病，同时促进首都周边地区的发展，为东京成为国际城市奠定良好的区域基础。日本首都圈建设的成功经验，对京津冀协同发展具有重要的借鉴意义。

在日本，关于国土开发的理论研究，尚未形成独立的学科，甚至连国土开发的相关经典理论也无一出自日本。尽管如此，日本学者还是做了一些普及性和尝试性的研究，如将有关区域经济制度研究纳入经济地理学的范畴，其代表性观点是矢田俊文的所谓"地域结构论"。日本学界对国土开发的研究主要集中在应用研究上。其中酉水孜郎的《国土规划的经过与课题》（1975 年）、下河边淳的《战后国土规划的证言》（1994 年）等，资料性很强。对国土规划基本持批评或否定意见的论著，以本间义人的著作最具代表性，其著有《国土规划的思想》（1992 年）等。在国土开发特别是首都圈综合开发的制度研究中，东京"一极集中"的国土空间结构问题是研究的重点之一，重点从首都政治和经济功能展开综合讨论。首都圈的国际比较是日本学界的一个重要研究方法，此外还有诸如城市规划与开发、公害和环境保护等具体问题的专题研究。

中国国内关于日本国土开发利用和首都圈综合发展的研究，兴起于 20 世纪 80 年代中国经济社会开始迅速发展的时期，在京津冀协同发展战略实施后，研究成果逐渐增多。从其成果形式来看，以论文和对策性研究报告为主，如陈曦的《战后日本的国土综合开发政策》（2008 年），伍新木、杨莹的《日本国土开发利用及对我国的启示》（2006 年），王凯、周密的《日本首都圈协同发展及对京津冀都市圈发展的启示》（2015 年）等，而作为系统性的专著或著作只有笔者的《日本国土综合开发论》等少量成果。对日本东京以及首都圈综合发展研究方面的专著有王郁的《城市管理创新：世界城市东京的发展战略》（2004 年）和李国平等的《首都圈结构、分工与营建战略》（2004 年）以及张召堂的《中国首都圈发展研究》（2005 年）等。

目前日本和国内对这一领域的研究可归纳为三点：一是以对国土开发规划和首都圈综合发展规划的资料汇编和简要的解读性著述居多；二是重视对区域或地区开发的个案研究，首都圈综合发展研究尤其受重视；三是各类案例、专题研究的数量较多，但系统性研究成果较少。当前中国学界研究的明显不足在于：首先是对日本社会经济发展中各种约束条件，尚缺乏细致入微的研究，其甚至被忽视；其次是对国土开发利用和首都圈综合发展政策等具体问题的研究与评价，常有意或无意地重复日本学者的观点。笔者曾于2004年出版了《日本国土综合开发论》（世界知识出版社），2013年由中国社会科学出版社再版，这本著作论述了2004年之前的日本国土开发政策、规划以及开发实践。但是，从2004年到现在也已过去20年时间，日本的国土开发利用政策发生了重大变化，在一定意义上讲，本书是其姊妹篇，如果能将两本书一起读，可对日本国土开发、利用，日本首都圈的空间结构与协同发展有更系统、更深刻的认识。

本书分为"空间结构篇"和"协同发展篇"，由绪论及12章构成，绪论主要是对日本首都圈空间结构演变、经济协同发展的重要背景，即日本国土开发利用政策做一简要回顾，并重点介绍了日本国土开发利用政策制度改革以后从"国土开发"到"国土形成"的转型历程，探讨了日本国土开发利用政策与首都圈协同发展的关系。空间结构篇包括空间结构政策与空间形态演变、产业布局与产业发展、东京城市圈交通体系、东京城市圈住宅体系、"东京一极集中"结构的形成与利弊、东京副都心建设与非首都功能疏解等6章；协同发展篇包括日本首都圈经济发展轨迹、日本首都圈的科技创新与产业创新、日本首都圈开放经济体的打造、中心城市东京的作用与跨界事务共商机制、日本首都圈的未来展望、日本首都圈发展经验对京津冀协同发展战略的启示与建议等6章。

国土开发利用、大城市圈的协同发展有赖于各级地方政府、民间企业、经济组织、NGO以及全社会的共同努力，更离不开顶层制度设计和相关政策的引导，这一领域尚有诸多问题有待研究和探讨，本书仅仅是对日本国土开发利用背景下的首都圈空间结构和协同发展的基本分析与初步探讨而已。

本书若能对读者了解和分析纷繁复杂的日本国土开发利用以及日本首都圈空间结构演变、经济协同发展等相关问题有所启迪，并对中国国土开发利用和京津冀协同发展战略有所借鉴，将不胜荣幸。

日本的国土开发利用与日本首都圈的空间结构、协同发展问题十分复杂，国内外对这一领域的研究成果并不多，资料缺乏，加之三年的新冠疫情影响很难去日本进行实地调研，这给本书的写作带来诸多困难。东京农工大学聂海松团队在本书写作过程中提供了大量宝贵的第一手资料，其中聂海松准教授，孔擎暾、李丹、谢京学等同学参与了部分研究工作，中国社会科学院日本研究所田正副研究员、邓美薇副研究员、李清如研究员，天津社会科学院崔寅助理研究员、商务部国际贸易经济合作研究院蔡桂全助理研究员、中国国际经济交流中心李浩东副研究员、青岛大学外国语学院刘川菡助教、山西大学经济与管理学院高令副教授、日本 Ace Plan Consulting Co., Ltd. 公司王倩工程师，做了大量的基础资料搜集工作，宁波工程学院赵儒煜教授在本书框架结构方面提出了宝贵意见，本书在编辑出版过程中，社会科学文献出版社的陈颖、薛铭洁编辑，为此付出了辛勤的汗水，在此一并表示衷心的感谢。当然书中若有疏漏和不足概由作者负责。

张季风
2025 年 4 月于北京南海子和园

目　录

绪　论　日本国土政策的演变：从国土开发到国土形成 …………… 001
　第一节　战后日本国土政策与规划回顾 …………………………… 001
　第二节　国土规划制度的改革与国土形成规划的制定 …………… 009

空间结构篇

第一章　日本首都圈空间结构政策与空间形态演变 ………………… 027
　第一节　日本首都圈的范围界定与空间规划体系 ………………… 027
　第二节　日本首都圈规划体系与空间结构的演变 ………………… 033
　第三节　东京都与东京城市圈的总体规划与空间结构变化 ……… 049

第二章　日本首都圈产业布局与产业发展 …………………………… 060
　第一节　日本首都圈产业发展历程概观 …………………………… 060
　第二节　东京城市圈产业布局与产业集群 ………………………… 063
　第三节　日本首都圈产业结构变化与产业发展效应 ……………… 074

第三章　东京城市圈交通体系 ………………………………………… 090
　第一节　东京城市圈交通体系发展演变与基本特点 ……………… 090

第二节　东京城市圈的轨道交通 ················· 101
第三节　东京城市圈的治堵措施与评价 ············· 115

第四章　东京城市圈住宅体系 ················· 127
第一节　东京城市圈住宅的空间分布 ·············· 128
第二节　东京城市圈的住宅政策与措施 ············· 137
第三节　东京城市圈住宅市场发展与房价控制 ········· 151

第五章　"东京一极集中"结构的形成与利弊 ········· 161
第一节　"东京一极集中"结构的形成与演进 ·········· 162
第二节　关于东京一极集中的理论探讨 ············· 175
第三节　"东京一极集中"纠正政策及其走向 ·········· 184

第六章　东京副都心建设与非首都功能疏解 ········· 192
第一节　东京副都心建设 ···················· 192
第二节　东京非首都功能疏解 ·················· 204
第三节　东京副都心与非首都功能疏解政策效果评价 ····· 219

协同发展篇

第七章　日本首都圈经济发展轨迹 ·············· 233
第一节　战后日本首都圈经济发展轨迹 ············· 233
第二节　日本首都圈非均衡发展的调整 ············· 243
第三节　日本首都圈循环经济的发展 ·············· 251

第八章　日本首都圈的科技创新与产业创新 ········· 260
第一节　日本首都圈高新技术产业创新发展概观 ········ 260

第二节　日本首都圈知识密集型服务业的聚集与创新 …………… 269

　　第三节　日本首都圈科技创新主要举措与经验解析 ……………… 277

第九章　日本首都圈开放经济体的打造 ……………………………… 287

　　第一节　日本首都圈开放经济体的状况与特征 …………………… 287

　　第二节　东京国际化状况分析 ……………………………………… 298

　　第三节　打造开放经济体的基础建设与主要举措 ………………… 305

第十章　中心城市东京的作用与跨界事务共商机制 ………………… 313

　　第一节　中心城市东京的发展与演变 ……………………………… 313

　　第二节　东京的定位和辐射力 ……………………………………… 319

　　第三节　日本首都圈跨界事务共商机制 …………………………… 324

第十一章　日本首都圈的未来展望 …………………………………… 336

　　第一节　日本首都圈空间结构展望 ………………………………… 337

　　第二节　日本首都圈协同发展愿景 ………………………………… 350

　　第三节　2040年的东京 ……………………………………………… 357

第十二章　日本首都圈发展经验对京津冀协同发展战略的
**　　　　　启示与建议** ………………………………………………… 372

　　第一节　京津冀协同发展的历史演进 ……………………………… 373

　　第二节　京津冀协同发展存在的突出问题 ………………………… 375

　　第三节　日本首都圈协同发展经验的启示与意义 ………………… 379

主要参考文献 …………………………………………………………… 394

绪 论
日本国土政策的演变：从国土开发到国土形成

进入 21 世纪以来，日本出现了人口与经济活动向东京城市圈再度集中的趋势，使日本首都圈长期保持着人口规模和经济规模全球第一的巨大城市圈的地位。具有讽刺意义的是，纠正人口向大城市特别是向"东京一极集中"是过去半个世纪以来日本国土政策的重要课题，理想与现实出现了重大的偏差。战后以来，日本首都圈的空间结构演变以及经济的协同发展，均是在日本国土开发与利用、国土结构形成的大背景下展开的，因此研究日本首都圈或东京城市圈问题离不开日本的整个国土开发利用和国土政策。有鉴于此，有必要在绪论中介绍和探讨日本国土开发、利用政策的演进与变化，特别是国土开发与利用政策制度的改革以及改革后日本推出的国土形成规划等相关问题。

第一节 战后日本国土政策与规划回顾

战后日本的国土开发与利用政策集中体现在国土规划上，按照日本国土交通省的定义，所谓国土规划是指，体现土地、水、自然、社会资本、产业聚集、文化、人才等构成的国土的最理想状态的长期性、综合性、空间性的规划。[1] 早在战后初期的 1950 年，日本即制定了《国土综合开发法》，1962 年以来，

---

[1] 国土交通省国土計画局総合計画課『新しい国土形成計画について』、2006 年 5 月 22 日、https：//www.mlit.go.jp〉kokudokeikaku〉report〉。

依据该法共制定了 5 次《全国综合开发规划》。2005 年日本对国土规划制度进行重大改革，颁布《国土形成规划法》，依据新法于 2008 年 7 月制定了《国土形成规划（全国规划）》，国土政策迎来了新的局面。[①] 2015 年又制定了《新国土形成规划》。2023 年又制定了《第三次国土形成规划》。截至目前，日本发表的 8 次国土规划基本展现了战后日本国土政策的演进情况。

过去的 5 次《全国综合开发规划》都是为了应对和解决不同时期出现的各种问题而制定和推进的。经过半个多世纪，力争在整个国土上实现工厂、教育机构等的合理布局，促进中枢、中核城市的成长。从战后到今天的长期视野来看，向大城市集聚的人口移动已趋于停滞，区域间收入差距也大大缩小。另外，从区域角度看，城市的公害得到防治，拥挤状况也得到缓解，地方圈的公共设施不断完善，整备水平不断提高，生活环境也得到很大改善。国民对美丽的国土以及区域个性文化的创造、与自然共生的关心度越来越强。但是，时至今日，向东京和太平洋沿岸工业地带倾斜的一极一轴国土结构并没有改变，在地方圈过疏之处还很多，地方城市中中心市街区空心化问题还很严重。在大城市中，还存在防灾方面、居住环境方面等各种问题，密集市街区的整备改善还存在诸多问题。而且，城市郊区的市街区摊大饼式地扩大、扩散，由于土地未能有效利用，与国土整体景观不协调、发展混乱、土壤污染、水质污染、非法丢弃垃圾等问题仍然存在。以下就 5 次《全国综合开发规划》做一简单介绍。

一 《国土综合开发法》与《全国综合开发规划》（"一全综"）

1950 年日本制定了《国土综合开发法》，到 2005 年将该法并入《国土形成法》期间，制定了特定区域开发规划和 5 次《全国综合开发规划》。[②] 在不同时期，各个地区根据实际情况，针对《全国综合开发规划》制定相关的区域开发制度。

[①] 山口広文「「東京再集中」と国土形成計画」『レファレンス』平成 20 年 12 月号。
[②] 《国土综合开发法》中确定的国土综合开发规划包括全国综合开发规划、都府县综合开发规划、地方综合开发规划和特定区域综合开发规划等 4 种。

《国土综合开发法》制定后，首先于1951年后，指定了特定区域（此后又追加了3个区域、削减了1个区域，最终确定为21个区域），制定了特定区域综合开发规划。其内容是：以主要河流的流域开发为中心，以实现防治自然灾害、粮食增产和确保电力为目的，具有国土保全和资源开发的性质。

日本实现战后经济复兴后，在1955~1965年10年中，实现了经济高速增长和大规模的工业发展，农村劳动力向京滨、中京、阪神和北九州四大工业地带以及大城市迅速转移，产生了区域经济差距扩大的问题，在已建成的大城市工业地区出现了产业基础制约和城市过密化的问题。

针对这种局面，日本制定了《首都圈整备法》和相关法律，目的在于限制在已建成市街区内设立工厂，向东京城市圈周边的中核城市、中心城市分散布局。与此同时，还制定了《低开发区域工业开发促进法》，推进向地方的欠发达地区投资设厂。这些制度与措施成为此后产业布局政策的出发点。另外，除上述政策外，还在20世纪50年代分别制定了《北海道开发法》《东北开发促进法》等地方开发促进法。针对条件不利地区的振兴问题还专门制定了《离岛振兴法》。

1960年7月，日本制定了综合经济计划——《国民收入倍增计划》，因该计划的发展重点仍然在太平洋工业地带，引起内陆落后地区的不满，因此日本政府于1962年，根据《国土综合开发法》制定了第一个《全国综合开发规划》（以下简称"一全综"），规划目标期为1961~1970年。

"一全综"的基本目标是：为了防止城市过大化，缩小区域差距，有必要实施分散化的工业布局。其基本特征是：提出了"据点式开发方式"。所谓"据点式开发方式"就是设定大规模的开发据点，以此为中心将中小型开发据点有机地连接在一起进行开发的方式。大规模开发据点包括工业开发据点和地方开发据点，前者是形成大规模工业生产的聚集，后者是形成核心性的城市功能的聚集，发挥拉动周边地区经济发展的主导性作用。

在制定"一全综"前后，日本政府又分别制定了《新产业城市建设促进法》（1962年）、《工业整备特别区域整备促进法》（1964年）。依据上述法律，从1964年至1966年在太平洋工业地带之外的相对落后地区选定了15

个新产业城市,在比较发达的沿海工业地带的薄弱地区选定了6个"工业整备特别地区",作为大规模开发据点,在法律框架下进行推进建设与整备。

二 《新全国综合开发规划》

在"一全综"实施过程中,大城市的人口流入持续增加,全国性的过密过疏问题进一步深化,在这一背景下,日本政府于1969年制定了《新全国综合开发规划》,也称《第二次全国综合开发规划》(以下简称"二全综")。规划目标期为1969~1985年。

"二全综"的开发方式为"大规模项目方式",所谓大规模项目构想就是建设新干线和高速公路等交通、通信网络,在全国范围内对钢铁、石化工业等巨大基地进行再配置。该规划提出,整备全国性交通以及通信网络先行,通过大规模开发项目的方式加以推进。与"一全综"内容相比,"二全综"更强调全国性网络基础的整备。在该规划制定后的1970年,制定了《全国新干线铁路整备法》,自此,以新干线铁路为代表的全国交通网络建设正式启动,另外还于同年制定了《过疏地区对策紧急措施法》,对缓解过疏地区的各项事业提出了支持措施。在继续推行"一全综"确定的促进产业向地方分散、强化地方社会基础设施的分散政策,继续推行新产业城市、工业整备特别地区建设与整备的同时,新设立了北海道苫小牧地区、青森县陆奥小川原地区等大规模工业开发基地,制定了具体开发计划并且启动实施。而且于1971年制定了《农村地区引进工业促进法》,试图向农村导入工业,1972年制定了《工业再配置促进法》,采取了促进产业从大城市向农村转移、分散等具体措施。值得一提的是,在"二全综"规划实施期间的1971年,时任日本首相发表了《日本列岛改造论》,因此在全国掀起了列岛改造热,导致地价上升,出现经济过热,带来了一系列问题。

三 《第三次全国综合开发规划》

1977年11月,日本制定了《第三次全国综合开发规划》(以下简称"三全综")。目标期约为10年。"二全综"实施期间正值日本高速增长后期，大规模项目开发以及"列岛改造"带来了一系列恶果：大气污染等公害泛滥，环境问题、土地问题和大城市病日益凸显。为此，"三全综"提出了"定居构想"的开发方式，其规划目标为：寻求整个国土的均衡利用，形成国民居住综合环境。可以说"三全综"是与"二全综"针锋相对的国土规划。[1] 与"一全综""二全综"重视工业开发的特质相比，"三全综"重视生活环境的色彩更加浓重。另外，在提出产业向地方分散的同时，"三全综"还有一个重要课题，就是将大学等高等教育机构，以及高级别医疗功能、文化功能、中枢管理功能适当配置于地方，这也是"三全综"的一个重要特色。

作为实现规划的具体事业，日本政府于1979年设定了44个"示范定居圈"。所谓"示范定居圈"是指以保护自然环境为中心的国土保全、利用及管理，生活环境设施的整备、管理，再加上生产设施的管理一体化，并且充分反映民意的规划圈域。原计划要在全国设定200~300个，后来在实践的过程中，考虑到财力、物力的制约，只确定了44个，并且为整治居住环境具体推进各种工程项目。"示范定居圈"的整备工程具体包括地区传统文化仪式活动的保护、历史街道的整备、集体住宿设施建设等内容，与新产业城市那样的据点开发具有完全不同的性质。

1980年7月，与"三全综"相配合，日本政府又提出了以已故首相大平正芳思想为基础的"田园城市构想"，提倡"人与自然和谐，农村与城市融合"的理念，目标是实现地方中小城市和农村、山村、渔村一体化，构成多极重叠的网络，将日本建成田园城市国家。另外，随着经济高速增长的结束，产业结构发生重大变化，重化学工业开始向尖端技术产业及其研发功能转化，为此，通产省又提出了"技术集聚城市构想"。作为具体的开发据点整备政策，1983年日本政府制定了《高度技术工业集聚地域开发促进法（技术集聚城市法）》。"三全综"制定与实施后，

---

[1] 石見豊『わが国の国土計画の特徴と課題に関する覚書』、研究ノート https：//core. ac. uk〉download〉pdf〉231073992. pdf。

人口向大城市集中有所缓解，出现了向地方圈定居的趋势，呈现"地方时代"的局面，当然其中也有第一次石油危机后，扩大公共投资促进了地方经济发展的原因。

四 《第四次全国综合开发规划》

1980年以后，再次出现向大城市特别是向东京圈集中的倾向。为了扭转这种倾向，日本政府于1987年6月制定了《第四次全国综合开发规划》（以下简称"四全综"），计划目标期为1987~2000年。"四全综"的开发方式为"交流网络构想"。所谓"交流网络构想"，是通过扩大交流强化区域间相互分担和连带关系，实现扩大交通、信息、通信体系的整备和交流机会的目标，与"三全综"的"定居构想"相比，"四全综"特别强调促进区域间的相互交流。"四全综"提出了实现"多极分散型国土结构"的基本目标，即在安全润泽的国土上，形成有特色的各种功能的极，不是人口与经济功能、行政功能等各种功能仅仅向特定的区域集中，而是形成区域间相互补充、相互激发、相互交流的国土蓝图。功能分散的标准，不仅仅限于产业，也包括文化设施、科研设施、政府机关、民间企业的事务所，等等。

为了实现上述目标，在"四全综"制定的第二年（1988年），日本政府就制定了《多极分散型国土形成促进法》，该法确定如下方针与措施：第一，国家行政机关的转移；第二，地方经济振兴据点区域的整备；第三，东京圈内商务核心城市的整备；第四，促进大城市地区住宅等的供给；第五，促进区域间的交流；第六，其他（国家权限的委任、公共事业实施的相关照顾等）。

与此同时，在"四全综"制定前后还制定了区域开发关联法等法律，这些法律主要是以吸引制造业部门以外的商务、服务行业的"第三部门"为主要对象的区域振兴相关法律。包括：《关于活用民间企事业能力促进特定设施整备临时措施法（民活法）》（1986年），立法目的在于促进与研究开发、国际交流、信息通信等相关联的城市型产业设施的整备；《综合疗养地区整备法（度假村法）》（1987年），立法目的在于促进"长住型"疗养地的建设与整备；《关于促进区域产业高度化贡献大的特定事业聚集的法律（大脑布局法）》（1988年），立法目的在于促进信息服务业等的聚集；《关于促进地方据点城市区域整备与产业商务设施再配置的法律（地方据点城市法）》（1992年），立法目的在于促进总部功能向地方分散；《关于促进进口及对内投资事业顺畅化的临时措施法》（FAZ法），立法目的在于促进FAZ（foreign access zone，促进进口地区）设施的整备和相关项目的聚集。

五　《第五次全国综合开发规划》

1998年3月，日本政府制定了《第五次全国综合开发规划》，但并没有延续过去的全综名称，题目为《21世纪国土宏伟蓝图》（以下简称"五全综"）。规划目标期为2010～2015年。"五全综"强调改变"一极一轴集中"的国土结构的必要性，要形成数个国土轴相互联结的多轴型国土结构。具体来说，就是形成"东北国土轴""日本海国土轴""太平洋新国土轴""西日本国土轴"。具体战略是：第一，多自然居住区域的创造；第二，大城市的再创新；第三，区域联结轴的展开；第四，广域国际交流圈的形成。

另外，"五全综"还提出要对《国土综合开发法》以及《国土利用规划法》进行彻底修正，确立适应21世纪新要求的国土规划体系，要对整个旧的国土规划进行彻底修改。因此，在该规划制定后，日本即着手《国土综合开发法》的修订工作，关于这一点与下一节将要讨论的《国土综合开发法》的彻底改革密切相关。

"五全综"制定前后，为了应对各地区产业聚集区域经济衰退，即为了应对所谓"产业空心化"问题，日本政府又制定了《关于特定产业聚集活性化临时措施法》（区域产业聚集活性化法）；针对解决中心市区空心化问题，制定了《关于整体推进中心市区的街区地带整备改善以及商业活性化的法律》（中心市街区活性法），从"市街区的整备改善"的城市规划和"促进商业等的活性化"的经济对策两个方面，一体推进地方经济的振兴。

综上所述，战后，日本的国土规划是于1962年制定的"一全综"后，依据《国土综合开发法》，以《全国综合开发规划》为中心展开的。5次《全国综合开发规划》的基本情况如表0-1所示。

表 0-1　日本第一至第五次《全国综合开发规划》概况

	《全国综合开发规划》（"一全综"）	《新全国综合开发规划》（"二全综"）	《第三次全国综合开发规划》（"三全综"）	《第四次全国综合开发规划》（"四全综"）	《21世纪国土宏伟蓝图》（"五全综"）
阁议决定	1962年10月5日	1969年5月30日	1977年11月4日	1987年6月30日	1998年3月31日
制定内阁	池田内阁	佐藤内阁	福田内阁	中曾根内阁	桥本内阁
背景	1. 经济高速增长；2. 过大城市问题，收入差距扩大；3. 国民收入倍增计划制定（太平洋沿岸工业地带构想）	1. 经济高速增长后期；2. 人口产业向大城市集中；3. 信息化、国际化、技术创新有进展	1. 经济低速增长；2. 人口、产业出现向地方分散的征兆；3. 国土资源、能源有限性显露	1. 人口及各种功能向东京一极集中；2. 产业结构迅速变化，地方圈就业困难；3. 真正的国际化进展	1. 地球时代（地球环境问题、大竞争、与亚洲各国的交流）；2. 人口减少、老龄化时代；3. 信息化时代
目标期	1961~1970年	1969~1985年	自1977年大体10年	1987~2000年	2010~2015年
基本目标	区域间均衡发展	营造丰富的环境	综合性人居环境的整备	构筑多极分散型国土结构	打好形成多轴国土结构的基础
开发方式等	据点式开发构想为实现计划目标，需要分散工业，与东京等的密集现状相关联，设置开发据点，通过交通、通信设施的建设使其有机联合，在相互影响的同时，发挥周边区域优势，推进连锁反应的开发，以实现区域间的均衡发展	大规模项目构想建设新干线、高速公路等网络，通过大规模项目的推进，纠正国土利用的不均衡，消除过密和区域差距	定居构想一方面抑制人口和产业向大城市集中，同时还要振兴地方经济，解决过密过疏问题，均衡利用整个国土，形成综合性的人居环境	交流网络构想为了构筑多极分散型国土，第一，要发挥区域特色优势，通过创意和下苦功推进区域整备；第二，国家自身或按照国家先导性指针，整备基础性交通、信息、通信体系，并推广至全国；第三，国家、地方以及民间各类团体合作形成多样化的交流机会	参与与协作为实现多样化主体参与和区域协作的国土结构（4个战略）：1. 创造多自然居住区域（小城市、农村、山村、渔村、深山地区等）；2. 大城市的再创新（大城市空间的修复、更新、有效活用）；3. 形成区域协作轴（以轴状联结的区域协作）；4. 广域国际交流圈（形成具有世界性交流功能的圈域）

续表

	《全国综合开发规划》（"一全综"）	《新全国综合开发规划》（"二全综"）	《第三次全国综合开发规划》（"三全综"）	《第四次全国综合开发规划》（"四全综"）	《21世纪国土宏伟蓝图》（"五全综"）
投资规模	—	从1966年至1985年约投资130万亿日元，累计政府固定资本形成170万亿日元（按1965年价格）	从1976年至1990年政府累计固定资本形成370万亿日元（按1975年价格）	从1986年至2000年，官民对国土基础投资1000万亿日元（按1980年价格）	未标明投资总额，只是指出了投资的重点化、效率化的方向

资料来源：国土交通省国土計画局総合計画課『新しい国土形成計画について』。

第二节 国土规划制度的改革与国土形成规划的制定

一 国土规划制度改革的背景

2005年日本人口结构发生第二次拐点[①]，即人口的绝对量开始减少（见图0-1），对国民心理产生很大冲击。一般百姓产生不安感、对未来的前途十分迷茫。从国土政策方面来看，东京一极集中并未得到缓解，还存在土壤污染、大气污染、环境污染等问题。特别是过密过疏问题日趋严峻，区域社会难以为继的地区不断扩大，耕地急剧荒废、未得到适当管理的森林剧增等亟待解决的问题日趋表面化。而且，从国际局势来看，东亚经济圈迅速崛起，为了在21世纪继续维持和发展日本经济社会活力，与东亚各国的紧密合作极为重要。面对国内国际形势的变化以及出现的各种紧迫的课题，具有长期性、综合性和空间性的国土规划更需要明确展现国土和国民生活的未来远景。

[①] 日本人口结构的第一次拐点，即劳动力人口达峰并开始减少大致出现在20世纪90年代中期。一般来说，劳动力人口开始下降，意味着人口红利的消失。第二次人口结构拐点，即总人口达峰并下降大致出现在2005年前后，第二次拐点出现后，个人消费明显减少。

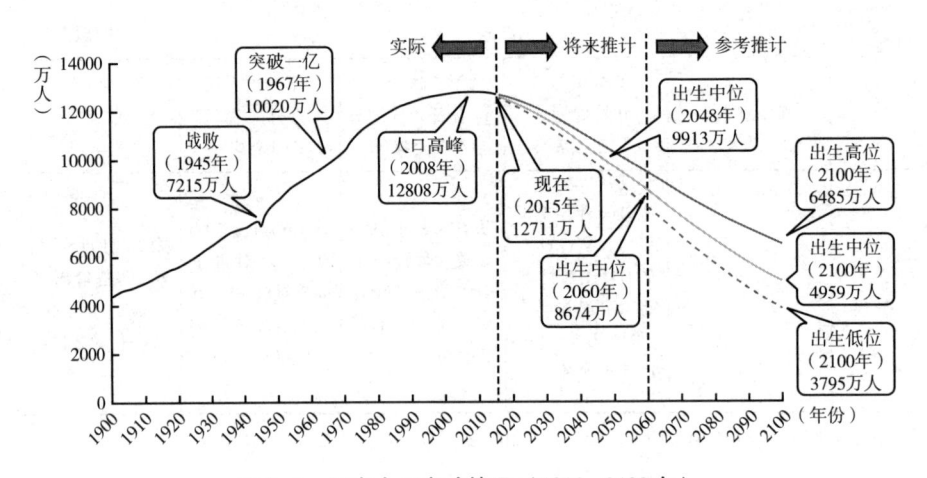

图 0-1 日本人口变动情况（1900~2100 年）

资料来源：厚生労働省『厚生労働白書』平成 28 年版、2016 年。

但是，到目前为止，日本确定国土政策基本内容的《全国综合开发规划》的依据是《国土综合开发法》，该法是在 1950 年当时的经济社会形势背景下，以开发为基调，追求数量增长的大环境下制定的，但是，现在形势发生了很大变化，例如，要精准应对地方分权和国内外协作，提高国土质量，实现国民生活安全、安心、安定的成熟社会，并提出与其相适应的国土蓝图设想，就需要对国土规划制度进行彻底的改革。

二 《国土形成法》的制定

（一）改革的过程

如前所述，在"五全综"（1998 年）中就已经表明：为使国土规划理念更加明确化、应对地方分权等各项改革，进一步夯实国土规划的指针作用，要对《国土综合开发法》以及国土利用规划进行彻底改革。另外，在《第二次地方分权推进规划》（1999 年）中，也明确规定，要对国土开发规划以及国土利用计划进行彻底修改。此后，针对国土计划的现状，在国土审议会进行了调查审议，并进入法律修订程序。经国土审议会审议后，于 2000 年 11 月，国土审议会基本政策部会、土地政策审议会规划部会提出了

"21 世纪国土规划的应有状态"。2002 年 11 月，国土审议会基本政策部会提出了"关于国土的未来展望与新国土规划制度应有状态"的报告。2002 年 1 月内阁会议决定的《结构改革与经济财政中期展望》中，也再次提出要对《全国综合开发规划》等制度进行彻底改革。2003 年 6 月在国土审议会中设立调查改革部会，对"国土规划制度改革"和日本国土现状与课题进行研究，从长期视野展现国土政策的应对方向，提出了《关于国土综合检查报告》并提交审议。2004 年 5 月通过国土审议会调查改革部会审议的正式报告《关于国土综合检查报告》，明确了国土总体现状以及今后国土政策的基本方向，该报告认为，基于"人口减少、老龄化""跨越国界的区域竞争""环境问题的日趋严峻""财政制约""依赖中央的局限"等形势的新变化，国土建设正面临转换的新局面，所以，国土规划本身必须进行大胆的改革。国土交通省根据国土审议会的审议结果，应对人口减少时代，确立要制定适应新时代要求的国土规划制度，提出将过去的国土综合开发规划改为国土形成规划的思路，并提出有关充实规划事项、都道府县等的提案制度以及广域地方规划的创设等具体建议，最终对《国土综合开发法》的内容进行彻底改革，为《国土形成规划法》所涵盖，2005 年得到内阁会议批准，提交第 162 次国会审议。该法在国会得到充分审议后，同年 7 月 22 日正式通过，并于 12 月 22 日正式生效。

（二）国土规划制度改革基本思路

在《国土形成规划法》中，对国土规划制度做了如下新规定。

第一，从过去的以数量扩大"开发"为基调的国土规划，改为追求提高国土质量，改变规划事项、国土利用、整备以及保全相关措施，综合推进国土规划的改编。

第二，为了体现在国土规划制定过程中参与主体的多样性，设立了从地方公共团体寻求规划提案制度，以构建能够反映国民意见的机制。

第三，除全国规划外，以大区域为单位，国家、都道府县等地方政府适当地分担责任，相互联系、协作，共同制定规划。创设了广域地方规划，充分尊重地方的自律性，实现国家与地方公共团体的伙伴关系。

第四，通过国土规划体系的简洁化、一体化，创造一个国民容易理解的国土规划体系。

（三）新国土规划制度改革的要点

1. 法律名称与规划名称的变化

第一，法律名称从"国土综合开发法"改为"国土形成规划法"；第二，规划名称从"国土综合开发规划"改为"国土形成规划"。

《国土形成规划》由全国规划和广域地方规划构成。旧法下的《全国综合开发规划》只有国家一个层级，而新法下分为两个层级，这是新法的特点之一（见图0-2）。全国规划作为综合性国土形成政策实施的指针，是以全国的区域为对象而制定的综合规划，与此相对应，广域地方规划是以包括若干个都道府县在内的单位区域为对象，全国规划为基础，确定该区域国土形成的方针、目标以及主要政策。都道府县综合开发规划、地方综合开发规划、特定地区综合开发规划同时废止（见图0-3）。

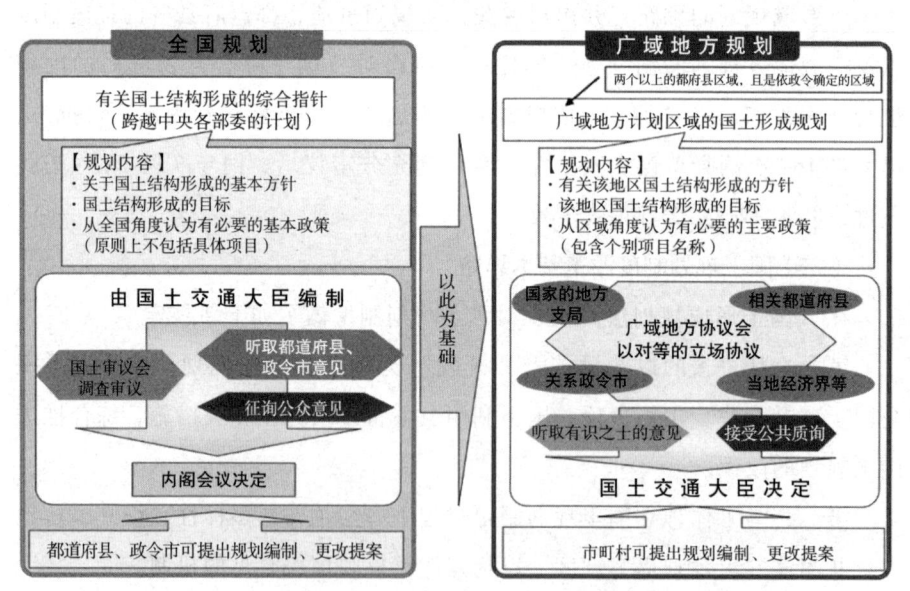

图0-2 改革后的国土规划结构框架

资料来源：国土交通省国土計画局総合計画課『新しい国土形成計画について』、2005年。

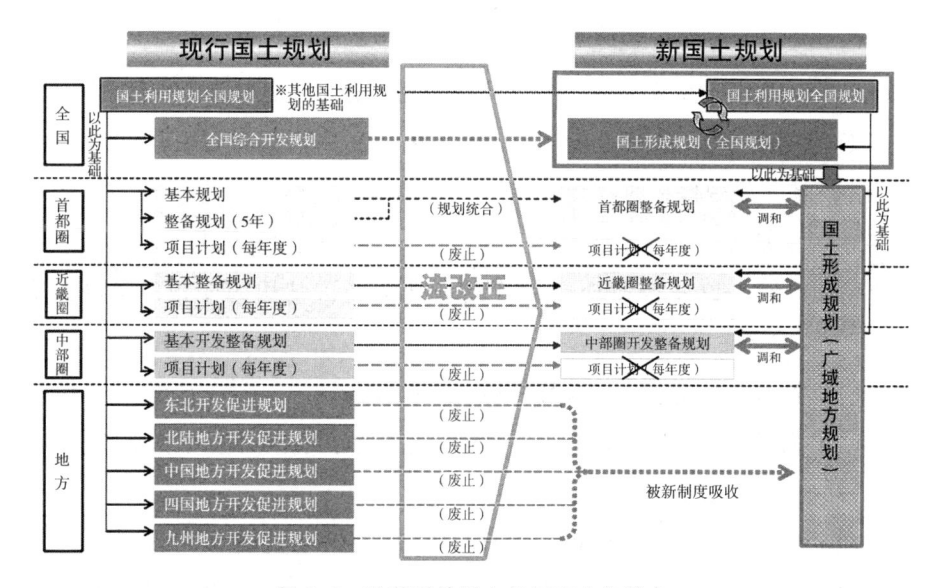

绪　论　日本国土政策的演变：从国土开发到国土形成

图 0-3　改革后的国土规划废止与整合

资料来源：国土交通省国土計画局総合計画課『新しい国土形成計画について』、2005年。

2. 《国土形成规划法》的内容变化

与旧法相比，《国土形成规划法》对国土形成规划的定义做了重大改变。旧法强调的是"对国土的综合开发"，而新法对国土形成规划的定义是：推进国土利用、整备及保全的综合且基本的规划。与旧法下的定义相比，"开发"二字消失。规划内容也做了若干调整，其主要内容如下[①]：

（1）国土资源、水资源及其他资源的利用、保全；

（2）海域的利用与保全（包括专属经济区与大陆架等事项）；

（3）地震、水害、风害等其他灾害的预防、减轻；

（4）城市、农村渔村的规模与配置的调整、整备；

（5）产业的合理布局；

（6）交通设施、信息通信设施、科学技术等研究设施以及其他重要公共设施的利用、整备与保全；

---

① 『国土形成計画法（昭和25年法律第205号）の概要』、2005年12月、www.mlit.go.jp/common/001116798.pdf。

（7）文化、卫生、观光等相关资源的保护与设施利用、整备；

（8）创造国土良好环境，以及促进其他环境的保全与良好景观的形成。

新追加的有第二和第八条，这两条强化了日本要做海洋大国的战略思维和生态环境、景观保护的意义。

3. 国土规划的基本理念

精准应对人口及产业动向以及其他社会经济结构的变化，确定如下目标：

（1）构筑具有特色的自立性发展的区域社会；

（2）通过强化国际竞争能力及科学技术振兴构筑具有活力的经济社会；

（3）确保安全的国民生活；

（4）实现对地球环境保护有贡献的和丰富的环境基础的国土结构。

切实制定可维持和提高国土诸条件的国土形成，确保国内国际相互联系、相互协作的国土规划。

尊重地方以公共团体为主体的机制，对于将要制定的全国规模的、全国视点的国土政策以及其他必须由国家发挥作用的开发项目，国家将全力以赴负起责任。

三 《国土形成规划》（"六全综"）的制定

（一）《国土形成规划（全国规划）》

1. 规划编制程序

依据《国土形成规划法》的规定：全国规划由国土交通大臣制定，内阁会议决定。在规划制定过程中，要与相关行政机构首长协商，听取都道府县、政令指定城市的意见，还要经过国土审议会的调查审议。而且全国规划编制完成之后，经过一定时间要根据政策评价法进行政策评价。另外，各都道府县、政令指定城市可以针对全国规划的变更，提出方案和草案，提交给国土交通大臣。国土交通大臣根据提案在未作出方案之前，可在听取国土审议会意见的基础上，将自身的想法、意见反馈告知提出议案的都道府县、政令指定城市。

据此，日本正式开始做筹备工作。2005年9月，在国土审议会中设立规划部会，同年10月根据规划的主体思想并在专业调查的基础上，在规划部会下设"生活方式与生活""产业展望与东亚合作""自立生活社会""可持续性国土管理"等专业委员会，对各自专题进行深入讨论。

2006年11月，作为规划的基本思路发表了《规划部会中间报告》，以此为基础，也接受了都道府县、政令指定城市的提案与建议。2007年11月该部会完成了最终报告《关于国土形成规划（全国规划）的报告》，以此为基础，国土交通省起草了《国土形成规划（全国规划）草案》，在听取了公众意见和都道府县的意见基础上再次修改。2008年2月，经国土审议会审议，认为该规划草案基本妥当。此后又在政府内部进行调整，最终于2008年7月4日，新法制定后第一个《国土形成规划（全国规划）》（以下简称"六全综"）由内阁会议批准公布。

2. 规划内容

该规划与过去的《全国综合开发规划》不同，只提出了基本思路、政策方针，具体的项目、工程等内容在各自的广域地方规划中描述。第一，该规划确定了综合性国土形成相关政策的指针，即确定了基本方针、目标和从全国大局着眼所必需的基本政策。第二，该规划确定了与环境保护基本规划保持协调一致的原则。

该规划在制定过程中，充分认识到人口减少社会的到来和人口老龄化进展、经济全球化与东亚区域经济发展、IT技术的发展。而且从国土政策方面看，以东京为中心的太平洋工业地带人口集聚以及各种功能集中的"一极一轴型国土结构"仍在持续，过疏化的进展、大城市居住环境整备的滞后、应对灾害的脆弱性依然存在。人们正在呼唤"能够使区域自立发展变为可能的新模式"。包含多个都道府县的广域大区域在人口、产业集中的规模、中心城市的成长、公共设施整备的进展等方面具有潜在的国际竞争力和区域认同感，超越都道府县的广域单位的课题很多，所以对于广域大区域的作用值得期待。基于新的国土规划，各个广域大区域会依据各自的区域战略，寻求"自立发展的国土结构的转换"，同时该规划也将有助于"一极一轴型国土结构"的改变。值得注意的是，规划中提到，要构筑美丽的值得信赖的高质量"日本品牌的国土"，要实现"面向亚洲开放的国土"，推进同东亚地区交流与合作。新国土形象的战略目标有以下五项：

（1）与东亚地区顺畅地交流与合作；

（2）形成可持续发展的区域；

（3）形成强韧抗灾柔性的国土；

（4）美丽国土的管理与集成；

（5）实现以"新的公共管理"为基轴的区域建设。

可以说，该规划以"东亚""广域大区域"为关键词，具有强调与东亚交流合作和广域大区域作用的特色。

（二）《国土形成规划（广域地方规划）》

1. 广域地方的确定

广域地方是指，如首都圈、近畿圈、中部圈以及其他两个都道府县以上的区域。关于广域大区域的划分，国土审议会圈域部会进行了充分讨论，依据人口，经济规模，区域间连带的可能性、相关性、一体性等因素，于2006年7月确定了如下区划。日本全国共分为东北圈、首都圈、北陆圈、中部圈、近畿圈、中国圈、四国圈、九州圈、北海道、冲绳等10个大区，但北海道和冲绳根据另外的专门法（《北海道开发法》《冲绳振兴开发特别措施法》）分别制定《北海道综合开发规划》和《冲绳振兴规划》。故《国土形成规划》只适用于北海道、冲绳以外的8个大区域。

2. 广域地方规划的内容与编制

广域地方规划确定了该区域的国土形成相关政策的方针、目标和从本区域着眼所必需的基本政策，但在认为有必要时，也可以包括该区域外地区的相关事宜。

依据《国土形成规划法》的规定，广域地方规划经过广域地方规划协议会和相关行政机关首长的协商，由国土交通大臣决定。据此，日本在2005年将全国分为10个大区，除去北海道和冲绳两个地区外，共有8个大区域适合于本法。① 大区域地方规划工作实际上以广域地方规划协议会为主体推进编制工作。根据《国土形成规划法》第 10 条的规定，广域地方规划协议会是为了针对广域地方规划及其实施，对必要的事项进行协商，在各自的广域地方规划区域中，设立的由中央政府各省厅的地方派出机构、相关都道府县、相关政令指定城市成员构成的组织机构。区域内的市町村、毗邻区域的地方公共团体以及其他有密切关系的部门可以参加协议会。当然，域内市町村也可以就广域地方计划的编制或变更提出草案，并经由都府县向国土交通大臣提出。国土交通大臣根据提案，在未改变规划之前，在听取协议会意见的基础上，将自身及协议会的意见反馈告知提案的市町村。8 个地区的广域地方规划大体在全国规划公布一年后的 2009 年，陆续制定并公布实施。

由于广域地方规划的制定，在过去的广域性规划法中，《东北开发促进法》《北陆开发促进法》《中国开发促进法》《四国开发促进法》《九州开发促进法》被废止，被新法下的广域地方规划吸收。同时，对《首都圈整备法》《近畿圈整备法》《中部圈开发整备法》进行了相应的修改与调整，首都圈、近畿圈以及中部圈的事业计划被废止，三大城市圈的规划以《首都圈整备规划》《近畿圈整备规划》《中部圈开发整备规划》的形式与《国土形成规划》相协调保留下来。

从以上的介绍不难看出，日本国土规划制度发生了大幅度改变，其基本变化就是彻底摆脱以"开发"为基调的国土规划，向"利用、整备及保全"为主要着眼点的规划方向转换。而且，重视地方公共团体的规划提案、注重

---

① 8 个大区域分别是：①东北地方：青森县、岩手县、宫城县、秋田县、山形县、福岛县、新潟县；②首都圈：茨城县、栃木县、群马县、埼玉县、千叶县、东京都、神奈川县、山梨县；③北陆地方：富山县、石川县、福井县；④中部圈：长野县、岐阜县、静冈县、爱知县、三重县；⑤近畿圈：滋贺县、京都府、大阪府、兵库县、奈良县、和歌山县；⑥中国地方：鸟取县、岛根县、冈山县、广岛县、山口县；⑦四国地方：德岛县、香川县、爱媛县、高知县；⑧九州地方：福冈县、佐贺县、长崎县、熊本县、大分县、宫崎县、鹿儿岛县。见国土交通省『第二次国土形成計画』（戦後 7 番目の国土計画となる「対流促進型国土」形成の計画），2015 年 HP（http：//www.mlit.go.jp/kisha/kisha06/02/020621/01.pdf）。

吸收国民意见，推进地方分权计划的制定。特别是导入了以包含多个都道府县一级行政区的大区域为对象的广域地方规划，可以说这也成为新法的重要亮点。

四 《第二次国土形成规划》（"七全综"）的制定

（一）规划制定的背景

《国土形成规划》制定后，出现了由人口急剧减少带来的区域消失危机。特别是 2011 年 3 月 11 日发生东日本大地震、大海啸以来，关注安全、安心的国民意识高涨，民众对可能发生首都直下型地震和南海板块巨大地震犹为关注，与国土相关的环境状况有可能发生很大变化。日本政府于 2014 年 7 月公布了展示国土形成理念和思路的《国土宏伟蓝图 2050——对流促进型国土的形成》，该文件指出：日本除了人口问题和大规模灾害之外，还面临经济全球化的加速，社会基础设施的老化，粮食、水资源、能源的制约与地球环境问题等。国土交通省提出了"紧凑网络型国土空间结构"的基本思路和"超大规模巨型城市群构想"。[①]

在对国土宏伟蓝图、地方创生以及国土强韧化等相关问题进行充分讨论的基础上，《第二次国土形成规划》（以下简称"七全综"）于 2015 年 8 月 14 日被内阁会议批准。规划期为 10 年，东京奥运会、残奥会举办的 2020 年为中间年，可以说这个规划期的 10 年被定为决定日本命运的 10 年。

（二）规划的主要内容

1. 形成"对流促进型国土"结构

该规划对国土的基本构想（规划目标）是形成"对流促进型国土"，其含义为具有多样化个性的各种地区通过相互联系协作产生区域间人、财、信息等的双向运动的"对流"，形成这种"对流"在全国各地"生机勃勃"地溢出的国土结构（见图 0-4）。所谓对流，要比交流更紧密、更富于立体感，对流的范围既包括国内与海外的对流，也包括城乡之间的对流，还包括

---

① 国土交通省『国土のグランドデザイン 2050～対流促進型国土の形成～』、2014 年 7 月。

跨领域的农村、城市与科研教育领域的对流，产学研的对流，六次产业与农工商联合、制造业的对流等，是全方位、立体式的对流。

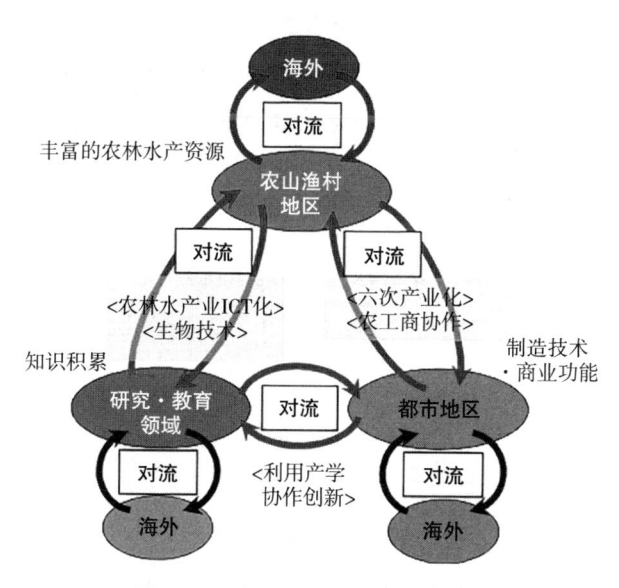

图 0-4 对流促进型国土结构示意

资料来源：国土交通省『第二次国土形成計画』(戦後 7 番目の国土計画となる「対流促進型国土」形成の計画)、2015 年。

2. 形成"紧凑+网络化"的国土空间结构

该规划还提出了实现规划的方式，即为了实现对流促进型国土形成，再次重申了《国土宏伟蓝图 2050——对流促进型国土的形成》提出的多层次且强韧的"紧凑+网络化"方式。"紧凑+网络化"的目的在于，在人口减少的大背景下，高效率提供各种服务，紧凑是不可或缺的，但仅仅如此，必将导致圈域市场缩小。因此，还要通过各地区的网络化确保适合各城市功能的圈域人口，维持市场规模。这里重要的是集约化的各地区的个性与优势。各地区只有发挥主体作用，找到自身的区域资源，培育当地的特有魅力，各地区的不同个性与优势才能展现出来。个性的差异产生对流，便可成为区域活力的源泉。通过推行这种"紧凑+网络化"方式，即使在人口减少背景下，也能提供高质量的服务，创造新的价值，进而可以构筑提高全国生产率的国土结构。在这种方式下，各地区还针对本地的区域特点，提出了从生活服务功能到高级城市功能，再到国际业务功能等不同层次的提案，据此在不断创新的同时，实现抗灾性强、柔性的国土结构。另外，从空间结构视角来看，明确了要纠正东京一极集中和首都圈的定位，同时指出了集落地区、地方城市圈、地方广域经济圈、大城市圈等不同区域的整备方向，城市与农村山村渔村相互贡献、共荣共生的方针。

该规划还提出了三大主要目标："在地区闪耀发光，在世界展翅翱翔的国土""支撑稳定社会的安全、安心的国土""支撑国土的参与与协作"。除了以上三大目标外，还从横向视角，明确了规划期10年这一时间维度的设定、ICT等技术创新的导入、借助民间活力，等等。

3. "超大规模巨型城市群"战略

从目前的情况看，东京都市圈已经是世界上最大的城市群，尽管如此，日本还在实施更大的"超大规模巨型城市群"战略，即通过中央磁悬浮高速铁路将东京、名古屋、大阪连为一体，以形成世界上最大的城市群。这是利用磁悬浮中央新干线超高速的技术特点带来国土变革的国家战略。2014年，以JR东海为建设主体，并且与国家、地方公共团体协作，正在有条不紊地按计划推进。该计划指出：利用中央磁悬浮新干线铁路将日本三大城市圈连接起来，既发挥其各自的特色又实现一体化发展，该区域可共享四个国际机场、两个国际战略港口，从世界各地吸收人、物、信息并引领世界发展方向。东京圈的国际功能和名古屋圈的世界最尖端制造业，再与大阪圈长期积淀培育的文化、历史、商业功能，以契合新时代的形式融为一体，定会创造出新的价值。

相关研究表明，大城市吸收周边城市功能的所谓"吸管效应"，如果时间距离很短（如两小时之内）就很难发生。东京-大阪磁悬浮高速列车约1小时通达，与市内移动时间相差无几，这样就有可能改变向东京一方的单独流向，很可能增加向大阪的人口流动，即出现所谓"逆吸管效应"。如果能实现这一目标，必将提高各自区域的价值创造能力，相互联结，比如，筑波学园城市与关西文化学术研究城市相联结，便可形成创新据点相连接的"知识链"[①]，必将促进"超大规模巨型城市群"区域内的人、物、信息的高密度合作。通过磁悬浮高铁中间车站的活用，过去短时间内难以到达的地区也会产生人流，大城市居民可以实现日常性的与美丽的景观、自然环境相接触的新的生活方式。另外，磁悬浮与其他交通网络相连，强化交通节点，可将"超大规模巨型城市群"的波及效果扩大至东北日本和西南日本，而且福冈等"超大规模巨型城市群"以外的地区也可充实国际门户功能，与"超大规模巨型城市群"相联结。为了发挥这一世界无双的项目效果，形成世界上最大的"超大规模巨型城市群"，还需要进行深入调查研究、积极迎接各种困难和挑战。

五 第三次国土形成规划（"八全综"）的制定

（一）新规划制定的背景

第二次国土形成规划（"七全综"）颁布后，日本经济社会形势发生了很大变化，迎来了新时代的转换节点。前所未有的人口减少、少子老龄化的加速、巨大灾害风险的迫近、气候变动的危机、生物多样性的损失等等，各种危机风险日益增强。而且，东京一极集中的国土结构依然持续，地方圈的人口持续减少，地方生活、经济发展严重受阻。特别是年轻人从地方圈大量流出，人口持续向总和出生率很低的东京集中，势必导致少子化进程加快，人口进一步减少，从国土均衡发展、利用的角度看，必将阻碍经济社会的可持续发展。另外，2020年初突如其来并迅速蔓延的新冠疫情也对日本经济社会造成巨大冲击，人们的思维方式、生活方式、工作方式、价值观等都发生了许多变化。再者，2022年俄乌冲突暴发以来国际局势发生了很大变化，国际油价、粮价大幅度上涨，日本国民生活和经济发展不可或缺的能源、粮食供给安全保障方面的风险空前增大。针对上述一系列风险与挑战，亟须制定契合新时代要求的国土形成规划。

---

① 日文原文为：ナレッジ・リンク。

自2019年9月起,日本开始着手制定新的国土形成规划。日本政府在国土审议会设立规划部会。规划部会先后组织相关人员进行19次调研、审议,形成《第三次国土形成规划(全国规划)(草案)》,经国土审议会进行3次审议后,提交内阁会议批准。日本内阁会议于2023年7月28日正式批准《第三次国土形成规划(全国规划)》,并予以公布。

(二)新规划的主要内容

该规划着眼于2050年甚至更长时间,勾画日本未来国土愿景,规划期约为10年。该规划是国内外局势日趋复杂的变局下,为实现举国一致共克时艰的综合性的长期国土建设、国土利用方向性文件。规划指出,日本要致力于优化国土空间结构,培育面向2050年"集结地域力量的紧密联结型国土空间"。①

该规划由三部分、13章构成,共135页。其中,第一部分为"新国土的未来展望",通过"站在时代重要十字路口的国土""未来国土的面貌""国土建设创新的重点课题""横向重点课题"四章,阐述了目前日本国土建设、国土利用所面临的各种风险和结构性变化,强调要提高国土的活力与魅力,使百姓安全、安心,确保植根于美丽自然和多彩文化与丰富个性相结合的地域经济的健康发展。推动国土空间结构由前次规划中提出的"紧凑+网络"的"对流促进型"结构升级为"无缝据点联结型"结构。第二部分为"不同领域政策实施的基本方向",分七章对区域整备政策,产业发展政策,文旅政策,交通及通信、能源等政策,防灾减灾及"国土强韧化"政策,国土资源与海洋利用、保全政策,环境保护与景观形成政策等进行详细阐述;第三部分为"高效率推进规划与广区域规划的制定与推进",阐述了实施全国规划的具体保障条件、广区域规划制定的要求以及与北海道、冲绳开发计划、基本方针的协调关系等。

---

① 国土交通省『第三次国土形成計画(全国計画)』、2023年7月、国土交通省ホームページ。

（三）新规划的主要特点

1. 明确提出"无缝据点联结型"国土结构的基本构想

该规划提出的"无缝据点联结型"国土结构的基本构想是对上次规划的"紧凑+网络"的"对流促进型"结构的深化与发展。其目的在于通过新的国土结构基本构想的推进，提高国土的多样性、包容性、可持续性和强韧性。

该规划指出，在继续纠正"东京一极集中"结构的基础上，要更加合理地在全国均衡配置人口、产业等资源，这就需要从高层次的大城市圈到乡村以及日常生活的基层社区，形成不同的圈层区域之间的无缝联结，强化区域间互补与协作关系。其一是要形成"全国走廊"以联结地方功能，加强日本海沿岸、太平洋沿岸与内陆地区的联结与合作；其二是要形成联结三大城市圈的"中央环廊"，通过开通中央磁悬浮列车来缩短时间距离，将经济效果波及全国。其三，形成新的区域生活圈，通过多样化区域"据点"各种功能的集约化，利用高质量交通和数字网络将人与人、人与地区、地区与地区无缝联结起来，实现"据点联结型国土结构"，促进各地区自立和内生性发展，以保障日本任何地方无论任何人都能享受方便、舒适的生活。

2. 政策措施十分明确，可操作性强

为了实现目标，该规划提出了明确、具体的政策和措施，可操作性很强，特别是从韧性、活力、魅力三个方向明确了支撑策略。韧性方向包括以下策略：将"灾前重建"概念正式引入防灾减灾政策，充分发挥数字技术在灾害模拟方面的作用，并通过完善法规、指导存量更新等手段抑制高风险地区的开发与建设。此外，数字技术也被引入国土空间管理工作，通过评估与监测指导低效用地的模式转换。活力方向包括以下策略：在全国分散布局战略物资（半导体、蓄电池、数据中心等）核心产业链；推动氢能、氨能全面替代化石能源，实现老工业基地的绿色转型；通过公共服务的数字化、绿色化，培育中小企业成长环境，实现地域产业的稳定运营。魅力方向包括以下策略：将智慧树木采伐技术与城市建设相关联，推进"城市木构化"（第二森林），实现城市更新、乡村振兴、碳汇提升目标；将生态系统的保

护与修复工作同国家公园建设、文化遗产保护、国际交流合作、地方生活圈构筑等相结合，提振地域活力，推动实现"文化艺术立国、观光立国"的战略目标。[①]

3. 强调国土资源与海域的利用与保全

日本国土狭小，资源匮乏，特别是耕地不仅面积小，而且出现严重的撂荒现象，为此该规划特别强调要保护耕地，通过土地向专业农户的集中和集约化促进耕地的保护。海洋是日本的生命线，本次规划十分重视海洋、海域的保护与利用，并且提出了具体措施：首先要确保海洋权益，推进海洋资源、海洋再生能源等的开发利用；其次，形成海域与陆地一体化的自然生态保护与再生机制；第三，要对离岛、经济专属区进行切实的保护与管理，并根据需要进行适度的开发；第四，加强沿岸区域的综合治理。上述措施，足以证明日本对海洋战略极为重视。

如前所述，在《国土综合开发法》框架下，过去制定了五次《全国综合开发规划》，作为推进国土整备、综合开发政策的指针。而且在每个规划制定前后，都制定了与其相配套的有关区域、城市战略、区域振兴、产业布局等具体政策及立法措施。2005年在《国土形成规划法》框架下又制定了三次全国国土规划。

从日本的国土政策实践来看，国土规划与产业政策、环境政策，外交、通商政策、社会保障政策等其他政策相辅相成，共同发挥作用。2007年以后，在设置于内阁的区域活性化统合本部的指导下，重新整合组成了城市再生本部、结构改革特别区域推进本部、区域再生本部、中心市街区活性化本部，完善了一体化的政策形成和政策推进体制。这为首都圈的空间结构形成与完善以及首都圈协同奠定了法律基础和制度基础。

---

① 冯旭：《集结地域力量的紧密联结型国土空间——日本第八次全国规划（第三次国土形成规划）的启示》，《国际城市规划（年期）》，2024，1~14页。

空间结构篇

第一章
日本首都圈空间结构政策与空间形态演变

日本首都圈是日本三大城市圈之首，也是世界上规模最大的城市圈。战后初期以来日本就十分重视首都圈的治理和合理的空间结构的形成，从1958年到2016年，共制定了6次国家层面的首都圈基本规划，与此同时，还制定了多次地方层级的东京城市圈以及东京都的城市建设规划，对首都圈空间结构的形成发挥着重要的指导作用。随着经济社会形势的变化，日本首都圈经过多年的发展，其空间组织模式发生了巨大变化，主要表现为区域内城市由经济结构和社会结构的改变导致的空间结构的变化。进入21世纪后，逐步形成了东京市区1个都心+7个副都心+都内5个核心城市+外围14个业务核心城市的城市群，空间结构从"多心型城市结构"（1982年）向"环状巨大城市群结构"（2000年）转变，再向"交流、协作、挑战型城市结构"（2016年）迈进。

第一节 日本首都圈的范围界定与空间规划体系

一 日本首都圈的范围界定

日本首都圈处于日本本州岛的中部，位居三大城市圈之首（见图1-1）。日本首都圈的范围，大体包括以东京中心区为原点大约半径为150公里的范围，因为这一地区不仅包含东京湾，也包含相模湾地区，故称之为扩展首都圈或"东京湾区"（见图1-2）。

图1-1 日本首都圈在全国的位置

资料来源：https://www.sgss8.net/tpdq/20410440/。

日本首都圈，从广义上来讲，包括东京都、神奈川县、千叶县、埼玉县、群马县、栃木县、茨城县和山梨县，即一都七县，整个圈域面积为36884平方公里，占日本国土总面积的9.8%。日本首都圈是日本乃至世界上最大的城市聚集体，也是世界经济总量最大的湾区。2019年日本首都圈人口达到4428万

第一章 日本首都圈空间结构政策与空间形态演变

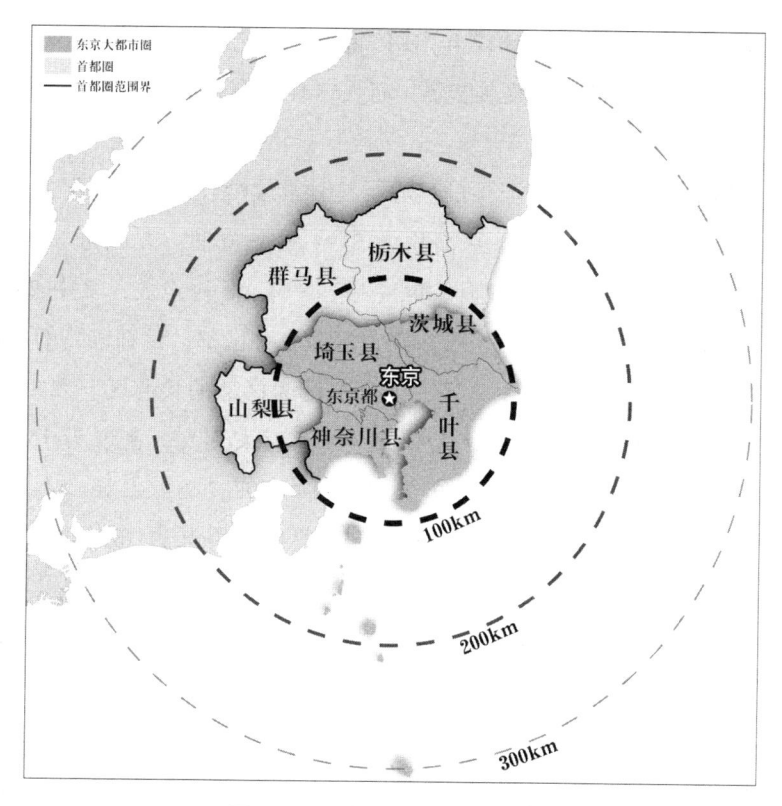

图 1-2 日本首都圈与扩展区域

资料来源：作者根据日本首都圈地图修改。

人，占全国人口的 35.1%①，人口密度高达 1194 人/km²，是日本平均人口密度的 3 倍多。近年来，首都圈的 GDP 规模高达 2 万多亿美元，相当于日本全国 GDP 的 40%，与 G7 之一的意大利相当。

狭义的首都圈也称东京城市圈或东京圈，即东京、神奈川、千叶和埼玉一都三县，是首都圈的核心地区。面积为 1.35 万平方公里，占国土总面积的 3.6%，人口为 3544 万人，占总人口的 29.1%，GDP 为 180 万亿日元，相当于日本全国 GDP 的 33%（2015 年）。东京城市圈是目前世界人口规模

---

① 日本国土交通省『令和元年度首都圏整備に関する年次報告要旨』、https：//www.mlit.go.jp/report/press/content/001347354.pdf。

029

和经济规模最大的城市圈，2012年GDP超过2万亿美元，高于纽约地区的1.4万亿美元，更远高于伦敦和巴黎，而人口规模更是远高于纽约、伦敦和巴黎城市圈。

东京都是日本首都圈核心中的核心，是日本政治、经济、文化中心。东京都位居日本首都圈的中心，总面积为2194平方公里，人口为1394万人（2019年）。东京都由23个特别区和27市、5町、8村组成，其中23个特别区是东京都的中心区域，相当于东京市区，也称区部，区部以外的地区也称市部。其中，千代田区、中央区、港区3区为区部的核心区。东京23个特别区面积为627.5平方公里，人口为948.2万人，人口密度为1511人/km^2（2019年）。2019年，东京都内生产总值为107.7万亿日元，占全国总量的19.3%（近1/5），其中批发零售业产值最大，约为21.6万亿日元，其次是不动产业与信息通信业[①]。

东京湾是日本最重要的海湾，因与东京相接而得名，是本州岛中东部沿太平洋的海口。东京湾西北岸的重要城市有东京、横滨、川崎，西有横须贺，东有千叶，南由三浦（西）和房总（东）两半岛环抱，只留一小开口，由浦贺水道进入太平洋。东京湾西部地区为京滨工业地带（Keihin Industrial Zone），东部为京叶工业地带（Keiyo Industrial Zone）。

东京湾内包括东京港、横滨港、千叶港、川崎港、横须贺港和木更津港6个重要港口，这些港口都与羽田机场和成田机场两个国际空港以及高速铁路网相连。依据日本的港口分类，东京港、横滨港和川崎港属于最重要级别的"国际战略港口"，千叶港、横须贺港和木更津港属于次级重要的"国际据点港口"。

二 日本首都圈建设的现状

（一）日本首都圈的演变轨迹

东京自1632年建城以来，规模不断扩大，第一次世界大战后扩张的幅度加大，而真正形成东京城市圈-首都圈则是在第二次世界大战以后，

[①] 東京都総務局『都民経済計算速報・見込　平成30年度速報・令和元年度見込』，https://www.toukei.metro.tokyo.lg.jp/keizaiy/ke19pf0000.pdf。

1945~1986年市街区急剧扩大，形成了现在首都圈的基本结构。如图1-3所示，19世纪以来，东京都中心城区的建成区程度始终维持在一个非常高的水平，而周边各县中，埼玉县、神奈川县在1900~2000年的发展态势较为显著，其中埼玉县大部分建成区集中在西北方向并呈现轴向拓展的趋势，而2000~2014年，茨城县和千叶县出现突飞猛进的发展。

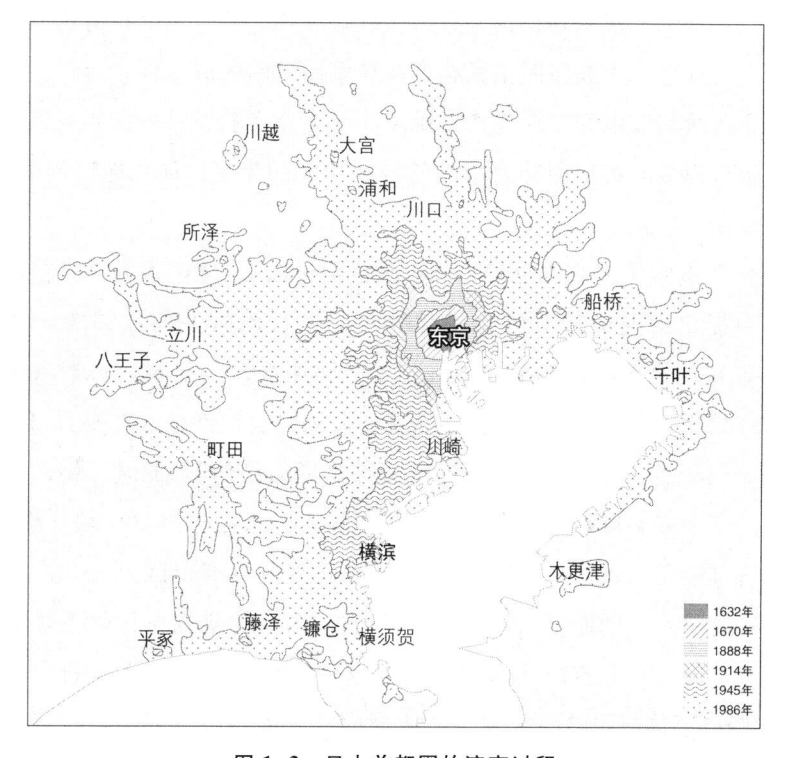

图1-3 日本首都圈的演变过程

资料来源：富田和暁・藤井正編『図説　大都市圏』、古今書院、2004年、第27頁。

经历战后复兴期之后，在经济高速增长期，首都圈的人口及各项功能显著向东京集中，形成了东京中心区一极集中的巨大都市圈。这种功能集中带来了过密问题，引起了长时间通勤、住房问题、交通堵塞、环境问题、近郊绿地被蚕食等大城市病，给居民和企业的活动造成了很大负担，同时从防灾角度来看也有很大问题。

针对上述首都圈的大城市病问题，1956年日本制定了《首都圈整备法》，以首都圈整备规划及以此为基础的措施为核心，采取了积极措施。此后又在1958~1986年陆续制定4次首都圈基本规划，应对经济高速增长背景下大城市的膨胀，推进了以抑制人口和产业向大城市集中、有计划地开展市区建设、与绿地空间和谐共存等为目的的措施。明确了在东京大都市圈中纠正东京都区的一极依存结构，致力于以业务核心城市为中心构建多个独立都市圈，进而在东京城市圈重新构建多核多圈域的区域结构。同时，在周边地区，在传统的农业和工业生产基础上，努力充实业务、教育、文化等各种功能，促进以核心都市圈等为中心的各种功能的集聚，加强地区间的合作，提高地区的自立性。

1988年制定了《多极分散型国土形成促进法》，推进了第4次首都圈基本规划中提出的业务核心城市的建设、国家行政机关的迁移等工作。在1999年制定的第5次首都圈基本规划中，强调推动首都圈从对东京中心区一极依存结构，向以各区域据点城市为中心的高自立性地区转变，以实现便于相互分担功能、进行交流合作的"分散型网络结构"。同时，将沟通首都圈内外的业务核心城市、关东北部地区等核心都市圈作为"广域合作据点"进行培育和完善。此后，2002年废除了旨在抑制现有市区人口和产业集中的限制工业等发展的制度。2005年（日本）对国土规划法律体系进行了修订，与此同时，将原有的首都圈基本规划和首都圈整备规划进行合并，于2006年制定了首都圈整备规划，强调新的首都圈整备规划必须与国土形成规划保持协调。

（二）首都圈建设的现状与课题

由于首都圈整备规划政策的实施，缓解了人口和功能向既有城区等集中的趋势，也在一定程度上实现了产业的合理布局，对有序的区域结构的形成起到一定作用。但是，近年来，在首都圈内，通过从建成区向城市开发区域的引导，以及筑波学园、业务核心城市等的建设，试图扭转东京圈以外的地区向东京人口净流入的局面。但总体效果并不明显，现实的情况是人口向东京圈的一极集中正在加剧。一极集中带来的问题除了到市中心通勤的时间变得更长、交通堵塞等大城市病外，更为重大且严重的是，日本经济整体的风险日益增加。在首都直下型地震和大规模水灾等巨大灾害风险不断增加的情况下，作为日本经济的引擎，中枢功能进一步向东京圈集聚，这无疑使这些中枢功能同时受灾的风险越来越高。另外，考虑到日本经济对国际社会的影响，一极集中的发展也会增加世界性的风险。为了减轻这种风险，在强化东京圈功能的同时，需要纠正一极集中。因此，必须进一步强化东京的功能，从东京一极集中转变为向各方向的人、物等往来对流，同时努力提高东京自身的防灾能力，使东京在国际社会中保持格外巨大的存在感，成为具有强大牵引力的国际都市。另外，以构筑对流型首都圈为前提，推进东京的"城市再生"，这与纠正一极集中并不矛盾，强化东京功能的效果将扩展到首都圈乃至整个日本，有助于增强日本的国际竞争力，因此，纠正一极集中和强化东京的国际都市功能同步推进十分重要。

为了解决东京一极集中的问题，早在20世纪90年代初，日本就曾立法将国会等机构迁移至东京以外的地区。其目的在于纠正东京一极集中、强化国土灾害应对能力、营造东京宜居环境等，根据"国会等迁移的相关法律"，1999年有关部门向国会报告了迁移候选地，现在国会正在进行研究。

除此之外，日本首都圈还面临人口减少、少子化老龄化与劳动力短缺、地震等巨大灾害的潜在风险，食品、水、能源的制约和环境问题等各种挑战。

第二节 日本首都圈规划体系与空间结构的演变

一 日本首都圈规划体系概观

依据法律和规划进行城市建设以及城市圈建设是日本的重要经验。日本首都圈空间结构的形成也是市场力量的推动和首都圈基本规划等政策共同作用的结果。

如"绪论"中所述，战后日本建立和健全了国土综合规划和城市开发的法律和规划体系，《国土综合开发法》《国土利用规划法》是日本国土开发和土地利用规划的基本法，2005年上述两部法律合并，根据上述基本法制定的《全国综合开发规划》是各类国土开发规划的最高规划，20世纪60年代初以来日本共制定了7次国土开发（国土形成）规划。作为区域级的首都圈空间结构规划分为国家和地方两个层次的规划。国家层次的规划分为"三圈制度"和"都市再生制度"两大体系（见图1-4），国家层次的"三圈制度"中的首都圈及基本规划依据《首都圈整备法》由国土交通省（行政改革前由首都建设委员会、国土厅）制定，规划主要着眼于整个国土的均衡开发、空间结构和经济发展的区域合理分布，属于战略性宏观规划。国家层次的"都市再生制度"是依据2002年颁布的《城市再生特别措施法》对东京城区进行改造升级的规划；而东京都地方层次的规划依据《城市规划法》制定，主要着眼于东京城市建设以及具体空间结构事项，基本属于战术性微观规划。国家和地方层次的规划虽然也有重合的部分，但基本上收到相互补充的效果。当然如果从规划的时间来看，也可分为远景展望（15年以上）、长期规划（10年左右）、中期规划（5年）以及年度计划等。

早在战后初期，日本就非常重视对首都圈的整治。1945年日本宣布无条件投降，战后初期（1945年至20世纪50年代中期）国家的中心任务是恢复被战乱破坏的经济。从财力、精力等各方面都不可能也没有必要进行大规模的新城建设。日本战后提出控制超大城市、振兴地方中小城市、振兴农业和农村工业的基本目标。1946年的《东京都政概要》以防止城市超大化为目标，提出以下五方面的规划原则：

（1）城市结构上提出建设卫星城，要将必须设置在首都的一些主要设施疏散到40公里圈的卫星城中去；

（2）划定隔离地带，为控制东京和卫星城的人口增长，将主要城市之间的地区划定为农业地区；

（3）建设大区域尺度上连接东京和其他各城市的交通网络；

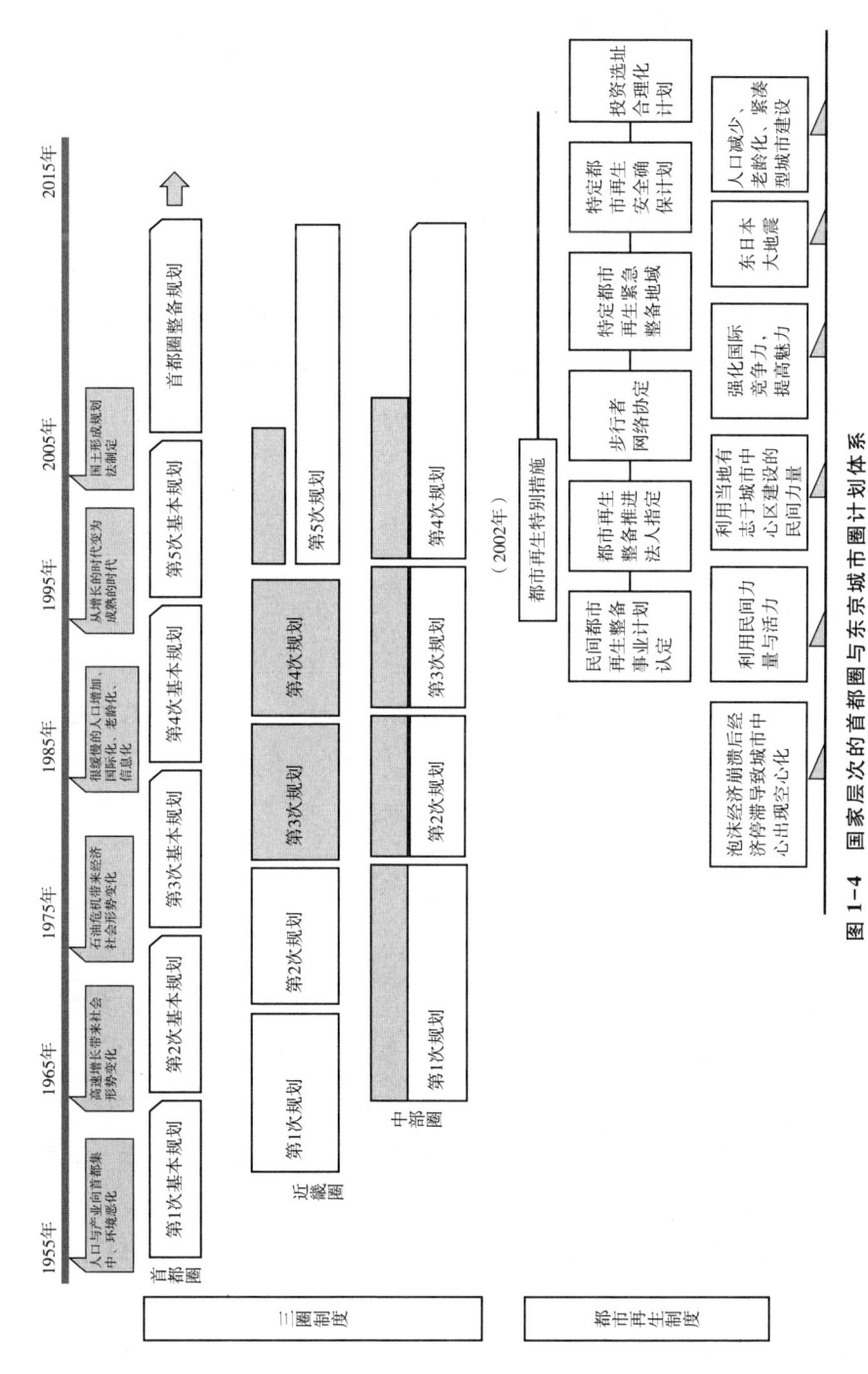

第一章 日本首都圈空间结构政策与空间形态演变

图 1-4 国家层次的首都圈与东京城市圈计划体系

资料来源：東京都都市整備局「都市計画のあらまし」令和 3 年版し 2022 年 8 月，第 12 页。

035

（4）制定东京城市规划中人口、土地利用和设施规划方案，推进土地区划整治；

（5）人口目标以350万人为基础，加上自然增长后合计为500万人。

在此基础上，又在《战灾复兴城市规划》中提出规划范围为东京都100公里都市圈，建立中心城—卫星城—外围城市的城市结构：东京都市区人口规划为350万人，在市中心向外40~50公里范围内建设十几个人口在10万人左右的卫星城。积极发展20万人左右的外围城市，外围城市周围也规划了卫星城。5~10年内，东京周边地区各等级城市规划共吸收400万人左右。将1943年防空绿地规划中的环状空地扩大为绿化带，形成"中心城市—绿化带—卫星城"的大都市圈空间模式，中心城市又由绿化带、楔形绿地分割为20万~30万人，各有独立商业中心组团。但是由于战后恢复，财力有限，上述目标未能实现。

1950年朝鲜战争爆发之后，日本工业生产快速复苏，东京都周边的京滨和京叶工业带首先开始了快速增长，成为沿海重化工业基地。东京都周围地区出现了"办公楼热"，民间开发活动逐渐活跃起来。在有关公共住宅建设和市民购房抵押贷款政策的促进下，东京都郊外的住宅开发再次活跃起来，私人低密度乱开发现象严重，导致城市规模快速扩张，居住郊区化速度越来越快。

1950年3月，日本制定《首都建设法》后，决定通过特别财政援助，依据城市规划建设首都东京。1951年3月设立首都建设委员会（相当于总理府的直属局），负责首都建设规划的制定和实施。1955年6月，该委员会制定了《首都圈构想草案》并于当年公布，借鉴大伦敦规划经验，在50公里圈内按同心圆模式，设定市区、近郊区、周边地带三个地区，建设绿化带和30公里圈的工业卫星城市群，目的是控制东京都市圈的快速扩张。主要内容有以下三点。

第一，市区内控制工业用地规模，难以疏散的人口和产业采取高层建筑开发方式，提高土地利用率。

第二，近郊为环状绿化带，保护农业用地和自然景观，同时作为开放空间,适当布置墓地、供水设施、机场、研究设施等。

第三,卫星城以现有城市为基础,积极引进工业设施。

从这时起,东京进入大都市圈发展阶段。都市圈规划成为一种新的规划制度,开始从区域上综合考虑解决城市快速发展过程中的人口、住宅、交通、供水能力、区域协调发展等问题。

伴随着经济进入高速增长期,以大城市圈为中心的人口产业集聚不断加强,使得大城市地区对住宅及住宅用地的需求急速增加,由此带来的居住难、通勤难、城市的无序扩张等问题日益突出,其中又以东京圈最为严重。

针对这种情况,日本政府于1956年4月制定了《首都圈整备法》,该法为首都圈整治的基本法,其适用范围为东京都和以东京市区为半径的100公里的周边地区,包括东京都、神奈川县、埼玉县、千叶县、茨城县、栃木县、群马县和山梨县等一都七县。随着该法的实施,同年首都建设委员会被撤销,取而代之成立了首都圈整治委员会。该法根据实际情况,将首都圈划分为城市建成区、近郊整备地带、城市开发区域和近郊绿地保护区(见图1-5)。

不同区域适用不同的土地利用规制、项目制度以及税收和财政上的政策。

一是近郊整备地带、城市开发区域内的工业园(团地)开发,享受《首都圈近郊整备地带以及城市开发区域整备法》所规定的税制特别措施。

二是近郊绿地保护区域内的建筑物的新建、改建以及增建,住宅地开发,树木竹林的砍伐等行为必须向都县知事等通报。

三是税收措施。主要包括以下几个方面。

第一,城市开发区域内用于安装工业生产设备的建筑物用地免征特别土地保有税。

第二,用于工业园(团地)开发的土地免征特别土地保有税。

第三,对于特定事业用资产的买卖置换,包括从城市建成区向城市建成区以外的置换、从工业园(团地)外向工业园(团地)的置换、城市开发区域以外的区域向城市开发区域的置换三种情况,适用收益金征税顺延的措施。

四是财政措施。为促进近郊整备地带、城市开发区域的整治,对于实施

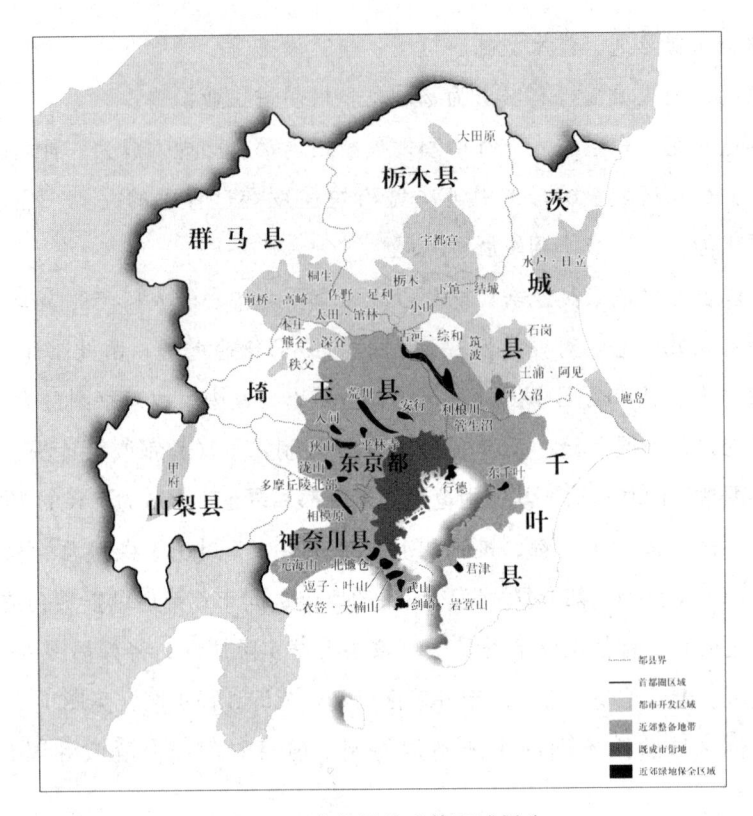

图1-5 首都圈的政策区域划分

注：1. 城市建成区：防止产业及人口集中且需要维持和增进城市功能的区域；

2. 近郊整备地带：为防止建成区近郊的无序开发建设，按城市总规划进行市街区建设的同时还须保全绿地的区域；

3. 城市开发区域：以首都圈内产业、人口合理配置为目的，作为工业开发、居住城市等进行重点发展的区域；

4. 近郊绿地保护区：在近郊整备地带内的绿地当中，通过保全可以保持、增进首都等城市居民身心健康而划定的区域。

首都圈整备规划的某些公共基础设施建设，采取提升各都县的国债使用率和利息补助、提升各市町村的补贴率等财政措施。每年，国土交通省将对该年度的计划实施情况进行总结，并向国会提交《首都圈整备年度报告》。

《首都圈整备法》还规定，首都圈整备分为三个层次的规划，分别为："基本规划"（长期）、"整备规划"（中期）以及"年度事业计划"（短期）。三个层次的规划均由总理大臣决定。基本规划相当于首都圈的总体规划，规定人口规模、土地利用以及首都圈整治基本方针、目标以及实现目标的基本途径等，对首都圈的宏观空间结构进行规划。"整备规划"是针对城市建成区、近郊整备地带，以及城市开发区域等政策区域的公共设施等的整备以及与之相关的交通通信体系、水资源供给体系等广域设施的整备。"年度事业计划"则为实施"整备规划"的具体年度计划，内容包括宅地、道路、铁路、机场、港口、通信设施、公园绿地、上下水道、水资源、河流、教育文化设施、流通、医疗、防灾设施等具体建设工程项目。

2005年国土规划制度改革以后，年度事业计划被废止。到1999年为止，依据《首都圈整备法》共制定了5次《首都圈基本规划》。2016年3月，基本规划与整备规划合并为《首都圈整备规划》，亦可视为第6次首都圈基本规划。目标期大体为10年（2016~2025年）。

二　国家层次的首都圈规划与空间结构的演变

（一）《第一次首都圈基本规划》

《第一次首都圈基本规划》制定于1958年7月，目标年为1975年。该规划将首都圈整个区域分为现有城市地区、近郊地带及周边地带三个地区。具体整治方针为：第一，仿照1944年大伦敦规划，在东京市区周围设立幅宽约为10公里的"绿化带"（green belt）（近郊地带），抑制市区的膨胀；第二，在东京周围开发一定数量的工业城市（卫星城），以吸收增加的人口和产业；第三，东京都市区要限制工厂、大学等的新增项目，只考虑增加实在难以分散的产业和人口。以此来引导工业用地等继续向建成区外扩散，从而防止首都东京规模过大及已有建成区人口过密状况的出现。

由于20世纪50年代中期战后经济复兴顺利完成，日本经济很快进入高速增长期，当时作为日本经济、金融和政治、文化中心的东京及其周边地区吸引了大量人口。东京都人口从1950年的628万人猛增至1960年的968万人，10年净增340万人，其中主要是社会性增长[①]。人口及就业增长速度远

[①] 财团法人矢野恒太纪念会编《从数字看日本100年》，1981。

超过规划估计，郊区居住区的建设侵占了大量绿化用地，加之土地、林地私有化，在地价上涨预期的作用下，土地拥有者不愿意出让土地，结果导致建设绿化带的设想基本落空。当时，日本政府和有关当局尽管做了许多努力，但并未收到明显的效果。由于被规划为绿化带地区的利益集团的联合反对以及国家直属城市开发机构带头在规划绿化带地区内开展住宅开发活动，所以类似伦敦城市周围绿化带的设想并未实现。为了限制市街区的无序膨胀，这次规划曾提出在现有城区周边建设卫星城的方案，但因当地居民的反对而屡屡受挫。人口的增加和工厂的大批流入引起地价上涨，城市近郊农业衰退和农地不断被转用。虽然该规划对建成区中工业企业的发展有所抑制，但工业企业向千叶、横滨等周边地区扩散，以及规划卫星城的"卧城化"（bed town），更加速了城市中心区功能向大都市圈中心的转变和以此为中心的大都市圈的形成。城区的膨胀和无序扩大，使"绿化带"规划成为泡影，造成了现有城区与广区域城市圈"摊大饼"式无序扩展的混乱局面。

（二）《第二次首都圈基本规划》

鉴于形势的需要，1965 年日本对《首都圈整备法》进行了修订，主要修订内容如下。第一，废除近郊地带，重新确定现有城市地区周边半径约为 50 公里的地区为近郊整备地带，在这一地区抑制既有城区周边的无序城市化，有计划地整治市街区，保护城市绿地。第二，将过去的市区开发区域改称城市开发区域，增加工业城市、住宅城市功能，并将其培育成为具有研究学园、流通以及其他功能的城市。特别强调大学以及科研机构从东京外迁，筑波学园城建设就是从 20 世纪 60 年代初期开始筹划的，但由于各种原因，直到 80 年代初才陆续建成。

在第一次规划尚未到期的 1968 年 10 月就制定了第二次规划，目标年仍定为 1975 年。该规划的目标是适应日本经济高速增长带来的各种功能和人口继续集中的趋势，将东京作为经济高速增长的全国管理中枢，将首都圈构筑成为广区域复合体，并实施以实现合理中枢功能为目的的城市改造。而事实上中心区的大规模城市改造活动以及城市外围绿化带地区的开发早在 20 世纪 60 年代中期就已全面开展，该规划不过是对现状的一种追认。区域整治的方向是：第一，提高现有城区的中枢功能，进行城市空间的再开发；第二，在取代绿色带的近郊整治地带有计划地进行市街区开发，并与绿地空间相和谐；第三，在周边开发地区继续进行卫星城市建设；第四，该规划还确定了若干对首都圈进行区域结构改造的大规模项目，主要包括首都圈高速公路网、首都高速铁道网的建设，以及大规模住宅市街区、大规模水资源开发等项目。

1970年以后，由于环境问题、地价暴涨等原因，上述大规模规划项目进展缓慢。石油危机爆发以后，国民经济陷入萧条，导致财政支出缩减，对工程造成很大影响。

(三)《第三次首都圈基本规划》

《第三次首都圈基本规划》于1976年11月制定，1985年为目标年。这次规划仍然沿着第二次规划的基本方向，针对国民价值观和社会形势的变化，以控制首都圈的扩张发展为基调，并从长期着眼，对首都圈区域进行彻底改造。具体的整治方向是：在东京大城市圈，逐渐扭转向东京中心区一极化的趋势；通过东京周边地区次中心城市的建设形成多极结构的广区域城市复合体。关于各种功能的配置，与第二次规划有所不同，对中枢功能也采取有选择的分散政策，在东京大城市圈配置多极的次中心。严格控制大学等向首都圈的集中，同时积极推动工业向东京大城市圈以外地区分散。

在第三次规划执行期的1985年，国土厅又制定了《首都改造规划》。这是一个超长期的规划，规划目标年为2025年。该规划确定的首都改造基本方针如下。第一，在人口将继续增加的东京大城市圈，改变东京中心区一极集中的结构，形成由数个核心和圈域构成的"多核多圈型"空间结构(见图1-6)。在此基础上，重新构筑东京大城市圈的联合城市圈。第二，为了纠正东京市区一极化结构，要在东京都周边地区战略性地培育"业务核心城市"[①]。

---

① "业务核心城市"日文原文为"業務核都市"，其含义为在东京都周边地区指定若干城市或城市联合体，成为疏解东京的某项非首都功能的承接地区。

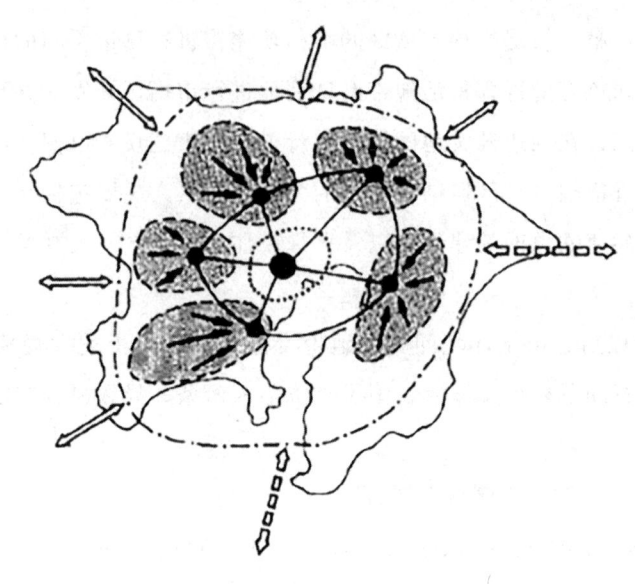

图 1-6　"多核多圈型"区域结构示意图

资料来源：国土庁監修『国土統計要覧』2000年版、第117頁。

（四）《第四次首都圈基本规划》

20世纪80年代中期，随着人口增长速度减缓，日本迎来了国际化、老龄化、信息化和技术创新进展等社会变化的新潮流，以《首都改造规划》中提出的东京大城市圈整治思路为基础，在1986年6月制定了《第四次首都圈基本规划》，规划目标年为2000年，目标期大约15年。这次规划与《首都改造规划》一样，将首都圈划分为东京大城市圈和周边地区，涵盖了北关东地区。区域整治的基本方向是纠正东京大城市圈和东京市区一极化的结构，以业务核心城市为中心形成自立城市圈，重新构筑"多核多圈型"区域结构。在促进周边地区中心城市功能集中的同时，还要进行农村、山村、渔村地区的建设，加强各地区的联系，提高区域的自立性。

伴随着国际化和金融时代的到来，日本提出进一步强化中心区的国际金融职能和高层次中枢管理职能的设想。在各种功能的重新配置方面，在东京大城市圈要促进各种管理功能、国际交流功能的多核心化，避免工业功能和大学等规模的扩大。增强大城市知识、信息功能方面的新产业和研究开发能力。在周边地区除发展工业、农林水产业之外，也应当促进这些地区的业务管理、国际交流、高等教育等功能的集中。另外，还要推动部分政府机构从东京市中心转移出去，进行重新配置。为了实现上述目标，在规划期内，东京周边地区的"业务核心城市"建设正式进入实施阶段。横滨·川崎、浦和·大宫、千叶、立川·八王子等地区被指定为业务核心城市，横滨港未来地区、千叶的幕张都心地区、埼玉新都心地区等的整备和行政机构搬迁也出现新进展。

（五）《第五次首都圈基本规划》

1999年6月制定了《第五次首都圈基本规划》，规划目标年为2015年，目标期大约15年。20世纪80年代末日本出现了"泡沫经济"的"空前繁荣"，而90年代初"泡沫经济"崩溃后又发生了大幅度的后退和萧条。国民经济的大起大落对首都圈经济冲击很大。首都圈出现了一些新情况：东京都中心地区的空洞化，未利用和低效率用地大量出现，随着产业结构的升级和调整甚至还出现了大量闲置土地。由于经济萧条的影响，刚刚发挥分散作用的"业务核心城市"建设步伐开始减慢，出现了业务功能重新向东京都中心回归的迹象。在这种新的形势下，该计划与1999年日本政府正在制订中的"五全综"相协调，以国土均衡发展为原则，呼应形成分散型国土轴的需要，其重点还是要解决日本首都圈发展所面临的诸多问题，其中重中之重就是要改造日本首都圈一极依存的地域构造，在日本首都圈内形成自立、互补、相互联系的"分散型网络结构"（见图1-7）。

这一计划是在信息化、经济全球化、日本社会老龄化、国民需求多样化和环保意识不断高涨的全新时代背景下制定的。计划中明确指出，日本首都圈的发展目标是要创造一个更具经济活力、充满个性且与环境共生、具有安全舒适高品质生活环境并可持续发展的区域。鉴于向东京市中心一极集中增量开始缓和，但存量集中结构仍在持续，计划提出今后还要对东京一极集中态势进行控制。功能核心城市除了千叶、埼玉、横滨等城市外，重新追加町

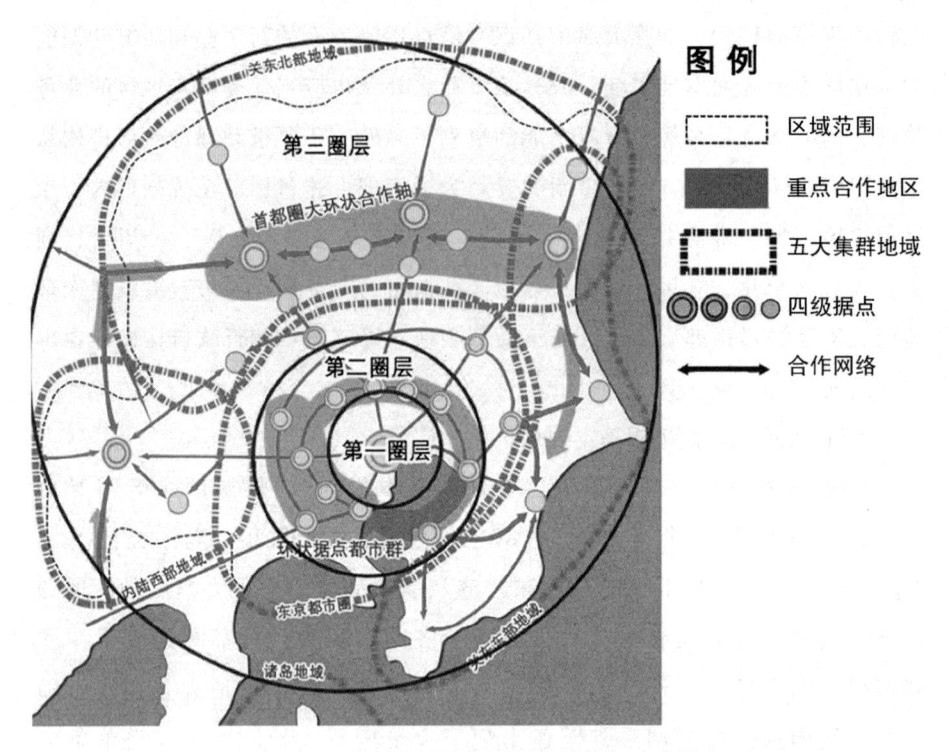

图1-7 首都圈"分散型网络结构"示意图

资料来源：国土庁大都市圈整備局計画課『第5次首都圈基本計画』パンフレット、2000年。

田・相模原市、川越市、春日部・越谷市、柏市等城市作为今后疏解东京非首都功能的地区。这次规划没有对首都圈进行区域划分，而是描绘了整个首都圈的发展前景。从首都圈区域改造的方向来看，将功能核心城市、中心城市圈定位为"据点城市"。将来要形成以这些"据点城市"为中心的自立性较高的区域社会，在日本首都圈内形成自立、互补、相互联系的"分散型网络结构"。通过这些据点的培育，在东京城市圈形成环状据点城市群，在关东地方的东部、北部，内陆西部地区，形成环状方向的大环状联合轴型发展格局。

2001年，与《第五次首都圈基本规划》相呼应，还制定了《第五次首都圈整备规划》，规划期为2001~2005年。本次整备规划是根据基本规划，对城市建成区（东京都23区、整个武藏野市、三鹰市的一部分地区)、近郊整备地区（城市建成区、未列入规划区的奥多摩町、桧原村及岛屿区域除外的地区）的宅地、道路、铁路、公园、上下水道等社会基础设施和生活设施建设进行规划的5年规划。其主要目标是：为发展具备安全、舒适的生活环境的首都区域，要对民间力量实施的城市开发项目进行资金支持，进一步推进对现有城市（存量资本）设施的"大城市改造"工程，同时还要构筑防灾能力强的城市结构。在东京都心地区充实各种功能、加强居住功能，进行城市空间的重组，在近郊地区通过功能核心城市的重点建设和完善，形成高度自立的地区，以达到分散东京非首都功能的目的。

其中，在东京都心地区，通过对汐留、六本木六丁目、秋叶原、品川车站东部等地区的再开发，加强高层次功能的集中以及国际化信息技术产业、商业、居住功能的完善，同时还要对木质结构建筑物集中街市进行综合整治，提高防灾能力，改善居住环境。另外，在与业务核心城市进行适当的功能分担的前提下，还要加强交通体系的建设与完善、加强东京港和东京国际机场的整备，提高首都圈内与首都圈外的提携、交流功能。

在近郊地区，实现向业务核心城市（八王子·立川、多摩、青梅、町田）等地区有选择地分散非首都功能，通过商业、文化、居住等功能的平衡配置，形成自立性较高的近郊地区。在进行城市空间重组的同时，通过功能集中程度的提高和环状交通网络的形成，推动据点式城市的整备和相互提携，培育环状据点城市群结构的形成。

从20世纪60年代开始，逐步形成了区部（23区）1个都心和7个副都心（1+7）结构。其中，都心是东京旧繁华区，包括千代田区大手町、丸之内、有乐町、霞关、中央区八重洲、日本桥、银座、港区新桥等地。7个副都心是：新宿、涩谷、池袋、上野·浅草、锦系町·龟户、大崎和临海副都心。市部八王子、立川、青梅、町田和多摩新城等5个核心城市成为开发重点区域，再加上20世纪80年代中期以后，为疏解东京的非首都功能，实施"业务核心城市"制度，在以东京为中心约50公里半径内指定的14个"业务核心城市"在20世纪90年代陆续投入建设。在21世纪初，逐步形成由东京市部 1 个都心+7 个副都心、市部 5 个核心城市、14 个外围功能核心城市构成的环状城市群结构（见图 1-8）。

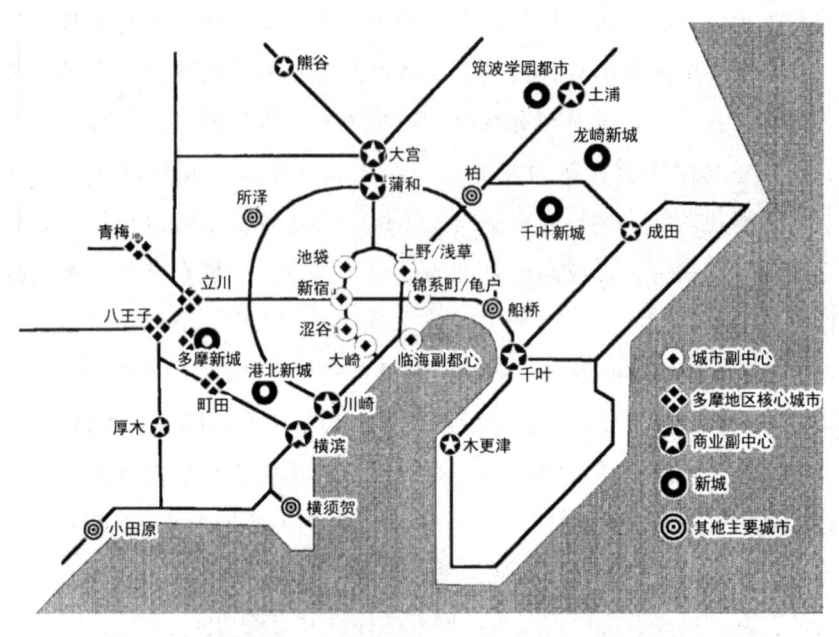

图 1-8　东京圈的业务核心城市及环状城市群空间结构示意图

资料来源：東京都都市計画局『都市計画のあらまし』平成 15 年(2003 年) 版、第 15 頁。

2005 年以后，依据《城市再生特别促进法》，在东京划出了 2500 公顷的"再生优先发展地带"和 26 片总共 240 公顷的"特定再生优先发展地带"。其中，"特定再生优先发展地带"可以由私人开发商提议划定（见图 1-9）。划定为"特定再生优先发展地带"的地块，现有的土地用途管制、容积率、建筑密度、建筑高度、建筑红线要求都可以重新议定。自此，在东京都中心和其他城市中心积极进行了城市空间的再配置和再开发，扭转了东京都中心地区空心化局面。东京都提出了"再造东京"的口号，充分利用"民间城市再生工程计划认定制度"的金融支持政策（出资、取得公司债、债务担保、无息贷款等）以及《税制特例制度措施（2003 年）》等优惠政策，加速东京城市重建与升级，近十几年来，东京中心城区的城市风貌发生了重大变化。

图 1-9 东京城市再生规划

资料来源：東京都都市整備局『東京都市白書』2015 年版。

（六）《首都圈整备规划》

国土开发法与国土利用法合并后，日本政府又将过去的首都圈基本规划和首都圈整备规划进行整合，并于 2016 年 3 月制定新的《首都圈整备规划》（也可视为《第六次首都圈基本规划》）。规划由两部分三章构成，第一部分（含第一章和第二章）从长期综合视野，提出了今后首都圈整备的基本方针，明确了未来首都圈的蓝图和努力实现的方向，实际也是相关行政机关与地方公共团体有关首都圈整备具体规划的指针。第二部分（第三章）是从广域整备的视角，对在规划期内关于首都圈域内的城市建成区、近郊整备地带以及城市开发区域的公路、铁路、机场、港口、通信等各种社会基础设施建设的完成情况，对预算、进度等的具体规划。第一部分规划目标期为 10 年（2016~2025 年），第二部分规划目标期为 5 年（2016~2020 年）。

鉴于老龄化的进展，预期首都圈人口规模将从 2015 年的 4360 万人减少至 2025 年的 4240 万人。该规划提出了要建设"既保持东京的竞争优势又要减轻一极集中弊端"的"首都圈广区域"理念。具体来说，就是设定"轴""圈域""区域群""对流据点"等 4 种"合作集群"，最大限度利用交通网络和"北关东新产业轴"等合作集群，形成充满活力的首都圈，与《第二次国土形成规划》（"七全综"）相呼应，用"对流型首都圈"取代过去的一极集中型首都圈（见图 1-10）。

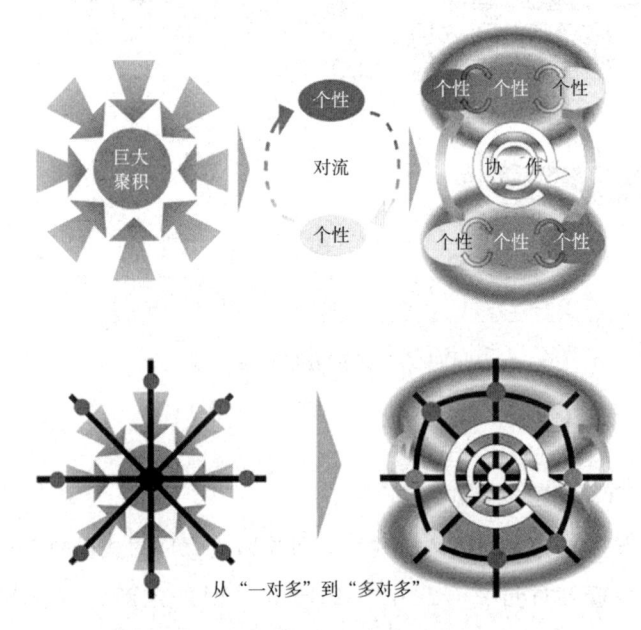

图 1-10　首都圈的"对流型结构"示意

资料来源：国土交通省『首都圏広域地方計画』、2016 年。

第三节　东京都与东京城市圈的总体规划与空间结构变化

一　"多中心城市结构"（1982年）

（一）东京城市圈地方性城市规划

东京都地方政府设有城市规划局负责东京城市建设和空间规划的制订工作。《城市规划法》是各城市制定城市建设规划的基本法。战后新的《城市规划法》自1974年实施以来，几乎每年都进行修订，鉴于形势的变化，2000年5月又对该法进行了比较大的修订，并于2001年5月开始实施。2001年5月开始实施的《城市规划法》（修订本）详细规定了城市规划区域和准城市规划区域划分、城市计划的内容、城市规划限制条款、开发许可制度、城市规划编制事业及决定手续、社会资本整备审议会和城市规划及开发审议会的权利义务、税制优惠措施、环境影响评估等。

现行的东京都地方政府制定的东京城市空间建设规划实际上是一个庞大的规划群，具体包括土地利用规划、社会基础设施规划、城市建成区的开发与再开发规划、各种特定地区规划和城市防灾对策等五大部分。

其中，第一，"土地利用规划"包括城市规划区域划分（根据城市功能的特点共分为20种地区）、城市规划区域基本规划以及规划区域范围、用途、区域内的建筑限制等。第二，"社会基础设施规划"包括交通设施（道路、城市高速铁路、停车场、机场）、公园绿地（公园、绿地、城市景观）、供给处理设施（上下水道、垃圾处理厂、供暖系统）、河流、城市其他设施（市场、动物屠宰场、火葬场、住宅小区、住宅区内的政府服务机构、物流设施等）。第三，"城市建成区的开发与再开发规划"包括城市再开发的方针、建成区再开发项目、土地区划整治项目、特定街区、住宅区整治综合支援项目、综合设计、新住宅街区（多摩新城）开发项目等。第四，"各种特定地区规划"包括特定地区规划、道路沿线地区规划和防灾街区整备地区规划。第五，"城市防灾对策"包括防灾城市建设的基本思路、防灾城市建设的实施、江东地区防灾据点计划、综合治税对策等内容。

1960年6月东京都提出了建设第一个副都心新宿的城市空间规划，经过建设省批准后实施，20世纪80年代初新宿副都心已经初具规模，有效地分散了都心三区的各种功能。池袋、涩谷、上野·浅草、锦系町·龟户、大崎等其他副都心也于20世纪80年代以后开始陆续规划建设。

（二）"多中心城市结构"的提出

1982年，铃木俊一任东京都知事时，制定了为期10年的东京都长期规划，该规划是一个经济社会发展的综合规划，也涉及城市空间结构的内容。在这次规划中提出了"多中心城市结构"的构想，如图1-11所示，以纠正都心一点集中的城市结构，将各种功能分散至副都心和多摩的核心城市，实现职住平衡的多心型空间结构。

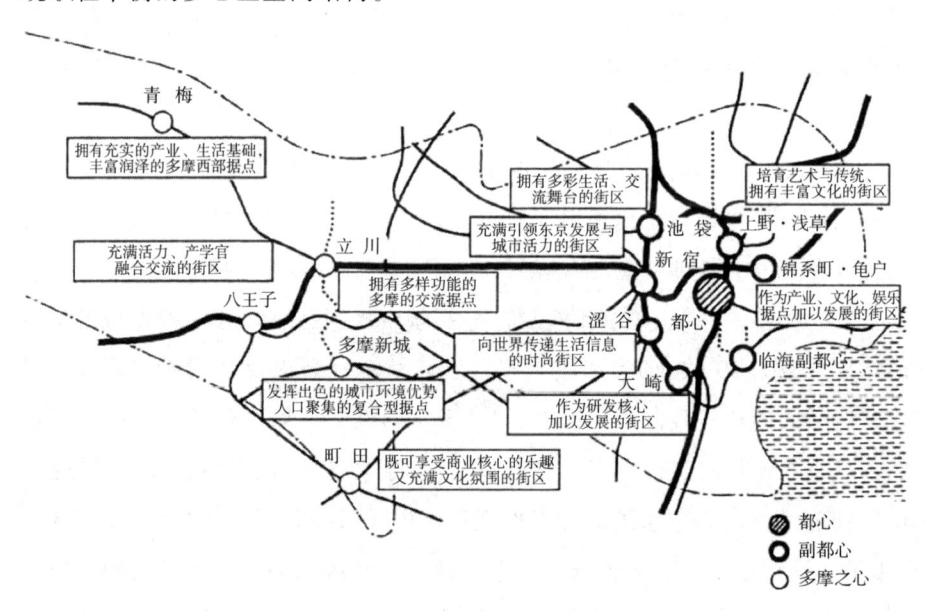

图1-11 "多中心城市结构"示意

资料来源：東京都都市計画局総合計画部都市整備室『東京の新しい都市づくりビジョン—都市再生への確かな道筋—』、2001年10月。

在 2000 年之前，东京城市建设规划中包括以下具体的 10 个主要城市开发规划项目：（1）临海副都心开发规划；（2）丰洲·晴海地区开发规划；（3）（临海副都心之外的）副都心开发规划；（4）羽田机场海面开发规划；（5）汐留地区开发规划；（6）东京站周边地区开发规划；（7）秋叶原地区开发规划；（8）丰洲 1~3 丁目地区开发规划；（9）秋留高地地区开发规划；（10）日产汽车村山工厂旧址地区利用规划。从东京都整体来看，八王子、立川、青梅、町田和多摩新城等 5 个核心城市成为市部的开发重点区域。

二 "环状巨大城市群结构"（2000年）

2000 年底，石原慎太郎知事制定《东京构想 2000》（全称为《东京构想 2000——为了实现迎接八方来客的世界城市》）。该构想是集经济、社会和城市发展等内容为一体的综合发展远景规划，规划期为 2001~2015 年。该规划提出了实现世界城市东京的三个基本目标：第一，任何人都能发挥自己创造力的东京；第二，市民能够安心生活的东京；第三，能够发送最先进信息的东京。该规划提出的"环状巨大城市群结构"[①] 颇具影响力，直到目前当年确定的规划目标仍在继续推进。

（一）"环状巨大城市群结构"提出的背景

过去，东京都一直以都内为对象，以"实现将都心的业务功能的集中压力分散到 6 个副都心和多摩地区 5 个核心城市"为视点，致力于"多心型城市结构"的实现。这种做法对缓解都心 3 区的功能集中压力起到一定作用，但同时也带来了一系列问题，如都心的业务功能下降，魅力降低。东京都开始认识到，仅依靠"多心型城市结构"的建设，无法实现居住、文化等多种功能平衡配置的城市。针对政府主张的"迁都"需要出台比较明确的"展都"长期空间战略构想，另外，在人口减少条件下，为了维持社会活力，为了在国际大都市的竞争中取胜，就必须最大限度地发挥在社会、经济上已经成为一体的东京大城市圈的综合功能。

---

① 日文：環状メガロポリス構造。

（二）"环状巨大城市群结构"的基本内容

该规划在地理范围上已超过了东京都的行政区，其范围以东京都为中心，涉及埼玉县、神奈川县和千叶县三县的部分地区，基本在规划中的首都圈中央连结环路内，实际是东京城市圈的空间规划。"环状巨大城市群结构"（见图1-12）是为提高东京圈城市魅力和活力，对东京圈无序化发展的城市建成区进行重组、整治，以实现东京圈的骨骼框架城市结构。该结构重视环状方向的城市与城市相结合，推进交通网的整备，以实现东京圈的发展。

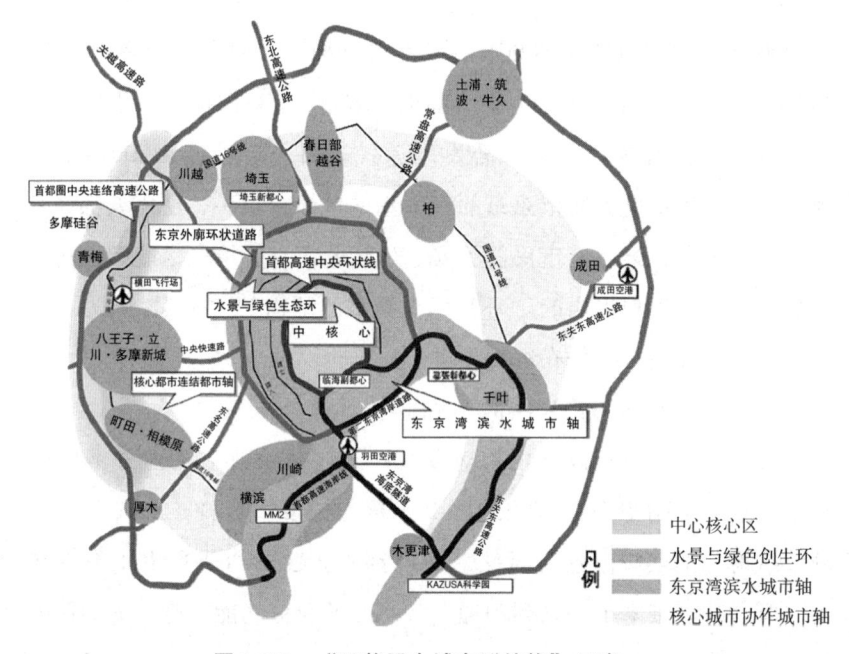

图1-12 "环状巨大城市群结构"示意

资料来源：東京都『東京構想2000―千客万来の世界都市をめざして―』，2000年。

7都县市（东京都、神奈川县、埼玉县、千叶县、横滨市、川崎市和千叶市）相互提携，通过广区域道路网等社会基础设施的整备和物流、防灾网络的完善，进一步加强东京圈整体的人、财、物和信息的交流。整个地区规划为以下四个地区。

第一,中心核心区。

范围基本在规划中的"首都高速中央环路"内,包括都心、副都心,在政治和经济功能方面是东京都,也是东京圈的中心区域。对大手町、丸之内、有乐町地区和八重洲以及7个副都心、汐留地区、秋叶原地区进行大规模的再开发。

第二,水景与绿色生态环地区。

这一区域是杉并区、世田谷、中野区和多摩地区等通勤者的居住区,基本在规划中的"东京外环路"与"首都高速中央环路"之间的环状区域。位于这一区域的7号环路、8号环路的沿线正在进行绿化,木质结构的住宅集中地区正在加强防灾对策。

第三,东京湾滨水城市轴(临空、临海城市轴)。

指从横须贺到木更津的东京湾沿岸地区。包括天王洲、台场、丰洲、晴海地区,羽田机场也在这一地区,是日本推进国际化的具有战略意义的地区。现在羽田机场的国际化、向海面的扩大、与各种交通工具的连接工程,与成田国际机场的连接交通设施(铁路、高速公路)工程正在进行。

第四,核心城市协作城市轴。

这是东京圈周边功能核心城市和核心城市构成的城市群。沿着协作轴促进核心城市的合作与交流,实现东京圈的整体平衡。

(三)"环状巨大城市群结构"的扩展和深化

2001年3月4日,东京城市圈相关都县市地区制定《首都圈大城市群构想》(全称为《首都圈大城市群构想——21世纪的首都远景与圈域建设战略》),是对《东京构想2000》中涉及的"环状巨大城市群结构"的扩展和深化。该远景规划以50年为目标,其中间目标年确定为2025年。构想所涉及的范围包括东京都、埼玉县、神奈川县、千叶县、横滨市、川崎市和千叶市7都县市,大致相当于规划中的首都圈中央连结道路内侧地区。

该构想在《东京构想2000》提出的"环状巨大城市群结构"的基础上,又进一步提出了建设"东西南北中"5个核心的具体构想(见图1-

13）。这 5 个核心分别是：中核心——原来的都心；东核心——千叶·幕张都心；南核心——横滨·21 世纪未来港区·川崎；西核心——八王子·立川·多摩新城；北核心——大宫·浦和·埼玉新都心。

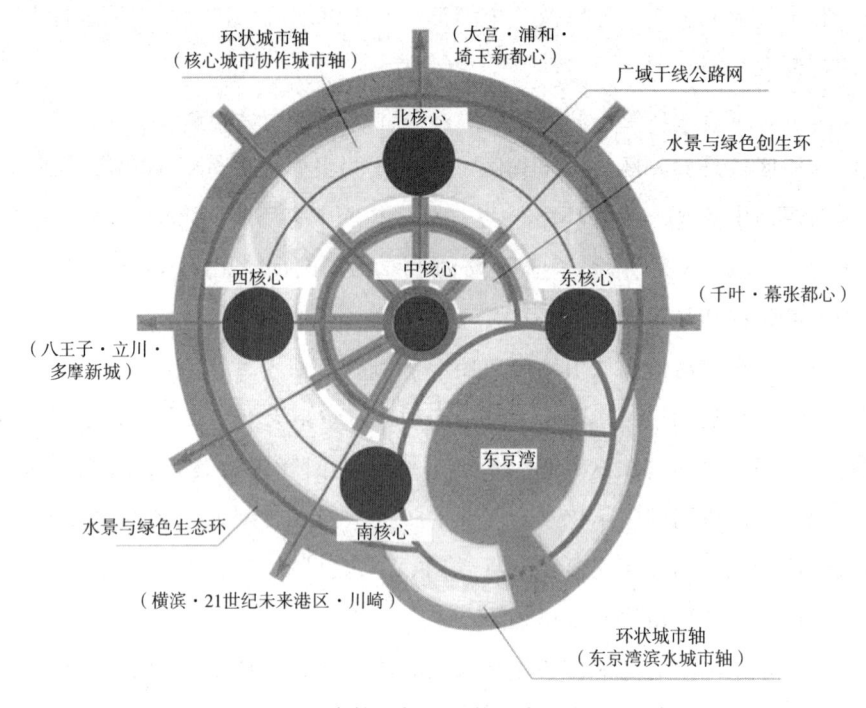

图 1-13　五个核心与"环状巨大城市群结构"

资料来源：東京都都市計画局 *Planning of Tokyo* 2002 年版。

该构想还对"环状巨大城市群结构"的含义进一步深化：第一，加强首都圈大城市群的交通、信息网络，特别是环状方向网络建设，实现活跃密切的交流；第二，将商务、居住、产业、物流、文化等多种功能由各地区和各核心分别承担，通过广域协作实现"环状巨大城市群"整个圈内一体化功能的充分发挥；第三，为实现与环境共生的目标，在首都圈大城市群内外形成水与绿色环抱的基本构架；第四，以承担首都圈大城市群活跃的都市活动重任的"核心"和城市轴为骨架，进一步发挥集聚优势；第五，东西南北中 5 个核心将起到发挥首都圈大城市群活力和魅力的先导作用；第六，核

—— 第一章 日本首都圈空间结构政策与空间形态演变

心城市协作城市轴与东京湾滨水区城市轴相连接，使首都圈大城市群的人、财、物、信息交流更加顺畅，形成高效率的环状城市轴；第七，环状城市轴在加强环状方向协作的同时，还要与中心"核心"紧密相连，以实现首都圈大城市群总体的高效率功能协作。

（四）"环状巨大城市群结构"的具体化

2001年10月东京都制定《东京新城市建设远景规划》（全称为《东京新城市建设远景规划——走向城市再生的必由之路》），该远景规划的规划目标年为2025年。该远景规划也是《东京构想2000》在城市空间建设领域的具体化，同时它也是根据《首都圈大城市群构想》将整个东京圈纳入视野的城市发展规划的补充和深化。整个远景规划共分为六章，分别对未来城市建设的目标、首都定位、政策诱导型城市建设的进展等进行了阐述。该规划在继续强调"环状巨大城市群结构"与5个核心的基础上，又将东京圈（主要是东京都）划分为中心核再生区域、东京湾滨水活性化区域、城市环境再生区域、核心城市广域协作区域和自然环境保护、利用区域（见图1-14）。实际上，前4类地区与"首都圈大城市群结构"中的4个环形地带重合。

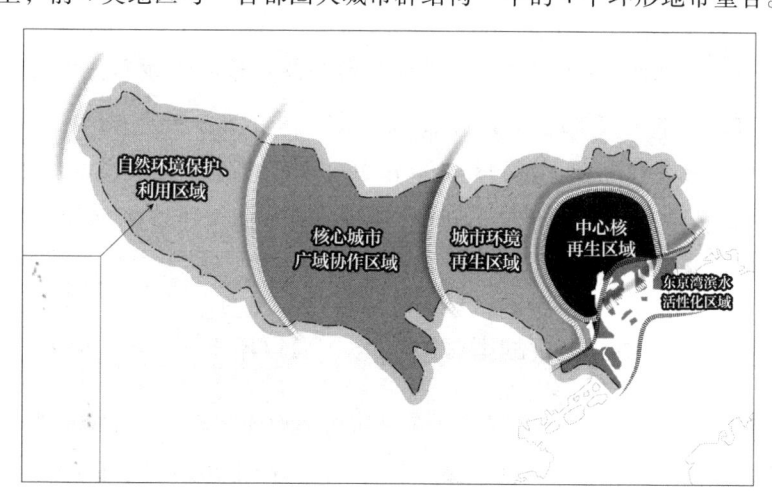

图1-14 对东京都的5个区域划分

资料来源：首都圏メガロポリス構想——21世紀の首都像と圏域づくり戰略、山浦印刷、平成13年（2001年）。

为了发展与维持都市的活力，该远景规划提出了加强商务环境的整备，加强与产业互动的城市建设，例如在秋叶原建设以民间为主导的IT关联产业据点，在多摩地区通过产学官协作促进IT关联企业的进入。

（五）"环状巨大城市群结构"构想的预期效果

首都圈"环状巨大城市群结构"构想的实施，大大缓解了东京都的发展压力，并有效解决了首都圈东京中心部一极依存地域构造所带来的诸多城市问题。据当时该战略构想预测，若该构想能够得以顺利实施，到2015年东京圈（7都县市）内的交通、通勤、环境等问题，基本可以得到有效解决。据估计，2015年时东京圈内机动车运行速度将比1995年时提高近10%，其间通勤时间缩短所产生的经济效益将达1.7万亿日元。同时，随着机动车行驶速度的提高，东京圈内大气污染程度也会大幅降低，其中氮氧化物和二氧化碳都会削减约10%。而且，随着东京圈内业务核心城市的成长和环状网络圈域构造的形成，东京圈内环状都市轴上的交通量会大幅增加，届时东京都区部的交通量将减少近30%，这将极大缓解东京圈内交通拥堵、通勤混杂的局面，降低东京都中心部的环境负荷[①]。

实现"环状巨大城市群结构"的关键在于联结首都圈的交通干线工程的完成情况，如图1-15所示，三条大环线公路建设并不顺利，主要障碍是征地困难，日本实行土地私有制度，沿线居民并不完全配合，因此工程进度缓慢，中央环状线、圈央道和外环道在2005年分别完成57%、40%和17%，10年后即2015年中央环状线100%完成，但另外两条线直到2018年只分别完成89%和58%。

三　交流、协作、挑战型城市结构（2017年）

2017年9月东京都政府制定《东京城市建设宏伟蓝图》（全称为《城市建设宏伟蓝图——创造东京的未来》）[②]，目标年为2040年。该规划提出要

[①] 東京都都市計画局『首都圏メガロポリス構想——21世紀の首都像と圏域づくり戰略』、山浦印刷、平成13年（2001）、22-23頁。
[②] 日文：都市づくりのグランドデザイン—東京の未来を創ろう。

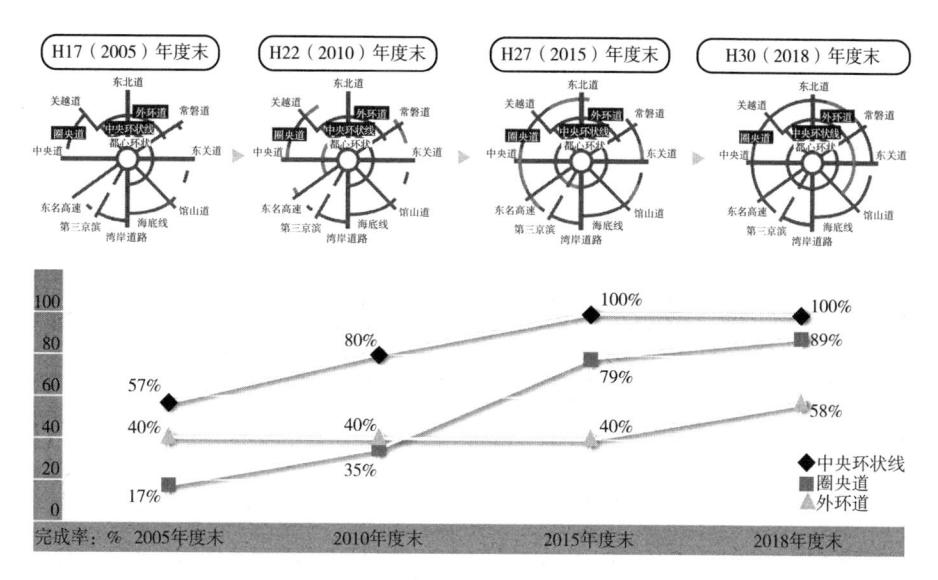

第一章 日本首都圈空间结构政策与空间形态演变

图 1-15 东京城市圈三条大环线公路建设完成情况

资料来源：根据东日本高速道路株式会社资料制作。

形成交流、协作、挑战型城市结构。以往规划提出了都心、副都心、业务核都市等多种概念，聚焦产业发展，推进形成了商业、文化等城市功能的据点。其结果是虽然在许多据点，产业功能得到一定的集中，但是也出现了三个问题：一是各据点间产生了不均衡的情况；二是部分区域虽未规划为核心据点，但由于民间开发等力量而发展出了高度集聚的城市功能；三是在发展过程中关注局限于产业，对地理特性和历史价值等地域特色缺乏重视。基于此，为实现东京的高品质发展，将摆脱建设"产业功能承接地"的单一视角，从自上而下的产业发展计划思路向自下而上的"内生发展动力+市场自主选择"转变，最大限度地发挥地区个性与潜能，在相互竞争中创造新的价值。

该规划提出的形成交流、协作、挑战型城市结构的理念十分重要，意味着东京城市圈空间结构理念的变迁，从过去的"多中心城市结构"（1982年）向"环状巨大城市群结构"（2000年）转变，再向"交流、协作、挑战型城市结构"（2017年）迈进（见表1-1）。

表 1-1　东京城市圈空间结构理念的变化

多中心城市结构 （1982年）	• 纠正都心一极集中的城市结构 • 将产业功能向副都心及多摩疏解 • 重组形成职住平衡的多中心城市结构
环状巨大城市群结构 （2000年）	• 东京圈整体分担首都功能的多功能集约型城市结构 • 强化环状的区域交通基础设施建设 • 城市建设从应对需求型转向政策引导型
交流、协作、挑战型城市结构（2017年）	• 最大限度地活用已积累的城市功能和城市基础设施 • 促进全球化时代人、物、信息的活跃交流 • 兼容多种居住、工作、休闲方式，创建一个世界人民都会选择的城市

资料来源：根据东京都城市规划局资料制作。

《东京城市建设宏伟蓝图》规划基于自由和浪漫的构想，描绘了代表东京城市光明未来的空间场景（见图 1-16），新锐的设计和历史的街景相融合，

① 最尖端的金融商务办公室
② 成为休闲放松场所的路边露天咖啡馆
③ 提供符合需求的新闻信息的数字标牌
④ 与人行道一体化设计的热闹的公共空地
⑤ 多国投资者与业务人员的交流
⑥ 利用道路上空配置行人通行平台的建筑物
⑦ 安全舒适的自动驾驶汽车
⑧ 预留的连续绿色景观空间
⑨ 具有较高历史价值的建筑物
⑩ 利用投影映射的广告
⑪ 附设在办公大楼里的育儿设施
⑫ 让观光客欣赏的路边文娱活动
⑬ 零CO_2排放的燃料电池公共汽车
⑭ 在人行道之上改造的高架道路

图 1-16　东京城市的未来空间场景

资料来源：東京都『都市づくりのグランドデザイン―東京の未来を創ろう』。

聚集了世界顶尖的企业和多种多样的人才,呈现繁荣的景象。从事金融、生物医药等高附加值产业的商务人士,一边使用全息图等先进科技与各国人士洽谈,一边享受公共空间中举办的艺术展演和活跃的城市活动。

从以上内容可以看出,东京反思了新城普遍重产业轻生活、吸引力和竞争力不足的教训,未来应着眼于商务、居住、产业、环境、文化等多项综合城市功能的发挥,尤其要发展地域特色,形成独特个性,才能持续吸引与地区文化价值观和生活方式相契合的居民,使东京成为最前卫的国际大都市。

第二章
日本首都圈产业布局与产业发展

经过战后 70 多年的发展，日本首都圈成为世界经济规模最大的城市圈，这里聚集了日本 1/3 的人口、2/3 的经济总量、3/4 的工业产值，成为日本最大的工业城市群和国际金融中心、交通中心、商贸中心和消费中心。东京湾沿岸有 6 个港口首尾相连，年吞吐量超 5 亿吨。在庞大港口群的带动下，逐步形成了京滨、京叶两大工业地带，钢铁、石油化工、现代物流、装备制造和游戏动漫、高新技术、数字经济、人工智能、芯片产业等十分发达。同时该区域也是三菱、丰田、索尼等一大批世界 500 强企业的总部所在地。本章重点对日本首都圈的经济发展、产业发展的历程和特点以及经验进行考察分析。

第一节 日本首都圈产业发展历程概观

日本首都圈的现代产业开始于明治维新之后。19 世纪后半期，由于实行改革开放，日本从欧洲引进了大量的先进工业，主要有纺织业、机械加工业和炼钢产业。这些产业必须依托于港口，建成临港工业。东京湾良好的岸湾环境为这些产业的发展提供了条件。

二战结束之后，尤其是从 20 世纪 60 年代开始，日本战后经济迅速恢复，城市化加速，环绕东京湾的海滨 90% 都被开发成人工海岸线，出现了很多人工岛屿。截至2010年，东京湾填海面积已达253平方公里，建成了像"台场"这样的CBD商务区和像"晴海"这样的现代化港区。东京迪士尼乐园、羽田机场等都是建在填海的土地上。

战后初期和高速增长时期，京滨地区由于区位优势重工业恢复和发展迅速。二战结束之后，日本采取了倾斜生产方式，以基础和能源产业为重点，以政府为主导对煤炭、钢铁、电力等基础产业进行整顿，原来散见于京滨地区的小机械工厂得到整合。由此，以大企业为中心的重工业部门不断增加，京滨工业地带于1955~1960年快速发展，几乎与20世纪初发展起来的阪神纺织工业地带并驾齐驱，形成东京、大阪"二极集中"格局。1955年通产省提出"石油化学发展方针"，首都圈实现了在川崎、横滨、千叶地区建设联合企业的构想，推动了石油化工企业规模化发展。

这一时期，东京湾由于其优良的港湾条件、便宜的土地、丰富的工业用水以及巨大的消费市场等优越条件，与伊势湾、大阪湾、濑户内海等湾区同样得到快速发展。另外，地方政府强烈希望将钢铁产业区位和联合企业区位布局在临海工业带上，这也促进了东京湾区的工业集聚和开发。

高速增长结束后，由于国内外环境变化，日本加速经济转型。1972年出台了《工业再促进法》和《工业再配置·产煤地域振兴公团法》两部法规，限制大首都圈、近畿圈等建成市区进行工业开发，积极推进工厂向地方转移。1973年"第一次石油危机"以后，由于长期不景气，钢铁、石油化学、炼铝、纤维纺织、造船、纸浆等基础产业产能严重过剩，成为政府调整援助政策的对象。为此政府制定《特定不景气产业安定临时措施法》（1978~1983年）和《产业结构转换顺畅化临时措施法》等一系列法律，同时将临时措施的预定时间不断延长。由于原材料价格输入型上涨以及日元升值影响，日本的很多传统出口型产业被韩国等追赶，逐渐丧失竞争力。从1973年起，日本由纤维制品出口国变为进口国，标志着日本经济进入转型期。这一时期由于公害和石油价格上涨，东京湾区与全国同样进行了结构调整。大力开发节能环保技术，实现了产业结构从"重厚长大型"向"轻薄短小型"转换。

进入20世纪80年代，产业向东京集聚趋势明显。20世纪80年代虽然制造业企业向地方分散还在持续，但是从工业贸易额和附加值来看，产业向大城市圈集中更加明显，也就是资本向大城市圈集中更加明显。这一时期，服务业急速向首都圈集中，而大阪和名古屋一直处于低速发展状态，"东京一极集中"形成。资本和第三产业从业人员向东京集聚，推动东京逐渐成为国际金融中心和信息中心。20世纪80年代由于信息技术进步，70年代以重化学工业为中心的发展逐渐转向电子等知识、信息集约型高端技术产业的发展，东京城市圈集中了更多新兴产业，也造成了东京圈与其他地域间收入差距的扩大。

20世纪90年代初，首都圈经济一枝独秀。泡沫经济崩溃后，日本经济进入慢性衰退期，首都圈的发展也转为减速模式，但相对来说，首都圈仍然是全国产业发展最快的地区。虽然首都圈的钢铁、化工、汽车、电器等制造业下滑，但第三产业特别是现代服务业迅速发展，导致东京一极集中的局面更加严重。

首先，日本核心大企业向东京城市圈持续集中。2019年东京城市圈共计有48414家企业，占全国总企业数的26.2%，相关从业人口约为198万人，约占全国劳动人口的25.5%。东京城市圈具有庞大的工业集群优势。[1]其中包括富士石油、出光兴产、极东石油和科斯莫石油这四大石油公司在内的四大原油公司，同时联合住友化学、出光化学、三井化学等化工企业打造了世界上最大的乙烯制造中心。第二产业中高端制造业发达，优势产业包括汽车及其零部件制造、电子产品制造等，代表企业有日产汽车、丰田汽车、本田汽车、日本制铁、索尼、日立、佳能等世界500强企业。

其次，东京城市圈第三产业蓬勃发展。近年来随着第三产业的崛起，工业在东京城市圈的比重也逐渐下降。从整体比重上来看，2017年，第三产业在东京城市圈的比重已经达到75.9%，其中房地产业、医疗养老、科学

---

[1] 国土交通省『令和2年度首都圈整備に関する年次報告（令和3年版首都圈白書）』、2021年12月25日，https://www.mlit.go.jp/toshi/daisei/content/001407872.pdf。

技术、服务业等比重近年来不断提高，代表企业包括日本邮政控股公司、第一生命、东京海上日动、大和房建等。贸易业和金融业也是重点发展的对象，代表企业包括丸红、三菱商事、三井物产、永旺集团、三菱日联金融、Seven & i 控股、住友商事等企业。而随着时代的发展，电信行业的比重也逐步提高，其中著名企业包括软银集团、日本电报电话公司、KDDI 电信等。同时，东京湾地区的物流产业十分发达。东京城市圈的交通设施包括成田国际机场、东京国际机场（羽田机场）和京滨港。东京都市圈腹地有大量的人口和雄厚的工业基础，城市基础设施也围绕着这些物流中心建设高标准的道路和其他道路网络。

另外，首都圈的研究开发取得长足发展。日本特别注重研发，民间企业成为主力。在日本，企业的研发费用占到全国总研发费用的 70%，巨额的研发投入极大地支持了日本企业的自主创新发展。据日本总务省数据，2017 年日本的研发投入占 GDP 的 3.48%，远高于美国的 2.78% 和中国的 2.13%[1]；东京城市圈集中了全国大企业的总部，集中了全国最强的研发力量，研发费用总投入占全国的 60% 以上。根据科睿唯安发布的全球创新企业百强榜单，2017 年日本企业有 39 家上榜，位居世界榜首[2] 2020 年日本企业有 32 家上榜，仅次于美国[3]

第二节 东京城市圈产业布局与产业集群

一 日本首都圈的产业布局

合理的产业布局是日本首都圈产业得以健康发展的重要原因之一。日

---

[1] 文部科学省 科学技术·学术政策研究所『科学技术指标 2019』、2019 年 12 月、https://www.nistep.go.jp/sti_indicator/2019/RM283_table.html。
[2] 客观日本编辑部：《全球百强创新企业·研究机构排行榜发布 日本再次位居榜首》，http://www.keguanjp.com/kgjp_keji/kgjp_kj_etc/pt20180213093000.html。
[3] 《科睿唯安发布〈德温特 2020 年度全球百强创新机构〉报告 三家中国大陆企业入选》，搜狐网，https://www.sohu.com/a/291095817_658521。

首都圈的产业主要是以东京湾周边为中心布局的。该区域自然禀赋优良，对发展临海工业极为有利。东京湾深入内陆逾 80 公里，是天然的优良深水港湾，内宽外窄。同时港湾紧连的冲积平原地区，以及后期填海造地带来的充分陆域，可用于仓储区和工业区的建设发展。在 1945~1972 年，东京湾填海造地面积达 12950 公顷，其中：工业用地 7120 公顷，占 55%；港湾用地 1240 公顷，占 9.6%。

首都圈在开发中，逐渐规划建成了两大工业地带，以银座为中心，向西（川崎市和神奈川县方向）发展形成了京滨工业地带，向东（千叶县方向）发展形成了京叶工业地带。这两大工业带集中了钢铁、有色冶金、炼油、石化、机械、电子、汽车、造船、现代物流等产业，成为全球最大的工业产业地带。其还包括了金融、研发、文化和大型娱乐设施及大型商业设施等，成为世界知名的金融中心、研发中心、娱乐中心和消费中心。这两个工业地带可以说是世界上最大最先进、出口实力最强的新型工业地带。

当然，在东京圈内各都县的职能分工与产业布局也各具特色（见图 2-1），具体分析如下。

（一）东京中心区

东京中心区集中了绝大部分的政府、行政、文化、管理机构以及服务业、批发业、金融业、印刷业等部门，发挥着政治、行政的国际、国内中枢职能，金融、信息等的中枢职能，经济中枢职能，科教文化的中枢职能。正因为如此，东京中心区第三产业非常发达，比重高达 85%。批发与零售行业所占比重最高。工业虽然已经不再是东京的主要产业，但其在首都圈乃至全国仍占有重要地位。特别是东京区部大企业的总部集中度最高，2016 年有 51% 的大企业在东京城市圈，其中 90% 位于 23 区，而大多集中在中心三区（千代田区、中央区、港区）。[①]

在东京都各区、市形成了相对明显的分工，即政治、行政、金融、

---

① 国土交通省资料『東京一極集中の是正について』、2019 年。

图 2-1 日本首都圈产业等分布示意

资料来源：成田孝三：《转换期的都市和都市圈》，京都：地人书房，1995，第 255 页。

信息、教育、文化等职能主要集中在东京都区部的核心区，尤其是都心三区（千代田区、中央区和港区），而居住、生产、科研等职能主要集中在东京都区部的外围区和市町村。近年来，一些政治、行政、金融、商业和文化方面的机构从都心三区向区部的副都心扩散，主要是新宿、涩谷、文京等区，尤其是东京最大的副都心新宿。就产业分工而言，东京都区部的核心区，尤其是都心三区，主要集中了服务业、商业（尤其是批发业）、金融保险业以及出版印刷等都市型工业。例如，目前东京区部范围内的金融机构占到日本总数的 4/5 以上，2020 年东京国际金融指数位列世界第四。[①] 早在1997年,都心三区就集中了东京批发业销售额的73.9%,都心三区出版印刷业的从业人数、产值和附加值分别占全东京都的36.8%、41.9%、47.3%[②]。从事务所数量来看,2017年,情报通信业、金融保险业、学术研究这三个行业的事务所数分别占东京事务所总数的36.7%、34.1%和32.9%。

另外,都心三区集中了东京批发业销售额的73.9%。而且出版印刷业高度集中于都心、副都心地区。都心三区的出版印刷业产值占其总产值的52.9%,副都心的出版印刷业产值占其总产值的3/4以上[③]。东京都区部的外围区主要集中了杂货业,也有部分机械业,且主要分布在大田区。东京都的市町村集中了大部分工业,主要是电气机械、交通机械和一般机械业。

总体而言,东京中心区第三产业非常发达,2019年第三产业比重从20世纪90年代的85%上升至88.8%。其中,批发与零售行业所占比重最高,其次为房地产业。工矿业虽然已经不再是东京的主要产业,但其仍在首都圈乃至全国占有重要地位,2017年,东京都工矿业生产总额仅占都内生产总额的8.72%,但是占全国的20.9%[④]。东京的主要制造业产业有印刷业、电气机械业、运输机械业、一般机械业和食品业,1999年这5个行业的销售额分别占首都圈的76.0%、22.4%、13.6%、12.4%和14.1%,特别是出版印刷业更为突出,销售额占全国的比重高达40.3%。

(二)多摩地区

多摩地区接纳东京中心区部分功能(主要是大学、研究开发机构和高

[①] 東京都産業労働局:『東京の産業と雇用就業2022』,https://www.sangyo-rodo.metro.tokyo.lg.jp/toukei/SK2022-all.pdf。
[②] 高汝熹、李志能:《东京都出版印刷业的现状及其对上海的启示》,《上海综合经济》1996年第9期,第33~35页。
[③] 東京都産業労働局:『東京の産業と雇用就業2018』,https://www.sangyo-rodo.metro.tokyo.lg.jp/toukei/SK2018-all.pdf。
[④] 東京都総務局統計部:『平成29年度都民経済計算年報』,https://www.toukei.metro.tokyo.lg.jp/keizaik/kk17qf0000.pdf。

科技产业方面）的转移，现已发展成为东京都高科技产业、研究开发机构、商业、大学的集聚之地。多摩地区属于近郊区，尽管与中心区之间有一段距离，但交通便利，制造业依然十分发达，其主要制造业有电气机械业、食品业、一般机械业、运输机械业等。其中电气机械业和运输机械业尤为发达，电气机械业主要分布在府中、青梅、小平、日野、八王子五市，1999 年电气机械业销售额占东京都的 87.7%。2015 年，多摩地区拥有电气机械企业 440 家，生产用机械企业 541 家，业务用机械企业 347 家。电气机械的生产主要集中于府中、日野、昭岛、八王子、调布等地，约占东京都的 75%。多摩地区的运输机械业主要分布在武藏村山、羽山、日野三市，这三市的运输机械业销售额占东京都的 60% 左右[1]。

（三）神奈川县

神奈川县接纳东京区部各种职能的转移，发挥了作为工业集聚地和国际港湾的职能，同时加强了商业、国际交流等职能。神奈川县工业非常发达，是日本的重工业基地和重化学工业中心，与东京都构成了日本最大的工业带——京滨工业带。神奈川县的主要制造业行业为电气机械、运输机械、一般机械、化工、石油、食品、金属制造和钢铁等。县内集中了许多现代化企业，主要有日产汽车、日立造船、松下电器、日本钢管、东京电力、本田汽车等。

横滨市拥有国内最重要的对外贸易港——横滨港，加上企业总部、国家行政机关的聚集，促进了国际化、信息化的进程，正在增强国际交流职能；战后经济高速增长时期，横滨进行了大规模的填海造地工程，兴建临海工业区，建立起一批极具国际市场竞争力的大中型工业园区。石油、石化、运输机械和钢铁等主要产业的生产都居全国前列。横滨港是全国最大港口，年吞吐量为 1.1 亿吨，一次总靠泊能力达 90 万吨。

川崎市主要承担生产制造和研发职能，其石油行业销售总额占到全县总

---

[1] 東京都産業労働局：『東京の産業と雇用就業 2018』，https://www.sangyo-rodo.metro.tokyo.lg.jp/toukei/SK2018-all.pdf。

量的60.4%（1998年），钢铁、机械、电子产业也十分发达。川崎港也是日本重要港口之一，主要为大企业运输原料和成品服务。工业总产值的80%来自重化工、钢铁、水泥、机电、炼油、造船和火电等。其中，炼油占工业总产值的25%以上。川崎市聚集了川崎重工、日本钢管、东芝电气、富士通电器、五十铃汽车、三菱汽车、三菱石油、小松制作所、东京电力等大企业。

（四）埼玉县

埼玉县主要接纳了东京都区部部分政府职能的转移，已成为政府机构、居住、生活、商务职能集聚之地，在一定意义上成为日本的副都。其中，浦和市是埼玉的行政中心，加上接纳东京区部广域行政职能的转移，正在增强国际交流和商务职能，同时也是东京重要的卧城之一；大宫市作为埼玉的经济中心，商业、服务业较发达，发挥着重要的商务职能。埼玉县的制造业也十分发达，制造业主要有电气机械、运输机械、化工、食品和出版印刷业。其中，出版印刷业仅次于东京、大阪，在全国居第三位。

（五）千叶县

千叶县接纳东京中心区的商务、会展等各种职能的转移，拥有千叶港和木更津两大港口和成田国际机场，发挥了国际空港、港湾和工业集聚地的职能，同时加强了商务、国际交流等职能。千叶县工业很发达，与东京构成日本另一重要的工业基地——京叶工业地带。利用其临海优势，重点发展钢铁、石油化工等重工业。

千叶市是一个工业城市，钢铁、食品和炼油三大产业约占工业总产值的76%，其中钢铁工业占1/2。千叶钢铁联合企业是世界著名大企业之一。千叶的农业也很发达，是首都圈重要的农副产品供应基地。

君津市是首都圈东南岸钢铁城市，1971年设市。20世纪60年代填海建设的君津大型钢铁联合企业是世界最大的钢铁企业——新日铁的骨干企业，年产钢能力1000万吨。专用码头水深19米，可停泊25万吨级巨轮。企业的人均产钢量约为1000吨，劳动生产率居世界领先地位。

（六）周边四县

茨城南部区域已形成以筑波科学城为主体的大学和研究机构集聚之地。

目前，筑波科学城拥有 60 多个科研、教育、企业机构（政府科研机构 46 个），共有科研人员 1 万名，占日本国立科研机构人数的 1/2，其中获得博士学位的高级人员就有 2500 多名。茨城县的制造业也十分发达，主要制造业行业有一般机械、电气机械、化工、食品和钢铁等。栃木、群马、山梨三县主要发挥首都圈的辅助功能，制造业主要以运输机械为主，农业比较发达，是首都圈的主要农副产品供应基地。

日本首都圈内部各地区的职能分工合理，工业地带与东京的金融、总部、研发等功能紧密互动，使得日本在战后很快成了世界重要的制造业大国、出口工业大国，这就是日本成功的一大秘诀，也是东京湾区能够成为世界综合性湾区的一大成功经验。

二 日本首都圈的产业集群

日本首都圈凭借区位优势和发达的交通体系，形成了合理的产业分布，在此基础上产业集群也逐渐形成。主要包括汽车产业集群、大健康产业集群、高技术产业集群、信息文创产业集群，等等。

日本首都圈产业集群的形成与中央政府创新政策密切相关。例如，日本经济产业省（METI）实施产业集聚项目（Industrial Cluster Program），旨在通过构建产业、大学、地方政府和公共研究机构的网络，创造促进技术创新的环境、形成区域经济，并以全球市场为目标。首都圈的产业集聚项目为 TAMA（Technology Advanced Metropolitan Area），包含的区域为东京都西面郊区、神奈川县和埼玉县。目前该地区集聚了许多中小型研发中心，许多研发机构是从东京核心区的大企业分离出来的。

经济产业省关东经济产业局推动"产业集群计划"，提升产业国际竞争力。为推动首都圈内企业创新，创造具有国际竞争力的产业集群，日本首都圈的有关部门积极落实日本政府关于促进企业创新的财税政策。[1] 日本首都圈地区促进科学技术创新、推动产业发展的主要工作由日本经济产业省下

---

[1] 吴松：《日本政府促进区域创新的政策措施与启示》，《全球科技经济瞭望》2011 年第 4 期，第 44~48 页。

属的关东经济产业局负责完成。关东经济产业局设立了"区域产业振兴计划""生物风险企业创立计划""IT风险企业创立计划"三个专项计划。按照各区域的不同禀赋，选择对应的区域实施。涉及的产业领域包括电子机械、运输机械、精密机械、机器人产业、生物技术产业、信息技术产业等。在实施这项计划时，除了主要由关东经济产业局推动以外，同时还要求各地区的商工会议所，以及大学和研究院所共同参与实施。主要政策为，对区域内的企业政策实施、资金和设施提供扶持与帮助。具体政策包括以下几点。

其一，促进区域内研究开发，对实施重点领域创新的中小企业实施资金补贴。

其二，促进创新成果转化，促进中小企业的技术转化为商业产品。

其三，鼓励中小企业对新兴技术实施投资，政府对此给予相应的补贴，加速中小企业折旧，实施针对中小企业的税收优惠，对中小企业的先进设备采购实施补贴。

其四，利用大学和研究机构的平台，培养中小企业创新人才和管理人才。

其五，促进大学、研究机构和中小企业之间的技术交流，形成技术交流和创新平台。

其六，引入金融机构，对区域内企业实施融资支持。[①]

受到这些政策措施的影响，日本首都圈地区形成了7个较大规模的产业集群，有效促进了区域内创新网络的形成，促进区域内企业开展技术创新。如表2-1所示，首都圈形成了7个较大规模的产业集群平台网络：①首都圈西部区域集群，以京滨工业地带为基础，形成了电子机械、运输机械、精密机械等产业集群；②中央国道沿线区域集群，以多摩工业区为基础，向山梨县、长野县延伸，形成了精密机械加工产业集群；③东葛、川口、筑波区域集群，以东京北部、京叶工业地带北部工业区为基础，形

---

① 鎌倉夏来、松原宏「広域関東圏における地域産業集積の変化と政策的課題—工業統計メッシュデータの分析を中心に—」、『J-STAGE』、2014年11月。

成了电子机械、精密机械等高端制造业产业集群；④三远南信区域集群，接受首都圈的经济辐射，以东海工业地带为基础，形成了运输机械、光学仪器等产业集群；⑤首都圈北部区域集群，以关东北部工业区为基础，形成运输机械、机器人产业集群；⑥首都圈生物基因风险企业集群，以首都圈大学、生命科研机构为中心，形成生物技术产业集群；⑦首都圈信息产业风险企业平台，以东京圈7所大学以及930多家企业构成IT产业和创意产业集群。

表2-1 首都圈各产业集群创新主体构成

计划名称	集群名称	产业领域	集群合作平台	事务局	平台参与机构
区域产业振兴计划	首都圈西部区域集群	电子机械、运输机械、精密机械等	首都圈产业振兴协会（TAMA）	TAMA协会	厚木商工会议所、SIC产业创造中心（公司）、青梅商工会议所、东京农业大学等650家机构
	中央国道沿线区域集群	精密机械加工	中央国道沿线区域产业集群推进协议会	长野县高新技术财团	山梨产业支援机构、NPO谍访制造业推进机构、信州大学、东京理科大学等约500家机构
	东葛、川口、筑波区域集群	电子机械、精密机械等高端制造业	东葛·川口筑波区域新产业创造推进平台	千叶县产业振兴中心	川口商工会议所、筑波研究支援中心（公司）、船桥商工会议所等20个政府组织、16家科研院所
	三远南信区域集群	运输机械、光学仪器等	三远南信振兴协议会	滨松商工会议所	滨松商工会议所、丰桥商工会议所等207家机构
	首都圈北部区域集群	运输机械、机器人产业	北关东产学官研究会	北关东产学官研究会	群马县产业支援机构、群马制造业平台等260家机构

续表

计划名称	集群名称	产业领域	集群合作平台	事务局	平台参与机构
生物风险企业创立计划	首都圈生物基因风险企业集群	生物技术产业	首都圈生物产业联盟	JBA生物产业协会	木原纪念横滨生命科学振兴财团、千叶县产业支援中心等370家公司、11所大学
IT风险企业创立计划	首都圈信息产业风险企业平台	IT产业和创意产业	MM孵化器合作伙伴联盟	关东经济产业局	930家企业、7所大学、10余家支援机构

资料来源：孙艳艳等：《日本区域创新政策的案例分析研究——以日本首都圈为例》，《科学学与科学技术管理》2016年第6期，第88~98页。

从2002年开始，该区域还建立了产业集群扶持金融会议，将首都圈地区120多家银行机构纳入其中，为集群内的创新活动提供资金支持。为了更好地整合和优化各产业集群资源，首都圈还建立了广域关东圈产业集群推进联盟，将各个集群的产学官各方机构聚集到同一个平台上，以便开展更加广泛和深层次的合作，2016年为止该联盟已经有173家机构参加，其中包括技术转移机构13家、金融和民间组织21家。

另外，除上述7个产业集群外，还有许多传统产业集群。例如，东京都中心区的主导产业出版印刷行业也逐步发展成为印刷产业集群。根据2005年数据，从制造业的小分类来看，东京都心三区（千代田区、中央区、港区）出版印刷业的从业人口及产值均高达都心区制造业的90%以上，东京内环出版印刷业的从业人口及产值分别占东京出版印刷业的61%和52%，占内环就业与产值总量的31%和38%，遥遥领先于其他行业。

在实施产业集群战略过程中，日本首都圈注重将重点产业定位于具有技术优势和发展潜力的关联行业，中心城市东京都在这方面发挥了先导作用。例如《东京都产业振兴基本战略（2011~2020）》提出三大类战略性产业群：其一是解决城市问题的关联行业，如健康（医疗服务福利设施等服务性行业、医疗设备行业）、环境能源、防灾减灾；其二是信息传播和文化创意产业；其三是具有先进技术的优势产业，如航空、机器人技术。

东京重点扶持的产业包括：信息通信、医疗、化学、电子、精密机械、航天、金融证券以及创意产业等。为此，东京都推出了 5 项举措：（1）为外资企业研发中心设立等事项提供免费咨询；（2）对符合政策的地区总部和创新型企业提供资助；（3）向企业介绍低价办公场所；（4）开展"东京商务受理"援助项目、制定税收优惠政策；（5）建立一站式服务中心，为企业办理各类行政手续。东京地方政府对企业的服务非常细致，针对性强。只要创新技术能力强，即使企业规模很小，只有 2~3 个人，也同样能够享受到东京政府的政策优惠。

中小企业产业比较集中的东京大田区在东京地方政府的各种优惠政策扶植下，形成了世界闻名的产业集群。日本政府早在 20 世纪中期就着手开发从川崎延伸至横滨的临海工业区，受此影响，大量机械制造和金属加工企业集聚到东京大田区，使那里成为一个都市里的工业基地。大田区的制造业企业以中小企业为主，9 人及以下的企业占企业总数的 80% 左右。它们都擅长某些基础技术和技能，通过与其他企业的合作，形成了一条产业生态链。大田区高度专业化的中小型企业集群是东京创新活动的重要基础。专业化企业是复杂劳动分工体系中的中小型生产商，为大企业研发中心和生产总部提供专业化技术和样品。大企业将产品改进和测试任务外包给中小企业，自身着眼于战略性活动，包括新产品开发及高技术研发。这些企业紧密合作，能承担相当一部分的项目。这些专业化企业网络在新产品创新和开发方面发挥了重要作用。

中小企业和大企业的合作，使得日本企业能够在高竞争的市场中快速适应需求的变化，典型的如东京的机械行业。20 世纪七八十年代，国内竞争促使日本企业多样化生产和快速开发新产品。企业需要多样化又专业化的设备来试验新产品、测验新材料和新技术。这些试验若全部由企业自身完成，将产生大量成本。许多大型企业转向由东京家庭小作坊来承担复杂任务。中小专业化企业在机械行业方面拥有开发和测验样品的手工专业技术。这些中小专业化企业互相合作，能够承接各种订单，也能为大企业生产总部提供小批量产品。除大田区外，东京东部的墨田区和江东区、东京南部的品川区以及周边城市如川崎市和横滨市集聚了高密度的中小规模专业化企业网络，在这些地区，56% 以上的企业雇佣人数在 4 人或 4 人以下，却能满足东京电子、汽车、通用机械、精密仪器产业的需求。

东京外环制造业中电气机械设备业也形成了产业集群,这一产业不仅是外环的主导产业,也是东京电气机械设备行业的主要集聚地,其从业人数和产值占整个东京的行业比重分别高达74%和87%。

第三节 日本首都圈产业结构变化与产业发展效应

一 日本首都圈产业结构演变

(一)产业结构的总体变化

战后以来,日本首都圈的三次产业变化趋势基本符合"配第-克拉克定理",即第一产业逐渐下降,第二产业迅速上升,上升至一定程度后下降并趋于稳定,第三产业一直处于上升状态。

在战后复兴期结束后,东京城市圈的"一都三县"地区第一产业的比重已经大幅下降,由于工业化和城市化的发展,第二产业和第三产业处于产业结构的中心位置(见图2-2)。仅就东京都而言,第三产业已占绝对优势,2018年占比已高达85.46%,制造业只占8.58%(见图2-3),与首都圈其他地区有显著差别。

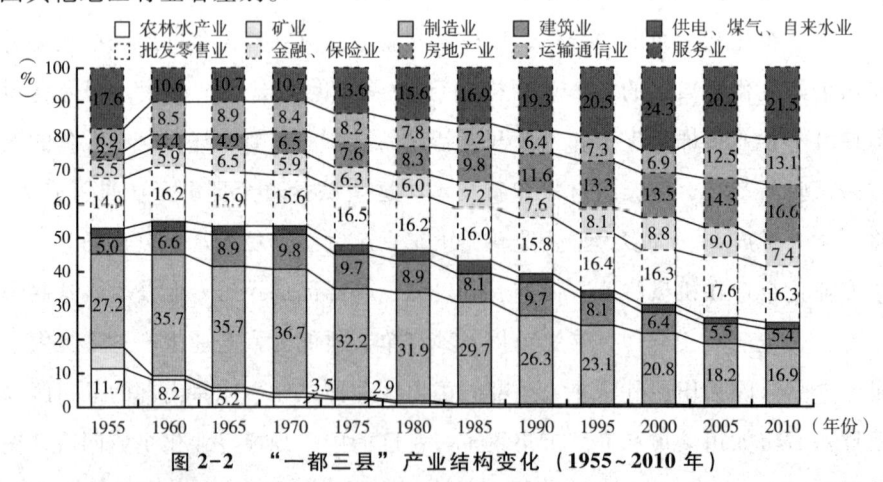

图 2-2 "一都三县"产业结构变化(1955~2010年)

资料来源:国土交通省『平成24年度首都圏整備に関する年次報告』,第29页。

说明:因图内空间不足,此图未标注出全部数据。

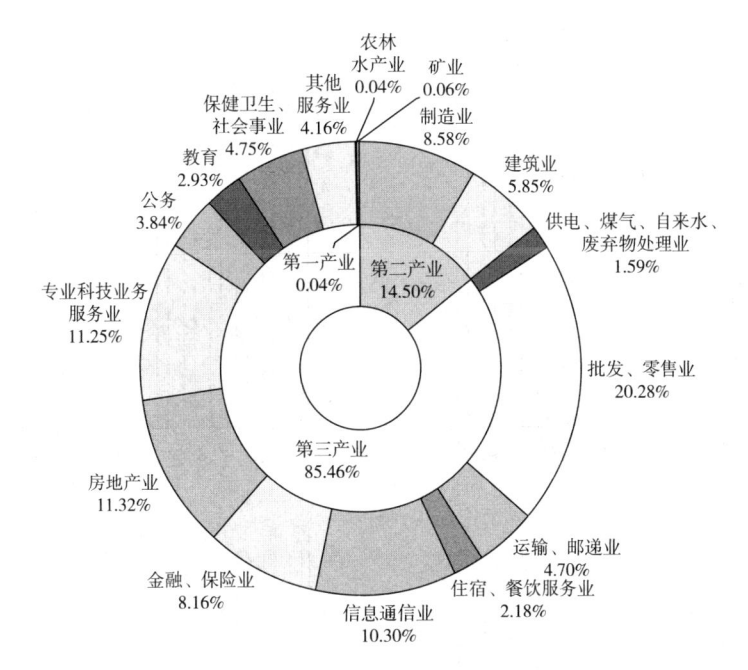

图 2-3 东京都的产业结构（2018 年）

资料来源：東京都産業労働局『東京の産業と雇用就業 2022』、https://www.sangyo-rodo.metro.tokyo.lg.jp/toukei/SK2022-all.pdf。

进入 21 世纪后，以全球化为背景，日本首都圈制造业、批发零售业、建筑业等传统产业的比例虽然下降，但这些行业的内部结构正在不断升级，正逐渐向研究开发和高质量高附加值方向发展。

"一都三县"是东京湾区的核心地带，东京是日本最发达的地区，神奈川、千叶和埼玉紧随其后，基本特点是很早第一产业占比就很低，第二产业发展很快，第三产业不断上升（见图 2-4）。目前，虽然一都七县的产业结构均表现为"三、二、一"的基本结构，但具体来看，也可以细分为三个等级：东京都为一级，第三产业占比达 85% 以上；近邻三县为二级，第三产业占比达 70% 左右；周边四县第三产业占比为 60% 左右（2005 年数据）。

从第一产业的比例来看，1955 年东京的第一产业占比已经低至 1.5%，神奈川县也处于 6.6% 的较低水平，埼玉县和千叶县则分别为 23.2% 和 32.3%，比例相对较高。此后，埼玉县和千叶县的第一产业比例都出现下

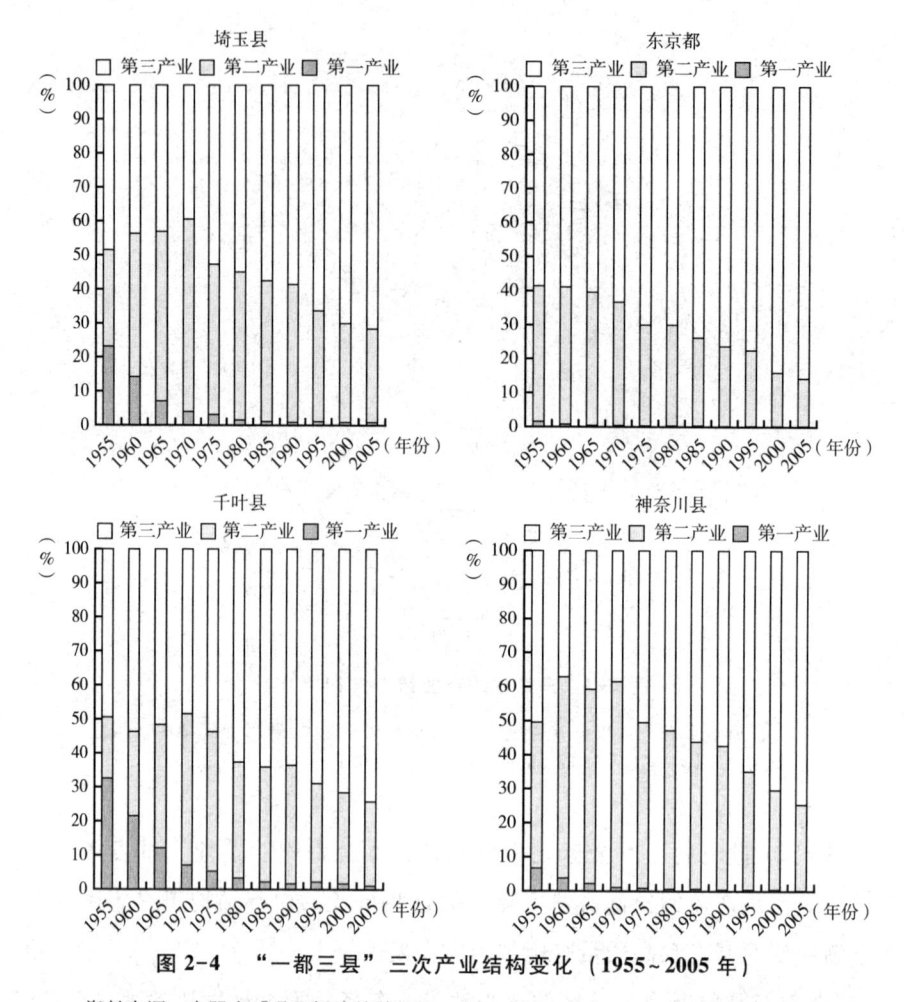

图 2-4 "一都三县"三次产业结构变化（1955~2005 年）

资料来源：内閣府『県民経済統計年報』。

降，在 1960~1965 年，埼玉县的第一产业占比下降到 10% 以下，到 1965~1970 年，千叶县的第一产业占比也降到 10% 以下。而这一比例降到 5% 以下的时间，埼玉县出现在 1965~1970 年，而千叶县则是在 1975~1980 年，存在一定的时间差。

从第二产业的比例来看，从经济高速增长期到石油危机后的低增长时期，第二产业占比由上升趋势转为下降趋势，从达到顶峰的时间来看，东京为 1960 年，神奈川、埼玉和千叶三县为 1970 年。从第二产业的构成比例下降到30%以下的时间来看,东京为1970~1975年,千叶县为1990~1995年,神奈川县和埼玉县为1995~2000年,这里也出现了一定的时间差。

第三产业的比例在"一都三县"中均处于较高的水平,但是东京在1970年超过了60%,千叶县在1980年超过了60%,神奈川县和埼玉县则在1995年超过了60%。而这一比例超过70%的时间,东京是在1980年,其他三县则是在2000年,与东京相比存在较长的时间差。

(二)"一都三县"工业内部结构的变化

1965~1995年,"一都三县"电气机械加工业份额逐渐上升,钢铁、纤维、食品等传统工业部门份额明显下降。如表2-2所示,在东京都,从1965年到1980年和1995年,基础材料型工业的比例由32.9%减少到22.4%和16.9%,与此相对,加工组装型工业的比例由32.6%上升到39.0%和43.3%,生活相关型工业的比例也由34.6%增加到38.6%和39.8%。更详细的,电气机械工业的比例由1965年的12.9%提高到1995年的25.0%,出版和印刷业由1965年的12.3%提高到1995年的27.8%,与此相反,钢铁业、金属制品业、食品工业的比例下降了。

表2-2 "一都三县"工业种类构成变化

单位:%

都县	年份	基础材料型	加工组装型	生活相关型
东京都	1965	32.9	32.6	34.6
	1980	22.4	39.0	38.6
	1995	16.9	43.3	39.8
	2010	19.0	48.8	32.2
神奈川县	1965	40.2	44.7	15.1
	1980	41.1	47.2	11.7
	1995	30.4	59.1	10.5
	2010	42.5	45.3	12.2
埼玉县	1965	37.0	32.3	30.6
	1980	35.0	40.3	24.7
	1995	34.5	45.1	20.3
	2010	34.7	42.6	22.7

续表

都县	年份	基础材料型	加工组装型	生活相关型
千叶县	1965	61.2	11.8	27.0
	1980	74.0	10.7	15.4
	1995	58.7	21.3	20.0
	2010	70.8	13.3	15.9

资料来源：根据经济产业省《工业统计表》各年版数据制作。

在神奈川县，从1965年到1995年，基础材料型工业的比例由40.2%减少到30.4%，与此相对，加工组装型工业的比例由44.7%增加到59.1%。这种变化主要发生在1980~1995年。在神奈川县，生活相关型工业的比例并没有提高，从1965年到1995年比例一直在下降。电气机械工业的比例由1965年的15.7%上升到1995年的24.2%，一般机械工业的比例由1965年的6.4%上升到1995年的11.3%，与此相反，钢铁业和食品工业的份额显著下降。

在埼玉县，从1965年到1995年，生活相关型工业的比例由30.6%减少至20.3%，而加工组装型工业的比例由32.3%大幅增加至45.1%。与此相对，基础材料型工业的比例由37.0%小幅下降至34.5%。电气机械工业的比例从1965年的8.1%上升到1995年的18.9%，化学工业的比例从1965年的7.9%上升到1995年的14.8%，出版和印刷工业的比例从1965年的0.8%提高到1995年的5.8%，与此相反，纤维工业和钢铁业的份额明显下降。

千叶县与其他县相比，基础材料型工业所占的比例较高，但其特点是1965~1980年的变化与1980~1995年的变化有所不同。在1965~1980年，生活相关型工业的比例从27.0%下降到15.4%，而基础材料型工业的比例从61.2%上升到74.0%，与此相对，在1980~1995年，基础材料型工业的比例进一步下降到58.7%，而加工组装型工业的比例则从10.7%大幅增长到21.3%。前一时期基础材料型工业份额的上升主要是由于化学工业和石油制品的增长，后一时期份额的下降主要是钢铁业和石油制品的下滑所致。而加工组装型工业份额的增加则主要是由于电气机械工业的增长。

1995年之后首都圈的制造业结构发生了较大变化，国内产业空洞化问题显现。从 2005 年的构成比例来看，除东京都以外的三个县，加工组装型工业的构成比例均有所下降，基础材料型工业的构成比例则有所上升。这可以视作以中国等亚洲各国的原料需求为背景而产生的出口增长，以及以加工组装型行业为中心的海外生产扩大化和国内产业空洞化发展的结果。

（三）"一都三县"就业结构的变化

从包括东京、神奈川、千叶和埼玉的南关东整体来看，其与全国的变化趋势基本相同。东京第一产业就业人口在 1980 年已经低至 3.9 万人，到 2015 年继续降至 2.3 万人，减少了 41.0%。而千叶县第一产业就业人口从 1980 年的 23.3 万人减少至 2015 年的 8.0 万人，降低了 65.7%。埼玉县第一产业就业人口也从 1980 年的 16.1 万人减少至 2015 年的 5.5 万人，减少了 65.8%。也就是说，自 1980 年开始，东京城市圈的第一产业就业人数一直在下降，特别是东京已经失去了农业产业发展的空间。

首都圈的制造业从业人数也呈下降趋势。如图 2-5 所示，根据日本人口普查数据，1975 年以来，各都县制造业从业人数（M）总体上均有所下降，但其中专门性和技术性职业从业人数（R），以及两者的比值 R/M 却总体上略有上升。

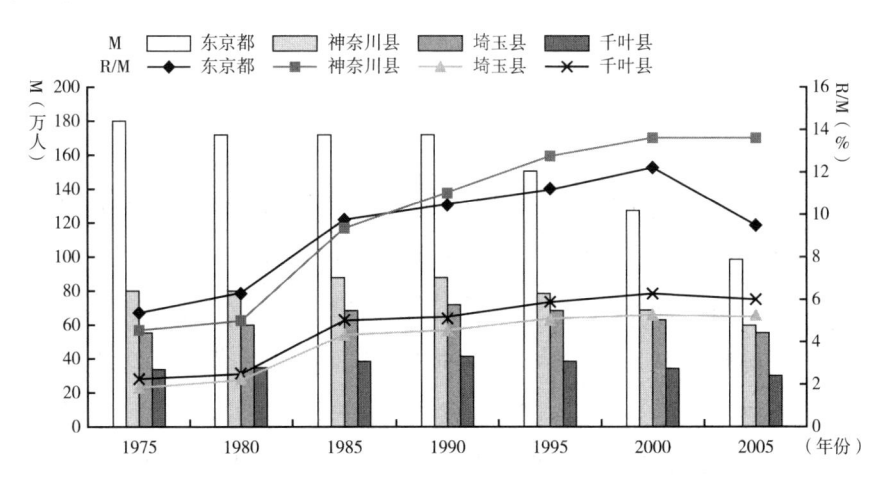

图 2-5 "一都三县"制造业从业者人数变化（1975~2005 年）

资料来源：根据总务省『国势调查』数据制作。

值得注意的是，进入21世纪后，就业结构进一步变化，从事制造业一线工作的蓝领人员明显减少200万人，但产值却持续上升，这说明技术创新和技术进步发挥了重要作用。与此同时，运输通信业和专业技术人员明显上升（见图2-6），这说明东京城市圈的制造业就业结构也进一步发生变化。

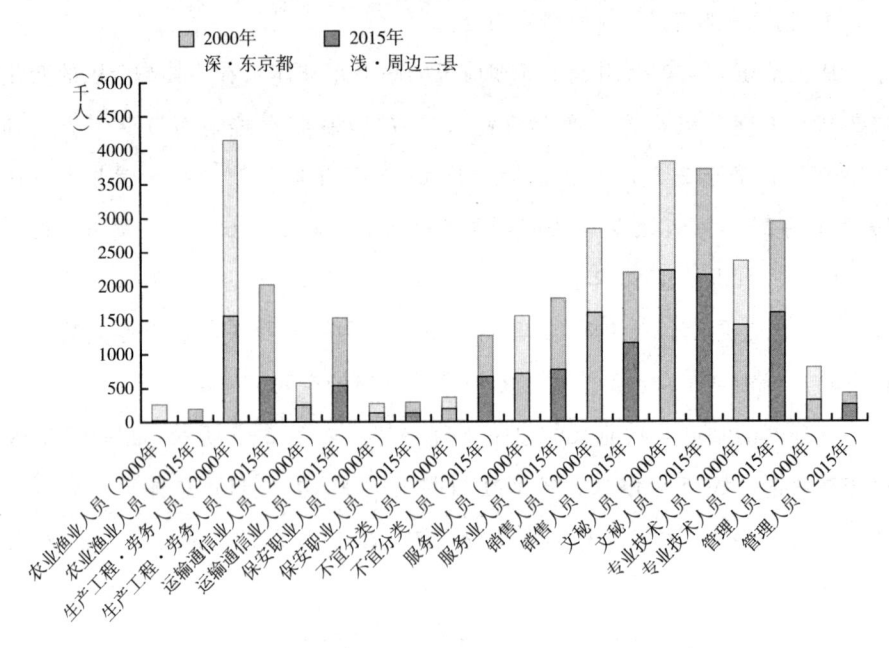

图 2-6　2000年和2015年"一都三县"就业结构变化

资料来源：総務省『東京圏就職資料』。

就服务业从业人数而言，东京都和其他县专门化行业的数量存在很大的差别，这体现了大城市群内部的行业多样性。在东京都，影像、语音、文字信息情报业，与互联网相关的服务业、信息服务业、广告业等专门化服务业，各种商品批发业、纺织品和服装批发业，证券业和期货交易业等金融业，以及不动产业等专业化人才比重较高。而埼玉县的仓储业、千叶县的航空运输业和娱乐业、神奈川县的学术与研发机构较多，与每个县所具有的特色相对应的专业技术人员从业比重较高。可以看出，即使同属于南关东地区，各都县之间也存在多样性。

二 日本首都圈产业发展效应

(一)聚集效应

对都市经济圈规模产生影响的因素是较大的市场容量和规模,一体化的市场形成于较大一体化的经济圈内部,它使一个地区型企业可以面向更大的市场,强化企业的管理,进而实现更高的产能,并提升企业的竞争力。数量更多的企业为了发挥其聚集地的优势,更加接近国内市场,会不断向国内市场集中。所以,在都市圈的发展最初阶段,制造行业不断地向圈的核心位置靠拢。规模极大的产业聚集,实现了成本的降低,提高了创新速度,引来大量的劳动力,基础设施完备、资金汇集、信息共享等因素使成本降低而产生的竞争优势会导致地区中的企业面临着极大的压力,为了维持自身的优势地位,企业必须在对成本和收益进行分析后,认真比较,作出合理的选择。在整个日本产业结构占 GDP 比重的演化过程中可以看到,日本制造业经历了由快速增长到增速下降再到绝对值下降的过程。

城市发展过程中的主导产业的比较优势决定了城市的基本功能,城市和外界的往来、沟通和交流的深度及广度决定了其基本功能的可实现性。所以,作为城市基本功能的形成依据,城市主导行业的变化和更替必然会导致城市产业结构的不稳定,进而导致城市功能结构发生变化,使城市的运行、功能转变和发展受到影响。

日本首都工业结构将重心转变为重型硬件产品,逐步实现从工业化中心向信息服务和知识服务为主的结构转变。结合东京在 1955~2000 年产业结构变化状况分析,原材料的工业化比重逐渐呈现出不断降低的状况,信息化内容、加工组装相关的内容所占比重逐渐提高,到 2000 年为止,已经占据了较大的比重。结合数据来看,在东京所呈现的工业状态中,1953 年钢铁行业、化工行业发展到 1963 年,已经不在前五名的范围内,化工行业由原来的第四名下降到第五名。所占比例也从原来的 10.4% 下调到 8.3%,发展到 1973 年,化工行业已经不在前五名的范围中。相反,出版印刷行业呈现上调状态,1983 年后一直处于销售行业第一的位置。

1960~1970年，日本的经济持续处于上升状态，发展速度极快，在东京经济发展过程中，制造业发挥了极为显著的作用。基于1973年石油危机日益严重，化工行业的污染不断显著，东京经济增长速度降低。20世纪70年代末，东京出现了机器制造行业和知识密集型行业，产业结构逐渐调整，由资本密集型转变为知识密集型。20世纪80年代，政策不断发生变化，制造行业也逐渐发生转移，产品的竞争逐渐激烈，在东京出现了一大批新型企业。这些企业应用了更新的科技，并逐步向生产服务业延伸，形成了一个崭新的东京制造业发展状态。

在东京，逐渐由以批量生产为主转向新产品研发、新技术开发、知识密集型产业和高附加值的产业，企业的发展重点发生了变化。东京的产业结构不断地完成调整，更多的跨国金融中心进入了东京。1986年，日本建立了东京离岸金融市场，推动了东京国际金融中心的形成。在20世纪80年代后期，东京已经逐步发展为规模较大、功能丰富的国际金融贸易中心。第三产业成为城市的发展核心，东京迅速实现了产业结构的转型升级，成为全国生产要素配置和决策中心。在这一阶段，日本经济正在向信息化、服务化和国际化的阶段发展，东京逐步进入面向世界的发展层面。

（二）溢出效应

随着产业集聚的不断强化，核心城市的劳动力素质不断提升，就业观念发生了改变，导致劳动力成本显著提高，可供使用土地的面积逐渐减少，土地成本发生了显著的改变，房屋的租赁价格降低，交通拥堵现象引发的矛盾日益突出，经济化程度提高，人们愈加重视时间。所以，核心城市的城市化要素和其他地区相比发生了显著的变化，基于核心城市现存的一些产业继续保留以往的不经济现象，这些产业就会逐步再次布局，因此出现都市圈服务行业、制造行业不断发生转移和扩散，核心城市的大部分产业不断撤离的现象。都市圈发展的后期，通过产业扩散，都市圈的一体化进一步加强，都市圈逐渐进入成熟阶段。

在20世纪60年代日本经济快速发展时期，东京的制造业向电气机械、运输机械、精密仪器等代表先进技术的现代机械工业倾斜，同时把劳动密集型产业和以原料生产为中心的钢铁产业向东京外转移。70年代，技术的进步推动以东京为首的首都圈制造业开始转向电气及运输机械业，东京的农林产业、制造业、矿业、电力等就业人数大幅减少，同时批发零售和服务业就业人数上升。80年代东京制造业利用技术进步促使电气、运输机械的生产实现了向高附加值转型，并且表现出强有力的竞争优势。这一时期，除农林以及工业的就业比例进一步缩小外，最突出的特点就是服务业就业人数大幅提升，公共事业就业人数比例缩小。90年代产业变化特征之一是科技应用于产业升级。科技的创新实现了东京众多高附加值产品的开发与生产。从各产业就业情况来看，90年代产业结构依然延续前期的发展趋势，服务业就业比例继续保持增长，农林业和工业制造业就业人数进一步下降。

20世纪60年代到2000年，产业发展的重点体现为服务业比重不断快速上升与制造业规模的不断缩小，同时向高附加值生产转型。在这期间日本经济发展环境发生了巨大的变化，面临国际竞争、能源危机、日币升值，以及国内生产成本上升、环境污染等问题。东京在跨越危机的同时成功实现了产业转型发展。除了市场和社会力量的影响之外，政策指导、技术创新也发挥了重要作用。

结合都市圈不同区域的第三产业发展状况分析，在1994~2000年，第三产业所发生的变化是极为显著的，结合第一产业的发展来看，栃木县存在一定程度的波动，但是其他行业处于逐步下降的趋势，第二产业中，山梨县没有发生显著的改变，其他地区并没有出现明显的下降。与此同时，结合第三产业产值所占的总比重来对东京的经济圈进行合理的划分。在东京以及与东京临近的区域，神奈川县、埼玉县、千叶县被规划为第一区域，这一区域的服务行业数量较多，发展较好，工业发展水平略低，农业在区域中所占的比重最小。尤其是作为中心城市的东京地区，服务业的比重已经达到90%左右。第二类是外围的茨城县、栃木县、群马县、山梨县，该区域以农业和工业为主，服务业相对较弱。

东京逐步发展为服务经济，加快发展高附加值、高生产率行业的速度，在这一过程中，制造业逐步向周边扩展，促进了东京地区以及周边行业的持续发展。通过首都圈各都县产业结构的变化可以看出，东京制造业比重在持续下降，靠近东京的三个县与外围四个县的制造行业逐步发展起来，说明制造行业的发展重点是由东京逐步向邻近的区域转移，交通愈加便利，在交通相对发达的地区，高速公路、航空以及港口等城市的基础建设状况更优，土地供应逐渐充足，价格等要素不断呈现显著优势，促进东京地区吸引大量的制造业来这里发展。

首都圈的各个县区都利用东京都的资源，不同的资源都实现了精准的定位，获取了自身的优势。比如神奈川县接纳东京都产业转移的问题。早在日本经济快速发展时期，神奈川县横滨市就建立了近代工业发展基础，在东京湾的沿岸地区填海造地，同时，借助于优惠的政策，实现招商引资，吸引了大量东京都的工业企业。到20世纪90年代中期，已经发展出了一个临海工业区，入园企业数量达到2000多家，这些企业大部分是从东京市区转移而来的。

东京周边地区借助于产业转移的有利时期，选择有效的措施实现精确定位，一方面促进东京解决了产业发展中存在的诸多问题，另一方面还借助有利时机建立起规模最大的京滨工业区。这一工业区贯穿了川崎、横滨等地，长达60公里。不同地区将不同市场作为发展的主体，结合资源和城市功能理论，凭借自身有利的地理优势和农业发展状况，开拓出不同的特色化产业，形成互补。即使是同一个城市、同一个产业，对于相同的资源开发，不同的区域也呈现差异化的状况。日本首都圈产业结构、产业分工格局呈现鲜明的圈层构造，三个区域层次上，新产业的诞生、原有产业的高度化、产业空间的优化较日本其他区域进行得更加迅速充分，推动了整个首都圈产业结构升级换代，实现协同发展。

（三）聚集效应、溢出效应与空间的结合

为促进聚集增长和空间的不断融合，处于中心区域的城市借助于自身发达的经济，不断拓展，向边缘化城市提供产品，吸引边缘地区的劳动力、资本，进而向边缘地域产生极化效应，实现信息向中心城市的积累。城市经济带来的外部性中非常重要的一点是，城市集中可以带来信息交流的便利，更有利于创新的产生。企业愿意聚集到城市来交换、分享信息，即使现在现代化的信息已经覆盖到世界的大多数角落，但是地理位置的邻近对于知识的传播和信息的获得仍然起着非常重要的作用。因为知识和思想的传播更多的是想法的碰撞，是一个在合作与竞争中相互认知和再学习的过程，因此，创新的产生离不开人、产业、信息的聚集。

城市集聚与产业集聚产生的竞争、信息的交流、生产要素的聚集、成本的降低等是一切创新的基础与平台，而创新反过来又会促使以上要素集聚进一步加强。新技术、新知识的传播，会促使传统产业的创新升级与高新技术产业的蓬勃发展。另外，由于大城市房地产价格的不断攀升导致商务成本大幅上升、都市圈内部基础设施水平提高导致区内运输成本降低、大城市工资水平上升以及通信技术不断发展等因素的共同影响，在主要城市中出现了产业结构升级。根据产业的劳动地域分工理论中的比较成本理论、要素禀赋理论，以及产业布局理论中的新发展，我们可以看到，信息技术的不断创新打破了时间和空间的界限，影响产业布局的因素随之发生了重大的变化。总体而言，传统产业和信息产业因为影响因素、区位优势的不同推动了在空间上的分离，产生了类似核心和边缘关系的空间组合。以信息技术为主导的高技术产业将聚集在城市某一区域，而传统的制造业会进一步向外围地区转移，这是高技术产业兴起以来已存在的高素质创新环境以及知识的共享、关系网络的交流的需要。

在日本首都圈发展的前期，经济持续以极高的速度发展，东京地区人口总量显著提升，功能建设速度加快，基础建设持续扩展，制造业蓬勃发展。促进了东京城市发展，形成一极集中。制造业在东京的大量聚集，带动区域内的产业分工与内部交流，孵化科学技术创新，促进产业升级转型。聚集为技术外溢提供了条件，同时创新又是产业升级的一个直接动因，都市圈里更易产生高新技术产业的聚集。制造业发展的同一时期，金融业、商务等相关行业也与制造业同步发展，经济中心逐步朝着东京的方向发展，向东京所在的区域靠近，这对批发行业、金融行业以及信息行业产生了一定的影响，使其发展为专业性较强的行业。东京将技术密集型和知识密集型作为具有较高附加值的产业。

在日本首都圈发展的后期，东京产业的转型升级对城市的合理规划与定位、功能的确定以及制定发展目标具有积极的作用。东京地区的产业转型，对制造业的发展和转移发挥着积极的促进作用，与此同时，对周边区域的服务业进步也具有带动意义。周边区域将新近建设的产业作为发展核心，发展成了副都中心，对中心位置的压力可以发挥重要的缓解作用。东京周边各个地区利用各自的优势，发展生产性服务配套设施，承接转移产业。并且在产业转移的过程中同样重视淘汰落后产业，在实现产业转型升级的过程中，突破了原来的格局，促进了良性竞争，减少了恶性竞争。制造业逐步向外部扩张，这一改变对于都市圈的发展和功能合理分布具有积极的促进作用。

在日本首都圈发展的过程中，不难看出产业的集聚有利于创新的培育，而创新体系的形成能够促进产业的扩散，提升整个首都圈的竞争力。城市的功能和产业结构呈现明确的对应关系，城市借助于主导行业的发展，在确定的区域中完成专业化程度较高的分工，并积极地参与到区域的城市体系建设当中，进而实现城市能级的确认。在首都圈发展的前期阶段，城市聚集、产业聚集的状态促进了技术的不断发展和创新，在这个过程中，主导产业发挥了重要的作用。技术创新形式促使产业渐次升级，地区分工合作体系也随之发生改变。在首都圈发展的后期阶段，随着城市主导行业的不断发展，其优势愈加凸显出来，城市的辐射作用更加显著，其广度和深度都在不断拓展。首都圈产业逐步向外转移，并在创新驱动下同时实现被转移传统产业的升级，此后区域间功能方面的联络不断深入，进而强化了不同区域之间的联络，实现功能网络的逐渐牢固，使其所覆盖的范围进一步扩展，竞争力逐渐提升，最后形成一体化的经济整体。

三　日本首都圈产业发展的基本特点

日本首都圈产业发展的特点可大体归纳如下。

第一是日本首都圈的产业布局规律是制造业由中心城市向周边逐渐扩

散，各区域根据比较优势实现不同功能。在发展初期，产业在原有工业基础上进一步布局发展，但在发展到一定程度之后，由于既有建成区和原有工业区发展空间有限，大城市病逐渐显现，逐渐失去发展制造业的比较优势。因此这一时期产业结构面临转型，中心城市逐渐发展总部经济和金融、信息等高端服务业，周边城市乃至其他偏远地区次第承接中心城市的产业转移。与此同时，传统行业也经历升级，综观"一都三县"的发展可以看出，各类型的事业能够很好地分类共存，在全球化背景下，制造业、批发零售业、建筑业等传统产业的比例虽然有所下降，但是这些行业正在从事研究、开发等更高级的活动。

第二是发挥好产业政策的引导作用，避免对弱势产业的过度保护。日本首都圈产业发展的经验显示，在不同经济发展阶段，要针对不同产业的特点出台不同的产业政策。产业发展初期可以对个别产业采用减税、补贴等直接支持的办法，但是产业发展到一定程度，特别是走向国际化之后，要逐渐降低产业支持力度，更多采用间接政策引导产业方向，尊重企业自主性。更重要的是，对本国弱势产业不能过度保护。产业初期的保护政策是不得已而为之，目的是防止本国产业遭受外部竞争的毁灭性打击，但是如果一直保护下去，会使得本国产业失去国际竞争力，长期而言不利于经济发展。

第三是通过产官学合作网络建设具有国际竞争力的产业集群。东京都的产业集群计划旨在通过广泛的产官学合作网络和优越的创新环境建设具有国际竞争力的产业集群，主要由地方创业企业和中小企业组成，各个集群设有集群合作平台，负责协调各方关系，实施主体是经济产业省下属的各个区域经济产业局以及民间组织，在2001~2010年由国家主导建设了37个产业集群。

第四是积极促进绿色产业结构升级。日本从2000年起就积极推进循环经济，构筑低碳社会，积极发展绿色经济和低碳经济，2013年实现了碳达峰目标，2020年又明确提出在2050年实现碳中和目标。东京城市圈在发展低碳经济和绿色经济方面走在全国的前列，不断提升绿色产业结构。在第一产业，通过对生态系统的巧妙利用，实现农业、林业和渔业的零排放，并利用创新技术增加二氧化碳等温室气体的吸收量。具体包括以下四个方面。其一，使用最尖端的生物技术来达到资源的有效利用，并通过农业用地、森林、海洋等天然资源对空气中的二氧化碳进行吸收；应用基因组编辑等生物技术，将生物质原料转化，应用生物炭在农业用地中进行碳储存，推广高层建筑使用木材和生物质材料固碳，发展和普及智慧林业，推广蓝碳（海洋生态系统的碳封存）。其二，通过使用智能管理系统减少农业和畜牧业甲烷及氧化亚氮的排放。其三，推广农林水产业低碳能源的使用，如农业、渔业等机械化生产中燃料的电池化。其四，开发碳捕捉技术。在第二、第三产业方面，主要由日本内阁牵头，由东京都市圈零排放创新协会落实其绿色转型的发展。东京都市圈零排放创新协会包括旭化成股份有限公司、岩谷产业股份有限公司、ENEOS控股股份有限公司、AIST、东京大学、东芝股份有限公司、日产汽车、内阁府等129家企业、高校以及相关政府部门。该协会根据2020年1月21日通过的《环境创新战略》计划，主要促进与零排放有关的研究、开发和示范项目（如氢气、CCUS、能源管理等），并开展公关活动。其主要活动包括以下四个方面。一是编制区域地图，包括东京城市圈地区的公司、大学、研究机构、政府机构等的活动信息，并向海外传播该地图。二是规划和促进研究、开发和示范项目，并传播和利用这些项目的成果。三是促进成员之间有关零排放技术的研究、开发、示范和商业活动的信息交流与合作。四是为实现理事会的目标所需的任何其他活动。截至2021年6月，主要研究成果包括研发超高功率太阳能电池、太阳能化工产品生产、碳中和技术等。

  第五是促进劳动生产率不断提高。产业发展的根本动力是劳动生产率的不断提高。资本劳动比差异是劳动生产率差异的主要原因。从2008年劳动生产率的统计来看，最高的县（东京，42.6%）和最低的县（长崎，-25.1%）之间的差距是67.7%。其中，45%可以归因于全要素生产率（TFP）的差距[1]。资本劳动比对劳动生产率差异的贡献度也出现了较大差异。2008年，

---

[1] 深尾京司『生産性・生産構造と日本の成長』、2015年。

东京的劳动生产率超出全国平均水平的大多数县，资本劳动比对劳动生产率差异的贡献度为负值。

从制造业的情况看，东京的"皮革及其制品"位居全国第一，"印刷及相关产品"位居全国第一，"家具和装饰制造"位居全国第三。[①] 但是，从全国来看，这些行业都是平均劳动生产率较低的行业。也就是说，这种现象不能仅从行业来解释。一种可能性是，从事研发的人数逐渐增加，并且这些人向东京集中，另外，总部机能也向东京集中，加上总部服务的附加值，因此劳动生产率可能更高。分析结果显示，并不是首都圈所有地区都具有高劳动生产率，而是集中在东京。同时，支撑高劳动生产率的因素在于，信息通信业作为高生产率行业，具有较高的专业化系数，另外，研究开发人员和本部机能的集中也是因素之一。值得注意的是，中心城市东京劳动生产率较高的高新技术产业集聚效应明显。总体而言，"信息通信业""学术研究、专业技术服务业""不动产业、物品租赁业"等行业专业化系数越高，劳动生产率越高。与之相反，"农林渔业""住宿业、饮食服务业"等行业专业化系数较高的行业，劳动生产率较低。与其他县相比，东京在劳动生产率方面具有压倒性优势，其中主要可以归因于全要素生产率（TFP）的差距，其次是劳动力的丰富程度。东京都劳动生产率高的主要原因是高劳动生产率的行业集聚，以及研发部门和总部向东京的集聚。

---

① 総務省・経済産業省『平成28年経済センサス―活動調査 製造業（産業編）』、東京都『東京の工業（工業統計調査報告）』。

第三章
东京城市圈交通体系

　　交通体系与交通资源配置是大城市圈空间结构的重要组成部分，也是区域经济发展的重要基础。考虑到日本首都圈的茨城、栃木、群马、山梨四县交通量相对较小，本章探讨的范围主要是交通量较大的以东京站为中心半径50公里的东京城市圈（一都三县）。东京城市圈人口高达4400多万人，人口密度为1200人/km^2，是世界上经济活动最活跃的地区之一，如何解决如此巨大城市圈的交通问题无疑是世界性难题。但东京城市圈依托轨道交通为主的立体交通体系，辅助轨道交通与公路交通的无缝接续系统，以科技为支撑，在治理拥堵方面取得了举世瞩目的成绩，为解决都市交通问题提供了一套可持续的方案。城市交通是一个城市运行的基本保障，也是一张城市名片，直接反映城市的治理体系和治理能力现代化水平。东京连续多年被联合国人居署和经济学人智库（EIU）等机构评为全球最宜居的十大城市之一，其中一个重要原因就是拥有完善、高效、便捷的城市交通，创造了城市道路不拥堵的"东京模式"。本章在对东京城市圈交通资源配置与交通体系基本情况梳理的基础上，重点分析其轨道交通建设、运营以及治理交通拥堵方面的措施与效果。

第一节 东京城市圈交通体系发展演变与基本特点

一 东京城市圈交通网发展演变

　　目前，东京城市交通已形成一个地面、地下、地上立体快速交通网络，即地面道路、地上高架路、市区地下铁道、市郊快速有轨电车相结合形成的立体交通网。高密度的轨道交通体系把整个东京"覆盖"得严严实实,公共交通网络的健全是东京治理交通拥堵最过硬的硬件。可以说,乘坐轨道交通可以抵达东京的任何一个角落。[1]

近代东京的交通体系建设肇始于江户时代。在日本的江户时代,城市的建设与道路首先以防御为重,江户城基础护城河以及安防设备建造完善后,为了防御来犯之敌,道路修建得很窄而且如同迷宫一般。江户政权建立后,为了防止各地方大名(类似当地诸侯)独占霸权甚至割据自立,实施"参觐"制度。这种制度强制地方大名的重要亲人比如妻子或儿子作为"人质"居住在江户城内,大名本人定期要上京觐见,以此控制各路地方大名,间接维护各地势力稳定。这种制度也在客观上促进了日本全国特别是江户的交通发展。随着城内陆路水路的高效运输能力的发展,江户逐渐从小村落发展成人口最高峰时近百万的城市,在18世纪曾一度超过了当时的巴黎和伦敦。

明治维新以后,日本政府制定了"交通先行"的发展策略,对于轨道交通与都市圈空间结构的规划有着良好的前瞻性和优秀的执行力。在此后的城市发展中,也通过制定一系列法律来指导交通的建设。19世纪末,日本政府在东京大量修建市郊铁路,形成了大规模的轨道交通网络基底。近代陆路水路交通网的雏形也随之形成。20世纪30年代,东京的交通基础设施已比较完备,道路四通八达,铁路与地铁也开始兴建并投入使用,东京成为当时世界交通体系较为发达的城市之一。但是,由于二战末期美军的大空袭,东京几乎被夷为平地,其交通设施自然也遭到毁灭性的破坏。

战后初期,为了在战后尽快恢复城市面貌,东京都政府在1946年制定了首都《战灾复兴城市规划》,该文件明确提出,要在东京周边设置人口10万人左右的卫星城(例如横须贺、八王子、立川等),以分散城市的人口和工业,同时还要进一步在其外侧强化20万人口规模的外核城市(例如水

---

[1] 张暄:《对东京整治城市交通拥堵政策的分析与研究》,《城市管理与科技》2015年第3期,第78~81页。

户、宇都宫、高崎等）。要求上述卫星城、外核城市等城市群容纳400万人口。基于这一方案，同年日本政府又制定了以环线和放射形道路相结合的《道路建设规划》。1950年爆发的朝鲜战争给日本经济带来巨大的刺激，1955年日本主要经济指标回到战前水平。

1956年以后，随着经济进入高速增长期，车辆也开始急剧增加，东京的城市道路开始出现明显的交通阻塞。为了缓解城市中心地区的交通拥挤，首都建设委员会提出了城市高速公路建设的建议。1953年的建议方案为"二环五射"，总长49公里；1957年的建议方案为"二环八射"，总长62.5公里。这两个规划方案的共同特点是加强中心城区与池袋、新宿、涩谷等副都心之间的联系，兼顾城市对外交通联系。1959年城市规划所确定的具体规划方案为71公里。[①] 在1964年东京奥运会之前，首都高速公路开通使用。从此，城市高速公路取代了战前的干线道路成为城市骨架的重要构成部分。

值得关注的是，日本政府进一步加强了对交通运输业的发展引导，先后6次制定首都圈整备计划，对东京的未来发展做出了详细的规划，在交通层面，期望通过市郊铁路实现都市圈功能的疏解并促进郊区的发展。在实际规划中，东京都市圈非常重视轨道交通的系统化建设，并将基础设施建设的方向根据实际需求进行动态调整，采取重组城市功能结构、改善公共交通网络等措施，东京都市圈针对其客流特点，采取各种方式快速疏解人群，从而提高运输效率。如在高峰期加开快速列车，以快慢混跑的方式满足不同人群的需要。可见，在市郊铁路与都市圈协同发展的过程中，东京市政府始终对未来发展形势有着清醒的认识，对城市管理予以正确引导，并在具体的政策中落实这些理念，有效保障了东京都市圈的高密度开发模式和高效的城市运转体系。

1955年日本进入经济高速增长时期后，随着汽车化社会的发展，人口和产业高度集中，社会基础设施落后的问题逐渐显露，在这种背景下，1963年首都圈基本问题恳谈会发表了题为《城际高速公路整备构想》的报告，提出了"3环9射"的首都圈高速公路交通网骨架计划。1965～1976年，完

[①] 大崎本一『東京の都市計画』、加島出版会、1991年、第5刷、第71頁。

成的高速公路以放射性为主，同时开始连通东京与横滨之间的高速公路。1977年之后的高速公路建设，除了继续完成放射性公路沟通与对外高速公路联系，同时开始加强中央环线、东京外环高速公路的建设。

1974~2008年，东京公路建设进入结构调整期，东京城市圈道路网规划重点转入三个环线建设：（1）距离都心10公里的首都高速中央环线；（2）距离都心20公里的东京外廓环线高速公路（1992年部分开通）；（3）距离都心50公里的首都圈中央联络高速公路（1996年部分开通）。这些环线发挥的作用不仅限于减少通过都心的交通流量，而且发挥着联系外围城市群的重要作用。从道路修建顺序来看：内部环线由于对于减少通过都心的交通量具有重要作用，因而较早建设；外围环线主要起到联系外围城市体系的作用，因此是在需求达到一定程度时才开始分段建设。2018年"3环9射"交通网基本完成通车（见图3-1）。

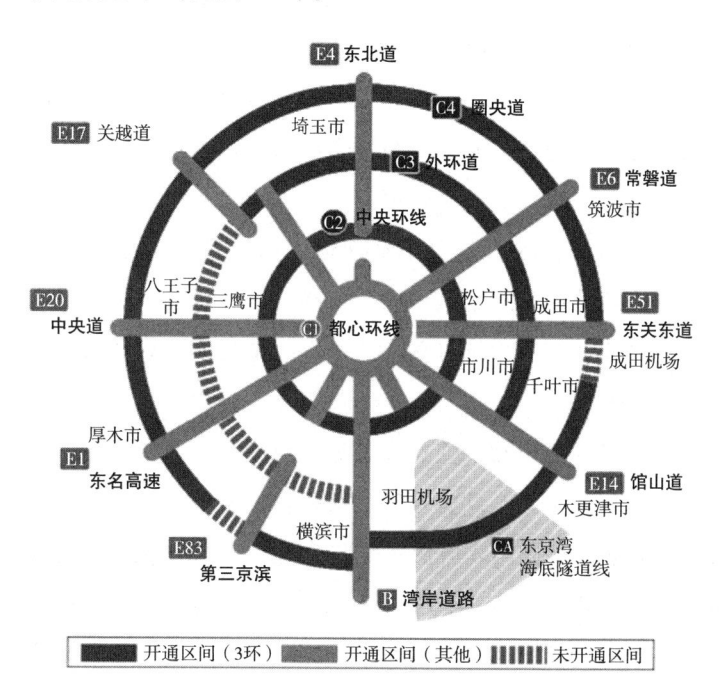

图3-1 东京城市圈"3环9射"道路交通网络

资料来源：国土交通省关东地方整備局道路部『社会资本整備』、2019年。

轨道交通方面，东京《战灾复兴城市规划》提出了五条线路的高速轨道交通网络方案。该方案各条线路进一步向山手线以外的郊区伸展，与郊区列车相互连通，即所谓"相互直通运转"方式。随着地铁的建设，1962年都市交通审议会决定停止使用运量小，并受到道路拥挤严重影响的路面电车，至20世纪70年代初期基本撤除了所有路面电车，而以地铁加以替代。在规模上地铁完全可以替代原有的路面电车，但在车站间距、换乘便利性，以及景观空间认知的连续性方面，地铁仍然存在相较于路面电车的欠缺。

在东京的城市发展过程中，轨道交通直接帮助东京扩大了城市面积，居住在郊区的人口大量增加，这是因为高速列车的应用，使人们更容易在城市中移动，也由此建立了一种工作和家庭分离的生活方式。此外，轨道交通补充了公路的交通处理能力。在日本，战后公路的发展相对落后，直到20世纪50年代高速公路的建设，公路才得到阶段性的发展。在此之前，铁路被视为日本运输的动脉，而公路则是补充铁路的毛细血管。

东京的轨道交通得以迅速发展首先要归结于历史原因，明治维新以后，当时基于政治考量，铁路是先于公路被建设的。在东京从封建城市到现代化城市转型之际，首先被发展的是轨道交通。在这之前，出于防御目的，东京的前身江户，采用了拒绝马车等车辆交通的城市结构。东京现存的许多T字形道路和弯曲道路都是封建城市的遗留物，无法通过城市改造来消除。后期为了可以更迅速和有效地推进现代化，可大量运输货物和大单位运送旅客的铁路得以迅速发展。

二战后，人口和城市化的快速增长导致市中心建筑密集，新道路的用地难以保证，从而使东京的道路建设被大大推迟，直到20世纪50年代高速公路的建设。[①] 而与此同时，战后汽车数量激增，增加了对公路运输的需求，但公路网络严重不足，时常引起交通拥堵和混乱。20世纪80年代以后，首都高速公路和东京的地下、空中三维空间的立体交通系统建设步伐加快，但直至目前，东京的道路网络依然不完整。例如，根据城市规划建设的道路只

---

① 道路経済研究所、道路経済研究会『道路交通経済要覧』、东京：ぎょうせい、1996。

完成约60%。近年来，由于地面空间紧张，东京都积极建设地下隧道交通，2015年世界第二长的"首都高速中央环线"中的大井JCT至市区的18.2公里，其中地下最大深度达55米，大大缓解了东京都的道路交通拥堵状况。同年整个中央环形路线的开通使市中心的交通拥堵时间减少了约50%。这对快速巴士进入机场和物流，特别是卡车运输产生了积极影响，逐步缓解了交通拥挤局面。

二 东京城市圈交通体系的现状

（一）国家大交通格局与东京城市圈的交通定位

从日本国内大交通格局上看，航空方面，日本47个都道府县中有80多个机场，密集航线主要分布在核心城市间（如东京—大阪）以及中心城市和铁路不发达的中等城市（如东京或大阪到福冈、冲绳或札幌、长崎）。从综合交通分担角度可见，航空主要负责国际与国内的中长途运输。高速铁路方面，从线路里程上看，新干线长途运输距离为500~700公里，短途运输距离为200~300公里；从地理格局和城市化特点上看，新干线连通主要城市群和城市带；从运营特点上看，新干线中只有东海道新干线和山阳新干线可以直通运营，最长运行距离为1000公里。综合来说，新干线主要解决中短程200~700公里的出行需求。普速铁路方面，既有线只为城市和城市群服务，在有新干线的平行线路上，不开行中长途列车，基本只在地方铁路支社内部或相邻支社间开行，服务半径小于150公里。在没有新干线的区段，开行少量跨地域或公司的列车，但运行距离不超过300公里。

从上述情况看，在国家大交通体系中，航空和高速铁路负责长途客运、普速铁路负责都市圈中短途运输的分工格局非常清晰。这主要由不同种类交通工具特性决定，避免了不必要的竞争，符合市场基本规律。可以看出，正是因为既有线不承担长途客运职能，才有能力将业务聚焦在都市圈通勤铁路领域。

而在东京城市圈内部，东京地铁基本以东京站为核心向外放射，超过70%的线网位于山手线以内，辐射半径不超过20公里，同时，配以东京首都高速路和放射形的城市道路，主要解决核心区内人口聚集地区的人员流动需求。市郊铁路和中央环线、首都圈中央线和外环线以及其他主干道路主要负责山手线以外的区域通勤运输。东京中心区地铁、中心区城市高速与市郊铁路、市郊外环高速路、放射形主干道各有分工、相互配合，在一定程度上相互交融。多元化、多种类交通资源的合理配置，构成了东京城市圈乃至日本首都圈空间结构的基础骨架。

（二）东京城市圈的交通基本状况

东京的公路路网很难被记住，有许多结构和规则似乎并不利于机动车交通，如视野不佳的T型路口、弯道、单行道和禁止右转的交叉路口。而东京的轨道交通发展到近乎完整，涉及距离之长、路线之广、各项功能之全面，令日本乃至世界其他城市都难以匹敌。在东京，人们更多以轨道交通的车站名来确定位置。

目前，东京城市圈已形成涵盖核心区、近郊区与远郊区广域的现代化交通体系。与纽约、伦敦、巴黎、上海、北京等世界主要城市相比，在交通工具利用方面，东京都最为明显的特点是轨道交通体系极为庞大，承担了该区域机动车客运量的86%，远高于世界其他大城市圈（伦敦65%、巴黎58%、纽约61%）[1]。从核心城市东京都的交通情况来看，轨道交通承担机动车客运量的76%[2]，略低于东京城市圈整体的比例，但从综合交通的国际比较来看，东京都在轨道交通使用频率上在世界主要城市中仍是最高的。如图3-2所示，2011年，东京的轨道交通约占近乎一半，达到48%，远超其他大都市，是伦敦、纽约的4倍，更是当年北京的24倍。

公路作为支持大都市居民生活的最基本的社会基础设施发挥着重要作用。这一作用包括满足巨大的交通需求，在发生灾害时提供疏散和救援路线，并提供空间容纳电力、天然气、水、污水处理和电信等设施。对于消除东京最大的弱点之一——交通拥堵，提高其国际竞争力，并建设一个舒适、

---

[1] 東京都都市計画局都市基盤部交通企画課『東京の都市交通』、平成15年（2003年）、第6頁。

[2] 国土交通省『首都圏整備年度報告（首都圏白書）』、2013年6月。

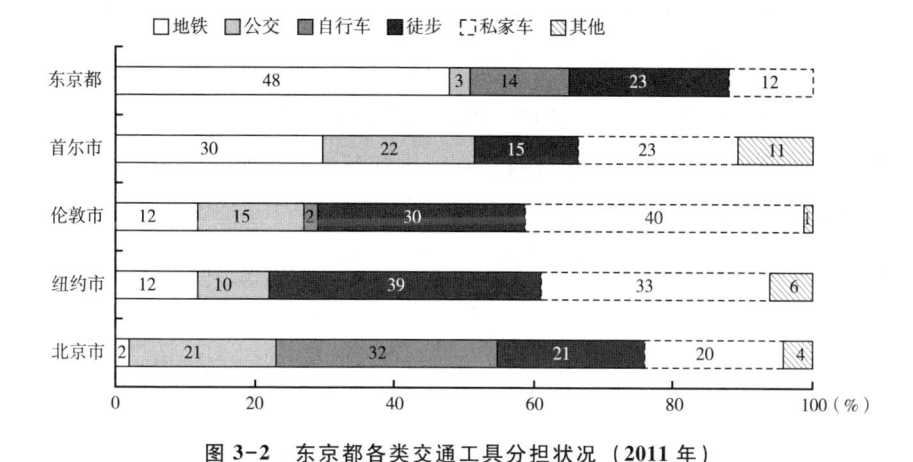

	地铁	公交	自行车	徒步	私家车	其他
东京都	48	3	14	23	12	
首尔市	30	22	15	23	11	
伦敦市	12	15	2	30	40	1
纽约市	12	10	39	33	6	
北京市	2	21	32	21	20	4

图 3-2 东京都各类交通工具分担状况（2011 年）

资料来源：国土交通省『首都圏整備に関する年次報告（首都圏白書）』，2013 年 6 月。

便利和对环境影响小的城市来说至关重要。

截至 2020 年 4 月 1 日，东京的公路总长度约为 24712 公里（其中都市道路总长度约为 2373 公里），总面积约为 189.59 平方公里（其中都市道路的总面积约为 46.06 平方公里）。东京都建成区路网密度为 19.92 公里/km^2（北京为 5.7 公里/km^2）。客观来说，东京都的路网也比较发达，但无法与更发达的轨道交通相比，所以公交车的利用在交通总量中占比仅为 3%，不仅和其他交通工具相比为最低，和世界其他大都市相比也是最低的。尽管公共汽车在东京交通中所占比重较低，并非主要交通工具，但其线路和规划却十分完备，服务对象多为老年人和残疾人士，穿梭于居住街区内，停靠站点多为医疗机构和照料服务机构等非主流出行目的地，并在很多时候可以避开大型轨道交通车站。

私家车利用占比不算高，仅占 12%，与其他世界大都市相比也是占比最低的。其原因主要是东京都很多家庭的私家车在工作日时几乎不使用，私家车多作为周末或假日出游的首选交通工具，并且还有停车费昂贵等诸多客观因素，因此利用率较低。

东京都徒步在交通中所占比重适中并呈增加趋势。2011 年徒步在交通中占比为23%，比较适中。由于东京都的轨道交通车站呈现以车站为核心的商圈以及服务圈形态，民众下车后步行到达最终目的地的情况居多，因此图3-2所示的徒步不仅包括从出发地走到车站，还包括从车站下车后的步行路程。另外，政府提倡绿色出行，东京人的环保意识都比较强，再加上锻炼身体的需求增大，徒步交通比重呈增加趋势。

（三）日本首都圈的空港与港口

1. 羽田机场

羽田机场即东京国际机场，位于东京大田区以东的江鸟河畔，场地面积约为1522公顷，约占大田区总面积的1/4。羽田机场于1931年8月25日作为"东京机场"正式开放以来，一直是东京和东京城市圈航运交通的代表。2019年，就乘客运输量而言，羽田机场是世界第五最繁忙机场。每年飞机起降次数约为38.4万架次，航空旅客人数约为8489万人次，均位居日本第一。它的航空货运量约为84.9万吨/年，在日本排名第二，仅次于成田国际机场。日本航空、全日本航空、Skymark、Solaseed航空和AIRDO将该机场作为国内枢纽。此外，该机场还有包机和商务飞机服务。

目前羽田机场是24小时运营的机场之一。国际航班和货运航班在深夜和黎明时分抵达和离开，3号航站楼每天24小时开放。但1号和2号国内航站楼的开放时间大约为5：00~24：00。虽然羽田机场位于东京23区范围内，交通便利，但根据《民用航空法》，它被指定为拥堵机场，并被指定为国际航空运输协会WSG规定的最拥堵的3级，到2017年为止，已经实施了离岸扩张项目、再扩张项目和对横田空域的调整。由于羽田机场比成田机场更接近市中心，而且路边安检更容易，所以在日本天皇、皇室成员或首相使用政府飞机，或国宾或官方客人乘坐私人或特殊飞机访问日本时，大多数情况下都会使用羽田机场。

2. 成田机场

成田机场即成田国际机场，位于日本千叶县成田市，西距东京都中心63.5公里，为4F级国际机场、国际航空枢纽，与羽田机场并称为东京两大国家中心机场。成田国际机场株式会社官网显示：2020年7月成田国际机场共有 3 座航站楼，其中 T1 航站楼面积为 46.3 万平方米，T2 航站楼面积为 39.1 万平方米，T3 航站楼面积为 12.3 万平方米；航空货站面积为 28.6 万平方米，民航站坪设 171 个机位；共 2 条跑道，一条长 4000 米，另一条长 2500 米。2019 年，成田国际机场共完成旅客吞吐量 4434.4739 万人次，同比增长 4.0%，日本排名第二；货邮吞吐量 203.9905 万吨，同比下降 7.0%，日本排名第一；飞机起降 26.4115 万架次，同比增长 4.0%，日本排名第二。公路方面，通过新空港自动车道、东关东自动车道与东京市区相连接，铁路线路方面有 JR 东日本成田线空港支线、京成电铁本线、京成电铁成田机场线（成田 SKY ACCESS 线）、JR 东日本-成田特快、京成电铁-Skyliner 连接东京市内。另外还有大量机场大巴与东京市区或机场周边的城市相连接。此外，成田直升机快运有由成田到东京直升机场、埼玉-川岛町直升机场和群马直升机场的包机，并由专用的直升机接驳到机场的两个航站楼。

3. 东京港口与水运

东京港港口类型为国际战略港湾。水域面积为 52.92 平方公里，陆地面积为 10.33 平方公里，总面积为 63.25 平方公里。2013 年总货物处理量为 8603.2 万吨，入港船只数为 26095 艘。东京港采用了高科技港口设备，港口包括栈桥在内的码头线总长 23783 米，各种船舶的泊位总数为 181 个，其中集装箱船泊位有 14 个。截至 2012 年，东京港是日本最大的货柜处理港口，贸易额则仅次于名古屋港位列全国第二，同时也是日本三大旅客港之一。

三 东京城市圈交通的基本特点

（一）以轨道交通为主体

正如前面所提到的，轨道交通是东京民众出行的首选。伴随着以车站为核心的街区布局设计，绝大多数乘客出行的目的地就是一个车站。到目的地车站之后的路程绝大多数仅步行即可完成。这种目标单一（目标为车站）的出行方式，对于民众来讲既高效又便捷。一个大型车站可以满足民众的日常购物、逛街游玩、在外就餐、娱乐体验以及办理各类事务等多种出行目的。因此，民众的大部分出行目的地变得简单明了，只要到达某车站即可，这也是以轨道交通为主体的精髓体现。

（二）各种交通工具互补

在各个大型电车站中，出租车、公交车以及私家车和自行车停车场的位置会被明确地展现出来，这对于需要在车站变换其他交通工具的出行民众来说十分便利。对于公交车和出租车的停靠用地规划更是清晰，免去了不必要的道路交通拥堵以及人员拥堵，也便于出租车和公交车提供服务。从电车下车后的人们可以很方便地在站内规划行走路线，直接找到自己的私家车或者自行车的停放车库，并从车库出发，离开车站。汽车出站口处也有专人指挥，以免道路中的行人和出站汽车发生碰撞。东京圈利用公共交通引导城市空间发展，即建设公共交通系统的同时，合理规划用地。东京圈在主要的客运走廊和大型客流集散点布设完善的公共交通网络，尽可能提高"入口-入口"的无缝衔接比例，提高公共交通系统的可利用性，吸引民众乘坐公交。东京圈还合理规划居住和商业用地，将居住地布局在公共交通沿线和公共交通枢纽周边，通过城市功能的高密度集聚混合，实现公共交通系统与城市发展的一体化、交通枢纽与商业设施的一体化，构建以交通枢纽为中心的大都市圈城市结构。

（三）以人为本的交通服务意识便民利民

以最主要的交通工具轨道交通为例，包括车站内各类指示牌以及信息板，均以深度平面设计方案示人。在错综复杂的东京电车和地铁路线中，凭借清晰而明确的平面设计，乘客可以很快地确认路线并找到合适的进站和出站口。乘车过程中，乘客可以在较远的地方看到很清晰的路牌和指示标识，这种关键字放大和颜色清晰分明的平面设计在方便乘客分辨方向和路线的同时大幅提高了站内行人行进速度，有效缓解了车站内人员拥堵的情况。同时，高速的进站闸机口也是方便乘客的硬件设施。

日本的交通卡采用比普通 NFC 速度快一倍的芯片技术，提高刷卡速度的同时扩大感应面积，以此提高进出站速度。并且主流交通卡厂商（Suica 和 Pasmo）也在很多手机和 Apple Watch 等可穿戴设备上实现无实体卡使用，帮助用户实现无实体卡的进出站，进一步提高进出站效率。

对于残疾人出行方面的照顾，在东京的交通工具上体现得更为突出。以电车和公交车为例，如果有一位乘客乘坐轮椅出行，电车车站内的乘务人员会及时发现并且安装轮椅上车踏板于月台和电车门之间，帮助轮椅上车。完成此类任务后，乘务员会将事先了解好的残疾人乘客下车车站通过站内通信设备告知目的地乘务人员，使其提前备好用于轮椅下车的踏板，并在对应车厢门口等候。这种贴心并极其实用的关爱服务使得残疾人出行压力大减。公交车方面，当有老年人和行动不便的乘客需要下车时，公交司机会将汽车靠路边方向的空气悬挂降低，直至与路边平齐，便于老年人和行动不便的乘客下车。如有轮椅使用者，和电车一样，司机会立即下车并安装轮椅上车踏板，并且询问其下车车站，届时帮助轮椅使用者下车。

（四）以科学化管理、科技创新为驱动

东京圈的交通枢纽建设加强了城市换乘枢纽的规划，提高公共交通的换乘效率，改善城市出行环境，令大型车站尽快实现同台零换乘，加强多种交通方式无缝衔接，提高城市公共交通运输的高效性、可靠性及精准性。在建设交通枢纽的同时，东京圈还在不同地区建设大型公共交通服务中心，提高中心城市交通枢纽的综合服务水平。

科技方面以品川站为例，在2020年东京奥运会筹备期间，为了避免人流量过大，车站利用人工智能和智能光影设备，在车站内部设计可以呈现在地面上的灯光指示标识。在人流量过大的时段，通过随时可控的指示标识疏导人流，有力缓解车站内乘客行进受阻甚至滞留等问题。

第二节　东京城市圈的轨道交通

一　东京城市圈轨道交通的发展历程

世界许多大城市交通的发展多延续着这样一种模式，即"私人轿车的发展与普及—道路拥堵—发展公共交通—发展轨道交通"。东京都市交通的发展模式与此有许多相近之处。不过因其自身条件的限制，东京很早就把轨道交通作为交通主体，建立了一个世界上最为发达的轨道交通体系。东京城市圈的轨道交通系统，是指连接东京都 23 区与多摩地区及周边各县的都市铁道线路。

东京城市圈轨道交通的产生与发展给其空间组织模式带来了巨大的变化。城市铁路具有高速度、长距离、大运量的特点，带来了巨大的外部效益，吸引了大量城市人口在轨道沿线及站点枢纽处聚集，在促进城市用地集约化发展的同时，也引起了都市圈空间结构的变化。综观东京城市圈轨道交通的发展历程，可以将其分为五个发展阶段。

第一阶段（1900 年前）：东京圈轨道交通起源于 19 世纪后期的郊区蒸汽铁路。1872 年，日本第一条蒸汽铁路新桥横滨线开通运营。1885～1897 年，在日本《铁道建设法》的推动下，东京开始了市郊铁路建设的两次高潮，市郊铁路电气化程度迅速提高。1885 年，东京都品川线开通，形成了今天的东京都山手线的雏形。在这一阶段，东京的人口主要集中在东京区部，即山手线以内的区域，城市化效应在这一区域体现得最为明显，由于具有良好的区位条件，该地区逐步成为关东地区的经济、政治中心。

第二阶段（1900～1920 年）：在明治维新后，日本开始引进西方先进的技术，开启了工业化的时代。随着工业化水平的提升，加之对于交通基础设施的重视，日本开始对轨道交通投入建设。1903 年东京有轨电车开通，铁路交通逐渐形成，1882 年进入日本的马车已经退出历史舞台。大正时代（1912～1926 年）之后，东京的交通网络逐渐扩大。从 1914 年到 1919 年，在第一次世界大战期间，日本的工业化加速。1920 年，东京人口约为 335 万人，有轨电车乘客急剧增加，出行需求不断增大，城市道路开始拥堵。1920 年，东京人口稳步增长，人口郊区化发展趋势明显，此时日本全国的机动车不到 1 万辆，东京只有 3695 辆。尚未到来的机动化时代为轨道交通的发展提供了契机。在此期间，有轨电车遍布东京。1920 年，国营有轨电车线路全长达 140 公里。随着轨道交通的修建，中心城区和周边组团间产生了便捷的交通走廊，轨道交通沿线及站点附近吸引了大量人口与产业的集聚，使东京的城市范围得到迅速扩张，随之城市集聚效应不断增强。

第三阶段（1921~1945年）：1922年，东京有轨电车日客运量达108万人次，占全市交通量的80%。1925年，随着上野—神田铁路线的建成，山手线正式成为连接东京主要铁路枢纽的环形铁路，1927年山手线通勤列车已达到每4分钟一班。至此，东京基本完成了连接主要铁路枢纽与山手线的铁路网络框架。20世纪30年代，日本投入大量社会资金建设市郊铁路，此时期成为日本铁路建设的黄金时期。到1940年，既有铁路运输网络，包括国有铁路和私营铁路的基本格局已经形成。在轨道交通发展过程中，东京市区的地铁建设起步晚。1927年，日本第一条地铁开通浅草—上野段（现银座线），1939年延长至新桥。但是，1945年美军对东京的大空袭，使轨道交通体系也遭到严重破坏。

第四阶段（1946~1973年）：在这一阶段中，随着日本战后复兴的完成，东京城市圈的轨道交通也得到进一步发展。如图3-3所示，1956年东京城市圈内城市铁路的总长度（包括复线）达1566公里，其中国铁（JR）线路超过700公里，民铁也在700公里以上。此后，日本经济进入高速增长时期，东京开始形成具有较强吸引力和辐射能力的单核心结构，并依托市郊铁路，逐步增强与周边组团的联系。从宏观角度来看，这一阶段的发展重心开始向西南部迁移，东京都的第二产业比重大幅降低，三产比重有所提升。神奈川县依靠二产的发展，吸引了大量农村劳动力，推动了人口集聚与城镇化进程。千叶县、埼玉县由于市郊铁路网络发达，其轨道沿线吸引了大量的人口居住，区域产业结构也随之发生了较大的变化。

第五阶段（1974年至现在）：这一时期，东京中心城区、各副中心与其他中小城市协同发展，在功能布局上逐步协调。都市圈内各城市也由于市郊铁路的连接而更加紧密，这种发展使得东京逐步形成中心城市极化效应明显、对周边区域具有较强的辐射作用、城市间有着较为鲜明的等级关系的多中心网络化空间结构。随着周边城市城镇化的加快，都市圈的发展重心由西南转向东北，职住分离现象愈加明显，人口与产业的分布也愈加在轨道交通沿线集中。历经东京奥运会（1964年）的举办、成田机场的运营、筑波世

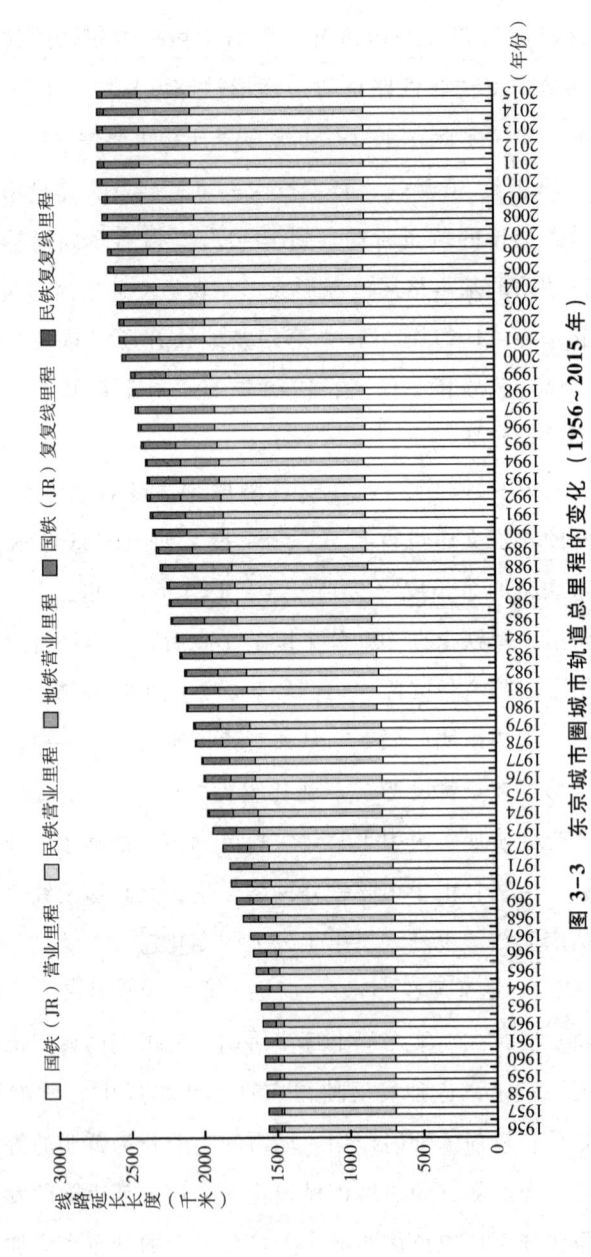

图 3-3 东京城市圈城市轨道总里程的变化（1956~2015 年）

资料来源：国土交通省「首都圏整備に関する年次報告（首都圏白書）」，2013 年 6 月。

界博览会的开幕等契机,都使市郊铁路的建设规模进一步扩大,形成了密集的网络化结构。随着东京城市圈空间的不断扩张,市郊铁路交通网络成为接驳远郊东京都周边城镇、临海和内陆工业区的重要交通方式,各城镇的商业、工业用地也于轨道交通沿线布设。20世纪80年代,日本经济泡沫破裂,都市圈核心区域开始衰退,位于外围圈层的人口向就近的副中心集聚,各副中心的功能进一步完善,对核心区的依赖下降。至90年代末期,经济开始回暖,人口回流至中心城区,而位于外圈层的副中心由于发展态势较好,对附近人口依旧有着较强的吸引力。经由市郊铁路的连接,东京中心城区与周边各县形成一体化的发展趋势,逐步演变为由巨大的市郊铁路网络支持下的多中心都市圈结构。2000年东京城市圈轨道交通路网总长度达2488公里,2016年,达2705公里。车站的数量从1956年的807个逐步增加到2000年的1377个,2016年增至1510个。基于这种稳步的发展,东京地区的城市轨道交通网络已经变得十分密集。如图3-3所示,从1956年开始,国营铁路线路长度呈现缓慢增长趋势,民营线路的长度增长相对明显,但总体依然迟缓。而较为明显的是地铁线路的长度增长,相比1956年,截至2015年已经增长数十倍。

二 东京城市圈轨道交通现状

东京城市圈内由地铁、国有铁路(JR)、民营铁路等构成了完备的轨道交通网络,层次分明、规模庞大。东京城市圈的公共交通由世界上最为庞大的城市轨道交通网络组成,截至2014年5月,东京轨道交通系统拥有158条线路,48个经营业者,4716.5公里运营轨道和2210个车站①。东京城市圈的轨道交通系统,根据其运营主体的不同,可分为JR线和私铁线。其中,区域内共有JR线33条,包括JR新干线和JR东日本线,线网总规模超过1700公里,负责东京城市圈中的中长途交通和通勤通学交通,由JR东日本轨道公司运营。其中,新干线总长223公里,是连接东京城市圈南北地区的长距离轨道线

---

① 国土交通省『大都市交通センサス』第10回。

路。JR东日本线共有26条，将东京城市圈中心城区与周边组团相连，承担东京城市圈内通勤通学和中短距离运输功能。私铁共有66条，线网规模超过1200公里，与JR线共同构成东京城市圈的市郊铁路体系。JR线主要连接山手线与近郊新城，线路类型多数为放射线，是东京城市圈重要的轨道交通制式之一。[1]

东京城市圈轨道交通按系统制式可以划分为市郊铁路、地铁、单轨交通、有轨电车、无人驾驶轨道交通系统（AGT）、旅客自动捷运系统（APM）等几种形式。其中：地铁主要分布于东京区部内，服务于都市圈的中心城区（见图3-4）；私铁分布于中心城区外围，即山手线外圈，是连通中心城区与周边郊区的主要轨道制式；JR线路的运行区域同时覆盖市区和郊区（见图3-5）。目前，东京城市圈公共交通的日均客运量超过4300万人，其中轨道交通占比达84.8%（2021年），成为居民日常出行不可或缺的交通方式。

东京城市圈内的市郊铁路较为复杂，按照功能特征可以分为如下四类：一是通过城市中心，以五大放射性通道为代表的线路；二是不通过城市中心，以位于山手线上的车站为起点的15条放射线；三是连接放射线的2条环线；四是为成田机场和羽田机场服务的5条机场专用线路。此外，在东京城市圈内还有3条南北方向贯穿城市中心的线路，即京滨东北线、湘南新宿线和埼京线，它们是东京圈发车最密集、线路最繁忙、乘车最拥挤的线路，但它们并不代表某条具体的线路，而是利用多条既有线路开行直通列车而命名的运行系统。

东京圈铁路枢纽往往是多种交通功能和城市功能的综合体。根据人流规律、地面布局、各种运输方式自身特点和综合开发要求，强调城际铁路与城市轨道、地面公交、出租车、道路客运等多种运输方式以及商业等综合开发的一体设计，在实现便捷换乘的同时促进城市和交通融合。东京主要的综合交

---

[1] 张天琳、庞磊、张华：《日本东京市郊铁路与都市圈互动关系研究》，载中国城市规划学会编《面向高质量发展的空间治理——2021中国城市规划年会论文集》，中国建筑工业出版社，2021，第686~695页。

—— 第三章 东京城市圈交通体系

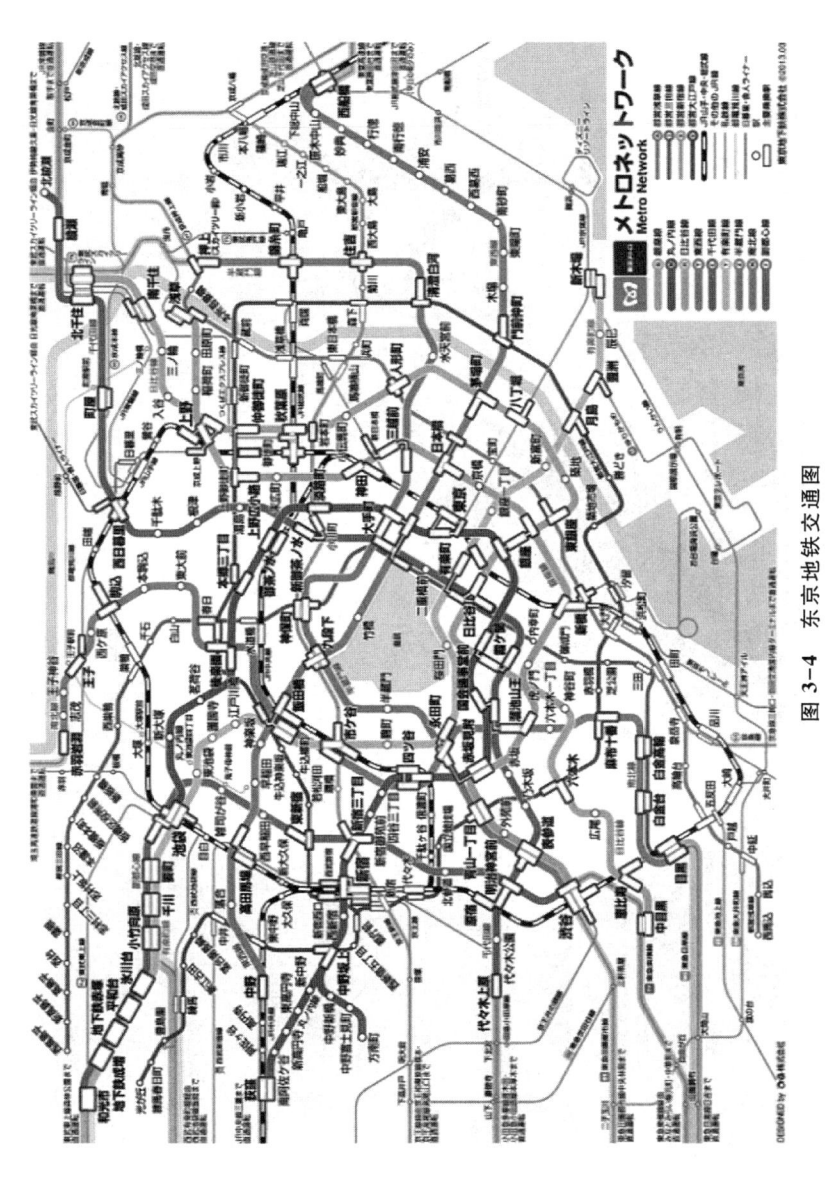

图 3-4 东京地铁交通图

资料来源：東京地下鉄道株式会社，2008 年 6 月。

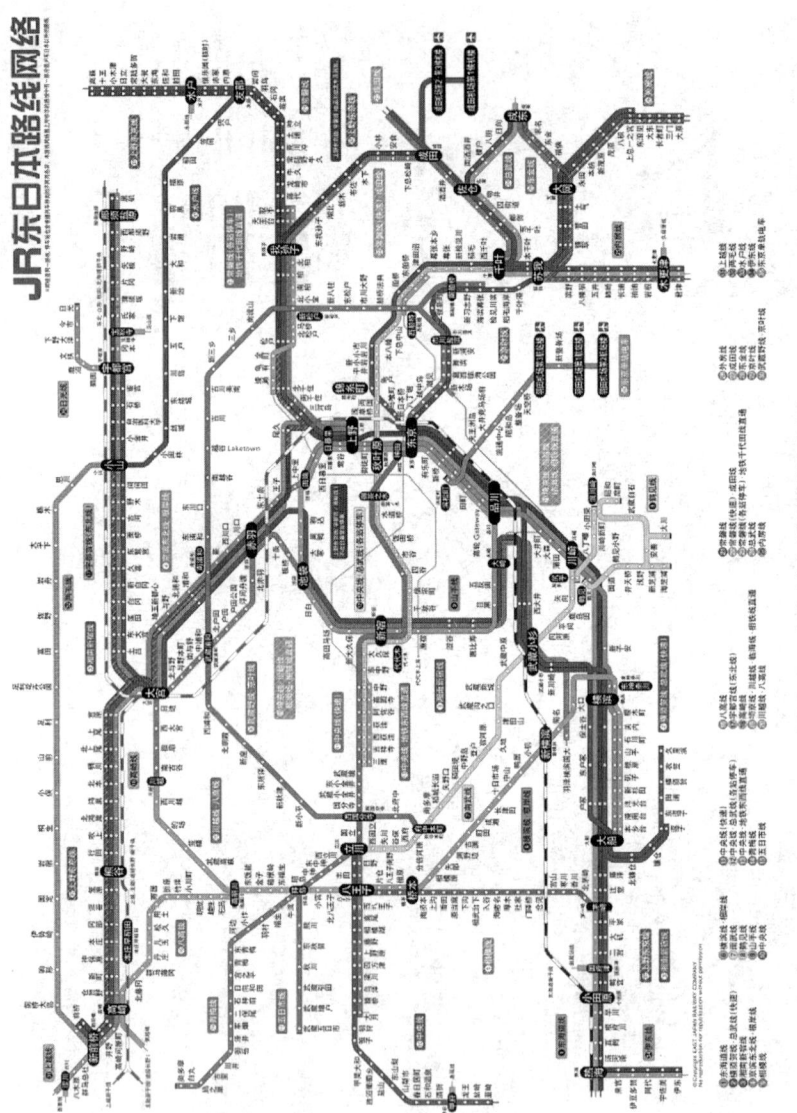

图 3-5 东京城市圈郊铁路图

资料来源：JR 东日本。

通枢纽都分布在半径5公里的山手环线上，中环带就是山手线，全长34.5公里，30个车站中只有2个不是换乘站，与51条轨道交通线路实现换乘，成为整个东京的纽带。根据东日本铁路公司的统计，全日本旅客发送量最大的20个车站中13个位于山手线。正是这些大型的综合交通枢纽，支撑着东京城市圈4716.5公里地铁、超2000公里市郊铁路交织而成，且每日运送旅客近4000万人次的庞大的轨道交通网络系统。

轨道交通跨制式出行为出行人提供了方便。日本东京圈内以山手线为界，地铁主要在山手线内发展，JR以及民营铁路多以山手线上的点为起点向外放射。同时，东京圈内民营铁路的发展以JR的四大干线为界分别在各自的区域内发展。由于历史原因，所形成的发展格局导致跨片区的出行势必要产生多次的换乘。为了避免给市民出行带来不便以及减少主要换乘站的拥堵，东京圈的轨道交通行业积极探索直通运行的方式，最典型的跨制式的直通运行当属东京地铁副都心线。东京地铁副都心线是东京地铁运营的一条地铁线路，于2008年6月14日开通。线路自埼玉县和光市的和光市站至东京都涩谷区的涩谷站，其中和光市站至小竹向原站与东京地铁有乐町线共线，小竹向原站至池袋站并线。线路连接池袋、新宿和涩谷三大副都心。副都心线与相连各线实现直通运营后，黄金周的旅客乘降人数相较前一年有较大变化。新宿三丁目站、元町中华街站、川越站、明治神宫站、池袋站、港未来站旅客乘降人数分别增加63%、31%、17%、16%、15%、11%。作为重要枢纽的涩谷站乘降人数较前一年黄金周下降10%，有效缓解了大型枢纽站的拥挤情况。为了降低犯罪率，副都心线上，工作日从始发开始至晚间9：30，所有列车的1号车厢全部设定为女性专用车厢，同时，小学生、残障人士及其陪同人员无论男女均可乘坐女性专用车厢。

东京城市圈区域轨道交通客票的种类繁多，在东京圈内轨道交通中，市民出行较常采用的为一卡通，俗称西瓜卡。对于通勤通学人员来说，办理月票是比较经济实惠的一种方式。距离东京都心较远地区的市民，往返东京可以购买不限次数的套票，除了在元旦和盂兰盆节期间不可使用，其他时间段均可使用，相较于单次购票有较大的优惠。但套票使用有一定的有效期。对于前往东京出差或观光的旅客来说，购买一日票或两日票是最经济的，各个运营公司均推出了各自公司的一日票。除此以外，各大公司还联合推出了东京一日券，乘客只需支付1590日元即可使用东京一日券乘坐各大公司的列车，而不用支付额外的费用，给乘客带来了极大的便利，当然这对各个公司的清算来说是一个不小的挑战。

三　东京城市圈轨道交通的特点

轨道交通既经济又准时，无论是时间成本还是经济成本，轨道交通均低于小汽车出行，这正是东京市民愿意利用轨道交通的一个重要原因。现将东京城市圈轨道交通的特点归纳如下。

（一）轨道交通网规模总量较大

东京城市圈轨道交通网规模为4716.5公里，其中区部轨网规模约807公里，轨道分布总体上呈现核心区域相对密集、向外逐渐稀疏的特征，且站点分布核心区域密集现象更为显著。都市圈轨网按面积计算密度为0.21公里/km^2，不同区域轨网密度相差较大。都心三区轨网密度极高，按面积计算高达3.58公里/km^2，其中中央区甚至高达4.5公里/km^2；外围主要城市横滨市—川崎市、千叶和埼玉的轨网密度分别为0.60公里/km^2、0.33公里/km^2和0.44公里/km^2。

（二）多主体、多层次、多制式

东京圈在长期的发展过程中，逐渐形成了由东日本JR、地铁、私营铁路（私铁）、有轨电车、单轨铁路、AGT以及以第三部门形式存在的多种铁路事业共同构成的轨道交通系统。其中东京都区部的JR山手环线内侧区域主要以地铁线路、单轨线路、AGT等城市轨道交通为主，外侧区域以私铁、地铁、JR线路并重，郊区则以私铁和JR线路等放射形轨道线路为主，线路功能及经营主体极其复杂。

东京的城市轨道交通有多个经营主体，形成了互为补充、互相竞争的关系。经营主体从资本所有者角度划分为：民间资本、民间资本与国家或地方公共团体、国家或地方公共团体。如果从法人角度分类，可分为私人法人、特殊法人、地方公共团体。

私人法人是由民间出资的轨道交通经营主体；第三经济部门是由地方公共团体等公营部门和私营部门共同出资的轨道交通经营主体。基于如此多元化的经营主体，日本民众在出行上可有诸多路线选择，也可选择多个轨道交通运营公司。因此，各大运营公司在良性的竞争下，各自大力发挥优势，努力吸引旅客。其中，地铁和JR凭借都市的核心位置，以及较快的运行速度等优势，即使票价稍高也可以不断吸引乘客。私铁方面，不仅在票价上有相对低廉的优势（比如定期券的价格与JR和地铁差值很大），除运输以外的各类事业的经营和购物优惠同样足以吸引乘客。也就是说，私铁的运营除了运输主业以外，商业设施运营、房地产事业、生活服务类事业、酒店与高尔夫等休闲事业均在年收占比上有所呈现。很多私铁的运输事业收入占比甚至不是最高的。各公司2016财年数据显示，小田急电铁总收入为5298.12亿日元，其中运输事业为1653.22亿日元，百货店与商业运营事业收入为2221.06亿日元，房地产事业收入为675.05亿日元。商业事业运营收入超过了运输事业。

（三）环形+放射形的网络结构、站点布局合理

东京圈的轨道交通网络整体为环形+放射形网络结构，并背靠东京湾呈扇形展开。市郊铁路的放射线主要服务于半径为50公里的东京圈地区及更远地区，地铁主要服务于半径为15公里的中心城区。环线具有连接放射线和解决到发、换乘、直通的作用，还可以起到均衡客流和减少迂回客流的作用。东京圈轨道交通的环形+放射形网络通过直通运营、组合运营、双复线及联络线和无缝化衔接等措施，真正实现了以使用者为导向的网络化运营，使得市郊铁路与地铁、市郊铁路与市郊铁路之间形成了直通通道，减少了换乘时间和换乘次数，提高了线路的运营效率。

车站相隔距离合理，分区域的线路长度和站间距布设见表3-1。

表 3-1　东京城市圈各主体线路服务范围

线路主体	服务范围	线路长度	平均站距
JR 山手环线、地铁、部分私铁	城市内部轨道交通	20～30km	1km
JR 放射形线路	区部与外围城市的中短距离城际旅客运输	40～90km	3～5km
私铁放射骨干线路	区部与外围区域的客流运输，弥补JR 线路的空缺	40km 以上，首都圈以内	1.2～2km
私铁和第三部门轨道线路	首都圈外围交通薄弱片区的轨道线路	线路长度较短	视周边开发情况而定

资料来源：根据 JR 东日本公司资料整理。

（四）互联互通的运营模式

目前东京圈区域的地铁、民营铁路、国有铁路形成了一个有机衔接的发达的轨道交通网络，通过枢纽站换乘，以及组织部分列车跨制式、跨线直通运营等方式，实现了全面的互联互通。自从 1960 年东京圈开通运营第一条地铁与私铁的直通运营线路，其他地铁线路也相继建成并实现了与郊区私铁线路等放射形线路间的直通运营，线网规模不断扩大。目前，东京圈内共有 45 条铁路线路实现了直通运营，线网规模达 880 公里左右，约占东京圈轨道交通线路总规模的 36%，几乎覆盖了东京站 30 公里范围以内的主要通勤圈。其中，东京都区部地铁系统除了东京地铁银座线、丸之内线和都营地铁大江户线由于制式原因没有实现直通运营，其余 10 条地铁线路在修建时均采用了放射形线路的线路制式，实现了与 JR 线路、私铁线路以及其他由第三部门经营的线路等放射形线路之间的相互直通运营。此外，JR 线路及私铁线路等放射形线路之间也实现了直通运营。由于直通运营的实施主要是为了连接东京都区部的地铁线路和郊区放射形线路，实现市中心与郊区的一体化轨道交通，故这里以地铁为主要对象介绍东京圈轨道交通直通运营的线网情况。[①]

[①] 彭其渊：《区域轨道交通协同运输组织理论创新与发展》，科学出版社，2021。

具体来看，东京地铁东西线和千代田线分别与JR快慢分轨运营线路——JR中央线、JR总武线及JR常磐线的缓行线进行了直通运营；包括上述两条地铁线在内的10条直通地铁线均实现了与郊区私铁线或其他由第三部门经营的放射形线路的直通运营。另外，在东京城市圈内，除了上述地铁线路与放射形线路间的直通运营外，还存在JR线路、私铁线路及第三部门经营的线路等放射形线路间的直通运营。

经过多年实践，尽管直通运营增大了行车组织的复杂程度和协调管理难度，但其效果十分显著，减少了换乘次数、缩短了乘车时间，为乘客提供了更加人性化的出行选择，在很大程度上消除了换乘的不便，缩短了乘客的出行时间，极大地提高了乘客使用铁路线路的便利性。同时，从铁路从业者的角度来看，直通运营缓解了直通连接站的拥堵，缩小了车站施工的范围，并提高了车辆运用的效率。有效缓解了山手环线沿线中转站点的换乘压力，提高了旅客输送能力，降低了线路拥挤率，使运营商在为乘客提供更好服务的同时能更有序地管理线路。节省了轨道交通资源，吸引了大量客流，减轻了建设和运营线路的资金负担，带来了共享路网的整体效益。同时，也推动了东京圈城市一体化发展，带来了一定的社会经济效益，但同时也提高了道口事故发生率以及扩大了波及范围。

（五）站城一体化、入口多、电梯多

东京站等一些大型车站实现了站城一体化（见图3-6），极大地提高了车站的综合功能与经济效益。如东京站、新宿站、池袋站、涩谷站、品川站等大站除了交通枢纽功能外，实际上就是一个现代化商城。其他大型站在站内一般设有书店、小型杂货店、药妆店、面包店等多种多样的商业设施，并与商场连通，乘客不出站即可实现就餐购物等多种出行目的。为了方便各类乘客的快捷饮食需求，一些小型餐馆甚至设立在月台上，比如一些拉面小店。乘客可以一下车就进入面馆，这种面馆多数为站立进食，这主要归因于对于餐馆来讲较为狭窄的月台空间，但这本身为忙碌人士提供了高效的饱腹场所，也拓展了车站功能。

东京轨道交通站台，同站台多条线路并线使用，在节约土地的基础上融

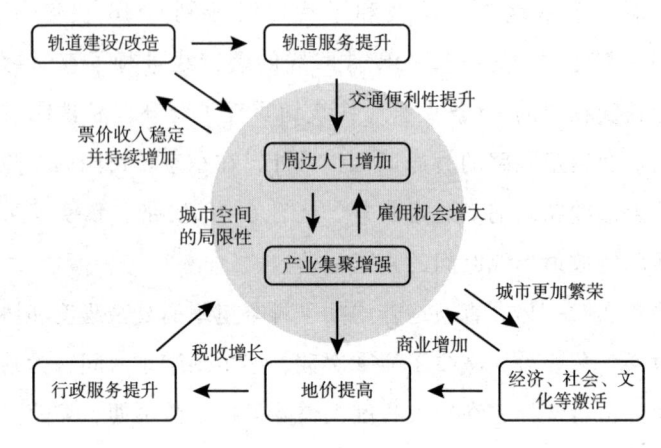

图 3-6 站城一体化的综合效应

资料来源：张帅、贾思琦：《他山之石："站城一体化"，日本怎么做？》《北京交通决策参考》，转引自 https://www.huxiu.com|article/488301.htm。

合城市、汇聚人口，最终形成社会及经济价值。走廊内多条线路立体化布局，通常为上建新干线及市域铁路、下建东京地铁模式。

车站出入口多。东京轨道交通便捷性还体现为出入口数量多，一些地铁大站出入口多达几十个。许多地铁的出口直通当地的著名设施、大型企业或政府部门，在疏导客流、提升轨道交通的吸引力方面效果显著。以新宿站为例，新宿站站内总共有 36 个站台，超过 200 个出入口。作为被吉尼斯世界纪录记录的世界最繁忙车站，凭借如此多的站台和出入口，新宿站可以保证乘客们高速通行和便捷出行。[①]

站内电梯设置率较高，仅新宿站一站，站内扶梯数量就超过 50 个，各处更有多台直升电梯等，均以醒目指示示人，便于行动不便和乘轮椅出行人士使用。

（六）营运时间长、发车间隔短、换乘方便

东京的轨道交通有运营时间长、发车间隔短、进入站台迅速、快慢车结合运行等特点。其中地铁每天的运营时长为 19.5 小时，私铁和 JR 普速线为 19.45

---

① https://www.517japan.com/viewnews-101649.

小时，均从早上 4 点 45 分或 5 点开始运营至凌晨 0 点 30 分。地铁和私铁以及 JR 发车间隔最小为 3 分钟，且所有线路发车间隔通常不超过 15 分钟。

大型轨道交通站内换乘似乎是世界大都市都要面临的难题，但东京都内的大型电车站内实现换乘较为容易。99% 的线路换乘均可在 3 分钟内完成，有的更是简单地到站台对面换乘即可。而且绝大部分无须到室外，加之有电梯连接，保障通行顺畅，基本实现换乘的无缝连接。这得益于清晰的路线指示标识和高度统一化的站内换乘体系。以新宿站的京王线为例，车辆到达新宿站该线月台后，乘客可以在车厢两侧下车，奔向不同的目的地或者换乘地。在很多大型车站中，中岛式月台以及两侧式月台并用，满足各类不同目的地乘客的快速换乘需求。

四　东京城市圈轨道交通存在的问题

（一）重点线路依然拥挤

以自西向东横贯东京都心的中央线为例，虽然以不同速度和停靠站不同分列了各类列车（通勤特快、中央特快、青梅特快、中央快速、快速等），但和中央总武线有多段重合。乘客在乘坐的同时，时而会出现坐错车的情况，并在月台造成一定程度的拥堵。

（二）一些站内设施老旧

有些站内设施设立年代久远，出现老化和报修频发的问题，比如一些月台顶部的挡板不时发生漏水等现象，站内工作人员大多利用厚塑料布进行遮挡，并在底部安装导管疏导漏水。这种措施虽然及时有效，但不是长久之计。

第三节　东京城市圈的治堵措施与评价

交通拥堵是世界性难题。随着城市化和机动化进程不断加快，城市交通拥堵问题日益严重，发展公共交通系统逐渐成为共识。进入汽车主导的机动化时代，交通在推动现代化城市经济腾飞和规模扩大的同时，也引发了拥堵、能耗、环境、安全等诸多城市问题。特别是交通拥堵问题在世界各大城市或大城市圈都显得尤为突出。东京城市圈也不例外，也遭遇过纷繁难解的交通拥挤问题。但如前所述，高度发达的轨道交通已从根本上缓解了交通拥堵问题，由于轨道交通承担了86%的客运量，特别是在早高峰期的市中心区，91%的人乘坐轨道交通工具，而乘坐小汽车的仅占6%。这极大地减轻了地面交通压力，为解决地面交通拥堵问题打下了良好基础[①]，因此本节重点探讨地面交通拥堵问题。

一 东京城市圈交通拥堵的基本情况

一般来说，交通拥堵有三大原因：其一，在城市化进程快速发展的大背景下，城市人口增长与功能分布调整促使交通需求成倍增长，导致交通供给严重透支；其二，不合理的小汽车保有和使用，挑战了城市资源承载极限；其三，公交优先不到位，难以弥补公交自身的竞争优势。其实，东京交通拥堵的出现也与上述原因相符合。东京早在100年前就开始出现交通拥堵问题。百年之间，随着交通工具的发展，拥堵的形式从马车拥堵、有轨电车拥堵逐渐演变为汽车拥堵。此后，东京圈的城市化水平和机动车保有量一直攀升，1930年开始，东京圈内有轨电车、公交车、地铁、国营铁路、私营铁路等竞争激烈，各大站点出现严重的混乱和拥堵。

东京城市圈交通拥堵情况与城市化及经济发展情况呈现相关关系。拥堵最严重时期出现在1960年至20世纪70年代中期，这一时期正是日本的高速增长时期，大量的人口从农村和地方小城市涌向东京及其周边地区。人口增长的同时，东京城市建成区面积也进一步扩张，通勤范围逐渐从东京区部扩展到周边三县（神奈川、埼玉、千叶），1978年东京城市圈出行总量比1968年增长了一倍多。日本经济进入高速增长阶段，伴随着经济的发展，

[①] 东京中心区有每平方公里超过1.12公里的十分密集的轨道交通网，而北京中心区每平方公里只有0.51公里。

东京的汽车也越来越普及，这一时期，也是东京机动车保有量增长最快的时期，1960~1975年东京机动车保有量从50万辆猛增至250万辆，15年间增幅达4倍。为缓解东京中心城区的交通拥堵状况，早在1968年10月，东京警视厅就成立了由22辆摩托车和4辆巡逻车组成的高峰期交通机动调整队，进行信息收集。在拥堵度指数为5（拥堵距离900米，或堵车达150辆以上）时，为防止道路危险，甚至出动直升机进行高空指导。

至20世纪80年代，东京的汽车保有量已经突破400万辆，1990年达到450万辆，几近饱和。交通拥堵开始成为顽疾，被全社会广泛诟病。不仅如此，交通拥堵还引起了许多连锁反应，最为致命的就是交通事故显著增加。截至1987年，每年交通事故死亡人数连续6年突破9000人，1988年更是超过了1万人，但2017年大为好转，交通事故死亡人数降为3694人。

20世纪90年代以来，随着日本泡沫经济崩溃，经济增长转入"低迷模式"，人口移动规模缩小，小汽车保有量已经饱和，加之交通部门采取的有效治堵措施以及市民自觉遵守规则，拥堵状况已经大为改观。现在东京都商业区和某些时段的高速公路仍存在不同程度的拥堵，但依托发达的交通路线、严格的车辆管控和停车改革等措施，东京都已在很大程度上缓解了城市拥堵问题。以《都市营造的宏伟设计——东京2040》为指导的东京都城市总体规划将合适的理念贯穿自身发展战略始末，以轨道交通引领城市发展与周边地区聚集生活圈，形成"步行生活城市"，实现人、物、信息的自由交流。

二 东京城市圈主要治堵措施

东京都政府2000年颁布的《交通需求管理东京行动计划》，其核心思想就是限制小汽车出行，减少汽车的使用次数和频率，促使出行方式的转换（见图3-7）。对待汽车交通，东京的基本政策导向是既不限购也不限行，但会通过相关政策促使小汽车持有者尽量不用或少用私家车，"持而不用"私家车也是东京不堵车的奥秘之一。《交通需求管理东京行动计划》的首要目标是恢复现有道路的容量和交通承载能力，重中之重是治理停车。通过对汽车到达目的地的控制，确立正常合理的停车秩序。

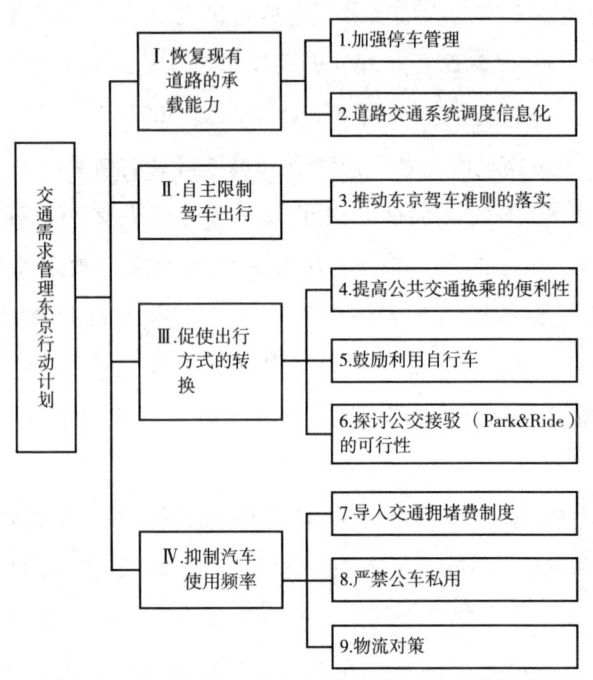

图 3-7 《交通需求管理东京行动计划》措施框架

资料来源：唐智伟：《日本东京都市圈交通发展及治理措施借鉴》，https://www.ciecc.com.cn/2019/9/16/att.2218_55112.html。

（一）提高购车、养车门槛，抬高停车费

日本作为世界第二大汽车生产国，汽车价格相对便宜。日本通过征收高额税费政策以期达到小汽车的合理使用。在日本养车需要交纳的税目较多，目前主要有消费税、汽车取得税、汽车重量税、轻型汽车税、燃油税、柴油交易税和石油天然气税等税目，其中的大部分费用需要由消费者自己承担。早在 1962 年，日本实施的《车库法》就规定，汽车所有者必须确保拥有存放场所，不允许将道路作为汽车的停放场所，违者将被处以 3 个月以下有期徒刑或者 20 万日元以下罚款。因此，日本人买车之前必须在当地警察署开具"车库证明书"。自家没有车库的人要想买车，必须选择距家 2 公里以内

的停车场签订按月包租的合同，再去警察署申请。在东京都繁华地带，包租一个停车位每月至少需花费6万~7万日元，非繁华地区月租金大致在2万~4万日元。东京人很少开车上下班的一个原因就是停车费实在太贵，东京都内各大政府机关、公司几乎没有一家给员工准备免费的"内部车位"。日本人的薪金里一般包括交通费，但这个交通费是严格按照居住点至单位的地铁费用计算出的。如果非要自驾车上下班，政府和公司都不会阻拦，但不菲的停车费必须个人能够承受才行。

支付令车主心痛的高昂停车费用是东京政府治理交通的一大法宝。在东京都城区，路边画有白框的停车位，一小时收取300日元，但只限停一小时。如果超时就会被贴条，车主将收到一张1万日元的罚单。在自助式按时收费的停车场，每小时的停车费在600~1500日元。这相当于东京普通白领的时薪了。在东京，虽说平均约两个人就有一辆汽车，但高昂的停车费致使东京大多数私家车每年约有2/3的时间在自家休眠，由此大大减少了因小汽车交通而导致的环境污染。通过控制停车位总量、差别化停车收费、征（增）收税费等管理手段与经济手段，从严管理小汽车使用，降低私家车的使用率，引导和鼓励小汽车使用者转向选择公共交通方式，是东京节约能源、减少空气污染的主要措施。

（二）重磅治理乱停车

在堵车现象发生初期，东京就已经根据当时堵车的原因进行了调查，发现堵车是道路两侧的车辆随意停放占用有效道路空间所导致的。在找到问题后，东京立马根据问题发布相关规定，发现货车进入和停留市区时间过长时一律处以罚款。并且在东京，交通规则相当严苛，严重的甚至可能面临高额罚款和获刑，所以在一定程度上解决了堵车问题。由于停车费太贵，东京的乱停车现象一直比较严重，本就两条车道的道路往往变成了单车道，进而加重了拥堵程度。为此，从2006年开始，东京都政府采取了严厉的处罚措施。除对违章停车的处罚由之前的可临时停车30分钟的"缓期执行"改为"立即执行"，对普通轿车违停行为，在重罚1.5万日元的基础上，还要扣两分，要知道日本驾照一年满分也就6分。与此同时，警视厅还聘用退休的老警察作为民间监督员治理乱停车问题，重罚之下，东京的道路畅通了不少。据东京警视厅2010年公布的数据，惩罚违章停车政策施行几年来效果显著：东京主要干道的违章停车现象减少了81.5%，平均一小时的堵车距离缩短了40.5%，平均每5公里的行车所需时间减少了10.8%，停车场的使用率也增加了21个百分点。治理乱停车要标本兼治，东京都在加大惩罚力度的同时，在地域条件先天不足的背景下，在停车场的建设上更是下功夫，加快停车场建设步伐。无论是双层式停车位，还是交叉式停车位，又或者是小型立体停车场，都是现代停车场构建的典范。但最让人惊叹的是日本的大型立体停车场，在极小的地域面积内利用更多的上层空间，实现了面积与需求的最佳平衡。

（三）运输需求与道路管理措施

运输需求管理是指对运输行为的管理，如有效使用汽车和转向公共交通。通过鼓励改变行为，控制产生的交通量和协调错峰交通，来调整交通需求。

第一，促进使用大众公共交通，如铁路，并鼓励从汽车使用中转移出来，采取措施使公共交通更方便，如改善铁路和其他形式的交通信息，改造车辆和设施，使其更容易使用，发展轻轨和社区巴士，以及改善自行车、绿色出行使用的环境。公共汽车也是东京圈重要的公共交通工具之一。公共汽车以公营为主、私营为辅。绝大多数属于东京都交通局运营，只有少数是由私营公司运营的。地面公共汽车沿城市道路呈网状分布。首先，车站的设计充分考虑了大型住宅小区，与火车站、城市交通枢纽、对外交通枢纽紧密相连，提高了公共交通覆盖率，可以解决市民出行问题。其次，东京圈的地面公交线路主要开通"区间"和"短线"线路。短的公交线路只有5~6个站点，站点之间的距离不超过500米。公交线路主要连接地铁、JR线和便民设施等，大部分是出口对接入口。地面公共汽车在轨道交通的缝隙中穿梭，同样支撑整个东京圈公共交通系统的运行。同时，为保证公共交通的运营效率，鼓励民众多使用公共汽车，政府在路口设置公交专用道和信号优先，保证公交高峰时速，保证高效准时运营公共交通。与此同时，日本政府也制定了一些类似的援助政策，鼓励人们乘坐公共交通工具，例如地铁和公共汽车票价的自动折扣等。

第二，商贸一体的换乘中心。除此之外，日本还建立了集交通和贸易于一体的换乘枢纽。公共交通换乘枢纽通过合理的土地利用，高效组织轨道交通、公交、出租车、自行车停放和门店布局，提高了交通组织水平，缩短了乘客换乘时间，促进了周边物业的发展。在改善交通条件的同时，不仅解决了人员换乘问题，还形成了独特的交通核心业务群，发挥城市交通枢纽的综合功能，成为城市不同区域的主要公共活动中心。在东京圈的大型综合交通枢纽中，比较知名的有JR山手线的新宿、涩谷、池袋、东京和上野站。以新宿站为例，新宿站始建于1885年，是东京圈公共交通集中的大型交通换乘枢纽和商业文化活动中心。出租车、公共汽车分布在枢纽两侧地面一层，自行车、私家车、客车等停车场在地面以下，轨道交通线路和铁路线高架则在地面一层以上。四层建设了日本最大的高速公交换乘站，每天在这里上下车的乘客达160万人。新宿站不仅是日本，也是世界上平均每天客流量最大的车站。多个出站口的行人与地面公交线路、轨道交通线路没有交叉干扰，出行高效。总之，为方便民众出行，东京的枢纽型车站都具备出入口密集、充满人性化设计的特点。同时，东京的枢纽型车站利用地下空间系统和空中步道系统，与周边高密度的商圈相连，既保护行人免遭恶劣天气和地面汽车的打扰，增添了城市的宜居性，同时也合理引流消费人群。

第三，时段变化管理。通过将早晚等高峰时段的交通转移到非高峰时段，实现交通需求在时间上的均衡。错开工作时间（非高峰期通勤），采用弹性时间，等等。在物流、准时制和商业惯例中，交货要避开早晚时间。错峰运输，科学调控各大货运和快递公司在市中心区域相互协调错峰送货。各大路段均对大型车辆设有时间通行限制，保障货运汽车的通行不阻碍市中心区其他车辆通行的同时，完成城市中心区的物资和物流运输。

第四，路径改变管理。通过分散拥挤道路上的交通，实现交通需求的空间均衡化，如通过汽车导航系统提供交通拥堵和停车信息等。有效地使用车辆，优化（提高）客车和其他车辆的占用率，以及货运车辆的装载率。在客运方面鼓励拼车（Car pooling）、共享（Car sharing）等共享运输方式。

第五，来源协调。调节和控制那些产生车辆交通量的人。比如，职住合一、零交通（最高境界）、远程办公，工作和居住区的城市规划，实施无车日，等等；进行道路收费、号码监管、征收碳税等。通过有效结合这些措施，该倡议旨在促进交通和改善城市环境。

第六，信号设计。例如，设置时差式信号、智能信号，如遇到红灯，在司机视野内全为红灯，如果是绿灯，则视野内全是绿灯。

（四）注重交通拥堵的人为因素

第一，驾驶人员良好的素质与修养。日本人良好的驾车习惯无疑在很大程度上对缓解道路的拥堵状况起着重要作用。例如，出主路车辆与辅路直行车辆实行各走一辆的做法，避免了贴身逼抢危险的发生。再者，在主干道上行驶的车辆要下到辅路时会很早就变线到慢车道上排队，按顺序行驶虽然行进缓慢，却保障了其余车道的畅通。此外，日本人驾车"礼让"精神令人印象深刻，如前车打灯并线，后车会主动让行，绝没有紧踩油门不让的现象。被让的车辆也往往通过闪两下双蹦灯来表示感谢，这一举动也使让车者心情愉悦。

第二，交通安全教育贵在持之以恒。在现代化大城市，如果国民没有养成强烈的遵守交通规则的主观意识，即使有再先进的设施，也无法进行有效的交通管理。东京市民遵守交通规则的自觉性令人感叹。在东京，行人和骑车者规矩地等候在交叉路口，在绿灯亮起前，不会有人冒着生命危险穿越马路，即使在深夜没有车辆来往的道路上，行人不见绿灯也不会过马路。每遇没有设置交通信号装置的路口，汽车驾驶员都会主动减速、停车礼让行人，这似乎成了一种习惯。

三 东京"治堵"的成效评估

（一）私家车利用频率下降，交通拥堵得以缓解

如前所述，东京的私家车利用方面与国内情况区别较大。很多家庭在平

日的通勤上并不选择开车出行，原因有多种，包括轨道交通的极高的便利性、停车费用昂贵等。东京都所有住户中，从住宅到最近车站距离不足 500 米的占 61.9%，超过 1 公里的只占 0.53%。因此出行根本不需要依赖汽车，东京民众更倾向于在周末去郊区或更长途的旅行中使用私家车，或者工作日有购物需要的时候使用私家车。因此在工作日早晚高峰时段，东京的拥堵情况相对较好。这其中东京民众对私家车的使用方式是原因之一。东京汽车使用目的方面，以购物、用餐以及游玩、消遣为目的的汽车使用为最高，通勤、上学占比较低（见图 3-8）。

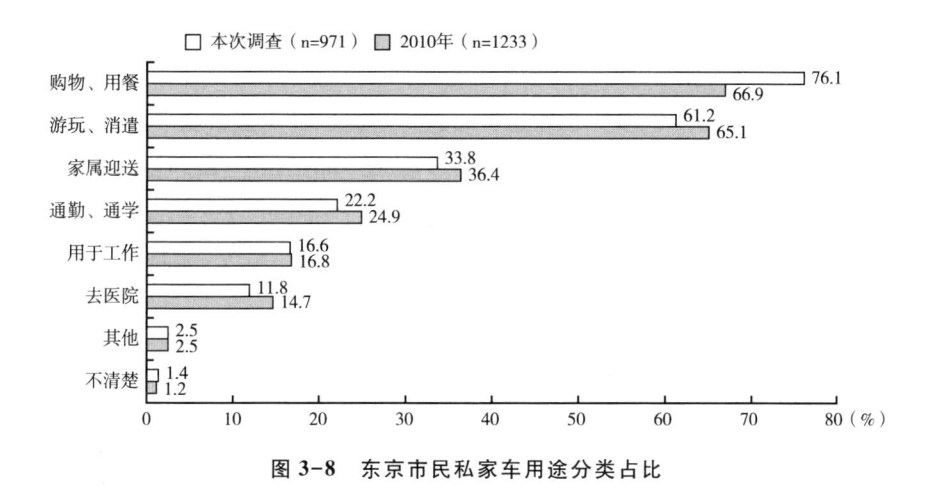

图 3-8　东京市民私家车用途分类占比

资料来源：东京都生活文化局 2019 年调查。

另外，东京的路网密集，每平方公里面积拥有道路近 20 公里，细化且发达，与国内大都市的路网"大动脉"形态和道路无法打通的园区式居民住宅呈现形态相比，"毛细血管"式的东京道路在公路交通的畅通性上也有直接的良性效应。一是小路多，车都分流了；二是街区尺度小，利于步行和公共交通。路网的通达使得普通人也可以深入接触到这座城市的每一个角落。城市 90% 以上的区域是开放的。日本首都高速官方数据显示，近三年首都高速整体拥堵情况缓解显著。虽然由于新冠病毒的影响，2020 年的拥堵情况断崖式下滑，不足以展示出"治堵"成效，但随着 2021 年东京民众日渐习惯新冠病毒对生活的影响，出行和工作逐渐恢复正常，和2019年相比仍然可以看出极大的拥堵减少效果。

（二）实现了科技交通与绿色交通

1960年末，东京城市圈人口为1700多万人，车辆不足300万辆，出现拥堵。几十年后的今天，东京城市圈人口已经超过3600万人，车辆增加到1500万辆，交通反而比以前更有序。其中的关键是日本借助科技发展轨道交通网络，通过开展信息技术服务研究，形成一套较成熟的应用体系，实现了日本智能交通领域快速进步。依托科技，东京圈逐步解决了拥堵问题。依托日本汽车工业的发展红利，日本政府从20世纪50年代开始探索对汽车控制及通信技术的智能化应用，开启了智能交通的发展之路。1996年日本政府明确提出了信息技术服务发展的领域，计划初步实现信息技术服务系统整合，通过车路协同前沿技术研发及大规模应用，推动交通管控升级，并计划在未来10~20年建成交通最安全、环境最友好、通行最高效的社会。此后，日本的科技交通可以分为三个阶段。第一阶段：确定信息技术服务目标，加强不同系统间的交互整合。1996年7月，日本提出了未来20年信息技术服务的长期构想，定义了信息技术服务中先进的导航系统、不停车收费（ETC）、安全驾驶支援等九大领域的21项服务，制定发展应用和推广路线图，利用信息技术服务建设，促进了汽车导航、VICS、ETC、先进安全车辆（ASV）等单个技术的整合和研发，成为信息技术服务的成功范例。第二阶段：大力开展交通基础设施建设。2006~2010年，日本先后发布了 *New IT Reform Strategy*、*i-Japan Strategy*、*New Information Strategy* 等规划，将信息技术服务定位为构建具有高可靠性和耐久性的交通安全系统、创建生态友好型社会。2007年，日本将VICS、ASV、ETC、专用短程通信技术（DSRC）和自动公路系统（AHS）与基础设施一起整合，推出了"SmartWay"系统，并在全国范围内开展安全驾驶系统（DSSS）试验，同时大力开展路边基础设施建设，到2011年实现了信息技术服务Spot覆盖整体日本高速公路网。第三阶段：重点研发车路协同等新技术，交通管控及服务再升级。2013年至今，日本重点开展自动驾驶等新技术研发，实现道路交通高度信息化，旨在解决社会环境、道路安全和交通拥堵等社会问题。2015年日本提供ETC2.0服务，通过车辆与道路设施双向通信协作实现不停车收费及道路实时路况分析预警等功能。2016年至今，日本先后发布《车路协同汽车道路测试指南》《车路协同汽车安全技术指南》等政策，开展车路协同道路测试工作，大幅提升道路交通管控和服务能力。总之，日本一直坚持以技术创新赋能产业发展，推进前沿技术应用示范，不断加速推进智能基础设施建设、通信技术研发、ETC2.0系统升级，以及车路协同信息采集、分析和服务，加速出行服务等领域市场化措施出台，为智能交通发展和"治堵"打下了坚实的基础。

另外，在发达国家中，日本属于较早致力于环境保护与绿色低碳发展的国家。东京都作为日本首都，在日本举国绿色低碳发展中更是走在前列。交通是日本产业低碳化发展的支柱之一。在车辆能效和燃油指标方面，日本制定了更严格的标准，扩大电动汽车公共采购规模，加大充电基础设施建设力度。同时，日本还将大力推进电化学电池、燃料电池和电驱动系统技术等领域的研发与供应链构建，降低碳中性替代燃料研发成本，开发性价比更高的新型电池技术。以东京圈为例，为减少交通部门的碳排放量，政府鼓励民众参与多种节能减排措施。政府对购买低污染、新能源汽车的消费者给予一定的财政补贴；东京圈在公共汽车中引入生物柴油，促进生物柴油应用计划，并开展第二代生物柴油在市区范围内公共汽车的应用论证和研究；东京圈提倡生态驾驶（Ten Tips），杜绝突然加速与减速行为、飙车与发动机长时间空转现象。生态驾驶还被编入驾驶员培训教材，力图从基础上培养驾驶员的良好习惯。值得一提的是，关于利用生态驾驶节能减排的有效性研究，丰田交通研究所的效果评估显示，生态驾驶减少了日本燃油消耗的10%~20%，这与CO_2排放成正比。最后就是轨道交通的贡献。东京圈轨道交通将城市连接在一起，居住在隔壁城市的日本民众可以依靠强大的轨道交通每日前往东京工作，大大缓解了汽车交通压力和碳排放压力。其中，生态驾驶节能是非常值得京津冀选择和利用的措施之一，考虑到目前京津冀尚不完善的城市公共交通体系，对于部分跨城市通勤的上班族来说，在不能依托强大轨道交通的背景下，汽车交通仍然是出行备选之一。当购买一辆更加节能高效的汽车需要额外的花费，并且难以保证每天拼车这种高密度社区才能实现的方案时，将当前的驾驶风格更改为生态驾驶，扭转日常驾驶行为和意识，通过改变自身驾驶的一些小习惯来促进节能减排，是比较适合公众选择的低碳减排的方法之一。

综上所述，如今东京城市的道路交通管理已经实现了交通管理自动化、智能化和绿色交通，在繁忙的道路上，人来车往，却看不到混乱，一切显得那样井然有序。虽然交通硬件条件十分过硬，但国民的自觉行动是保持城市交通良好秩序的基本条件，而这种自觉行动又是日本政府多年来孜孜不倦、努力不懈地对国民进行交通安全教育的成果。在所谓"全民皆照时代"的今天，制度化、组织化是日本交通安全教育的特点，不仅内阁中设有管理交通安全的专门机构，在民间，也有各种各样的公共团体从事交通安全教育，从儿童抓起，贯穿终身，举一反三，不厌其烦，官民携手共同开展交通安全教育的做法很值得我们借鉴。在城市发展中，治理交通拥堵不易，但并非没有对策。治堵的过程中，交通方面的变革也带动了经济增长，推动了城市发展。经济社会的高质量发展亟须完善的公共交通系统来支撑，这已成为城市可持续发展的必要条件。如何提升公众的公共交通出行体验、使公共交通系统更具吸引力，是中国城市发展面临的重要课题。日本公共交通的规划建设经验对提升我国公共交通发展水平、缓解大城市交通拥堵，具有重要的借鉴意义。

第四章
东京城市圈住宅体系

　　东京城市圈中建筑物以住宅类建筑为主，随着社会发展和居民生活水平的不断提高以及老龄化、少子化等社会问题的不断扩大，住宅问题也在不断变化并衍生出新的情况。在土地利用方面，东京城市圈内部东京都与其他县也有所不同，总体看，东京城市圈住宅和道路用地在建设用地中的占比较高，其中，东京都以住宅和道路用地为主；人均住宅用地随时间变化幅度较小。从自有住宅与租赁住房的比例关系看，全国的状况是自有住房比例为60%，租赁住宅比例约为40%，但东京与全国其他地区相比呈相反态势，租赁住宅占57%，自有产权住宅占40%左右。在高速增长时期住宅方面的首要问题就是大量人口涌入东京都后造成的住宅短缺问题。政府所属的金融支援机构（原住宅金融公库）发挥了重要作用。中心城市东京都主要是通过加大社宅、公营廉租住宅（都营住宅、区营住宅、市营住宅、公团住宅）以及扩大个人出租房源来解决的。在东京城市圈，房屋市场比较成熟，除20世纪80年代中期至90年代初泡沫经济盛行期和崩溃期房价出现过大起大落外，其他时期的房价没有太大变化。租房占有一定的比例，所以房价始终处于比较稳定的状态。本章就东京城市圈住宅的空间分布以及基本情况、存在的问题和政府对应的各类政策进行探讨和分析。

第一节　东京城市圈住宅的空间分布

一　东京城市圈土地利用与各类建筑分布

（一）东京都与周边地区土地利用与开发强度

2016年东京都总面积为2122平方公里，主要包括公共、商业、住宅、工业和农业用地。其中，面积最大的是宅地，为670.4平方公里；其次是道路用地，为245.2平方公里。根据各用途包括的内容，宅地、其他用地、公园、未利用地和道路等均属于建设用地，将其进行归并，2016年东京都建设用地面积为1112.2平方公里，占东京都总面积的52.4%，即土地开发强度为52.4%，其中住宅、工业用地分别占建设用地的37.5%和4.9%（见表4-1）。与2011年比较：住宅、公共、道路和公园用地增加，分别增加了2.6%、1.8%、1.6%和1.6%；工业和商业用地等减少，分别减少了6.2%和0.4%[①]。

表4-1　东京都建设用地利用情况（2011年、2016年）

单位：%

年份	总计	建设用地									农用地	水面河川水路	森林	原野
		小计	公共用地	商业用地	住宅用地	工业用地	农业用地	其他用地	公园运动场等	未利用地等	道路等				
2011年	100	51.9	9.5	8.1	36.9	5.3	0.3	6.7	7.8	3.5	21.9	4.2	2.3	37.9	3.7
2016年	100	52.4	9.6	7.5	37.5	4.9	0.3	6.5	7.9	3.3	22	3.9	2.3	36.8	4.6

资料来源：张迪等：《东京都市圈土地利用分析——兼与北京上海的比较》，《国土资源情报》2021年第2期，第3~8页。

与东京相比，东京城市圈的其他县、市建设用地以住宅用地为主，例如，横滨和相模原建设用地以住宅用地为主，但川崎市临海工业和重化工业

[①] 张迪、万洁琼、郭文华、黎韶光：《东京都市圈土地利用分析——兼与北京上海的比较》，《国土资源情报》2021年第2期，第3~8页。

比较集中，所以工业用地占比较高。将2016年3市各用途用地按建设用地要求进行归并，则川崎、横滨和相模原土地开发强度分别为72.4%、66.4%和21.5%。横滨和相模原住宅用地在建设用地中的比例超过50%，分别为53.4%和50.7%；川崎市工业用地在建设用地中的比例为16%（见表4-2）。川崎、横滨和相模原3市工业用地增加均较快。与2011年比较，住宅用地和工业用地均呈增加，工业用地增幅高于住宅用地，川崎、横滨和相模原住宅用地分别增长了3.40%、2.12%和2.89%，工业用地分别增长了4.92%、11.08%和8.51%。

表4-2 神奈川县大城市土地利用情况（2016年）

单位：%

城市	合计	建设用地					农用地	森林	水面河川水路	其他用地
		小计	住宅地	工业用地	其他宅地	道路				
川崎	100	72.4	45.7	16	19.6	18.7	4	5.4	5.4	12.8
横滨	100	66.4	53.4	4.6	20.8	21.3	6.4	8.5	2.1	16.6
相模原	100	21.5	50.7	4.9	17.5	26.9	4.8	57.3	5.7	10.7

资料来源：张迪等：《东京都市圈土地利用分析——兼与北京上海的比较》，《国土资源情报》2021年第2期，第3~8页。

2016年，东京都的土地开发强度远超过其他三县，但在东京都内的不同区域也有差别，23区土地开发强度最高，达93.5%。其中，宅地占全域土地面积的58.4%，道路用地占22.0%，公园运动场等、其他用地和未利用地分别占6.5%、4.2%和2.4%，农用地、水面河川水路、森林和原野合计占6.5%。多摩地区土地开发强度为35.1%。其中，紧邻23区的北多摩北部和北多摩南部分别为83.5%和88.4%，北多摩西部和南多摩分别为79.7%和57.1%，西多摩和多摩村部分别为15.5%和2.3%。

如图4-1所示，东京都各区域建设用地以住宅用地为主，住宅用地占比在22.2%~45.4%，呈现距离城市中心区越近占比越高的趋势。紧邻23区的北多摩北部和北多摩南部占比最高，住宅用地占建设用地的比例分别为

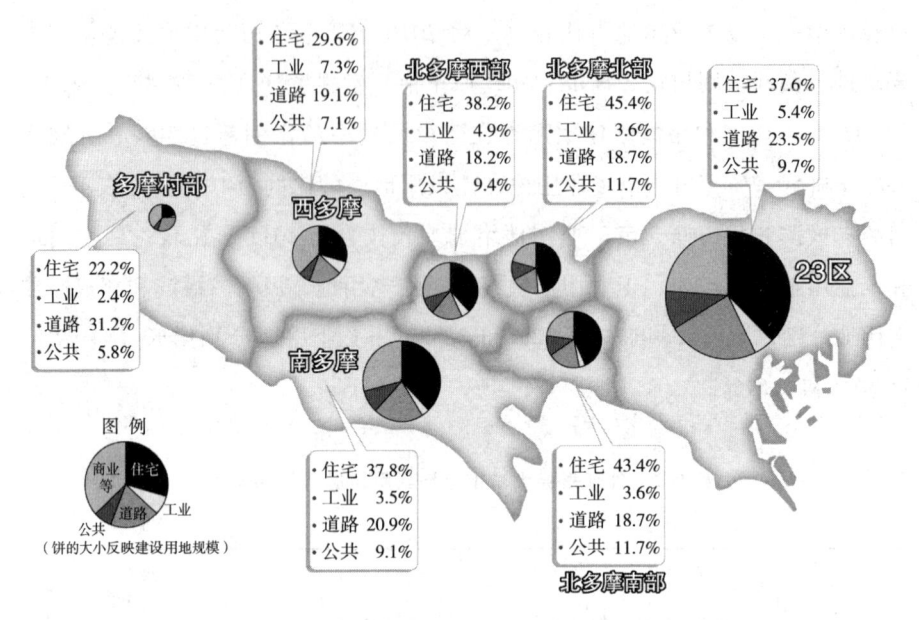

图 4-1　东京都不同地区的土地开发强度（2016 年）

资料来源：张迪等：《东京都市圈土地利用分析——兼与北京上海的比较》，《国土资源情报》2021 年第 2 期，第 3~8 页。

45.4%和 43.4%；其次为 23 区，住宅用地占比为 37.6%；工业用地占比均较低，最高的是西多摩，占建设用地面积的 7.3%。

（二）东京都建筑密度与容积率

在东京，大部分的建筑是住宅类建筑，其中户建（独门独户）类住宅占比超过 60%。根据 Zenrin 株式会社的建筑物数据统计调查，截至 2021 年，东京都内户建住宅比例约为 67%，公寓类住宅比例约为 14%，事务所建筑比例约为 7%，商业类建筑比例约为 1%。[①] 在过去的十几年间，住宅类建筑和非住宅类建筑比例关系总体变化微乎其微，十分稳定，仅有 office 类建筑占比略有增加，由 2013 年的 3%增至 2016 年的 4%后，到 2021 年保持不变。但是，东京核心区的商务用房面积大于住宅面积，恐怕全世界大城市的核心区都具有相同特点。

东京城市圈的建筑标准要比其他地区高一些，特别是在建筑物限高方

---

① 株式会社ゼンリンZenrin、https：//www.zenrin.co.jp/。

面，有严格的规定。对建筑密度、容积率等都有详细规定。根据日本政府对各类地区的建筑规划定义①，各类用途的建筑都有相应的建筑密度和容积率的限制。"建筑密度"是建筑面积与用地面积的比例；"容积率"是总建筑面积与用地面积的比值。日本有关不同类别住宅的定义如下，其容积率也有不同的规定（见表4-3）。

表 4-3 日本各类用途住宅建筑覆盖率与容积率

单位：%

使用区	建筑覆盖率	容积率
1型低层住宅区	30、40、50、60	50、60、80、100、150、200
2型低层住宅区		
1型中高层住宅区		100、150、200、300
2型中高层住宅区		
1型住宅区	60	200、300、400
2型住宅区		
半住宅区		
邻近商业区	80	200、300、400、500、600、700、800、900、1000
商业区		
半工业区	60	200、300、400
工业区		

资料来源：法律第百号都市計画法、https//elaws.e-gov.go.jp/document? lawid=343AC0000000100。

建筑密度和容积率是反映土地利用程度的重要指标，东京都各区域建筑密度和容积率各项指标均随土地开发强度降低而降低。其中，23区显著高于多摩地区，净建筑密度、净容积率分别是多摩地区最高的北多摩南部的1.2倍和1.8倍；多摩地区各区域间差距较小。

2011~2016年东京都建筑密度变化较小，但容积率仍呈增长态势。在土地利用程度较高的23区、6号线内、7号线内毛建筑密度分别增加了0.8

---

① 法律第百号都市計画法、https：//elaws.e-gov.go.jp/document? lawid=343AC0000000100。

个、0.2个和0.4个百分点；毛容积率分别由2011年的103.9%、157.9%和130.8%增长到2016年的112.0%、173.9%和142.6%。净建筑密度分别增加了0.4个、-0.1个和0.2个百分点，净容积率分别由2011年的177.8%、269.4%和222.2%增长到2016年的189.9%、294.3%和240.6%。

如图4-2所示，东京23区建筑密度和容积率总体高于北京和上海，且区域间差距小，上海和东京核心区容积率较为接近。

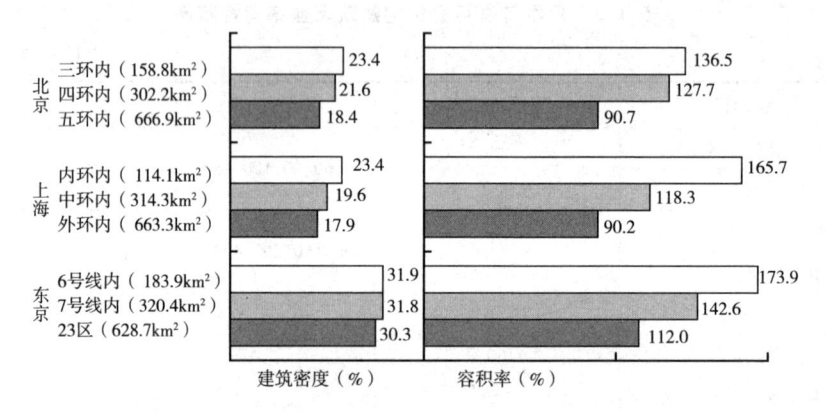

区域	范围	建筑密度(%)	容积率(%)
北京	三环内（158.8km²）	23.4	136.5
北京	四环内（302.2km²）	21.6	127.7
北京	五环内（666.9km²）	18.4	90.7
上海	内环内（114.1km²）	23.4	165.7
上海	中环内（314.3km²）	19.6	118.3
上海	外环内（663.3km²）	17.9	90.2
东京	6号线内（183.9km²）	31.9	173.9
东京	7号线内（320.4km²）	31.8	142.6
东京	23区（628.7km²）	30.3	112.0

图4-2 东京、上海、北京不同区域建筑密度与容积率比较

资料来源：张迪等：《东京都市圈土地利用分析——兼与北京上海的比较》，《国土资源情报》2021年第2期，第3~8页。

（三）东京都建筑节能与耐震状况

在建筑物节能方面，1979年《节约能源法》颁布以来，日本编制并实施了建筑节能标准。近25年来，日本全国总能耗基本稳定，但建筑能耗却持续增长，因此建筑节能标准受到逐步重视，到2013年，日本将3部建筑节能相关标准合并为1部，并计划到2020年强制执行。日本《建筑节能标准2013》将供热供冷、通风、照明、热水、电梯5种能源系统作为整体考虑，对其一次能耗进行整体限值，将不同类型建筑物的分区拆分为201种不同功能使用区，分别进行能耗计算，然后进行汇总[①]。

---

① 张时聪、徐伟、袁闪闪、刘宗江：《日本建筑节能标准研究》，《暖通空调》2015年第10期，第60~63页。

房屋的抗震方面，1981年可谓是分水岭。在1981年之前的耐震规定里，要求建筑物必须能够承受住震度5的地震造成的损坏。因为在1978年发生宫城地震（震度7.4）时，许多房屋发生了毁灭性的倒塌。随后日本于1981年6月1日改订了《建筑基准法》（新耐震基准），规定1981年以后新建的建筑必须承受住6~7级地震所造成的损坏。在现在的房产领域，简单被称为"新耐震、旧耐震"。2019年6月开始实施的最新《建筑基准法》中规定，新建建筑必须达到在百年一遇的地震中不倒塌，在数十年一遇的地震中不受损的抗震强度。近年，日本还将房屋的使用寿命由100年，提升到经过维护能够使用200年不倒的新目标，希望一栋房子可以保证一个家庭几代人安稳地居住，即使经历了大地震，也有足够的能力保护家人的生命及财产安全。

二　东京城市圈住宅的发展沿革与现状

根据Zenrin株式会社的建筑物数据统计调查，截至2021年，东京都内建筑总量为2478058栋，住宅建筑量为7581072栋，其中户建类总量为1789750栋，非户建类总量为5725322栋。

战后日本东京圈（东京都、埼玉县、千叶县和神奈川县）的住宅总数总体呈现大幅且稳步增长趋势，日本总务省在2021年1月发布的《住宅·土地统计》显示（见图4-3），东京城市圈住宅总数由1958年的3353000栋增至2018年的18589600栋，在此60年间增幅超4.5倍。同期，东京城市圈的人口从1786万人增至3544万人，增幅近1倍[①]，住宅增幅远大于人口增幅，这意味着东京城市圈的居住条件得到很大改善。除高速增长时期和泡沫经济前期住宅建筑数量增速变大较为明显以外，其余时期增速相对稳定。

东京城市圈从战后发展到高速增长时期再到泡沫经济时期以及随后的经济滞缓期，作为日本的核心大都市圈，一直不断吸引着来自全国各地的移动人口，因此东京城市圈的住宅建筑数量也持续不断增长。

---

① 根据公益财团法人矢野恒太纪念会编集·发行『数字で見る日本の100年』等资料计算。

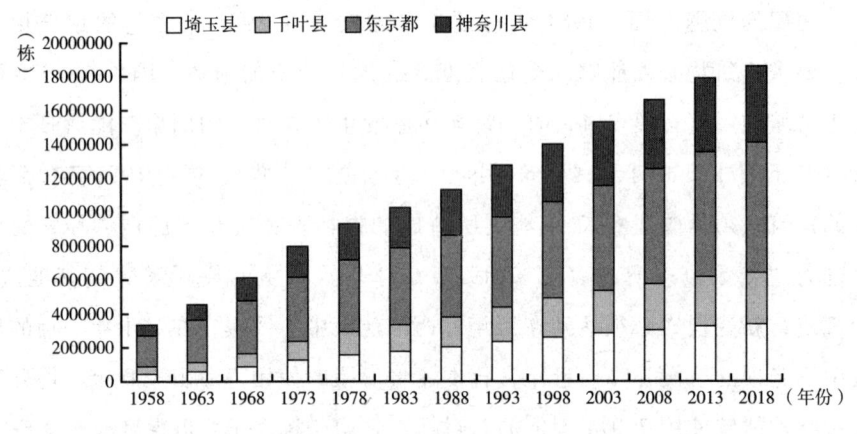

图 4-3　东京城市圈住宅总量的变化（1958~2018 年）

资料来源：総務省『住宅・土地統計』、2021 年 1 月发布。

日本在经济进入高速增长之前也出现过住房紧张问题，如战后初期，由于二战末期美军的"东京空袭"，东京遭受狂轰滥炸，几乎被夷为平地，加之大量军人及其家属从海外撤回，住房曾出现严重紧缺，结果大量人口转移至农村，使城市住房紧张问题得以暂时缓解。但是在 20 世纪 50 年代中期，日本经济进入高速增长阶段，大量农村人口涌入东京圈，导致东京城市圈住房问题骤然紧张。

日本战后经济高速增长（1956~1973 年），随着生产技术的不断创新和新兴产业与技术的引入，家电类产品包括电视机、冰箱、洗衣机等开始量产，东京都的居民生活发生了巨大变化。在 1962 年，东京都人口首次突破 1000 万人。随后的 1964 年，奥运会的举办提升了东京的国际地位，同时也迎来了国际经济贸易的迅速发展。奥运会前夕开通的新干线和首都高速公路也为东京都城市发展奠定了基础。根据日本总务省统计，高速增长时期初期的 1955 年到 1975 年末期，东京人口从 803.7 万人增长到 1167.4 万人。其中高速增长时期前五年的人口增长速度最快，而其他三县较慢。在这一阶段，东京城市圈的人口快速增长，特别是东京都内人口增加更为剧烈，住宅情况再次紧张。

住宅的增长不仅与人口增长相关，而且与家庭数的变化也很有关系。同样来自日本总务省发布的数据表明，高速增长时期东京圈的住宅数和家庭数整体呈现同步增长趋势，其中较为明显的特点体现于高速增长时期中的前半段和后半段。若以 1968 年为中间时间节点的话，1968 年前东京都内呈现住宅增长稍慢于家庭数增长，1968 年后呈现住宅增长快于家庭数增长的趋势，而 1968 年两者几乎持平。而其余三县也在高速增长时期后段呈现住宅数稍高于家庭数的情况。[①]

三　东京圈住宅状况的基本特点

（一）自有住宅与租赁住房的比例关系

从全国的情况看，自有住房比例约为 60%，租赁住宅比例约为 40%，但东京与全国其他地区相比呈相反态势，租赁住宅占 57%，自有产权住宅占 40% 左右。根据日本总务省在 2021 年 1 月发布的《住宅·土地统计》[②]，东京圈个人所有住宅数量整体呈现上升趋势（见图 4-4）。租赁方面，东京都呈现稳步上升趋势，但周边三县上升趋势不明显，整体增长迟缓。东京圈除东京都以外的地区，自 1983 年至 2018 年始终呈现住宅个人所有数量大于租赁数量的情况。其中神奈川县由于横滨的发展，在泡沫经济崩溃时期（1993 年前后）呈现个人所有数量与租赁数量十分接近的情况，但在随后的几年中差距逐渐拉大。在东京都的情况中，较为明显地呈现了泡沫经济时期前后的对比。从 1983 年到 1993 年，个人所有的数量与租赁数量差距逐渐拉大。然后在 1998 年的泡沫经济崩溃时期略显缓和后，2003 年以来差距迅速缩小，随后差距大幅缩小至几乎持平的状态，这跟泡沫经济后的房价崩盘有直接关系。这种崩盘使得东京都周边的三县民众更容易在东京购置房产，也间接帮助东京都吸引周边人口流入。与此同时东京都周边三县的住宅租赁情况总体也呈现下降趋势。

---

① 総務省統計局統計調査部国勢統計課『住宅・土地統計調査』、2021 年 1 月、http://www.stat.go.jp/data/jyutaku/index.htm。
② 総務省統計局統計調査部国勢統計課『住宅・土地統計調査』、2021 年 1 月、http://www.stat.go.jp/data/jyutaku/index.htm。

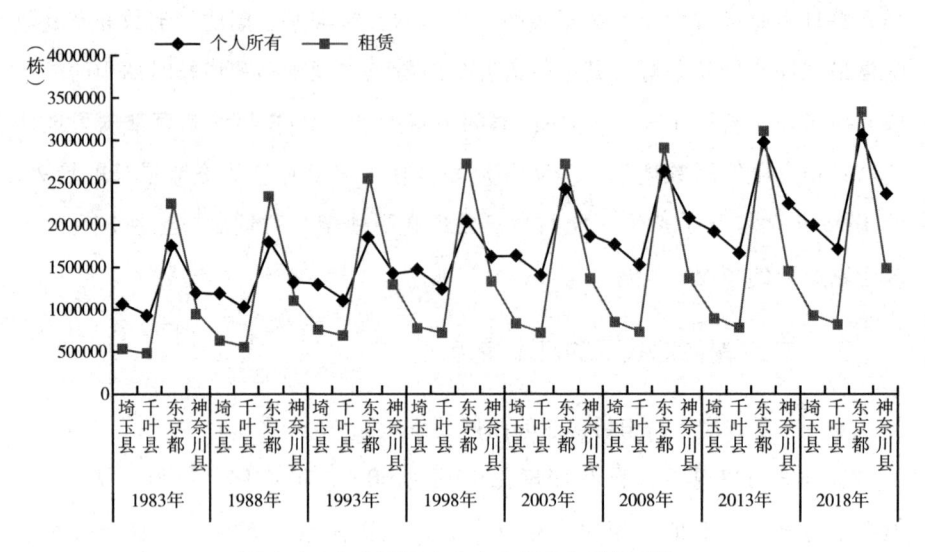

图 4-4 东京圈住宅中个人所有与租赁对比

资料来源：総務省統計局統計調查部国勢統計課『住宅・土地統計調查』、2021 年 1 月、http://www.stat.go.jp/data/jyutaku/index.htm。

（二）住宅建筑中"一户建"与公寓等共同住房的比例关系

在东京都内的住宅建筑中，户建住宅的比例最高。根据 Zenrin 株式会社的建筑物数据统计调查，截至 2021 年，户建住宅数量为 1789750 栋。在过去的 9 年间，户建类住宅数量整体呈现缓慢上升态势。除此之外占比最大的是高级公寓和普通公寓形式的住宅，数量为 383150 栋，同样在过去的 9 年间呈现稳步上升的态势，其他形式的住宅数量略微减少，由此可见以上两大类住宅是东京民众绝大多数的选择。

虽然通过建筑数量很容易看出户建类住宅是主流，但是从居住人数上看，共同住宅却具有更大的收容能力。共同住宅凭借更大的容纳户数的能力，在 2013~2019 年占比更大而且稳定提升，从 2013 年的 72% 提升至 2019 年的 74%。户建类户数占比在 2013~2018 年稳定为 25%，在 2019 年开始降为 24%。少子化、老龄化的加剧，年轻人的结婚率逐年降低等社会问题的持续出现和家庭结构的改变使得共同住宅类的受欢迎程度有所增加。

第二节　东京城市圈的住宅政策与措施

早在二战后初期，日本就构建了以"住宅金融公库"、"公营住宅"和"公团住宅"为三大支柱的住宅公共政策体系框架。这一体系在此后半个世纪的历史中，为日本改善居民居住条件、增进社会福利发挥了重要作用。在一定意义上说，东京城市圈住宅问题的解决就是对上述住宅公共政策的具体落实。

一　住房金融、财政制度

（一）"住宅金融公库"

住房建设以及住房问题的解决离不开金融的支持，战后以来日本政府投入大量资金为住房建设提供资金保障，在这方面，"住宅金融公库"功不可没。二战结束后不久的1950年，为解决住房短缺问题，日本政府成立住宅金融公库，到2007年4月1日改组为住宅金融支援机构[1]。长期以来，住宅金融公库为建造和购买住房的民众提供长期低息贷款，从而帮助民众恢复生活。为了提高住房质量，住宅金融公库制定了自己的住房建设标准。此外，为了应对各种社会问题，住宅金融公库建立了各种融资体系和民间建房基金。以1966年制定的第一个住房五年计划——"住房建设规划"为基础，以实现"一户一房"为目标，推进贷款制度的扩大和手续的完善。在经济高速增长的背景下，1968年全国的住宅数量超过了家庭数量，1973年所有县的住宅数量都超过了家庭数量。此后，在第三、四、五个住宅建设五年计划的指导下，住宅金融公库推进优质住宅存量的形成，扩大个人住宅的贷款对象，提高贷款额度，改善和充实了贷款制度。另外，在面对灾害导致的房屋受损时，住宅金融公库还通过"改善灾后修复住房贷款"和建立新的制度来支持人民的家园重建。2005年起，住宅金融公库开展证券化支持行动，

---

[1]　住宅金融支援机构，https://www.jhf.go.jp/about/index.html。

支持私营部门的金融机构在整个期限内稳定供应固定利率的抵押贷款。

2007年，住宅金融公库改组为住宅金融支援机构之后，除了将主要业务转向证券化支持业务，发挥支持私营部门金融机构的作用外，融资方面也从基于财政贷款资金的结构转向利用市场功能的住房融资系统。住宅金融支援机构的目标是通过独立、透明、高效和多样化的金融服务支持住房融资市场的稳定资金供应，为改善日本的住房生活做出贡献。具体来说，住宅金融支援机构是通过提供贷款债权转让等服务，来支持一般金融机构对住房建设所需资金的贷款，并通过提供灾后重建楼房的贷款来补充一般金融机构的贷款，基金旨在确保对住房建设所需资金的顺利和有效贷款，从而为人民生活的稳定和促进社会福利做出贡献。目前，住宅金融支援机构明确开展以下三种业务。

一是证券化支持项目，利用证券化机制，为私营部门金融机构提供长期、固定利率的安全住房贷款。

二是住房贷款保险项目，利用保险机制支持私营部门金融机构提供的各种住房相关贷款。

三是直接为有明确政策目标和高需求的领域提供住房贷款和贷款计划，如灾后恢复住房。

这三项是住宅金融支援机构的主要业务。以住房贷款保险项目"改善型住宅60"为例。对于想要拥有或者改善住房但退休收入有限的老年人来说，如何解决住房贷款是最重要的问题。"改善型住宅60"项目主体由客户、金融机构和住宅金融支援机构组成。客户的月供只是较低数额的利息，当客户去世时，继承人可以用自己的资金，或者抵押财产（房屋）一次性偿还本金。2009年该项目还推出了无追索权类型（当客户死亡时，继承人在用出售抵押财产的收益偿还剩余债务后，不必再偿还），这解除了老人及其继承人的顾虑，使他们能够更安心地使用该产品。因此，近年来，该项目的知名度也不断提高，其实际使用量与经营的金融机构数量均大幅增加。同时，政府也对该项目大力支持。2021年3月，住宅金融支援机构与地方银行达成解决空置房屋问题的协议，地方银行为购买空置房屋提供抵押贷款，同时对用于翻新和拆除空置房屋的贷款提供了优惠的利率。

日本住宅金融支援机构于2022年4月1日发布关于新冠疫情影响下住宅贷款还款困难的相关支援。其中设立了延长还款期限的特例支援，以及暂时中止一段期限的还款和奖金月的变更等业务。并且还设立了一个关于60岁及以上住房的新提案。从支持老龄化社会的当地住房发展的角度来看，日本住宅金融支援机构支持为60岁及以上的人提供带有房屋贷款保险的反向抵押贷款类型的抵押贷款。除了根据金融机构的需求对产品进行改进外，由于办理该产品的金融机构数量增加，在2019财政年度有980份投保申请（为上一年的191.8%），数量逐年增加。

（二）住房财税政策

日本政府为了改善国民住房条件，使日本尽早迈入"生活大国"行列，除了设立住宅金融公库等一系列金融机构，为国民购买住宅发放低息贷款外，在税收上也采取了一些优惠的措施。比如，日本的"促进取得住宅税收制度"中规定，纳税人在为居住而新建住宅，获得建造后已使用或未使用的居住用房屋，或增建、改造自己正在居住的房屋（需要满足一定的条件）时，可以自居住之年起，在六年内享受从所得税中进行一定数额的"住宅取得特别扣除"的待遇。近年来，在财税政策方面，日本国土交通省发布的重要政策中，影响力较大的包括以下几个政策：住宅贷款减税、新建住宅减税措施、受认证的长期优质住宅的特别措施以及受认定的低碳住宅特别措施等。

住宅贷款减税的主要内容是，为了鼓励人们以合理的费用获得满足其住房需求的住房，当抵押贷款用于建造、购置或扩建房屋时，年底未偿贷款余额的1%可从所得税中扣除（还有一部分从下一年的居民税中扣除），最长可达13年，具体时间取决于合同签署时间和入住时间。也就是说，如果个人使用抵押贷款建造、购置或翻修自己的住房，并将其用作自己的住所，且符合一定的条件，根据购置等抵押贷款的年终总余额计算的金额，将从其将住房用作住所的年度之后的每年所得税和个人居民税中扣除。扣除是根据相应标准进行的。在2019年提高消费税后，日本政府把减免期限延长至13年，同时把2020年底交房入住作为减免条件。针对疫情导致住宅建设和入住延期的问题，新大纲把入住期限延长2年至2022年，还把减免对象从50平方米以上住宅放宽至40平方米以上。

新建住宅减税措施的主要内容是，为了促进优质住房的建设，提高生活水平，形成优质的住房存量，新建住房的房产税在三年内减半（公寓等为五年）。从第四年开始（公寓为第六年），房产税的数额将恢复到原来的数额。

受认证的长期优质住房的特别措施的主要内容是：为了促进具有良好抗震性、耐久性和可变性的经认证的优秀长期住房的普及，并确保适当的维护和保存，对建造或购置某些经认证的优秀长期住房的所得税、登记和许可证税、房地产购置税和财产税予以减免。财产税的特别优惠措施为五年（公寓等为七年）。

受认定的低碳住宅特别措施的主要内容是：为了促进具有先进节能性能的低碳住房的普及，对建造或购置某些经认定的低碳住房，可减免所得税和登记税。那些已经被认定为低碳住宅的，其主人可以得到一份传单，上面提供关于特殊免税制度的信息。

二　住宅保障政策

（一）"公营住宅"制度

公营住宅即政府廉租房，是由地方政府出资建设并进行管理的住宅。公营住宅在战后初期特别是高速增长时期为解决住宅紧张问题发挥了重要作用。公营住宅是由国家和地方公共团体合作，用低廉的租金租赁给贫困低收入家庭，确保国民生活稳定和促进社会福利的住宅。这里的地方公共团体指下辖都道府县和市町村各级政府。中央政府和地方政府出资建设的公营住宅实际上和中国的廉租房没有太大区别。政府廉租房以公共住房法为依据，是为在住房方面遇到困难的家庭或单身人士提供的公共住房，因此，只有满足一定条件的人才可以入住。公营住宅的名称因其运营的公共组织不同而名称略有不同。由都政府管理的被称为"都营住宅"，由区或市政府管理的被称为"区营住宅"和"市营住宅"。政府廉租房相对比较简易，大多连片建设，没有独户住宅或高级公寓。

都营住宅、区营住宅、县营住宅、市营住宅等公营住宅申请入住需要具备一定的资格，也要办理相应的手续。以都营住宅申请资格为例，其须满足以下条件：第一，申请人必须在东京都居住；第二，有亲戚住在一起；第三，存在住房紧张问题；第四，收入在规定标准内。如表4-4所示，申请家庭总收入在收入标准范围内。"工资收入"栏是针对家庭中只有一个人有收入并且该人的收入是工资的情况。"所得金额"是工资扣缴单的"扣除工资收入中可不纳税金额后的金额"栏目中的金额，或最终纳税申报表中收入总额栏目中的金额。

表4-4 东京都申报公营住宅的收入标准（2009年4月）

工资收入(年)	家庭成员数量	所得金额(年)
0~351万日元	2人	0~227万日元
0~399万日元	3人	0~265万日元
0~447万日元	4人	0~303万日元
0~494万日元	5人	0~341万日元

资料来源：东京都住宅政策本部资料。

日本的公营住宅房屋质量很好，抗震达标，有各种文化福利设施。保障房的土地由地方自治体购买，中央政府补助1/2，剩下的由地方政府筹资，公营住宅建设的位置大多不差，交通、医疗、购物、学校等，都是建设公营住宅时考虑的问题，在分配上严防造假，募集入居者要通过媒体和向所在地区居民发明信片等方式广而告之，凡符合条件者均可申请，但希望入住者平均是公营住宅房源的10倍以上，为防止有人说情和舞弊，采取抽签的方法，但因僧多粥少，抽到的概率仅为1/10左右。每年分别在2月、5月、8月、11月进行4次住户征集，中签后方可办理入住手续。作为单亲家庭（母子家庭或父子家庭）、高龄家庭、身心残障家庭的救济措施，都营住宅还为这些人提供了优惠的抽签机会和积分。在东京租一套32平方米的政府廉租房每月要支付大约1.29万日元，这与日本人的收入相比，算是很低的了。想要住进如此廉价的房子，门槛自然会很高。日本的廉租房是具体问题具体分析，以每户家庭申报的年收入决定收取多少租金，挣得多就收得高，每户租金都不同。东京的房屋出租率高达90%以上。

目前，日本全国公营住宅为200多万套，占所有住宅总数的4%以上，每套住房面积在40~50平方米，多为两室一厅，四口之家使用十分便利。日本公营住宅主要建于1966~2006年，40年间日本按制定的八个"住宅建设五年计划"，充分调动政府和民间力量积极建设。2000年以后，住宅建设工作委托给民间的速度逐渐加快，很多自治体逐渐减少公营住宅建设，如石原慎太郎上任东京都知事以来东京都新建公营住宅为零。可以说，由于日本经济不景气，2000年后日本公营住宅建设进入退潮期。公营住宅的入住者为低收入者，家庭平均月收入在20万日元以下，因此租金也很低，原则是在入住者收入金额基础上，再加上位置系数、规模系数、经年系数和便利性系数，最终计算出结果。一般算下来，每月租金为2万日元左右，是相同地方相同面积的民间住房租金的1/4甚至1/5以下。居住者每年提供收入报告书，根据收入报告书计算下一年的租金，如果入住者不提交报告书，租金将上涨，与附近的民房租金相同，如果连续两年收入超过标准，地方自治体将让入住者限期搬迁，过期不搬，要支付违约金。对于残障者，公营住宅有租金特别减免制度。

现在日本特别是东京城市圈的公营住宅存在的问题是，老年人居多，维持老人之间交流有困难。收入超过标准按原则应该搬出，但有些仍在居住，致使更需要的人无法入住。公营住宅用国民的税金建造，维持管理费等用租金维持，租金不够的时候仍用税金填补，没有拥有公营住宅的国民认为这是榨取税金，感到不公平。近年来，公营住宅迟交租金的现象较为严重，据国土交通省2007年统计数据，全国公营住宅没有按时缴纳的租金达664.136亿日元。

（二）"公团住宅"制度

所谓公团住宅是由地方政府、民间企业（所谓第三部门）共同出资建造的住宅。公团住宅在区位、户型、建造质量等方面均优于公营住宅，主要是面向相对富裕的中产阶层。公团住宅建设始于高速增长初期的20世纪50年代中期，地点更接近市区繁华地带，建筑品质也略高于政府廉租房，住宅团地总户数从几百户到一千多户不等。大规模的住宅团地在街区中心还配套设有商店、银行、邮局和其他日常生活所需的设施，整个建筑群均能够满足日常基本生活的需要。

公团住宅每套房屋通常是面积40~60平方米的3LDK类型，为由一对夫妇和两个孩子组成的四口之家设计。最初，这种住宅只提供出租形式，租金定在中产阶级工薪阶层月收入的40%左右，与私人公寓相比，这并不算便宜，但来自梦想现代生活方式的夫妇的申请蜂拥而至，在当时要抽中一个名额是很难的。到20世纪60年代，作为政府房屋所有权政策的一部分，规格与出租房几乎相同的房子（但通常有较大的厨房和三间卧室）开始分批出售。如今，租赁工作已经被UR租赁住房（UR都市机构，独立行政法人都市再生机构）接管。这些房屋建成以来，一直居住在这些房屋内的家庭需要支付连续的租金，这与整个经济快速增长时期的收入增长不相称，所以租金占收入的比例保持在相对较低的水平。直至今日，很多公团的房子虽然年份较久，但整体保持得很好，仍然可以凭借较低的租金、较大的使用面积以及崭新的装修等优势吸引着当地年轻人和外地来东京的人们。

（三）"社宅"与民间房屋租赁

需要注意的是，在高速增长时期住宅方面的首要问题就是大量人口涌入东京都后造成的住宅短缺问题。东京都通过加大社宅、公营廉租住宅以及扩大个人出租房源来解决。

所谓社宅，实际就是公司员工宿舍，分为"家庭住房"和独身员工宿舍两种，独身宿舍为"单人住房"，独身宿舍又分为男性宿舍或女性宿舍。一般来说，每个公司的社宅都是以"自助自炊"为前提的，但有些员工宿舍也可以低廉的价格提供伙食、清洁和洗衣等生活支持。有些公司如果社宅比较紧张，也可能是共享房间而不是单间，厨房和浴室也是共用。社宅制度是员工向公司支付部分租金，由公司提供住房的制度，当然这里也有公司的福利存在，员工自付费用通常从员工的工资中扣除。所得税和社会保险费是根据工资单上的面值计算的，所以如果使用社宅制度，员工的税负会减轻。企业还可以利用其他福利补贴，减轻社会保险费负担。

民间房屋租赁也是解决住房紧张的重要手段之一。房屋中介公司在解决住房困难过程中得到不断壮大，与租房相关的法律体系也得到不断完善。房屋租赁业得到有序健康发展，违约现象明显减少。另外，日本个人住宅出租方面与国内最大的不同在于租户入住和前租户离开的时候，房屋内部几乎都没有可以移动的物品。房屋在变更租户时会进行彻底的清扫，并且不留前租户的任何物品，这种做法在免去新旧租户与房东就屋内物品进行纠葛争执的同时，保证房屋的整洁，提高租房品质和租户体验。

（四）住宅政策的新动向

随着人口少子化、老龄化的进展，老年人、残疾人、养育子女的家庭和其他需要照顾其住房需求的人的数量预计将继续增加，但作为住房安全网基础的公共住房预计不会大幅增加。此外，私营部门的空置房屋和房间数量正在增加，日本国土交通省于2017年10月推出一个新的住房安全网系统来利用这些房屋。这个新的住房安全网系统包括三个主要的支柱。

1. 不拒绝接纳有住房保障需求的人的出租房屋登记制度

出租住宅的出租人可以在都道府县、政府条例城市或核心城市登记该住宅，各县和其他当局向需要保障住房的广大民众提供有关登记住房的信息，该系统允许对住房保障有特殊需求的人在查看信息后向出租人申请入住。

修订后的法律将需要住房保障的人定义为低收入者、灾难受害者、老年人、残疾人和抚养儿童的家庭。根据《公共住房法》规定的计算方法，低收入者是指月收入（政府规定的月收入）为158000日元或以下的家庭。抚养子女的家庭是指有18岁以下子女的家庭。除此以外，部长令还对外国国民进行了定义。此外，地方当局可以通过制定供应促进计划，增加需要特别考虑住房保障的其他人员（例如新婚家庭）。

在登记租赁住房时，必须符合有关尺寸和结构的某些标准。首先，它们必须是抗震的。其次，住宅单元的建筑面积必须至少为25平方米。然而，如果是合租房,有一个至少9平方米的专属客厅就足够了,但住宅的整体面积必须至少为 15 平方米×居住人数＋10 平方米。厨房、饮食室、厕所、浴室、盥洗室等必须有适当的设备。地方当局可以通过制定供应促进计划来加强或放宽登记标准。

在登记时,可以限制有住房需求的人的范围,他们不会被拒绝进入。例如,可以登记为"不拒绝残疾人入住"或"不拒绝老年人、低收入者或受灾害影响的人入住"。对于租户和公寓楼,可以逐户登记。

2. 对注册住房和租户的翻修提供财政支持

新的住房安全网计划为注册住房的翻修提供支持,并减轻租户的负担。其一是对注册住房的翻修提供援助,依据"对翻修费用的补贴制度"对登记在册的房屋翻修提供补贴。其二是减轻租户的负担,对注册住房租户的财政援助包括降低租金的补贴和租金义务担保费。这两种补贴都是与地方当局和国家合作提供的,当低收入租户搬入注册住房时,租户只限于对住房安全有特殊需求的人。

3. 为需要住房的人提供住房支持

根据 2018 年的法律修正案,各都道府县可以指定开展住房支持活动的 NPO 法人和其他组织为住房支持法人,提供入住租赁住房的信息和咨询、照顾等生活支持以及为注册住房的租户提供租金义务担保等服务。对于福利领取者,已经制定了新的代理支付程序。此外,还建立了租金义务担保企业制度,让那些符合某些要求的企业向国家登记,以保障其能够正常开展业务。此外,还建立了一个新制度,由基金会为租金义务担保人和住房支持公司向需要住房保障的人提供的租金义务担保提供保险,方便这些人搬进注册住房。

三 首都圈住宅总体规划

(一)东京都住宅总体规划

日本在不同时期的经济规划和国土开发规划中对住宅建设都有一些原则性的规定,除此之外,还依据《住宅建设规划法》定期制定"住宅建设 5 年计划"以及"居住生活基本规划",对全国的住宅建设进行规划。各都道府县也都制定相应的地方性住宅规划。东京都从1991年起制定"东京都住宅总体规划"①，到目前已制定了6次（见表4-5）。

表4-5 东京都住宅总体规划

	1986~1990年	1991~1995年	1996~2000年	2001~2005年	2006~2010年	2011~2015年	2016~2020年	2021~2025年
住宅建设5年规划	第5期	第6期	第7期	第8期				
居住生活基本规划（全国）					当初规划	变更规划	变更规划	
东京都住宅总体规划等	第5期	第1次总体规划（第6期）	第2次总体规划（第7期）	第3次总体规划（第8期）	第4次总体规划	第5次总体规划	第6次总体规划	

资料来源：加藤永「新たな住生活基本計画（全国計画）への期待」『J-STAGEトップ 都市住宅学』、2016卷（2016）94号。

东京都住宅总体规划是根据东京住房基本条例制定的住房政策基本计划，同时具有基于生活基本法的生活基本计划的都道府县计划的特点。

东京都住宅政策本部于2022年3月更新发布2021~2030年东京都住宅总体规划（以下简称"规划"）。规划的背景基于住房环境发生的诸多重大变化，例如出生率下降、人口老龄化和房屋老旧化。同时，此次更新涉及新冠疫情对东京居民的工作方式的影响和居民们对住房的价值观发生的变化。另外，气候变化的影响越来越严重，目前迫切需要进一步促进住房的节能等措施，以减少二氧化碳的排放。此次计划目标旨在实现一个稳定发展与成熟兼容的未来东京，以应对围绕东京居民居住生活的社会条件的重大变化。

该规划在住房政策方面开展的基本方针包括提高东京作为居住地的吸引

---

① 東京都住宅政策本部『東京都住宅マスタープラン2021-2030』、2022年3月、https://www.juutakuseisaku.metro.tokyo.lg.jp/juutaku_kcs/843master.htm。

力，制定包含发展观念的措施，加强应对成熟社会的措施（如加强住房安全网和更新住房存量），制定适合私人住房、市政住房和公共租赁住房各自特点的措施等。其中包括十大战略目标。

1. 实现新时代日常生活的生活方式

实施能够满足城市居民需求的措施，如住宅和住宅街区引入可以作为工作场所的功能，实现人们可以在任何地方工作的工作方式，普及具备远程工作环境的住房，在住宅区发展共享办公室。同时考虑到对周围环境的影响，将对人们在大都市生活方式的变化做出适当的反应。此外还将积极推动将新技术引入住房领域和行政程序的数字化，以提高居民生活的便利性和丰富性，确保安全的同时，提高公共行政部门的服务质量。

2. 在城市住宅区实现零排放，构建低碳化社会

为了实现住房的零排放，有必要促进具有优良节能性能和具有可再生能源利用功能的设备（如光伏发电设施）的环保型住房的普及。这将对居住者的健康产生积极影响，并有助于提高城市的复原力，在发生灾害时确保其自身有可再生能源利用。除了扩大可再生能源的使用外，还将努力促进住宅区的零排放，例如发展有助于吸收二氧化碳的绿化设施等。在公共住房方面，主动推动住房零排放。

3. 实现大都市居民的住房稳定性

除了积极利用公共住房，包括在住房安全网中发挥核心作用的大都市住房外，还将采取措施利用私人租赁住房，确保需要被照顾住房需求的大都市居民有稳定的住房。东京市政府在住房方面将通过最大限度地利用现有存量和准确地向有需要的市民提供住房来履行其作为住房安全网核心的职能。公团住宅主要是为中等收入者提供的，它将通过强调其为有住房需求的人提供住房的特点，并最大限度地利用其现有存量，在多层次的住房安全网功能中发挥一定作用。政府将通过利用住房支持公司和住房支持委员会等框架来促进住房支持举措，前者支持有住房需求的人入住出租房并支持他们的日常生活，后者则将负责向有住房需求的人提供住房支持的相关方聚集在一起。除此之外，还将推动提供就业、托儿、自立、生计支持和福利服务，并通过与

基于《贫困者福利和自立支持法》的生计和就业支持等社会保障体系合作，加强多层次的住房安全网功能。

4. 改善居家养育孩子的环境

除了在重建公共住房时促进适合养育儿童的私人住房的供应和发展儿童护理支持设施外，政府还将与福利部门和其他部门合作，改善养育儿童的环境，使儿童能够在由不同世代组成的社区中健康成长，并根据人们的需要提供支持，使他们愿意生育和抚养孩子。

5. 保障老年人的居住稳定性

在一个全面的社区护理系统下，老年人可以在他们熟悉的街区安全地生活在由不同世代组成的社区中。老年人的需求，如无障碍通道和日常生活支持服务，也很重要，以确保他们能够继续安心地生活在自己的家中。还将促进满足市场需要的住房供应。在公租房方面，除了结合重建等为老人提供福利设施外，还将推动提供可作为安全确认、监督和社区互动场所的公租房。促进建立住宿和其他活动的场所。此外，还将促进老年人住房的顺利转移，以及父母家庭和子女家庭的就近生活等。

6. 提高防灾等级，维持安全住房

为了在灾难发生时维持东京居民的居住安全，在"自助"和"互助"原则指导下的城市居民和扮演"公共援助"角色的行政部门在明确了各自的责任和作用后，必须共同努力。为此，公共和私营部门将共同努力，在硬件和软件方面努力发展抗灾住房和住宅区，进一步推动减轻损失的工作，并为发生灾害时的居住连续性和快速恢复与重建做好准备。

7. 通过实施处置空置房屋的措施振兴社区

未来，随着人口老龄化程度的提高和家庭数量的进一步下降，东京仍将有超过80万套空置房屋。针对这种情况，东京与各区市町村和私人部门合作，在注重妥善管理、有效利用和控制空置房屋数量的同时，努力查明空置房屋的实际情况，及时妥善应对空置房屋的情况，并根据地区特点，与社区发展和其他活动相结合，实施一系列措施。

8. 实现人们可以放心选择优质住房的市场环境

以从一个房屋建成后又被毁坏的社会过渡到一个好的房屋建成后得到适当照顾并长期精心使用的社会为目标，即形成一个以可回收为导向的住房市场，提高住房质量，促进分配，创造一个市场环境，以确保与住房有关的交易安全和有保障。在此过程中，由于市场环境受国家立法和税收的影响很大，东京都将密切关注国家政策的发展，并提出必要的事项，同时制定基于社区的措施，如传播各种国家制度和与当地建筑公司合作。

为了促进优质住房在私人市场上的稳定供应，东京都将准确把握东京都居民的需求和社会变化，灵活地扩大审查制度，建立一个居民可以选择优质住房的市场环境。

9. 形成安全、高质量的公寓街区

对公寓进行适当的、系统的维护和管理，不仅可以提升公寓的舒适生活环境，而且有助于保持和提高资产价值。由于公寓是私人财产，其管理和维护基本上是管理协会的责任和自助努力，其中管理协会是由业主等组成的。此外，公寓不仅是个人的私人生活场所，也是当地城市规划和社区建设的重要组成部分，因为它与城市的活力和吸引力密切相关，并作为城市街区的组成要素形成防灾能力。此外，为了促进零排放住房的发展，公寓中环保举措的重要性正在增加。由于有必要从公共利益和公众利益的角度出发，促进公寓的适当管理和修复，提升其环境品质，政府将积极制定以"促进公寓的适当管理"和"促进破旧公寓的修复"为内容的措施。

10. 与城市发展相结合的团地住宅区改造

将公共住房和其他住宅视为地方振兴的宝贵资源，区、市、町和村地方政府及行政人员将共同努力，创造一个宜居的生活环境，并借助其进行城市发展，同时也会利用私营部门的活力。将努力从硬件和软件的角度来振兴公寓楼，如使其防震和配备无障碍设施，发展生计支持设施和广域基础功能，以及振兴社区，为不同年龄段的人打造优质的生活场所。

为了实现在东京生活的美好未来，必须根据每个地区的特点和挑战制定措施，增强每个地区的吸引力和个性。在促进住宅区的发展方面，将利用项目体系等，根据每个区域不同的发展方向，制定措施，解决城市发展中出现的问题。

（二）埼玉、千叶、神奈川三县住宅规划主要目标

1. 埼玉县

埼玉县方面，根据政府发布的《埼玉县住生活基本计划》[①]（2016~2025年），总体有以下五大目标。第一，创建本县居民生活安全和有保障的家园（安全和保障能力），形成一个安全和有保障的生活环境，完善服务机制，满足老年人的住房需求。第二，创造有利于生养孩子的生活环境，首先是住房。创造对有孩子的家庭，尤其是有多个孩子的家庭有吸引力的生活环境，鼓励改变居住地以促进同居、近距离生活等，让人们能够从住房角度拥有理想的孩子数量。第三，促进创建对人和环境友好的家园（环境能力）。促进环境友好型住宅和住房，促进住房的长期使用，在施工和拆除工程中采取适当措施。第四，促进创造一个振兴当地社区的生活环境（地方力量）。促进空置房屋的利用，促进现有住房的分布，还要促进县内的移民定居。第五，通过宣传促进信息，使所有人都能获得信息（信息传播能力）。系统地组织和维护住房信息，加强住房信息的传播。

2. 千叶县

千叶县政府在2016年发布的千叶都市计划中明确了未来的发展目标。第一，人们聚集在一起生活的城镇，那里有一个个充满活力的社区。创造一个紧凑的、集中的城市结构，有方便的公共交通、便捷的公共设施和日常生活所需的其他设施，同时利用未充分利用的土地和现有库存，创造一个具有活跃的当地社区的城镇。第二，由大区公路网（如大都市区域间高速公路）的涟漪效应而振兴的城镇。通过促进广域公路网的发展，以及在交会处和其他合适的地点（如物流）周围建立新的产业集群，促进就业和定居，从而振兴该地区。第三，人们可以安居乐业并能抵御灾害的城镇。发展和维护作为紧

[①] 埼玉県住生活基本計画、https：//www.pref.saitama.lg.jp/a1107/kurashi/jutaku/kekaku/sekatsu/。

急交通路线的干道、疏散路线和公园等开放空间来应对各种灾害，疏解城市密集区，通过河流和城市下水道等防洪设施，创造一个安全和防灾能力提高的城市。第四，构建拥有丰富自然环境的可持续发展城市。保护自然环境，创造一个良好的生活环境，并充分考虑到景观，发展可持续的城镇和低碳社会。

3. 神奈川县

神奈川县在2021年3月改定的都市总体规划中明确了以下发展内容。第一，向资源循环利用、去碳化、自然友好型城市发展。第二，因地制宜，通过"紧凑+网络"手段推进城市发展。促进"对流"的城市发展，作为大都市的一员，因地制宜地实现密集型城市结构。第三，通过交流和合作，充分发挥每个地区的个性，实现城市发展。保护和利用地区的个性和吸引力，包括建立一个旅游中心，形成与不同生活方式兼容的城市环境。第四，保持和塑造当地活力的城市发展。形成网络，促进广泛地区和区域间的交流与合作。加强城市基础设施建设，以应对产业结构的变化和交通网络的发展，对现有库存战略维护，有效利用。第五，保持城市发展，以保护生命和生计免受大规模灾害的影响。提高城市的防灾和减灾能力。创造安全的、有抗灾能力的城市地区，形成人们可以安心生活的城市区域，提高对新型冠状病毒感染的应对能力。第六，利用新技术进行城市发展。引进环境和能源技术，通过全自动驾驶等实现智能交通社会，加强物联网、大数据的利用。第七，促进不同行为体的城市发展。加强各市町村之间的合作和各县的大范围协调，与县内居民、NPO、企业等合作，促进城市规划的落实。

第三节 东京城市圈住宅市场发展与房价控制

在东京城市圈，房屋市场比较成熟，除20世纪80年代中期至90年代初泡沫经济盛行期和崩溃期房价出现过大起大落外，其他时期的房价没有太大变化。租房占有一定的比例，所以房价始终处于比较稳定的状态，买还是租并不是改变人生的决定。相反，日本给它的国民提供了一个稳步改善标准、位置和体积的住房市场。

一 泡沫经济的沉痛教训

二战结束后日本房地产迅速发展。1955~1974年，随着经济高速增长和国民收入的扩大，房地产处于快速上涨期。1955~1961年，东京地价出现持续性的上升。1962~1971年，地价上升比较缓慢。1972年和1973年，受田中角荣首相鼓吹的"日本列岛改造论"的影响，地价急剧上涨。此时日本经济快速发展，GDP和人口快速增长，呈现战后繁荣景象。1975~1985年，这个时期日本房地产处于缓慢上涨阶段。日本房价之所以波动不大，主要原因是采取的政策得当。日本对房价的控制手段有提高房产税、长期持有有交易优惠、不限购等。房产税的设置有效保证了"房住不炒"，极大地提高了利用房地产进行投机的成本。此外，日本通过控制房屋流转环节，加重所得税，将土地房屋纳入个人所得税，个人所得税最高比例达到75%（1975年规定超过约10万美元税率为75%），长期持有住宅后交易享受优惠税率；同时日本不限购，只是个人贷款额度不超过个人年总收入的35%，且其他贷款合并计算，以至于不会影响个人的基本生活质量。

但是，1985~1991年的泡沫经济时期，日本房地产价格呈现爆炸式提升。1985年日本与美国签订广场协议迫使美元贬值，减少美国贸易逆差，而日元大幅增值，严重影响日本出口贸易。为了对冲出口贸易受阻的压力，日本银行开始大范围降息，其基准利率一度从6%降到2.5%，并且大力鼓励机构和个人向银行借贷。此外，日本银行还下调了贴现率。贴现率是市场利率的核心，影响银行贷款规模及货币供应量的变化。1985年9月后日本国内的货币供应量不断扩张。1987年2月日本银行下调贴现率后，货币供应量激增，远超实际经济需求。因此有一部分货币供应游离于实体经济之外，成为房地产和股票投资的资金来源，再次刺激了房地产行业，使得日本房地产市场进入了最高潮期。但是，1990年3月，日本大藏省发布《关于控制土地相关融资的规定》，对土地金融进行总量控制[①]，这一人为的急刹

---

① 张季风等：《日本泡沫经济再考》，社会科学文献出版社，2022，第32~33、90页。

车导致了本已走向自然衰退的泡沫经济加速下落,并导致支撑日本经济核心的长期信用体系陷入崩溃。此后,日本银行也采取金融紧缩的政策,这进一步导致了泡沫的破裂。由于土地价格也急速下跌,由土地做担保的贷款也出现了极大风险。当时日本各大银行的不良贷款纷纷暴露,对日本金融造成了严重打击。1991年后日本房地产进入下滑期,经济发展停滞。泡沫经济不仅对房地产的打击非常大,而且也对日本经济造成了沉重打击。主要教训如下。

第一,泡沫经济初期利率太低,资金泛滥,引导失误、监管失控。1985年9月美、英、德、法、日五国财长聚会纽约的广场饭店,就争执许久的日元升值达成协议。之后一年时间里日元兑美元升值1倍以上,由此对出口造成巨大冲击。日本政府为了刺激国内经济,完成外向型向内需型经济过渡,连续5次降低利率放松银根,基础利率跌至历史最低点,货币供应量连续多年超过10%,1998年超过15%,造成市场上资金极其充沛。但是由于当时日本上下对日元升值和经济转型的困难认识和准备不足,大量资金并不如政府所希望的那样流入制造业和服务业,而是流入容易吸纳和"见效"的股市楼市,造成股市楼市价格双双飙升。1985年以后的4年时间中,东京地区商业土地价格猛涨了2倍,大阪地区猛涨了8倍,两地住宅价格都上涨了2倍多。在此过程中日本政府并没有采取有效措施引流资金和监管资金,而是听之任之。

第二,盲目扩大信贷,滥用杠杆作用。在资金泛滥的情况下,原本应该紧缩的信贷不仅没有紧缩,反而进一步扩张,推波助澜火上浇油。为了追逐高额利润,日本各大银行将房地产作为最佳贷款项目,来者不拒,有求必应。1990年危机已经一触即发,但是银行继续大规模贷款。这一年在东京证券交易所上市的12家日本最大银行向房地产发放的贷款总额达到50万亿日元,占贷款总额的1/4,5年间猛增2.5倍。尤其错误的是为了扩大杠杆作用增加利润,日本银行违反国际清算银行的巴塞尔协议,将持股人未实现利润当作资本金向外出借,造成流通领域里的货币数量进一步扩大。1991年日本银行总贷款额达到当年国民生产总值的90%,而美国仅为37%。为了争夺利润和分享市场，日本上千家财务公司和投资公司等非银行机构也不顾政策限制，跻身于房地产金融行业，直接或间接向房地产贷款，总额高达40万亿日元。可以说日本金融机构是房地产泡沫的最大鼓吹者和最后支撑者，为泡沫源源不断输送能量直到最后一刻。

第三，投资投机成风，股市楼市联动，管理监督形同虚设。日本和中国香港一样，股市和楼市"一荣俱荣，一损俱损"，这种情况进一步加剧了泡沫的严重程度。当时日本居民从股市中赚了钱投资到楼市中去，从楼市中赚了钱投资到股市中去。无论从哪一个市场赚钱都十分容易，很多人所赚之钱比一辈子工作积蓄的钱多得多。股市楼市比翼双飞，同创一个又一个新"高度"。1985~1988年日本GDP增长16%，土地市值和股票市值分别增长81%和177%。1989年底日经指数达到历史最高点，近39000点，房地产价格也同创历史最高。人们千方百计从各个地方借钱投向房地产，炒作和投机成风，很多人辞去工作专职炒楼。人们用证券或者房产做抵押，向银行借钱再投资房地产。银行则认为房地产价格会继续上涨，由此作抵押没有风险，所以大胆放款，造成大量重复抵押和贷款，监督管理形同虚设，资金链无限拉长，杠杆作用无限扩大。但是市场转折后立即就形成"中子弹效应"，一个被击破，个个被击破。日本大公司也不甘寂寞，在炒楼中扮演着重要角色，利用关系进行土地倒买倒卖，数量极大倒手率又极高，每倒一次价格就飙升一次。在此过程中政府很少的应对政策也严重滞后。大公司倒卖土地的情况一直持续到1992年政府征收94%重税后才被迫停止。大幅短期衰退的可怕在于各项资本投资标的物都出现了来不及脱身的大量"套牢族"，从房屋、土地到股市、融资都有人或公司大量破产。之后产生的恐慌心理使得消费和投资紧缩的加乘效应，不只毁掉了泡沫也重伤了实体经济，且由于土地与股市的套牢金额通常极大，动辄超过一个人一生所能赚取的金额，导致许多家庭悲剧。所以这4年暴起暴落的经济大洗牌等于转移了全社会的财富到少数赢家手中，而多数的输家和高点买屋的一般家庭则成为背债者，为日后的日本社会消费萎缩、经济低迷种下了种子。

泡沫破裂后许多日本居民成为千万"负翁"，家庭资产大幅缩水，长期背上严重的财务负担,在相当长的时间里严重影响正常消费。日本银行及非银行机构的不良债务高达100万亿日元,最后成为坏账的达到几十万亿日元。倒闭和被收购的银行和房地产公司不计其数,大量建筑成为"烂尾楼"。建筑业受到重创,1994年合同金额不足高峰期的1/3,国民经济陷入长达10年的负增长和零增长。日本的沉痛教训应该在中国房地产发展进程中引以为戒。

泡沫经济崩溃后,日本经济转入低迷模式,陷入通缩状态,地价与房价长期处于负增长状态和徘徊状态,东京都的地价也只是2006年以后有所上涨,但涨幅很有限(见图4-5),但房地产价格指数在2006年有所上升,特别是2011年以后上升幅度增大(见图4-6),而在2018年以后在东京奥运会的拉动下再次上升,特别是户建上升幅度较大。

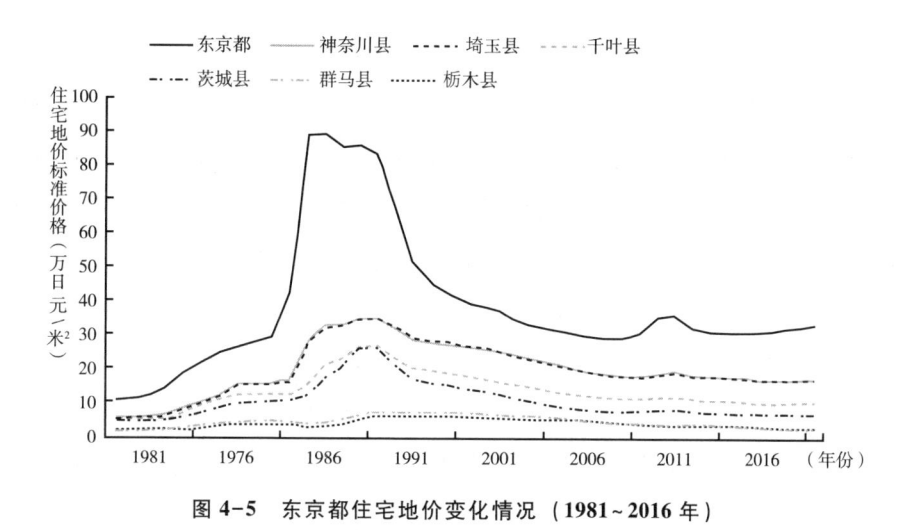

图4-5　东京都住宅地价变化情况(1981~2016年)

资料来源:日本总务省统计局,政府统计综合窗口(e-Stat)。

二　东京都市圈房地产市场的新变化与启示

日本不动产经济研究所的数据显示,2021年东京都市圈的新建公寓平均价格增长了2.9%,达到6260万日元,东京的23个特别行政区的房价达

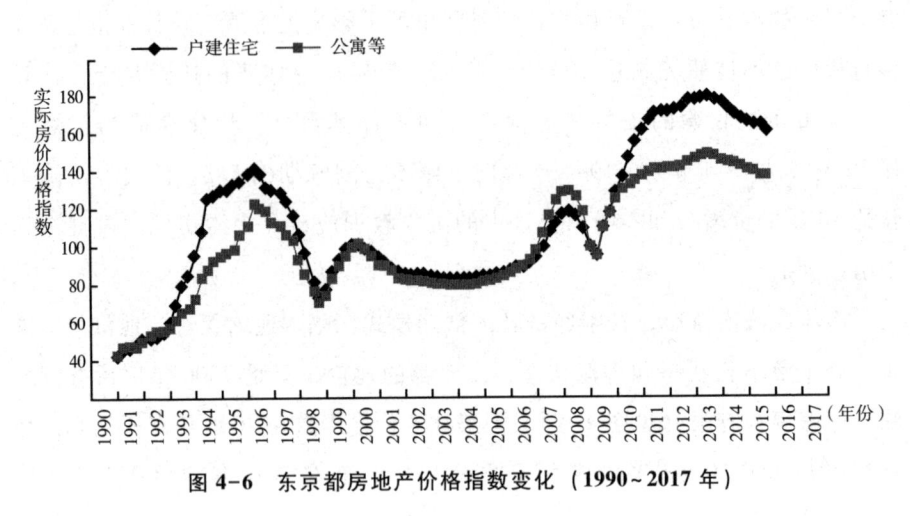

图 4-6　东京都房地产价格指数变化（1990~2017 年）

资料来源：东京都都市计划局。

到 8293 万日元，这是 30 年以来首次突破 8000 万日元大关。导致这一增长的原因有两个：一方面，由于新冠病毒在全球范围内大流行，世界各国相应推出了不同程度的居家防疫政策，长时间的居家隔离使得东京及其周边地区的居民更希望拥有一套自己的公寓住宅；另一方面，全球范围内宽松的货币政策也进一步推动了对房地产行业的投资，使得房价不断上涨。

面对可以零首付、可以申请长达 35 年的贷款年限、可以使用甚至不到 1% 的房贷利率，以及永久产权的房地产市场，日本民众的购房压力不是很大。与此同时，日本民众对租房的观念与国内民众有很大不同。在日本的租房市场，租房者可以享有与购房者相同的"待遇"。教育、医疗、就业、个税、社保等资源完全相同。并且租房市场极为规范，而且租房和退房都是房屋完全清空的状态，少了很多不必要的纠纷。因此日本民众对于购房的"执念"与国内民众有很大不同。

2021 年以来，习惯了疫情下的生活后，日本民众开始较多地购置房产。日本株式会社不动产经济研究所在 2022 年发布的研究报告显示，首都圈（东京都、埼玉县、千叶县、神奈川县）在 2021 年总共发售 33636 套新建公寓住宅，比前一年增加 23.5%。平均价格为 6260 万日元，使用面积每平方米单价为93.6万日元，为历年最高值。① 年末房屋售卖剩余库存为6848套，比2020年库存减少2057套，为2015年以来最低。超1亿日元的房屋售卖量为2760套，较前一年增加51.8%。2019年以来首都圈的新建公寓价格波动较大，在2020年初疫情还未快速蔓延的时候一度达到峰值，随后迎来近一年的低迷，到2021年，民众较为习惯疫情下的生活后，在春季和夏季迎来价格增长，并于2022年2月达到小峰值。房价的变化呈现比较明显的季节性特点，冬季是首都圈大量发售公寓的季节，春季较为低迷，这和日本民众喜欢在春季前搬入新家并在春季伊始开启新生活的习惯有关。

房价的变动与房屋供给关系密切，日本房屋长期供过于求，空置率上升，对房价也产生一定影响。日本政府总务省五年一次的《住宅土地统计调查》显示，2018年全国空置房数量为846万户，较上次调查（2013年）增长了3.2%，刷新历史纪录。住宅总数中的房屋空置率为13.6%（2013年）。2015年公布的租赁房屋空置率数据，东京23区排名前十的区的空置率全部在15%以上，最高的丰岛区为30.3%。②

空置房数量增加的主要原因，是父母一代老龄化以及下一代人离开老家组建小家庭。而人口减少，更是加剧了空置房的增加。供给过剩导致住房报废率及空置率双高。1973年各县套户比均超过1，住房短缺问题全面解决。即使在人口总量增速放缓、老龄化加速、城市化进程明显放缓的情况下，1974～2018年日本年均住宅新开工量仍高达125万套，而1975～2015年年均家庭数增加量仅为49万户，过量的供给导致日本房屋报废率过高。20世纪80年代后期，日本房屋建筑报废率升至50%以上，也就是说，新建2套房屋就有1套房屋废弃。与此同时，过量供应导致住房空置率不断上升，2013年高达13.5%。③

房屋空置的原因不外乎老龄化严重，别墅、别处房屋等非长期使用的房

---

① 不動産経済研究所、https://www.fudousankeizai.co.jp/、2022年1月25日。
② 総務省統計局統計調査部国勢統計課『住宅・土地統計調査』、2021年1月、http://www.stat.go.jp/data/jyutaku/index.htm。
③ 日本统计局，恒大研究院资料。

屋大量存在，一些海边别墅等度假类住房无人购买，购置房产后琐碎事务繁多，以及产生各种税款等问题。日本各地政府均在为闲置房增多的问题开展研究和商讨对策，一些"空房税"等政策预计会在未来出台。

一般的日本年轻人要么在结婚之后选择租房子，要么住在集体宿舍。在东京，能在寸土寸金的城区中心区域拥有自己住房的都是不折不扣的有钱人，大多数的工薪阶层买房子都向四周辐射，纷纷把目光投向所谓首都圈的最外围，同样的面积，圈边的住宅楼价格是城里价格的1/2或1/3。推动东京人在圈边购房的动因是四通八达的公共交通，每天早上，各线地铁和轻轨满载西装革履的工薪族向都市中心集聚。

近年来，公寓市场呈现涨势，并且东京都内房价上涨明显，然而在平均收入变化不大的情况下，房价收入比的提高使得购房难度加大。房价上涨的主要原因是购地费用和材料费用等建筑成本上涨。

对比中国，住宅市场在交易面积、交易产权、管理办法、交房状态和维修经费等方面都有所不同。在中国的住宅市场中，交易面积通常是指建筑面积，其中还包括墙壁、承重柱、阳台、电梯间和公共走廊等。在日本，交易面积一般都为使用面积或叫专有面积，也就是从墙壁内开始计算，电梯间、走廊和阳台或公共区域等均不计算在内。产权方面，中国的房产权是指土地使用权加上建筑的所有权，住宅用地使用权有50~70年，期满后需要重新从国家购入使用权，全国各地在近些年也都有出台相关办法。日本的房屋所有权上是指土地加建筑的永久所有权，公寓等大型集中类住宅也会根据购买者所购买的房屋面积按照对应比例获得土地所有权，此处的所有权不设年限。中国在住宅的管理办法中通常是由开发商对管理公司进行委托或招标，日本则由房屋所有人全体组成管理组合，对所持建筑进行直接管理或者委托管理公司管理。二者区别不太大，只是日本方面有房屋所有人直接管理的情况。新房交房时的状态方面，中日区别明显。在中国通常是以毛坯房的形式交房，房屋所有人自行寻找装修公司进行装修，这种方式对于装修设计来讲十分自由，房屋所有人可以根据自家所需以最高的自由度进行内装。当然这其中涉及很大工作量，对于房屋所有人本身来讲也是十分辛苦，需要和装修公司再三周旋，而且最终的结果满意度不尽相同。日本则几乎都是以精装房的形式交房，大多数开发商会提供一些不同的内装风格和材料选项供购房人选择。这种把内装当作房屋这个商品的一部分同时销售的形式，在购房人工作繁忙等情况下不失为一种非常便捷的方式。国内很多开发商在一些园区里同样设置了精装房的销售模式，然而一些购房者不仅不觉得这种方式便利，还会觉得这本身就大幅度限制了自家内装设计的自由度，并且对开发商的内装材料不太认可。不过考虑到价格并没有贵很多的情况，很多人也就接受了这种销售模式。而在日本住宅市场的高度竞争情况下，如果室内装修的效果和材料不能达到令人满意的效果，开发商很容易在购房人心中失信并且最终会被市场淘汰。

大体上中国的住宅市场在销售方面形式普遍单一，原因是中国的城市住宅形式较少，主要分为城市集合住宅和郊区别墅。而日本的住宅形式较为多样，如一户建、大小型公寓楼、Apart等。因此中国的住宅销售形式和日本的公寓销售形式相似，通常以统销的形式开展。在超一线或一些一线城市中较为抢手的房屋会以摇号的形式分配销售。而在日本的住宅市场如果遇到类似情况则会以抽签的形式来开展。日本的住房市场在一户建形式上，由于涉及土地买卖，因此与中国的情况相比略为复杂。在购置一户建的意图确定后，购房人可以先购置一块土地，然后自行找房屋建造公司订购一户建。这其中的费用包含设计和建造施工等多种费用。一些大型开发公司也会直接拿地，然后建造若干栋一户建，形成一个小型的一户建街区，并将包含土地在内的一户建成品整体销售。

总之，住房是生活的基石，也是塑造城市的基本要素，住房状况不仅关乎城市居民生活质量，也与城市活力、景观风貌、社区维护等方面息息相关，提升居住场所的魅力，对于城市至关重要。展望未来，正如《东京都住房总体规划（2021~2030）》[①]所描写的那样，随着人口和经济快速增长

---

① 東京都住宅政策本部『東京都住宅マスタープラン2021-2030 前書き』、2022年3月、https：//www.juutakuseisaku.metro.tokyo.lg.jp/juutaku_kcs/843master.htm。

阶段的结束，各种挑战接踵而来。一方面，与居住生活方式紧密相关的一系列社会环境发生剧烈变化，包括不断提升的低出生率和老龄化、单人家庭数量不断增加、城市存量住房老旧化，并伴随空置房屋的增多等。另一方面，由于新冠疫情的大流行及对未来或将发生其他不明传染病的担忧，东京都居民对于职住关系、住房问题的价值判断均产生了重大调整。此外，日益严重的气候危机和近年来频繁而集中的自然灾害，使得提高住房建筑及住房系统的节能性、对灾害的抵御能力愈加紧迫和重要。

第五章
"东京一极集中"结构的形成与利弊

日本的东京城市圈集中了日本人口和经济总量的1/3，特别是首都东京与世界上许多其他国家的首都一样，集政治和经济中心于一身，在人口规模上具有突出的中心地位，这使其有别于国内其他主要城市。在发达国家中，它与英国的伦敦、法国的巴黎和韩国的首尔相似。[1] 战后经济高速增长期，日本的人口从农村地区大量流入城市，从地方圈流向东京、大阪和名古屋三大城市圈。但是，在经济高速增长期结束后，人口流动趋于缓慢，大阪圈、名古屋圈甚至出现人口净流出现象，而东京却一直保持人口净流入状态，出现了所谓"东京一极集中"的问题。日本从20世纪80年代中期即开始将纠正"东京一极集中"问题置于国土开发利用政策的重要位置，在20世纪90年代初东京的人口流入有所缓解甚至出现过短暂的净流出，但在2000年以后，出现了人口再次向东京集中的现象。日本东京圈资源一极集中的局面客观上也是日本政府20世纪80年代以来追求金融自由化、国际化以及打造东京国际金融中心等政策的结果，相关政策在"安倍经济学"时期并未削弱，反而还有强化的趋势。东京一极集中是如何形成的？东京一极集中的原因何在？应当如何评价东京一极集中的利弊？本章将对上述问题进行探讨。

---

[1] 山口広文「首都の特質と首都機能再配置の諸形態」、『レファレンス』627号、2003.4、第72~92頁。

第一节 "东京一极集中"结构的形成与演进

一 东京在全国城市体系中的地位

回顾历史,东京的全面的城市形成以及发挥实质性的政治中心的作用可以追溯到1603年德川幕府的江户开府。在过去的400多年里,这座城市经历了一系列的曲折,人口规模的扩大、城市面积的扩张以及各种功能的积累,使其形成了巨大的都市圈。

从全国的城市布局来看,江户时代(1603~1868年)以三都(江户、京都和大阪)为中心,以天领(幕府直辖地)的主要城市(由幕府直接控制)和大小藩镇为纽带,形成全国城市布局的骨架,但经过江户末期和明治时期的政治经济体制和产业结构的变化,以及后来交通和通信网络的发展,已发展成为以东京为首,以三大都市圈内的主要大都市和地方中枢都市为核心的城市布局。[①]

就城市规模而言,东京区部从其他都市中脱颖而出,其次是横滨、大阪和名古屋三都市,它们的规模与札幌以下的城市不同。这些城市可根据其区域特征进一步分为以下几类。

大都市圈的中心城市:东京区部、大阪市和名古屋市。

大都市圈内周边的中心都市:横滨市、川崎市、埼玉市、千叶市、京都市和神户市。

地方中枢都市(大区域中心都市):札幌市、仙台市、广岛市、福冈市。

其他:北九州市(地方的大工业都市)。

第二次世界大战以后,曾被视为仅次于东京的全国第二大中心都市的大阪的地位相对下降,以及札幌、仙台、广岛和福冈等地方中枢都市的发展相

[①] 山口広文「東京再集中と国土形成計画」、『レファレンス』627号、2008.12、第51~71頁。

对缓慢,加剧了东京一极集中。

作为首都和最大的城市,东京都在全国发挥着核心作用,而大阪市也在全国发挥着一定的作用。同时,这两座城市也是关东和近畿地区的中心。

在其他地区,札幌市、仙台市、名古屋市、广岛市和福冈市等城市分别是北海道、东北、中部(或东海)、中国和九州各地方国家政府机构和民营企业的分支机构的所在地,并且由于其便利的交通和各种城市功能的集中,在各地方发挥着核心作用。

在全国范围内,都道府所在地与其他大小城市保持着以各省会所在城市为中心的紧密联系,城市布局呈现多层次。此外,地方块不单是国家行政中的广域单位,而且是以大都市圈的中心城市和地方中枢都市为中心的经济社会合作的广域区域单位。

二 人口向东京圈的集中

(一)三大城市圈人口流动的比较

东京圈在全国城市体系中处于中心地位,但在20世纪80年代之前并未形成一极集中的局面。城市的集中首先是人口集中带来的。战前,日本就出现农村人口向城市转移的现象,但由于当时的生产力不够发达,加之日本的"长子继承制",以及战乱的影响,人口转移速度并不快。[①] 事实上,日本人口流动最为剧烈的时期,始于20世纪50年代中期以后的经济高速增长期。如图5-1所示,由于经济高速增长对劳动力的巨大需求,日本的农村劳动力迅速向城市地区转移,其中主要是流向东京圈、大阪圈和名古屋圈这三大城市圈,特别是流向东京圈更为显著。

然而,人口流动的数量多少在不同时期是有所不同的,这三个都市圈之间也存在差异。从人口净流入数量来看,三个都市圈整体来讲,在过去出现过两次高峰,近年来又有上升的趋势。首先,在20世纪50年代后期至60

---

① 张季风:《战前日本农村剩余劳动力转移及其特点》,《日本学刊》2002年第3期,第78~93页。

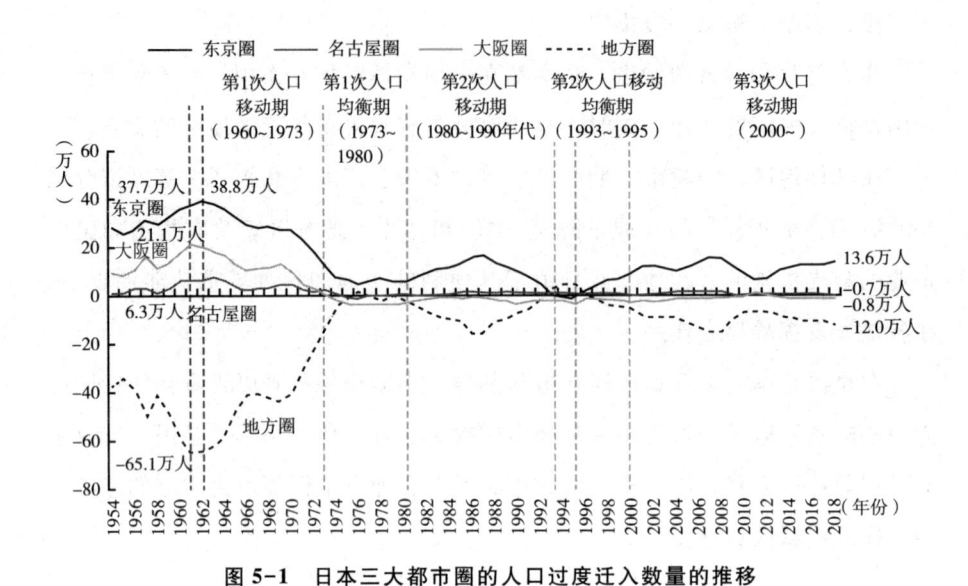

图 5-1 日本三大都市圈的人口过度迁入数量的推移

资料来源：総務省『住民基本台帳人口移動報告（日本人移動）』。

年代前期的高速增长期达到一个大的高峰，然后在 70 年代后期跌入谷底。随后，在 80 年代后期的泡沫经济期间，它再次上升并达到顶峰，但在 90 年代前期泡沫破灭后，它又呈下降趋势。此外，自 1996 年起，净流入这三大都市圈的人数持续增加，2007 年达到 15.7 万人，几乎与 80 年代后期达到高峰期（1987 年为 15.8 万人）时持平。因此，在战后的半个多世纪里，由于广域的人口迁移，全国人口布局已明显向大都市圈转移。从 1950 年至 2005 年的 55 年里，东京圈的人口比例从 15.5% 增加到 27.0%，大阪圈从 11.6% 增加到 14.5%，名古屋圈从 7.6% 增加到 8.8%。相比之下，三个大都市圈以外的地区作为一个整体，其人口比例从 65.3% 下降到 49.8%。

由以上可以看出，人口的移动往往与经济繁荣和衰退（实际 GDP 增长率的高低）相吻合。与大阪圈、名古屋圈相比，东京圈的经济发展比其他两个大都市圈更加强劲。大阪圈在 20 世纪 60 年代前后的高速增长时期和东京圈一样，经历了大量人口净流入的过程，但自 1974 年，开始出现人口净流出，这种情况一直在持续，尽管水平略有不同。名古屋圈从 20 世纪 50 年代后一直到1974年持续人口净流入，但于1984年转为净流出状态。此后，除了一段时期外，基本维持净流入状态，而且近几年来，净流入有轻微增加的趋势。因此，从长期来看，东京圈的增势持续，而近年来，大阪圈和名古屋圈的人口下降趋势已见分晓。

（二）首都圈人口流动状况

首都圈总人口二战后一直处于增长状态，但圈内人口规模变化却有所不同，首先从东京城市圈（东京都、埼玉县、神奈川县和千叶县）的人口变动来看，二战后一直增加很快。特别是1950~1990年，东京圈人口从1305万人增长到3180万人，40年间人口增长了1.44倍（见图5-2）。这一趋势也导致以东京都为核心的东京圈域住宅价格快速上涨，人口逐渐向外围扩散，90年代起增速逐渐放缓，并于2008年达到人口巅峰（3499万人）。同时，2008年对于整个日本的发展历程而言都是重要的转折年，这一年日本人口总规模达到峰值1.28亿人，此后人口总量逐年减少。

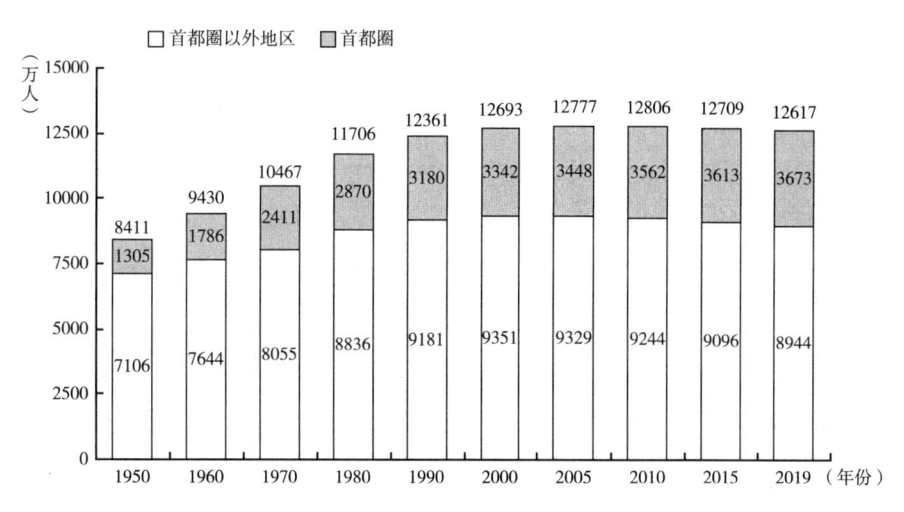

图5-2 东京圈与日本全国总人口变化状况（1950~2019年）

资料来源：内閣府『地域の経済2020-2021』。

值得注意的是，在出生率逐渐降低，总人口数迅速减少的情况下，东京圈人口占全国人口的比例却持续增加。占比从1950年的15.5%发展到1990

年超过了25%（见表5-1），即每4个国民中就有1人生活在东京圈。此后，人口持续向首都集中，2020年东京圈的总人口达到3691.4万人，占全国人口总数的29.3%[①]，即大约每3人中就有1人生活在东京圈。从年龄结构来看，在东京圈的净流入人口分布中15~29岁年龄段的人口流入最多，2018年这一年龄段的人口净流入12.5万人，占净流入人口总量的92%。[②]

表5-1 东京圈及东京都人口占全国总人口的比例

单位：%

地域	1950年	1960年	1970年	1980年	1990年	2000年	2005年	2010年	2015年	2019年
东京城市圈	15.5	18.9	23.0	24.5	25.7	26.3	27.0	27.8	28.4	29.1
东京都	7.5	10.3	10.9	9.9	9.6	9.5	9.8	10.3	10.6	11.0

资料来源：内閣府『地域の経済2020-2021』。

事实上，总人口数的增减由出生和死亡（自然增长）以及人口迁入和迁出（社会增长）共同决定。若把东京圈人口的自然增长率和社会增长率分开来看，如图5-3所示，20世纪50~70年代，东京城市圈人口迁入引起的社会增长要高于自然增长，到70~90年代呈现相反趋势，即人口自然增长略高于社会增长。然而，从2000年开始，社会增长又重新回到高于自然增长的状态，特别是2010年以后，尽管首都圈人口的自然增长为负（死亡率高于生育率），但由于社会增长始终为正，东京圈总人数持续增加。

相比之下，首都圈周边四县（茨城县、栃木县、群马县、山梨县）人口增速自90年代起逐渐减缓，并于2001年达到峰值，此后无论自然增长率还是社会增长率均保持负值，人口逐年减少。[③] 从全国及各地人口总增长率的比较来看，自1975年起，首都圈的人口增长率一直高于全国水平，且一

[①] 日本総務省統計局「国勢調査」，2021-11-30，https://www.e-stat.go.jp/stat-search/files?page=1&toukei=00200521&tstat=000001049104。
[②] 総務省「住民基本台帳人口移動報告」(2014年~2018年/日本人移動者)。
[③] 国土交通省：『首都圏整備に関する年次報告』，2020年。

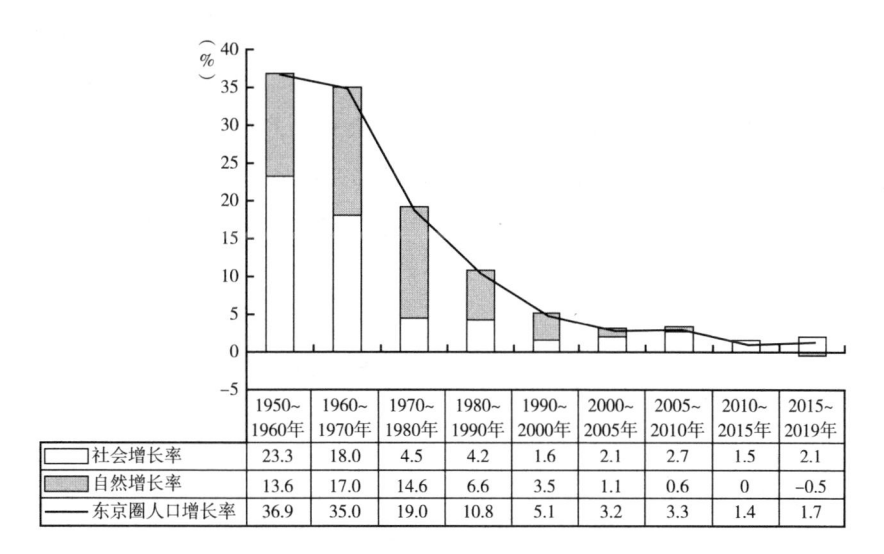

第五章 "东京一极集中"结构的形成与利弊

	1950~ 1960年	1960~ 1970年	1970~ 1980年	1980~ 1990年	1990~ 2000年	2000~ 2005年	2005~ 2010年	2010~ 2015年	2015~ 2019年
社会增长率	23.3	18.0	4.5	4.2	1.6	2.1	2.7	1.5	2.1
自然增长率	13.6	17.0	14.6	6.6	3.5	1.1	0.6	0	-0.5
东京圈人口增长率	36.9	35.0	19.0	10.8	5.1	3.2	3.3	1.4	1.7

图5-3　1950~2019年东京圈人口增长率（自然增长和社会增长）

资料来源：内閣府『地域の経済2020-2021』。

直维持在较高水平。邻近三县（千叶县、埼玉县、神奈川县）的人口增长率虽逐年下降，但也始终保持着高于全国水平的趋势。而周边四县的人口增长率自1997年起，就一直保持着低于全国人口增长率的水平，直至2001年以后开始呈现负增长。[①] 由此可以看出，近年来在全国人口数不断减少的态势下，首都圈总人口数虽然也在增加，但周边四县人口密度逐渐下降，人口仍在不断地向都心靠拢，两极分化较为严重，东京都人口一极集中趋势并未得到缓解。

三　经济活动向东京圈集中

如前所述，东京是日本最大的城市，以其为中心的东京城市圈是最大的都市圈，经济活动的规模巨大。2019年，东京圈GDP占全国的33%，而东京占19.3%，并且近年来一直呈扩大趋势。就行业构成而言，东京区特别

---

① 国土交通省：『首都圏整備に関する年次報告』、2020年。

突出，其特点是拥有向第三产业倾斜的特质。在东京区部，批发和零售业（18.4%）及服务业（未被归类于其他行业）（19.8%）在第三产业中占很大份额，而信息和通信业（9.7%）以及金融和保险业（4.9%）所占比例比其他大都市更大，显示了东京都心部经济活动的特点。就从事经济活动的从业人口而言，东京圈占全国总数的27.3%，而东京都占13.3%，仅23区就占10.9%（见表5-2）。

表5-2 东京圈从业人口结构（2005年）

		全国	东京圈	东京都	东京区部
从业人口 （占全国比例）		6151万人	1679万人 （27.3%）	821万人 （13.3%）	669万人 （10.9%）
构成	第一产业	4.8%	1.5%	0.3%	0.1%
	第二产业	26.1%	22.2%	18.7%	18.1%
	第三产业	67.2%	73.3%	78.0%	79.0%

资料来源：総務省『国勢調査』（平成17年）。

2014年以来，全日本销售额超过100亿日元的大公司总部大部分都设在东京，而且绝大部分设在23区。外国公司在日本的基地有83%聚集在东京。就总部和总公司而言，东京圈所占比例为35.8%，但如果将资本至少为50亿日元的大公司计算在内，这一比例则上升到62.1%。在国内外商业中心集中在东京的同时，金融功能在东京的集中度也很高，东京占了全国所有票据清算的近70%。此外，在通信业、广播、报纸和出版传播信息方面，由于构成广播网络中心的关键电台、全国性报纸公司的总部职能部门和主要的出版机构都位于东京，其传媒职能部门甚至比经济职能部门发挥了更大的作用。例如，东京圈占全国信息和通信行业雇员人数的比重为57.6%，其中大部分人集中在东京各区[①]。从长期数据看，东京圈的企业集中度呈上升趋势，大企业集中度从1999年的43.0%上升至2016年的50.8%（见图5-4）。

---

① 信息和通信行业包括通信业、广播业、信息服务业、互联网及其附属服务业、音像、文字信息制造业等。

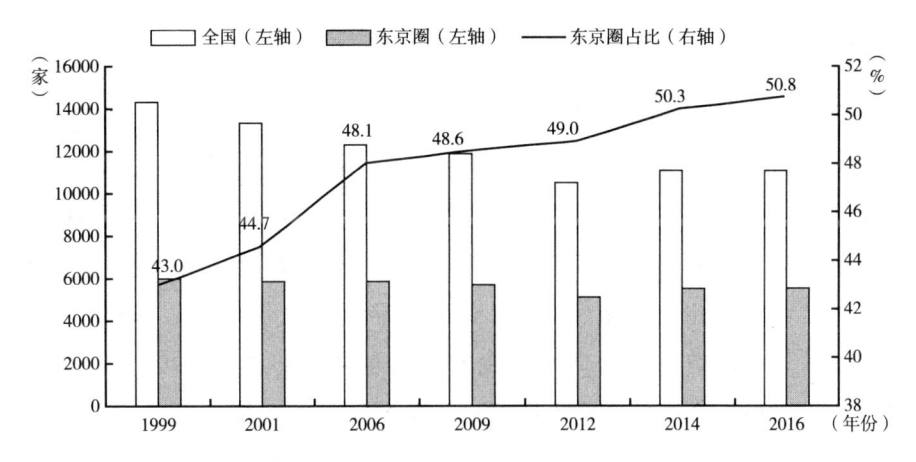

图 5-4　日本大企业在全国和东京圈的数量和集中度（1999~2016 年）

资料来源：中小企業庁「中小企業・小規模事業者の数(2016 年 6 月時点)」。

首都东京不仅集政治和经济中心于一身，同时也是文化教育中心，2018年，日本全国 28.5%的大学集中于东京圈，在校学生占 40%，其中东京都大学数量占全国的 17.6%，在校学生占 25%。[1] 东京特殊的中心地位，使其有别于国内其他主要城市。在发达国家的首都或主要城市中，就人口和经济规模而言，东京与伦敦和纽约一样，成为世界上最大的城市之一。此外，其作为一个国家政治、经济和文化中心，具有高度的集中性。从国际比较来看，东京仍然拥有高度集中的制造业和比纽约或伦敦更多样化的功能，后者专门从事第三产业，如总部职能、金融和服务。2004 年，在伦敦圈雇佣人口中有 5.4%从事制造业，而东京（区部）有 11.1%从事制造业（2005 年）。需要注意的是，东京的金融业并不发达，例如，2008 年，国际金融交易的核心（国际金融中心）位次：伦敦第一位，纽约第二位，香港第三位，新加坡第四位，东京仅排在第九位[2]。在亚洲，东京与香港和新加坡竞争国际金融交易和跨国公司的区域总部，预计未来将与上海竞争。

---

[1] 国土交通省『東京一極集中について』(文部科学省「学校基本統計」)。
[2] City of London, "The Global Financial Centres Index 3," http://www.zyen.com/Knowledge/Research/GFCI% 203% 20March% 202008. pdf.

四　东京人口的再集中

（一）东京的再集中及其原因

从以上的分析可以看出，在高速增长结束的20世纪70年代初，大规模的人口转移基本结束，向大阪圈和名古屋圈的人口移动趋于停滞，但向东京的人口流动却仍在持续。在80年代中期即日本泡沫经济时期，东京圈的经济"空前繁荣"，甚至出现小高峰，90年代初随着泡沫经济的崩溃，人口向东京的流动才出现暂时的停滞，甚至在1994年还出现了净流出。但在2000年以后出现人口再次集中的现象。2008年7月通过的《国土形成规划（全国规划）》指出，东京圈的人口净流入从2002年的11.9万人减少到2004年的10.1万人，但此后在2007年增加到15.5万人。一直到2022年为止，东京圈基本保持净流入状态，2014~2017年分别为10.9万人、11.9万人、11.8万人、12.0万人，而2018年净流入人口更是高达13.6万人。[①] 可以看出，在2000年以后人口向东京再集中现象呈增长趋势。

在东京再集中发生之前，即20世纪90年代初，东京圈的人口曾出现流入减少甚至净流出的现象。对此，当时的国土厅在其《国土报告1996》中作了如下解释：在泡沫经济破灭后的经济低迷时期，大都市圈的经济状况比地方圈更差。在劳动力供求方面，自1991年，地方圈的有效求职倍率超过了东京圈，第二代婴儿潮涌入东京圈接受大学教育的人数在1992年达到顶峰，大学毕业后的人口从东京圈迁移也是促成东京人口外流的原因之一。

然而，在2000年以后明显出现了变化，出现人口向东京圈特别是东京23区集中的局面。东京再集中的主要原因有以下几点。

第一，东京圈与其他地区的经济差距，即收入水平和就业机会的差距的扩大，被认为是东京圈再集中趋势的主要因素。当然，就业机会以外的因

---

① 総務省「住民基本台帳人口移動報告」(2014年~2018年/日本人移動者)。

素，如大学入学和退休后的 U-turn[①]，也包括在东京圈的迁出迁入统计之中，当然不能简单地只归因于经济差异，也要考虑到诸如工作机会和失业率，还有职业、商业类型和公司组织的多样性。从广义上讲，就业优势可以看作一个强大的因素。东京圈尤其是东京区部，迅速增长的第三产业比例很高，企业中枢管理部门的办公室和各种快速增长的服务行业集聚在都心部。例如，在 2000 年后的经济衰退期，东京圈的信息和通信行业却显示出很高的增长潜力，东京及其周边地区新开业企业增加，公司数量增加，也许由于行业性质的原因，这类企业并不倾向于发展成为全国性的分支机构和连锁网络。[②]

第二，"都市再生"政策的拉动。2000 年以后，日本政府实施以东京都心部城市再开发为代表的城市再生政策，全国其他城市也同时推动再开发项目。其目的在于刺激经济和促进城市发展，东京圈大规模的都市再开发项目顺利实施，特别是在东京都心部的丸之内、六本木和新桥（汐留）地区，形成了商业和游客设施以及写字楼和谐发展的高级城市街区。这被认为是近年来东京经济繁荣的因素之一，并促进了东京人口的再集中。目前东京一极集中的特点是集中在东京都，特别是在 23 区，其中一个重要条件是泡沫经济破灭以来，土地价格一直保持在相对较低的水平，东京 23 区内有价格适当的住房（公寓）充足供应。客观地看，东京再集中也是 20 世纪 80 年代"逆城市化"造成"面包圈现象"，即东京市区空心化的一种反弹。

第三，大阪圈、名古屋圈和地方圈经济相对衰退。大阪圈的特点是人口过度迁出，导致当地经济相对不景气。20 世纪 70 年代中期以来，尽管有一些波动，但人口流出趋势一直存在。大阪的总部功能衰退最为显著，在

[①] 日本在 20 世纪 70 年代出现"逆城市化"的发展趋势，人口从农村向城市转移的速度减缓，而从大都市圈向非大都市圈迁移的速度却有所上升。在这种发展趋势下，日本出现了农村出身的城市退休人员回到自己故乡的"U-turn"现象，以及去往临近自己故乡的中小城市的"J-turn"现象。1989 年，日本又出现了"I-turn"现象，即城市人口迁居到与自己没有任何地缘或亲缘关系的农村地区。三者被合称为"UJI-turn"。

[②] 藤本典嗣「二層の広域圏と21世紀の国土構造—82生活圏・ブロック圏における中枢管理機能の集積」、『人と国土21』33巻6号、2008.3、第40~46頁。

2000年之前，有众多的大企业总部设在大阪，但随着大阪圈经济的相对衰退，许多大企业将总部转移至东京。一个结构性因素是东京作为经济枢纽、国家经济中心和大都市市场，竞争力不断增强，吸引了大公司总部和贸易活动日益集中于东京，导致大阪圈已经失去了总部经济中心的地位。与大阪圈相比，名古屋圈特别是爱知县的人口流入和流出比较活跃，在地区经济方面的表现强劲，这主要归功于蓬勃发展的机械工业特别是汽车工业。从具体数据看，1995~2005年，东京圈和大阪圈工业生产（制成品出货价值等）分别下降了20.5%和16.0%，而名古屋圈则增加了17.5%。但是，尽管名古屋圈制造业有较快发展，但经济总体发展水平也无法与东京圈相比。[①] 而同期，地方圈长期处于停滞不前状态，更无法阻止人口和经济资源向东京圈流动。

（二）东京一极集中带来的问题

1. 过密过疏问题深刻化

2017年，日本全国共有1719个市区町村，其中1325个人口净流出，占整体的八成弱，而净流入的数量仅占整体的两成强，为394个。净流入的市区町村中约有1/4位于东京圈。在都道府县中的人口净流出数排名第一的是茨城县，其次是福岛县、新潟县、长崎县和青森县。大多数的都道府县的迁出人口落脚地都是东京圈。人口和经济活动向东京圈的过度流入，意味着其他城市圈和地方圈人口外流加剧，必然导致边远地区人口的持续减少，加速老龄化，过疏化日趋严重，经济衰退，集镇和村庄难以存续。日本的过疏地区，分为"过疏市町村"、"准过疏地区市町村"和"市町村合并时认定的公示过疏地区"三类，这三类地区总称为"过疏相关市町村"。人口不断向东京等大城市流动，使过疏相关市町村处于不断增加的趋势，2006年增速加快，2017年4月，过疏相关市町村达到817

---

① 増田悦佐『「均衡ある発展」が歪めた日本経済—ポスト高度成長期の地域経済の盛衰』，八田達夫編『都心回帰の経済学』，日本経済新聞社、2006、第41~84頁。

个，约占全国市町村数的47.5%，占总面积的59.7%。① 为了阻止过疏地区的增加，纠正东京一极集中倾向，日本于2014年开始实施"地方创生战略"，目前看成效并不显著。

2. 引起东京"过密化"，大城市病加重

人口和经济活动向东京一极集中，必然引起东京的"过密化"，住房相对紧张、交通拥挤、防灾难度增大等大城市病日渐突出。与20世纪80年代末泡沫时期东京的集中不同，东京再集中没有伴随着土地和住房价格的飙升，这为人口向东京23区的区域集中提供了条件。尽管没有出现80年代那样的通勤条件恶化和获得住房困难、环境恶化等明显问题，但在人均总建筑面积方面，低于地方圈和其他大都市圈，据日本总务省统计，2003年全国人均住房面积为30.3平方米，但东京圈、东京区部仅为28.9平方米。② 另外，市内和市郊局部地区拥堵较严重，通勤时间的铁路拥挤程度仍然很高，近年来建造了双轨和增加线路，呈现改善的趋势。

其实更令人担忧的是东京再集中的最大隐患是灾害风险的上升。如果东京圈发生大地震，预计该地区的损失及在国内和国际上的后果将极为严重。根据中央防灾会议的假设，如果发生7.3级地震，震中位于东京湾北部（假定发生于18点，风速15米/秒的情况下），大约85万座建筑物将被完全摧毁或被火烧毁，死亡人数将上升到大约11000人，直接和间接经济损失总额将达到大约112万亿日元。③

3. 导致区域收入差距扩大

东京一极集中不仅带来了国土整体过疏化以及大城市病等一系列问题，还加速了地区之间经济差距的扩大。县民人均收入位居前五的县和后五的县

---

① 総務省「過疎対策の現状と課題」2017 年、http：//www.soumu.go.jp/main_content/000513096.pdf。
② 総務省統計局『住宅・土地統計調査 平成 15 年』、2005.3。
③ 中央防災会議『首都直下地震対策に係る被害想定結果について』2004.12.15、2005.2.25 一部改訂、http：//www.bousai.go.jp/jishin/chubou/taisaku_syuto/pdf/higaisoutei/gaiyou.pdf；『首都直下地震対策に係る被害想定（経済被害等）について』2005.2.25、http：//www.kokudokeikaku.go.jp/share/doc_pdf/1974.pdf。

的差距持续扩大的趋势也令人担忧。

从日本内阁府出版的"县民经济计算"的长期统计来看，人均收入最高的5个县和最低的5个县之间的差距，从1961年的2.3倍缩小到2000年左右的约1.6倍，但近年来连续增加，从2001年的1.56倍增加到2005年的1.68倍，未来趋势需要密切监测。从表示都道府县间人均收入差异程度的"变动系数"来看，自2002年至2005年的4年，显而易见有扩大的趋势（见图5-5）。

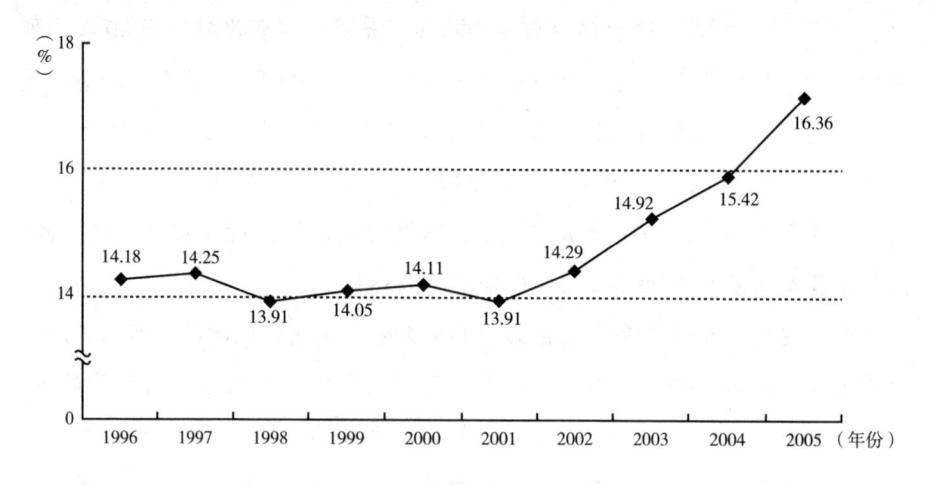

图5-5 人均县民所得变动系数

注：人均县民所得变动系数是指相对于全部县域统计的都道府县的差率，可用以下公式表示：

$$\sqrt{\frac{\sum_{i=1}^{n}(x_i-\bar{x})^2}{n}}/\bar{X}\times 100$$

资料来源：内閣府経済社会総合研究所国民経済計算部『平成17年度の県民経済計算について』、2008年2月、http://www.esri.cao.go.jp/jp/sna/kenmin/h17/kenmin1.pdf。

另外，比较1996~2005年各地区块的县民人均收入，关东地区，特别是东京都的水平进一步上升，可见与其他地区存在的差距正在扩大。近畿地区的衰落也很明显，进一步凸显了关东地区尤其是东京都的优越性（见表5-3）。

表5-3 不同大区域县民所得水平

单位：千日元

地域	平成8年度（1996年度）	指数 全国=100	平成17年度（2005年度）	指数 全国=100
全县计	3192	100.0	3043	100.0
北海道·东北	2754	86.3	2550	83.8
关东	3560	111.5	3509	115.3
东京都	4281	134.1	4778	157.0
中部	3369	105.5	3255	107.0
近畿	3319	104.0	2915	95.8
中国	2958	92.7	2818	92.6
四国	2707	84.8	2459	80.8
九州	2527	79.2	2428	79.8

资料来源：内閣府『平成17年度県民経済計算』、http://www.esri.cao.go.jp/jp/sna/kenmin/h17/soukatu9.xls。

总之，人口和各种功能进一步向东京集中，特别是政治和经济中心以及各种信息传播功能，意味着整个国家的风险增加。如果大多数地区继续出现人口过度流出的情况，这将加速人口的减少，将导致该地区的人力资源枯竭和当地经济活力的下降，这将是在不断变化的情况下促进地区再生的主要障碍。

第二节 关于东京一极集中的理论探讨

一 东京城市圈集中度的判定基准

用何种标准度量大城市圈的集中度十分重要，城市是捕捉进行经济活动一体化所产生集聚利弊的地理范围，用人口集中度、经济活动集中度以及中心城市和该城市通勤者聚集的"雇佣圈"来把握，当然是最为理想的。不过，由于现实中数据的制约等原因，很多情况下不得不以行政上的地域区分来定义"城市"和城市圈，正因为如此，日本将"东京城市圈"的范围确定为东京、神奈川、千叶和埼玉（一都三县）四个行政区域。

东京城市圈人口占全国总人口的近三成，就业人口也大致占相同比例。衡量城市的人口集中度不是指一个国家内的绝对人口（或人口密度），而是指相对人口比例。即一个国家中人口最多的城市［不一定是政治性的首都，所以成为"首位都市"（Primate city）］的人口占总人数的比例。但是，从一个国家的都市集聚程度上有多大偏差，即首位都市在都市体系中的位置来看，关注都市人口所占的比例更为准确。在农村等非都市土地利用为主的地区，例如农地的集约、大规模化生产力的提高是一个挑战，而不是期望人口密集产生经济效益。农村人口减少、都市人口增加的"都市化"（Urbanization），应该与都市系统的大都市的人口集中分开来考虑。

从国际比较来看，日本首都圈的人口占全国总人口比重达到近三成，与欧美国家相比，"压倒性高于其他国家"（见图5-6）。若将都市人口作为分母，日本首位城市的排名依旧位居前列，这是因为日本的都市化进程很快，总人口与都市人口的差距很小，因此无论从哪一个指标来看，在主要发达国家中东京圈集中度都是最高的。

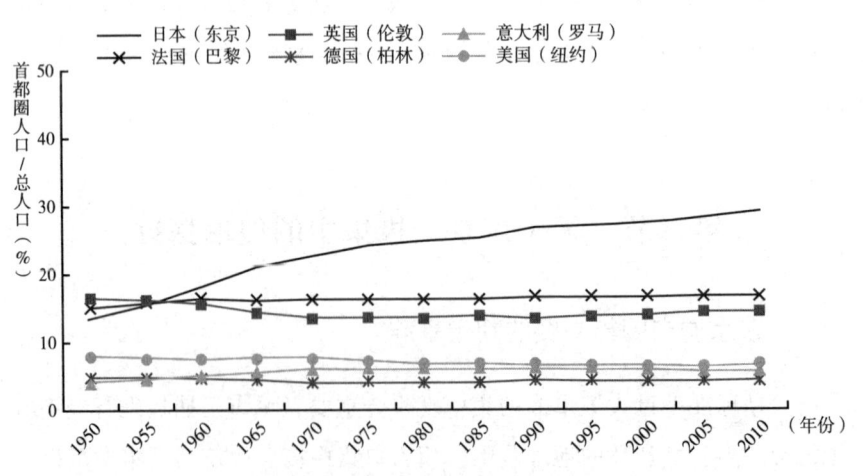

图5-6 日本首都圈人口集中度与欧美国家的比较（1950~2010年）

资料来源：国土交通省国土政策局「国土のグランドデザイン2050」（平成26年7月4日）の関連資料。

为了观察都市系统的规模分布状况，还可以考虑其他指标。例如，首位城市的人口与第二大城市（在日本是近畿圈）人口的比例关系。根据联合国数据，在OECD成员国中，首位城市（30万人口以上）与第二大都市人口比例关系的指标，日本的排名反而算相对低的。法国接近7倍，英国、芬兰接近4倍，新西兰、韩国超过3倍，而日本仅为2倍左右。① 也就是说，虽然日本有"东京一极集中"的说法，但从国际比较结果来看，日本第二大都市近畿圈的规模较大，而法国才是巴黎一极集中。进一步扩展这一观点，可以综合第三位的都市，去全面把握都市规模集中度。因此，东京圈人口集中是事实，但"压倒性高于其他国家"的集中度的定论还是值得商榷的。②

从日本主要都市圈集中度的变化与总人口比例来看，东京圈的集中度在上升，而且除此之外的城市圈也有很多呈上升趋势（见图5-7）。实际上，以都市人口为分母，东京圈等大都市圈的人口集中度有触顶趋势，根据联合国的说法，未来将保持平稳进行。③

二 大城市圈人口集中和经济增长的关系

（一）关于"聚集优势"的利弊

人口向首位都市或大都市集中与全国经济增长之间的关系值得探讨，其焦点还是如何认识聚集优势的问题。都市的"集聚优势"有多个方面。一般来说，企业（事业所）集中的地方就是人口聚集的地方，企业和个人都受益。对企业来说，可以利用各种类型的专业人才和资源的"多样性"；同一行业的企业、合作企业由于距离近就容易建立紧密关系的"特化经济"；由于需求大更容易产生高的运转率，或者可以利用高质量基础设施等"规模经济"。对个人而言，好处包括多样的就业和消费机会。如果能很好地活

---

① United Nations, "World Urbanization Prospects, The 2014 Revision"，转引自西崎文平『東京一極集中と経済成長』，JR Iレビュー 2015 Vol.6、No.25。
② 西崎文平『東京一極集中と経済成長』，JR Iレビュー 2015 Vol.6、No.25。
③ United Nations, "World Urbanization Prospects, The 2014 Revision".

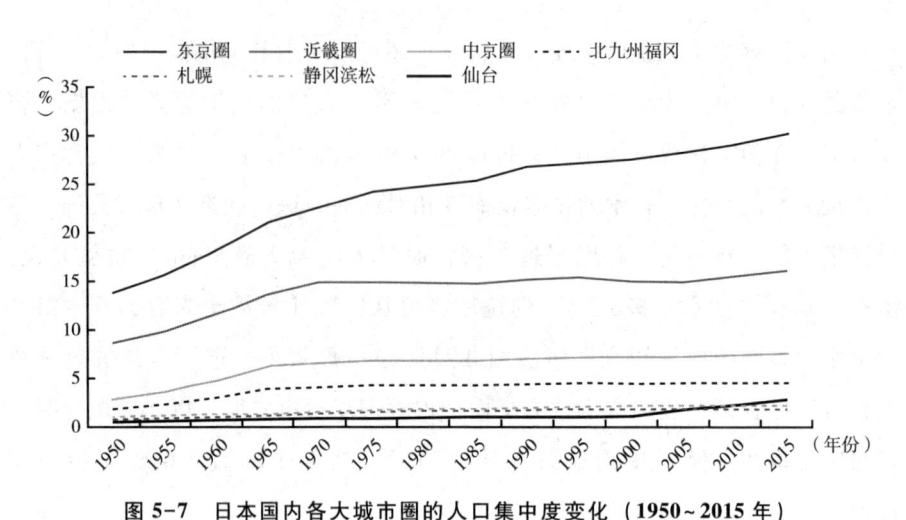

图 5-7　日本国内各大城市圈的人口集中度变化（1950~2015 年）

资料来源：United Nations, "World Urbanization Prospects, The 2014 Revision"。

用这些优势，就能提高位于那里的企业的生产力。然而，到目前为止，只是说生产力的水平会提高而已。生产力的水平高低影响到作为经济增长的机制的是人口和企业的移动。也就是说，人口和企业从生产力相对较低的中小都市向大都市的移动，提高了整个国家的生产力。

但是，一旦生产力均衡化，不再发生人口流动，集聚就不再是增长的引擎。因此，为了实现可持续增长，需要一种机制，使集聚产生创新，不断提高生产力。其中的关键是人们之间知识的交流（典型的是企业职员间的交流，除此之外也可以考虑公私不分）。随着 ICT 的发展，所谓的面对面信息交流的价值，以知识集约产业为中心不断提高。通过"多样性经济"和"特化经济"，这种交流变得活跃，知识资本和人力资本就会更快地积累起来。既然如此，大都市更容易产生创新，可能会持续拉动一个国家的经济增长，但这是否实际地发生不是显而易见的。

同时，也要考虑到"集聚的劣势"，亦即所谓"大城市病"。向大都市集中会导致拥挤，是一种外部不经济现象。即使有高标准的基础设施，如果集中利用而造成瓶颈的话，反而对生产力会产生负面影响。此外，不可忽视在大都市里的犯罪、贫民窟、环境污染、灾害的脆弱性等问题。对于拥挤现象，即使通过灵活调控，如峰值定价法等定价机制使其能够在一定程度上得到改善，但为了应对大都市的各种问题，需要对基础设施进行进一步的投资，这可能会作为宏观成本阻碍经济增长。这种"集聚的劣势"的应对成本多大程度发生也不是显而易见的。

另外，关于特定都市拥有巨大人口的原因，这里就不再赘述。因为现在类似东京这样的大城市并非一朝一夕出现的。一般来说，存在良港、平原辽阔等地理条件，以及被指定为首都的政治条件等，自古以来就有。再加上"集聚的优势"作为向心力发挥作用，导致了今天的局面。因此，众所周知，大都市在一个国家的规模排名在很长一段时间内几乎没有变化[①]。由此可以推测，在考虑政策时排除迁都等大胆的手段，即使可以减轻人口向东京的集中，也不会从根本上改变东京的地位。

（二）欧美相关实证研究的启示

接下来看看关于向大都市集中和经济增长的实证分析结果。具体来说，除了生产力的初始水平和其他标准解释因素外，还将研究大都市集中度的各项指标是否对国家层面的生产力增长率（或人均GDP增长率）产生影响。因此，一直以 Williamson-Hansen 的假说为中心。据此，在经济发展的初期阶段，由于缺乏资金在全国范围内建设基础设施，因此在一部分大城市集中投资的同时，促进企业集聚是有利的，但随着发展的推进，这种优势会减弱，劣势会相对变大。其结果是，发达国家的大都市的高度集中对趋势性经济增长率（潜在增长率）具有负面效应。

Henderson 根据 1960~1995 年 80~100 个国家的数据进行分析的结果，使 Williamson-Hansen 假说得到支持。[②] 也就是说，用首位都市的人口占都市人口来定义集中度，最优集中度大致在二三成的范围内，但这个范围会随着人均收入水平的提高而下移。特别是在日本所属的收入阶层（高收入国家）

[①] J. V. Henderson and H. G. Wang (2007), "Urbanization and City Growth: The Role of Institutions," *Regional Science and Urban Economics*, 37, 283-313.

[②] J. V. Henderson (2000), "How Urban Concentration Affects Economic Growth," Policy Research Working Paper 2326, World Bank.

中，20%左右最合适，而东京圈 30%的集中度被认为过高。在集中度方面，20%和30%的差距非常大，强烈地表明了向东京圈集中的弊端。在目前的OECD成员国中，被评价为"过高"的除了日本，还有奥地利、智利、法国、希腊、爱尔兰、以色列、韩国和葡萄牙等国。这一结果表明，在这些国家，降低首位都市的集中度将提高潜在增长率。

不过，对东京的集中度程度过高的评价恐怕也过于严厉。学者们发现除了世界各国的集中度和长期增长率之间的一般趋势外，还有必要单独考虑个别国家的情况。例如，在向大都市集中的劣势中，日本的弱点是拥挤程度和应对灾害的脆弱性，但在治安和环境污染方面，也可以评价为相对较成功的。事实上，Henderson 在 2010 年的一篇论文中也谈到集中带来的弊端，认为"东京的成本非常高，但其可能运行良好，因此，从 2500 万人扩大到 3500 万人的规模可能对成本几乎没有影响"。[1]

Brülhart and Sbergami 和 Gardiner 等学者通过发达国家的数据研究了大都市的集中和经济增长的关系[2]。前者针对 1960~2000 年、1975~2000 年这段时间，以欧洲 16 国的数据为基础，考察了大都市的集中度。结果还是证实了 Williamson-Hansen 假说，除低收入国家（希腊和西班牙），集中度对经济增长是负面的。后者基于 14 个欧洲国家的数据，将 1981~2007 年划分为 5 个时段，并使用了人口密度在内的概念作为衡量集中度的指标。结果显示，大区域和中区域的集中度与增长率呈负向关系，小区域的集中度与增长率无关[3]。

从这些结果可以看出，对于日本和主要欧洲发达国家来说，不能简单地说"人口向大都市集中是增长的引擎"。这也与偶然的观察结果是一致的，

---

[1] J. V. Henderson（2010），"Cities and Development，"*Journal of Regional Science*，50，515-540.

[2] M. Brülhart and F. Sbergami（2009），"Agglomeration and Growth: Cross-country Evidence，"*Journal of Urban Economics*，65，48-63；B. Gardiner and R. Martin and P. Tyler（2010），"Does Spatial Agglomeration Increase National Growth? Some Evidence from Europe，"*Journal of Economic Geography*，2010，1-28. 此外，Brülhart 和 Sbergami（2009）也根据包括发展中国家在内的许多国家的数据进行了分析。

[3] 大、中、小区域类别分别基于欧盟统计用的领土单位命名法（NUT）。

即相对较高的经济增长是在大都市集中度不那么明显的国家实现的，如美国和近年来欧洲的德国。

三 从日本国内经济发展视角看东京一极集中

20世纪90年代中期以来，大城市圈特别是东京圈在日本经济增长中的地位持续上升。图5-8（1）将日本划分为三大都市圈和其他地区，并显示了1996~2011年实际地区生产总值增长率的变化。雷曼危机带来的影响较大，但在经济复苏阶段，引领增长的是中京圈，东京圈的增长率很少超过中京圈。东京圈的增长率显著高于其他三个地区的时间只有1997~1998年，当时由于国内金融危机的影响，经济低迷。图5-8（2）是将这期间的增长率细分为劳动生产率和就业人数的增长，在生产率增长方面，其他地区和中京圈较高，东京圈略低于全国平均水平。近畿圈的生产总值和生产力都相对增长较低。从这里可以看出，东京圈并不能说是突出地引领了日本的增长，在生产总值方面是中京圈，在劳动生产力方面则是其他地区。

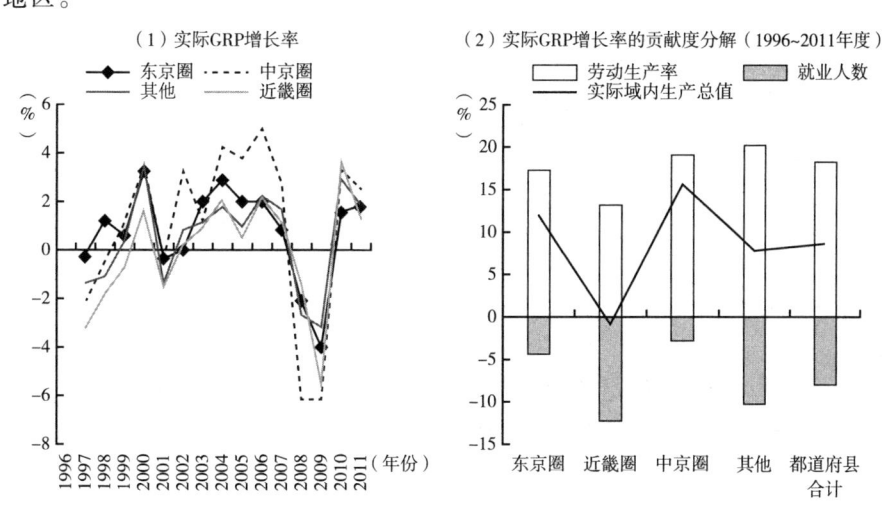

图5-8 1996~2011年度三大城市圈等区域实际域内生产总值（GRP）

资料来源：根据内阁府「県民経済計算」数据制作。

图 5-9 显示了区域内实际生产总值增速按行业划分的贡献程度。由于在现行的产业分类中存在的数据是在 2005 年以后，1996~2004 年度根据旧产业分类；2005~2011 年度根据现行产业分类进行了分解。可以看出，在 1996~2004 年，增长率最高的中京圈制造业贡献较大，而增长率次之的东京圈制造业减少，服务业贡献较大。但是，由于服务业包含了各种各样的行业，所以很难进行评估。第二大贡献的是运输通信业，在中京圈和其他地区，运输通信业也有相应的贡献，很难说是东京圈的特征。另外，90 年代后半期，以全国为基础的信息通信业（在上述"县民经济计算"的产业分类中，"信息"部分包含在服务业中，"通信"包含在运输通信业中）大幅增长，因此，上述 1997~1998 年度东京圈的增长率相对较高可能与此有关。

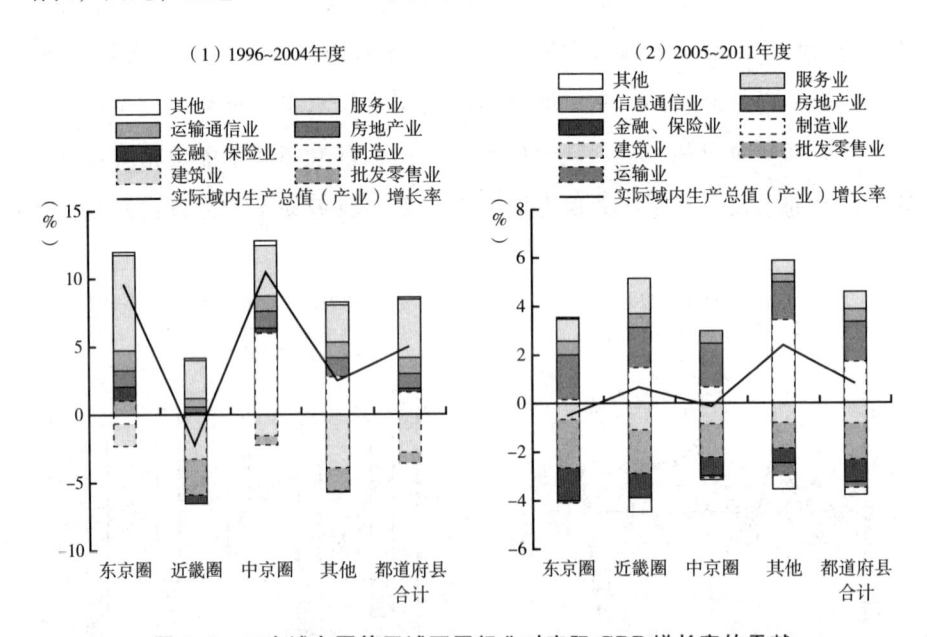

图 5-9 三大城市圈等区域不同行业对实际 GDP 增长率的贡献

资料来源：根据内阁府「県民経済計算［実質域内総生産（産業）成長率の業種別寄与度］」数据制作。

2005~2011 年，雷曼危机带来的经济衰退的影响非常明显，但即使这样，在全国范围内仍显示出正增长。在此期间，其他地区的增速相对较高，

—— 第五章 "东京一极集中"结构的形成与利弊

东京圈则为负增长。增长率的区域差异在很大程度上可以从制造业的贡献的不同来解释。也就是说，东京圈的低增长率，是由于与其他大都市圈和其他地区相比制造业生产停滞。在东京圈，金融保险业的负贡献稍大，而信息通信业的贡献仅与其他大都市圈基本相同。

另外，从中期经济增长速度来看，2010~2015年，东京、埼玉GRP累计增长均为6.4%，并列第15位，而千叶和神奈川分别累计增长3.8%和3.5%，位次排在第30名以后。[①] 由于数据周期较短，且雷曼冲击等外部影响因素较大，因此将该结果一般化需要慎重，但至少很难说东京圈发挥了集聚的优势并为提高增长率做出了贡献。

如前所述，关于东京的集中度是否压倒性地超过其他发达国家或东京一极集中是否对日本经济整体具有拉动作用尚需要进一步探讨和深入研究，但是人口与经济活动向东京一极集中却是不争的事实。这自然是多种原因共同作用的结果，而且东京一极集中也带来各种连锁反应。如图5-10所示，由于东京的政治、经济、信息中心的磁石作用，在20世纪70年前经济高速增长时期就大量吸引地方圈的人口与产业向三大城市圈特别是东京圈转移，高速增长结束以后，人口流动速度下降，但随着东京人才资源的积蓄，生产率不断提高，使东京圈与地方圈的收入差距进一步拉大，年轻人大量来东京上大学，毕业后也倾向于留在就业机会更多的东京圈，其结果就加速了东京一极集中，而与此同时，地方圈就业机会减少、人口持续外流，地方经济凋敝，久而久之，形成了人口和经济活动"向东京圈集中—从地方圈流出"的恶性循环。今后的课题是东京圈如何牵引日本经济前行并且提高国际竞争力，而地方圈则是如何搞活产业，扩大就业，抑制人口特别是年轻人外流。

---

① 根据『県民経済計算』各年版计算。转引自国土交通省『東京一極集中の是正について』资料。

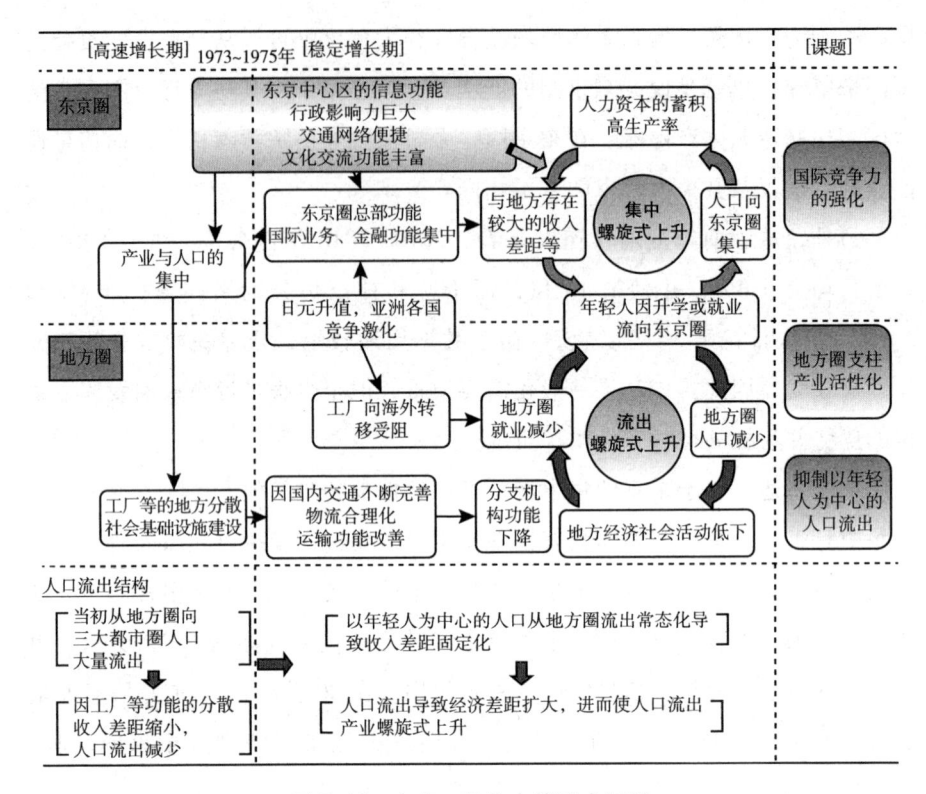

图 5-10　东京一极集中的形成机制

资料来源：国土交通省『東京一極集中の是正について』2014年版。

第三节　"东京一极集中"纠正政策及其走向

一　纠正"东京一极集中"政策的实施

回顾日本的国土开发历程，第二次世界大战后日本的人口、政治、经济和文化等各项功能便向着东京、大阪和名古屋这三大都市圈加速集中，其中又尤以东京为最。都市集中和中央集权制的构建确实极大地加速了战后的复兴，实现了奇迹般的经济高速增长，但随之而来的东京一极集中，农山渔村和小城市的过疏化问题也逐渐严重起来。为了解决这些国土结构方面的问

—— 第五章 "东京一极集中"结构的形成与利弊

题,将国土开发的效果推向全国,实现国土均衡发展,日本制定了各项规划,以纠正人口向大城市特别是向"东京一极集中"的现状。[①] 如1977年制定的《第三次全国综合开发规划》(以下简称"三全综")相比于前两次以经济开发为主的开发计划有了极大的转变,其基本目标是:在有限的国土资源下活用地区特性,有计划地开发建设出根植于传统文化的人与自然和谐相处的人类居住环境[②]。明治时代以来大约一个世纪的时间,国土开发的重点都是集中在东京圈等大城市圈和太平洋沿岸工业地带,而"三全综"第一次明确将把人口和产业的集中方向转向地方城市和人口集中度较低的地区。

然而,进入20世纪80年代后,随着东京圈人口流入的显著,其负面影响开始凸显。因此,1987年制定了《第四次全国综合开发规划》(以下简称"四全综"),其重要目标是"不由东京圈单极承担过多的都市功能,而是通过多极分散共同分担部分功能,扭转东京一极集中局面"。"四全综"致力于"多极分散型国土结构"的实现,提出为了完成各地域人口定居及活性化,实现地方的产业振兴,有必要抑制东京圈各项机能的过度集中,促进工业、科研机构和一部分中央省厅向其他地区分散,解决"东京一极集中"的问题[③]。但是,尽管"四全综"(草案)高调提出了"纠正东京一极集中"设想,但此后正式出台的"四全综"却对此做出了重要修正。其原因在于泡沫经济崩溃后,日本经济转入低迷轨道,人们对东京圈的期望值相对提高。为了在"全球的都市间的竞争"中胜出,东京圈不能削减实力,东京圈的集中被视为可容忍的"必要恶",因此,企业的选址也不可能发生重大变化。对东京这样矛盾的评价也反映在"四全综的附属文件"中:"谋求维持、提高东京圈活力的同时,减少过密化、人口集中,实现舒适、安全、安心的环境"。可以看出,"东京一极集中"纠正政策

---

① 张季风:《日本国土综合开发论》,世界知识出版社,2004,第282页。
② 国土庁「第三次全国総合開発計画」、1977年、https://www.mlit.go.jp/common/001135928.pdf。
③ 国土庁「第四次全国総合開発計画」、1987年、https://www.mlit.go.jp/common/001135927.pdf。

185

方向发生了逆转。

20世纪90年代初，日本泡沫经济破灭，东京圈的人口流动趋于稳定，1999年日本制定《21世纪国土宏伟蓝图》（以下简称"五全综"），再次强调要在东京圈内部纠正都区部等的集中现象，并将重点转移到培育"业务核心城市"方面。并提出"超越东京和各地区的视角，从包括东京在内的日本国内各地区和以东亚为首的世界各地区的视角出发，将活用都市及集聚的产业，强化为支撑经济增长的引擎"。作为具体政策，在21世纪第一个十年同时推进"地域再生"和"都市再生"政策。在"都市再生"政策的支持下，以东京为中心集聚了高层办公楼和公寓，吸引了更多的人口。在诸多的鼓励东京再开发的政策下，2000年以后东京恢复了增长势头，出现了东京再集中现象。2008年颁布的《国土形成规划（全国规划）》中，对重新向东京圈集中的动向再次表示警惕，同时意识到人口减少社会的到来和全球化的趋势，尽管在雷曼冲击后人口流入的速度有所放缓。在这种情况下，由于决定举办东京奥运会和残奥会，东京都的人口集中度将进一步增强，故重申了制止这种动向及促进地域活性化的必要性。

2014年以来，安倍内阁作为"安倍经济学"重要一环，出台了"地方创生战略"，由专门的大臣负责，以纠正东京一极集中问题。该战略旨在积极实施支持振兴地方特别是过疏地区的措施，并在2020年前平衡进出东京圈的人口。2014年12月，日本内阁确定了《城镇、人、工作创生综合计划》，该计划明确指出，"首都圈的人口集中度约为30%，压倒性地高于其他国家"，再次呼吁纠正东京一极集中问题。为了实现这一目标，提出的计划是在大城市以外的地方创造10万个工作岗位，将迁入东京圈的人数减少6万人，将迁出东京圈的人数增加4万人。为此，大量资金投入被称为"地方创生泡沫"的项目之中，并制定了一系列措施。

不过，如前所述，关于东京圈的集中压倒性地高于其他国家或者东京圈是增长的引擎等评价，还有深入探讨的余地。特别是，如果东京的人口集中本身是增长的来源，那么"谋求维持和提高东京圈的活力"与"减少过密化、人口集中"就成为矛盾的政策。但是，目前的政策基调是为了确保整个日本的增长潜力，试图以"地方创生"来推动东京一极集中的纠正。其具体措施是：第一，通过设立与区域发展有关的基金，支持区域振兴项目；第二，鼓励中央政府各部委和机构搬迁到地方城市；第三，将大企业的总部迁往地方；第四，继续遏制东京 23 区建立新的大学建筑；等等。

然而，除了将文化厅迁往京都的决定外，中央政府各部委和机构迁往地方的工作并没有产生任何成果。只有少数大公司将其总部职能迁移至地方。由政府拨款资助的项目都是千篇一律的"撒胡椒面"，其有效性值得怀疑。安倍内阁的地方创生措施似乎并没有产生足够的效果。

二 未来政策的基本方向

纠正东京一极集中的政策实施了 30 余年，似乎成效并不显著。即便现在，"东京的人口一极集中正在加速发展"的议论依然不绝于耳。有些人认为，东京就像一个"黑洞"，无限制地吸纳年轻人。从以往的研究来看，尽管东京圈充分发挥集聚优势成为增长动力的情况未必得到充分证实，但是，大都市圈的人口份额与经济增长之间的相关性极高。这也从另一个侧面证明了东京城市圈的经济一直在引领日本经济，同时利用其人口和经济活动的集聚确保与其他周边国家的竞争优势。正是东京一极集中利弊兼有这一矛盾的存在，才使得日本政府政策常常出现左右摇摆，难以一以贯之。事实上，在讨论东京一极集中的修正问题时，必须评估其对日本经济整体的影响。因此，东京一方面努力提升充分发挥既存的集聚优势、贸易惯例等软性基础设施的质量，另一方面营造使人口顺利向地方大都市集聚的环境，这或许是人口减少时代政策的应有方向。

日本政府于 2015 年发布的《城镇、人、工作创生综合战略》中提出，在提高地方魅力的同时，通过促进地方移居、强化企业的地方据点等手段，扭转东京圈每年净流入 10 万人口的局面。根据此前的研究，即使实现了这一目标，也几乎不会降低东京圈的生产能力和劳动生产率。因此，如果能够描绘出通过缓和东京圈的集中而提高地方生产率的情景，那么这种政策的方向性就可以被评价为具有一定合理性。在这种情况下，在地方的中枢城市，特别是现在仍有人口流入的大都市，进一步集聚，成为各地区创新的核心，从而提高全国的增长能力，这将是一个现实的设想。在为实现目标而采取的具体措施中，将在有效利用"国家战略特区"和"地方创生特区"等的同时，从如何推进地方都市集聚的观点出发，考验各城市的创意。

为了使其与实际的增长联系起来，有必要以知识密集型产业的优势为基础，创造促进知识交流和创新的机制。东京缺少的并不是简单的人口规模，在今后人口减少的社会中，消除阻碍集聚优势显现的因素才是主线。以人口集聚为给定条件，其中也可以使人才向国际竞争力相对较弱的金融保险业转移。不过，这首先需要完善东京作为国际金融中心的功能。

在增长引擎的意义方面，分布在全国的制造业比聚集在东京的知识密集型服务业贡献相对更大。目前部分地区出现的制造业回归日本国内的趋势是否会成为大潮流尚难预料，但至少在当前，制造业作为地方枢纽城市集聚的核心作用值得期待。然而，在人口减少的社会下，许多地区在制造业方面追求集聚的好处是有限的。加强与域外的知识交流，谋求实现与大集聚相似的环境是很重要的。此外，未来全球化的进一步发展在某种程度上是不可避免的，从强化增长能力的角度来看，这也是必不可少的。如果与国外的知识交流比国内的集聚更重要，那么在信息通信业等的集聚方面，各种机会也有可能扩大到东京以外的大城市。

三 新冠疫情以来的新动向

新冠疫情暴发以来，东京一极集中情况也发生了微妙的变化。由于工作方式的改革和新冠病毒的灾难，企业的东京一极集中迎来了转机。一些大企业，正在将其总部迁往地方，或减少办公空间。政府对地方圈吸引更多公司表现出积极的态度。

据帝国数据银行调查，2022年上半年，"脱离首都"的企业持续增加，将总部从首都圈迁往地方圈的企业达168家，上一年迁出企业超过150家，呈现外迁企业加速趋势。2001~2002年曾经出现过迁出300家的纪录，时隔20年又出现了迁出高峰。另外，2022年上半年迁入首都圈的企业为124家，打破了过去最少的纪录，比新冠疫情暴发当年（2020年）上半年（迁入125家）还少，可以看出企业向首都圈迁入出现了停滞化的苗头。[1]

从过去的经验来看，企业总部从首都圈迁出高峰出现在泡沫经济崩溃后的20世纪90年代初期和国际金融危机爆发的2008年，其共同特点是与经济环境恶化相重合。近期也是由于新冠疫情的原因，在更多的企业销售额下降的大背景下，企业纷纷转移至房租更便宜的地方圈。今后，由于电费上涨，为了压缩成本迁往地方圈的企业可能还会有所增加。另外，由于网络的发达和视频会议的增加，"东京+α"，即总部功能复数化的局面可能再次出现，取消职员居住地限制的工作方式将得到普及，这种"向前看"的总部功能转移需求的扩大，也可能成为企业"脱离首都圈"的一种潮流。

另据日本经济团体联合会2021年11月公布的一项调查，2020年迁入东京圈的公司数量为296家，是3年来首次同比下降，但有288家公司迁出，是过去10年中最高的数字。在433家总部设在东京的公司中，有24家表示"目前正在考虑"或"今后有考虑搬迁的可能性"（占总数的5.5%，在回答的公司中，18.8%的公司表示它们正在搬迁，如果把已经搬迁的也包括在内，则为22.7%）。这个数字是5年前的2倍。

过去，企业从首都圈搬迁的原因，往往是为了减少办公租金和其他管理成本、分散总部职能和确保灾难发生时的后备地点，以及为员工实现更好的工作和生活平衡。除此之外，在2020年，由于新型冠状病毒的传播和紧急状态的宣布，工作方式发生变化，如转为远程工作和网络会议，2021年出现11年来的第一次"净流出"的可能性已经显现。关于企业外迁，从雇员的角度来看，存在诸如降低生活成本、减轻通勤负担和提高生产率等好处。从企业角度看，可能会有搬迁费用的问题，以及维持现有外部联系（如客

---

[1] 帝国データバンク『首都圏・本社移転動向調査（2022年1~6月速報）』。

户和供应商）的困难，因此搬迁的适宜性可能取决于行业。

地方政府十分欢迎东京圈的企业前来投资设厂，例如，长野县积极吸引来自东京23区的公司，提供全国最好的减税制度，包括对从23区搬迁总部职能的公司免征3年的公司企业税，以及免除或减免房地产购置税和固定资产税。福冈县福冈市正在推动名为"2024天神未来创造"和"博多链接"的民间再开发促进事业。前者的目标是在2024年前重建30座私人建筑，创造新的空间和就业。到2022年为止，该项目已经吸引了Mercari和LINE等公司前来投资。

除了地方政府的积极争取外，日本政府在2022年6月推出的《城镇·人·工作创新的基本方针（2022）》也明确提出以下目标：第一，在2024财政年度结束前，将促进远程工作的城市数量增加到1000个；第二，为了回应对地方搬迁的日益增长的需求，通过远程工作促进"不转职的移住"；第三，利用当地资源，如行政管理数字化、太阳能和水力发电，采取去碳化的优先措施。该报告还指出，要通过政府、企业和地方当局的共同努力实现区域发展。

至今为止，大企业的趋势是将其总部职能转移到其创业地或研究基地，而在过去数年里，越来越多的初创公司和风险公司已经将其基地转移到新的地点。在新冠疫情之后，企业管理层意识到，以现有的企业文化和商业模式已不能持续经营，并开始真正思考这个问题。降低管理成本（如减少总部的面积），改善卫星办公室系统（共享办公室）和促进远程工作形成三位一体，推进向地方迁移。东京企业向地方迁移，会使员工从"痛苦的通勤"中解放出来，并使他们接触到自然环境，心情愉悦，从而提高其创造力，促进了生产率的提高，与此同时还将帮助地方政府遏制少子化、老龄化，促进实现地方振兴。虽然有一些公司不适合向地方迁移，但相信未来搬迁的公司会越来越多，特别是高科技公司和引进工作岗位的公司。因为"Job型雇用"允许人们灵活地工作，不受工作时间和地点的限制，所以能够吸引优秀人才聚集。这将有助于公司的发展，并创造一个良性循环。

新冠疫情发生后，虽然出现了人口和企业外迁的现象，但随着新冠疫情的缓解，东京一极集中还有出现强烈反弹的可能。据日本总务省发布的 2022 年《人口迁移报告》，从迁入人数超过迁出人数的数据来看，2022 年东京都人口的净迁入为 38023 人，比 2021 年增加 32590 人，这是 3 年来首次增加。东京圈的净迁入为 99519 人，比 2021 年增加 17820 人，连续 27 年实现净迁入。2021 年受到新冠疫情下居家办公等因素影响，东京圈的净迁入比上年减少约 17000 人。2022 年新冠疫情缓解，东京圈的迁出和迁入之差再次扩大，呈现人口仍在向东京集中的趋势。从上述数据可以看出，东京一极集中问题的解决绝不可能一蹴而就，或许还需要相当长时间。

第六章
东京副都心建设与非首都功能疏解

东京被称为"日本的心脏",各项职能高度集中,是全国的政治、经济、文化、金融、国际交往和信息中心,相当于华盛顿、纽约、洛杉矶和旧金山的综合体。在这样的现状下,东京的经济发展呈现多样性、高效性、规模化、专业化等特点,但与此相对的,人口与经济在东京"一极集中",导致了日本经济发展失衡,地方经济萎靡不振,"过疏化"严重。东京自身的大城市病,如城市防灾能力较弱、高房价、高租金、高物价以及过长的通勤时间、医疗照护设施不足等问题也日渐突出。

在这种背景下,东京通过副都心建设与非首都功能疏解,有效地缓解了自身的大城市病,为特大城市发展提供了一个样本。特别是通过建设筑波学园城市、推行业务核心城市等措施疏解非首都功能取得了很好的效果。本章通过介绍分析东京副都心规划建设及非首都功能疏解的特点和发展历程,以期为中国特大城市,尤其是北京市的城市规划建设提供一些参考和启发。

第一节 东京副都心建设

一 东京副都心的建设

(一)设立副都心的标准

对于一个城市来说,随着生产资源和人口的不断聚集,在城市规模

第六章　东京副都心建设与非首都功能疏解

不断膨胀的同时，各种各样的城市病也会相应而生。20世纪50年代中期日本进入高速增长后，人口和经济资源纷纷向东京聚集，从全国国土结构来看，逐步形成了东京一极集中的局面，而东京都自身也出现了向中心区聚集的局面。为了解决东京的大城市病问题，城市的空间结构需要从单核向多核转变，城市副中心便应运而生。根据日本都市计划用语研究会的定义：城市副中心的主要职能在于疏解城市中心地区的部分商业和服务业功能，培育新的人口和经济增长点，改善城市空间结构，缓解交通和环境压力。

东京都一般可以分为三大部分，即东京都区部（23区）、多摩地区（多摩26市3町1村）和岛屿部（伊豆群岛、小笠原群岛）。第二次世界大战后随着日本经济的飞速发展、城市化率的不断提高，农村地区人口开始向城市大量转移，作为都心三区的千代田区、中央区和港区交通日渐拥堵，城市无序扩张，环境日益恶化，由此东京的副都心建设逐渐提上日程。为了合理、有效地疏解过于集中的城市功能，结合东京奥运会的召开，1963年在东京召开的城市再开发问题研讨会上，明确提出东京采用多中心结构的设想，并具体规划了由城市中心、副中心及新城市化区构成的新的东京城市结构。东京城市副中心是根据以下标准进行选择的。

第一，具有广大腹地的多种交通手段的集合交叉点。通常副中心必须是3条国营铁路、2条私营铁路及2条地铁的交叉点。日均旅客的人数达到100万人次以上。此外，也可以将副中心选择在大都市圈内放射状道路与城市干道的交叉点上。

第二，中心地区应具有吸引周围地区在此开展活动的空间和魅力。

第三，应能促进本区域的城市活动。副中心的服务功能包括：商业、饭店、酒吧娱乐、信息业和文化业发达，主要吸引外来游客，而大量游客的集聚，又反过来促进这些功能的集聚。

第四，中心的选址还要考虑现状条件：地形、水面、历史因素等。

第五，中心建筑设施和景观，也是一个重要因素，它对中心的形成也具有重要的影响。

（二）副都心的设立与建设

日本政府早在1960年就提出了建设新宿、涩谷和池袋3个副中心的设想与规划，此后又陆续提出建设上野·浅草、大崎等副中心的构想，最终东京都在1982年制定的《第一次长期规划》和1986年制定的《第二次长期规划》中，正式确定新宿、涩谷、池袋、上野·浅草、锦系町·龟户、大崎和临海共7个副都心（见图6-1），各副都心的定位见表6-1。

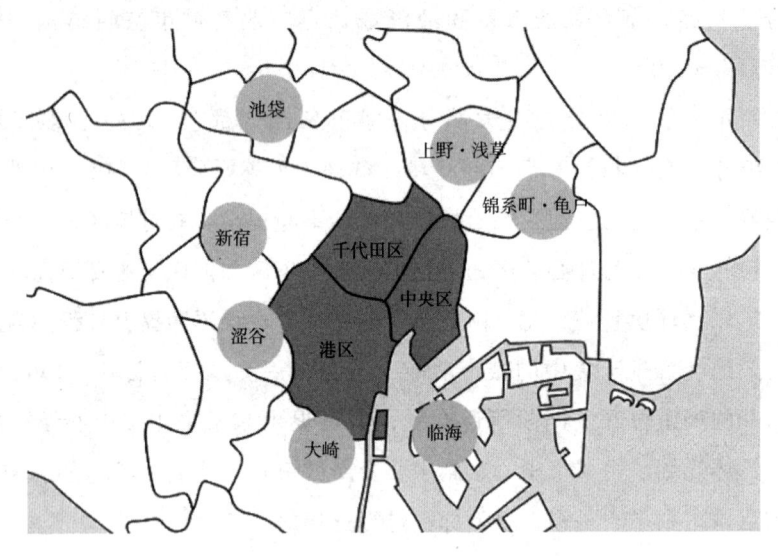

图6-1 东京都副都心与中心三区示意

资料来源：東京都都市計画局『都市計画のあらまし』平成15年（2003年）版，第15页。

表6-1 东京都中心、副都心的功能定位

名称	主要功能定位
旧中心区	政治经济中心，国际金融中心
新宿	第一大副中心，带动东京发展的商务办公、娱乐中心
池袋	第二大副中心，商业购物、娱乐中心
涩谷	交通枢纽，信息中心，商务办公、娱乐中心
上野·浅草	传统文化旅游中心
大崎	高新技术研发中心
锦系町·龟户	商务、文化娱乐中心
临海	面向未来的国际文化、技术、信息交流中心

资料来源：根据东京都都市开发局资料制作。

目前，新宿地区已经建设成为与原来传统中心区即东京站、银座、日本桥附近不相上下的第二中心区和中心商务区（CBD）。涩谷、池袋地区也以交通枢纽为依托，发展成为次级中心区。临海副都心以御台场为标志的海滨游乐场、会展中心每天吸引着成千上万的游客来此观光旅游。北部的上野·浅草地区是相对比较落后的地区，被指定为副都心后，也得到快速发展。目前池袋和上野·浅草已分别成为东京西北部和东北部的交通枢纽和商业、服务业中心，缩小了和都心区的差距。特别是东京特色较浓的上野·浅草地区成为向世人展示江户文化风貌的重要观光和购物地区。但锦系町·龟户、大崎两个地区被指定为副都心后起色不大。随着 IT 革命的爆发和经济的迅速发展，以电子和家电销售闻名于世的秋叶原地区以及以交通枢纽带动经济迅猛发展的品川，在 2001 年又被追加为东京新"据点地区"，其地位与"副中心"几乎相同。

另外，在经济发展过程中也出现了东京都内各区经济发展不平衡问题，市区东北部相对落后，为了缩小市区东北部的台东区、足立区与都心地区的各种差距，东京都地方政府主要采取增加财政转移支付，向低收入者提供廉租房、补助生活费、减免教育费，建设公营廉价市场等政策手段加以调整。在东京都地方政府主导下，解决都内经济发展不平衡问题与城市规划中的副都心建设同步展开。

二 新宿副都心的规划与建设

新宿是东京最著名的副都心，是 7 个副都心中人口规模最大、经济活动最为活跃的地区。因东京都厅（东京都政府）、都议会迁至此地，其地位与北京通州副中心十分相似。新宿副都心位于东京都区部的西部、新宿区西南部，距离都心约 7 公里。

1958 年日本制定了《第一次首都圈基本规划》，作为计划的一环，新宿、涩谷和池袋也正式被确定为东京的三大副都心，将承接都心三区（千代田区、中央区、港区）的一部分职能。1960 年 1 月"新宿副都心规划"正式公布，同年 6 月，为了提高建设效率，负责建设的财团法人"新宿副都心建设公社"也正式设立①，通过公社导入民间资金，提高产业集中度。从新宿副都心的确定与建设可以看出，城市副中心形成的因素除了常见的经济、地理条件外，地方政府的规划也起到重要乃至决定性的作用，新宿副都心的规划、建设从一开始，地方政府就发挥着主导作用。

根据规划，新宿副都心将以新宿站西口为中心，对周边约96公顷的土地进行整体规划，这也是当时日本最大的整体社区规划。不过由于规划用地过于庞大，所以分为两期进行，第一期建设用地约56公顷，主要是当时计划搬迁的淀桥净水厂（约33公顷）。1966年新宿站西口地下广场建设完成，同时副都心周边的基础设施也基本建设完成。1971年完工的高达178米的京王广场酒店本馆开业，其他超高层建筑也开始逐渐建设完成，1991年东京都厅搬迁，新宿的行政等职能得到很大提升，新宿逐渐开始被称为新都心，俨然已经与核心区的千代田区、中央区、港区齐名。

经过几十年的规划建设，现在新宿副都心已经成为东京重要的经济、行政和消费中心。2021年新宿区总人口达到34.5万人，较2000年增加了20.3%，人口密度约为1.9万人/km^2，在东京23区中排名第八。②而新宿的人口从性别和年龄来看，2021年男性有17.3万人，女性有17.2万人，基本持平。总人口中老年人口（65岁及以上）6.7万人，人口老龄化率为19.56%，人口多集中在20~55岁③，这种人口结构十分有利于经济发展。而由于新宿繁荣的商业和休闲娱乐业，出现了昼间人口远超夜间人口的现象，2015年新宿区夜间人口33.4万人，昼间人口77.6万人④，昼间人口是夜间人口的2.3倍，而东京昼间人口超过70万人的除了新宿区之外，就只

---

① 国立公文書館『新宿副都心計画事業の推進　東京都市計画新宿副都心計画事業の特許について』昭和35年（1960年），https://www.archives.go.jp/exhibition/digital/henbou/contents/60.html。
② 新宿区総合政策部企画政策課『令和3年度版　新宿区の概況』，2022年，https://www.city.shinjuku.lg.jp/content/000271402.pdf。
③ 新宿区総合政策部企画政策課『令和3年度版　新宿区の概況』，2022年。
④ 東京都総務局統計部『東京都の昼間人口、結果の概要』，2018年，https://www.toukei.metro.tokyo.lg.jp/tyukanj/2015/tj15gaiyou.pdf。

有都心的千代田区、港区和远郊的世田谷区。

新宿的金融业、保险业十分发达，以新宿站为中心的事业所数量超过了3.2万家[1]（2016年），占东京23区的6.5%，仅次于中央区和港区。2019年，新宿区所得税纳税义务者纯收入达到9350.4亿日元，所得税纳税义务者人均纯收入同年达到500.24万日元[2]，是同年东京都人均纯收入的1.18倍，全国人均纯收入的1.52倍[3]。

作为东京重要交通枢纽的新宿站，有12条（2022年）轨道交通线路在此汇聚，2017年日均乘客数量约为353万人[4]，是当年世界排名第一的车站。新宿副都心目前主要由三个功能区组成，且都以新宿车站为中心。新宿站西口地区是东京都政府规划的一个新的行政和商业中心，作为东京的行政中心，东京都政府大楼和议会大楼就位于这里。此外，其周围还逐步建成了大量大型企业总部（如京王广场酒店等）使用的摩天大楼，是东京最早形成的高层建筑群区域之一。新宿站东口地区是新宿最大的商业街区，歌舞伎町、伊势丹总部等就位于这片区域，以新宿三丁目为中心的各种颇具历史的百货商店、餐馆密布，是东京著名的休闲娱乐场所。新宿站南口地区也是以商业为主，如东急手创馆本馆、高岛屋新宿店、日本货物铁道株式会社、小田急电铁总部等企业汇聚，除了商业之外还提供了如轨道交通支持等配套服务。

除了交通和经济之外，新宿在环境保护、卫生、社会福祉等软件方面也十分发达。如节能防灾，新宿区建立了节能机器购入辅助金制度，对太阳能发电系统、家用燃料电池、雨水利用设施等建设提供资金支持，2020年共

---

[1] 総務省統計局『平成28年経済センサス-活動調査報告』，2020年，https://www.stat.go.jp/data/e-census/2016/index.html。

[2] 総務省、東京都総務局行政部区政課『令和元年度市町村税課税状況等の調（特別区関係）』，2021年，https://www.soumu.metro.tokyo.lg.jp/05gyousei/gyouzaisei/zei/r01zei/r01tokubetsukukazei/r01tokubetsukukazei.pdf。

[3] 総務省『令和元年度 市町村税課税状況等の調、第11表 課税標準額段階別令和元年度分所得割額等に関する調（合計）』，2020年，https://www.soumu.go.jp/main_sosiki/jichi_zeisei/czaisei/czaisei_seido/xls/J51-19-11.xlsx。

[4] エンタテイメントビジネス総研『乗降客数総覧』，2020年。

支持了234套节能系统的建设，较2017年增长了约90%，资助金额达到3423万日元①，较2017年增长了约106%。资源的分类回收执行得十分严格，纸张、易拉罐、干电池、金属等的回收总量逐年提高且数据及时公布，2020年的回收总量为1.6万吨，较2017年增长了16.3%。同时为了防灾，在新宿区范围内，常态化进行噪声、地下水污染、光化学烟雾、水系水质等检测调查，截至2021年，在域内共建立了221个防灾区民组织。

在医疗卫生方面，到2021年11月为止，新宿区共有533间普通诊所，每10万人就有152.6家，是东京都平均水平的1.7倍；有13家大型医院，共有病床数5543张，每10万人有病床数1586张，远超东京都平均水平的889张；执业医师人数达到4125人，每10万人中就有1180名医师②，是东京都平均水平的3.7倍；其他如牙科诊所、药店等数量都远超东京都平均数。新宿区建立的保健师家庭访问巡诊制度在2019年对3868人进行了访问，对象主要是弱势群体，其中主要包括残疾人、结核病患者、产妇、精神疾病患者等，通过访问、巡诊可以及时了解访问对象的实际生活情况和急缺的需求，收集汇总后会有机构对其进行救助。新宿区还有专门的女性健康支援中心，2019年接待人数为1500人，其中女性1323人、男性177人，支援中心会开展面向女性的健康教育、更年期对话疏解以及各种自主的交流活动。此外，对于城市生活中经常碰到的宠物问题，新宿区也有相应的处理。新宿区对以猫狗为主的宠物流浪问题、粪便问题、噪声问题等都有相应的处理规范，共有17家动物医院，对流浪猫狗的去世有手术费补贴制度，对宠物的登记和疫苗注射也有硬性规定，这些共同培育起了一个良好的饲养宠物的社会氛围。

在社会福祉领域，新宿区2020年的福祉费达到445亿日元③，占到总支

---

① 新宿区総合政策部企画政策課『令和3年度版　新宿区の概况』，2022年，https：//www.city.shinjuku.lg.jp/content/000271402.pdf。
② 日本医師会『東京都新宿区、地域医療情報システム』，2022年，https：//jmap.jp/cities/detail/city/13104。
③ 新宿区総合政策部財政課『令和2年度一般会計事項別明細書（歳入歳出総括～歳入）』，2020年，https：//www.city.shinjuku.lg.jp/content/000279231.pdf。

出的 28.9%，被保护人员①共计 10032 人，占新宿区总人口的 29%。福祉费主要涉及生活补助、住宅补助、医疗补助、保护设施的事务费等方面，其中花费最多的是医疗补助和生活补助。2020 年由于新冠疫情对居民生活造成的严重影响，新宿区生活贫困者支援事业的利用者人数由 2019 年的 674 人猛增至 1.6 万人，经过调查筛选后有 9808 人获得资金补助，在疫情的冲击下，新宿依然对居民的基本生活起到一个兜底作用。对于独居老人的福祉支援包括方方面面，如食物配给、理发服务、床上用品的干燥消毒、助听器的支援、志愿者服务等，其中 2020 年对患有阿尔茨海默病人群的支援次数达到 7614 人次，新宿区对老年人群的福祉服务极为全面，甚至丧葬费也有补助，2020 年的丧葬补助就有 1701 件。对于残疾人，新宿也提供了各种福祉支持，如 2020 年对身心残疾人群的资金补助者数达到 5002 人，约占残疾人总人数的 31%，每月支援 1.55 万日元②，其他的生活支援包括福祉出租车、电话费补助、巡回洗浴服务等，通过基础设施建设和基本生活上对残疾人的关爱，逐步建立了对残疾人友好的生活环境。

新宿在硬件和软件方面都非常发达，但相较于其他 6 个副都心，更偏向于综合中心和行政中心的地位，时至今日，新宿副都心在承接都心部分职能的基础上，在产业、教育、卫生、社会福祉、交通建设、旅游等方面均取得了长足的发展，可以说是东京建设最成功的副都心。

三 池袋、涩谷、上野·浅草等副都心的规划与建设

如前所述，东京目前共确定了 7 个副都心，除了新宿之外，还有同年确定的涩谷、池袋副都心，1982 年为保障都内经济平衡发展，又确定了上野·浅草副都心、锦系町·龟户副都心和大崎副都心，1995 年确定了临海副都心。其他 6 个副都心虽然在整体层面没有达到新宿的高度，但也取得了可圈可点的发展。

---

① 主要包括 65 岁及以上的老年人家庭，家庭成员仅母亲和孩子的单亲家庭、残疾人家庭等。
② 新宿区福祉部-障害者福祉課『心身障害者福祉手当（区の制度）』，2021 年，https：//www.city.shinjuku.lg.jp/fukushi/file06_02_00003.html。

池袋副都心位于丰岛区中部，范围大致是池袋站及其周边地区，是最初确定的位于山手线上的3个副都心之一。目前池袋已成为丰岛区的行政、商业、交通中心和中国人聚集中心。丰岛区2020年人口达到28.7万人，其中外国人约2.6万人，中国人约1.3万人[1]，约占外国人总数的50%，所以也会被称为中国城。丰岛区人口密度为每平方公里有2.2万人，位居东京23区第一，是东京最拥挤的地区。不过相应的也十分繁华，池袋站东口汇聚着西武百货本店、丰岛区政府、Bic Camera池袋本店、山田电器等商业机构，而西口则有东武百货本店、东京艺术剧院、池袋西口公园等设施，尤其是池袋西口北侧有着大量的中国商店，中国产的各种物资多在这里汇聚流通。除此之外还遍布着大量的饮食、运动等休闲娱乐设施，为池袋站带来了大量客流，2020年池袋站的日均乘客数约为104万人次[2]，仅次于涩谷站和新宿站。丰岛区2016年事务所数量达到1.9万家，占东京23区的3.8%，在东京23区中处于中上水平。

涩谷副都心也是最初确定的3个副都心之一，位于涩谷区东南部，其范围主要是涩谷站及其周边地区，是东京的商业中心和IT公司的聚集地，也是东京的时尚中心。涩谷区2020年底人口达到23万人，人口密度为每平方公里有1.5万人，增长较快。2016年事务所数量达到约3万家，占东京23区的6%，每平方公里事务所数量达到1973家，在东京23区中排名第四。涩谷站作为东京的核心站之一，著名的忠犬八公像就竖立在站前，2017年日均乘客数量达到约324万人次，仅次于新宿站，位居当年世界第二。涩谷的地形多坡道，高低落差大，所以早期开发较为缓慢，不过随着土木基建能力的提升，涩谷周边的商业也蓬勃发展起来。涩谷站周边的东急百货本店、涩谷PARCO、涩谷109百货大楼、西武百货店等相继建成，极大地提升了涩谷的商业实力，同时青年文化开始由新宿向涩谷转移，涩谷逐渐成为流行

---

[1] 豊島区『令和2年国勢調査人口及び世帯数』，2020年，https：//www.city.toshima.lg.jp/070/kuse/gaiyo/jinko/documents/r2_kokutyou_zinko_oyobi_setaisu.pdf。
[2] 西武鉄道『「池袋」駅と街の利用に関する調査』，2014年，https：//www.seiburailway.jp/railways/ad/data/pdf/ikebukuro_machichousa.pdf。

时尚的发源地，涩谷万圣节就是在这样的背景下诞生的，每年都会吸引整个首都圈乃至全日本的年轻人参加。此外，涩谷区的IT企业众多，仅次于千代田区和港区，由于IT企业的聚集，涩谷有时也会被称为比特谷（Bit Valley）。目前聚集在涩谷的知名IT企业如谷歌公司、主营互联网基建和媒体金融的GMO互联网公司、主营网络游戏和求职信息的株式会社mixi以及主营料理与餐饮分享的Cookpad株式会社等，这些IT公司的服务领域涵盖金融、广告、保险、餐饮、求职、租房、娱乐、外卖、点评等几乎所有民生领域，是涩谷经济发展的重要引擎。

上野·浅草副都心是在1982年的"东京都长期计划"中被确定增加的3个副都心之一，是东京的传统文化与文艺中心。上野·浅草副都心中的上野地区以上野站为中心，经过多年的发展，逐渐发展成为文化艺术资源集聚地。上野地区的上野恩赐公园和周边地区聚集着大量的博物馆、美术馆、动物园和大学，有着丰富的历史和文化艺术资源。作为日本"文化艺术立国"战略的前沿地，上野在挖掘文化艺术资源的同时，引入了大量的商业机构，开发出了各种具有上野独特历史风格的商业街，在成为区域商业中心的同时，还形成了自身独特的景观。而上野·浅草副都心中的浅草地区以浅草寺为中心，已经发展成为足以代表日本特色的国际性旅游点。浅草地区有着丰富的旅游资源，全年都会举办各种文化祭，依托这些慢慢形成了各种江户风情街，成为浅草特有的商业文化。此外，浅草东侧的隅田川有着宝贵的水域资源，附近设有东京地区防灾船的停泊点，具备地区防灾的职能。

锦系町·龟户副都心也是在1982年新增的副都心，是东京的休闲生活中心之一。其分为两大部分，即位于墨田区东南部的锦系町地区和江东区东北部的龟户地区。锦系町地区以锦系町站为中心，是墨田区的商业中心，锦系町站南口和北口聚集有大量商业饮食娱乐设施，周边有锦系公园和大横川亲水公园，植被覆盖率达到8.7%，锦系町已经发展成富有生活气息的地区中心。龟户地区以龟户站为中心，以龟户天神社、香取神社为首，有着丰富的历史文化资源，周边有龟户中央公园、龟户运动中心等设施，此外商业发达，是江东区北部的中心。其所在的城东北部地区居民户数在2015年达到

6万户左右，较2005年增加了约20%，2019年人口达到12.4万人，预计2029年将增至13.3万人。锦系町和龟户都距离东京最高建筑晴空塔不远，大部分地区可以远眺到晴空塔，其夜景也十分值得称道。

大崎副都心是1982年确定的3个副都心之一，位于品川区北部，具体来说是指以大崎站为中心的周边地区，2002年又被指定为都市再生紧急整备地区。大崎副都心的定位是科技创新中心，所以汇聚了大量的科技公司，相应的商业楼和高层住宅也拔地而起。大崎站附近知名的企业包括主营批发零售的罗森株式会社、主营汽车音响及信息通信机器制造的ALPINE株式会社、主营办公用具制造的东芝科技株式会社等，随着大量科技公司在大崎集中，2005~2010年大崎地区的人口达到5.5万人，增长了16.5%，是品川区人口增速最快的地区，同时其人口老龄化率也最低[①]。不过大崎副都心虽然取得了良好的发展，但其实际开发范围比起规划仍然偏小。

临海副都心是东京的物流、国际交流和旅游中心。作为东京的第7个副都心，其位于东京湾的中心位置，规划用地基本来自填海造陆。不同于其他6个副都心，其行政范围横跨港区、江东区和品川区，面积达到442公顷，其中公共设施用地面积为232公顷（53%），商业及住宅用地194公顷（43%），防灾用地面积为16公顷（4%），由台场地区、青海地区、有明北地区和有明南地区组成，其中台场地区最具代表性。

临海副都心的规划从1979年开始探讨，在1986年的《第二次长期规划》中确定了建设基本方针，并于1995年正式被确定为东京的第7个副都心。虽然正式确定是在1995年，但临海地区大规模的基础设施建设从1989年就已经开始。1993年连接芝浦码头和台场的悬索桥"彩虹桥"及首都高速11号台场线开通，1995年连接港区新桥站和江东区丰洲站的轨道交通"海鸥线"正式开通，1996年连接江东区新木场站和品川区大崎站的"临海线"开通，同期其他交通网络的建设也在稳步推进。之后随着大规模商业

[①] 品川区『品川区まちづくりマスタープラン』，2012年，https：//www.city.shinagawa.tokyo.jp/ct/other000032800/04honpen.pdf.

设施、娱乐场所和居民住宅的修建，临海副都心的居民和通勤人员不断增加，同时随着众多游客的到访，临海地区的旅游产业也在飞速发展。2020年，临海副都心的就业人口达到 5.6 万人，较 2000 年增长了 93%；2020 年居住人口达到 1.8 万人①，较 2000 年增长了 350%；2019 年临海副都心的来访者数②达到 5580 万人次，较 2000 年增长了 52%，不过由于新冠疫情的影响，2020 年的来访者数锐减到 3110 万人次。

临海副都心的最终确定很大程度上缘于地理位置，其位于东京两大国际机场羽田机场和成田机场的连接线上，同时又是东京优秀的海滨地区，不过最重要的是其邻接东京的物流中心：东京港。

1941 年 5 月 20 日，东京港作为贸易港正式开港，时至今日已经发展为支持东京乃至整个首都圈 4000 余万人生活和产业活动的物流中心，是足以代表日本的世界主要国际贸易港之一。东京港背靠日本最大的消费市场，在多年的发展中不断新建集装箱码头，同时进行相应的道路基础设施建设。同时配合临海副都心的建设，逐渐强化本身的国际旅游资源，引导国际会议场所和高级宾馆酒店在此落地，同时考虑到其作为 2020 东京奥运会的主要会场之一，预计到增加的客流，所以在货运之外还增加建设了大型国际邮轮的停泊码头等。东京港的集装箱交易量位于日本第一，2020 年的进出口标准集装箱交易数量达到 426 万个，货物总量达到 4640 万吨③，排名前三的交易国家是中国、美国和越南。

作为东京都的第 7 个副都心，背靠东京港的临海副都心在规划时确定了三个主要目标：一是推进多中心城市构造的形成，建立新的副都心；二是推进副都心的国际化、信息化；三是建立具备多种功能的理想都市。临海副都心开发的基本方针不再仅仅局限于产业经济的增长，还对自然与社会环境、

---

① 臨海開発部開発整備課『数字で見る臨海副都心』，令和四年，https://www.kouwan.metro.tokyo.lg.jp/rinkai/suuji。
② 来访者数：指临海副都心各交通机关的利用人数的合计。
③ 東京都港湾局『令和 2 年（2020 年）東京港港勢（速報値）について』，https://www.metro.tokyo.lg.jp/tosei/hodohappyo/press/2021/03/30/07.html。

国际交流、城市未来发展方向都有所涉及。现在的临海副都心基本建设成为东京著名的国际交流中心、旅游胜地、高新科技据点，同时有着优越的植被和水环境，是实现了"职、住、学、游"一体化的城市新区。

第二节 东京非首都功能疏解

一 迁都与展都

随着东京一极集中的进展，东京都的人口密集、交通拥挤、灾害风险增大、污染加重等大城市病日益显露，分散首都功能以及非首都功能疏解势在必行。日本在推行东京一极集中纠正政策过程中，出现了迁都还是"展都"的争论。顾名思义，所谓迁都就是将首都功能（部分功能）从东京迁往东京城市圈以外其他地区，而展都则是将非首都功能分散在东京城市圈区域内部。

首先看一下迁都。迁都主要是指"首都功能转移"，将作为首都中枢功能的立法、行政和司法三大权力机关向东京圈外的地区进行转移[1]。首都功能转移自然有极为重要的意义：一是可以规避东京一极集中、过密的弊害；二是便于增强灾害发生时的危机管理能力；三是其作为国家行政改革的一环，也有着举足轻重的地位。

早在1955年，就有一些学者和研究机关提出了迁都、分都论等有关首都功能转移的提案[2]；之后在1975年由国会议员成立了新首都问题恳谈会；在1977年制定的"三全综"中，将首都功能转移列为重要议题；1987年制定的"四全综"中，确定将继续讨论；1990年众参两院形成了"国会等迁移"的决议；1992年12月，《关于国会等迁移的法律》正式公布；1996年

---

[1] 国土交通省『国会等の移転とは』，令和4年，https：//www.mlit.go.jp/kokudokeikaku/iten/relocation/index.html。

[2] 国土交通省『国会等の移転に関する主な経緯』，令和4年，https：//www.mlit.go.jp/kokudokeikaku/iten/information/b_01_index.html。

12月成立了"国会等迁移审议会";1999年"国会等迁移审议会答申"公布,基于有关国会等迁移的法律,选定了东北地区的"栃木、福岛地区"和东海地域的"岐阜、爱知地区"作为迁移候选地[①]。

　　有关迁都的议论虽然在全国层面展开,甚至进入立法阶段,但随着90年代初泡沫经济的破裂,在地方层面也开始出现了反对的声音,其中最有代表性的便是1999年当选的东京都知事石原慎太郎对首都功能转移的批判,他指出:"在大都市的活力决定国家存亡的世界性的都市竞争时代,首都功能转移是与时代背道而驰"[②]。在批判迁都论点的同时,石原知事赞同解决东京一极集中问题,但不应当迁都,而应当采取"展都"政策来解决。应该积极疏解东京的非首都功能,从实际出发,应尽可能在东京都内、东京城市圈内消化。

　　从近年的实际动向来看,日本"迁都"的声音越来越小,而"展都"事业逐渐转变为主流。但在2011年东日本大地震发生之后又出现一些新变化,政府机关和企业在东京的一极集中所潜藏的风险再一次为人们所关注,人们意识到如果在关东南部发生巨大地震,将对日本的政治、经济、文化中心产生毁灭性的打击,不同于阪神淡路大地震,如果国家中枢被破坏,这将对日本的政治安全和经济恢复产生严重的负面影响。基于这种担心,在泡沫经济崩溃后迅速衰退的迁都(即首都功能转移)讨论再次被提起。2016年3月,"政府相关机关转移基本方针"正式确定,方针要求在保证政府机关发挥相同功能的前提下,开展地方创生和活用文化财产活动,而为了强化文化厅的各项职能,决定将文化厅从东京都向京都府全面转移[③]。但是,总体来看,首都功能转移仍在研讨中,而"展都"即在东京圈域疏解非首都功能的工作一直在顺利地推进。

[①] 国会等移転審議会『国会等移転審議会答申』,平成11年12月,https://www.mlit.go.jp/kokudokeikaku/iten/information/council/pdf/toushin.pdf。

[②] 日本経済新聞『首都機能移転「時代に逆行」石原都知事が批判』,2012年,https://www.nikkei.com/article/DGXNZO42516530S2A610C1L71000/。

[③] 文化庁『文化庁の京都移転について』,令和4年3月8日,https://www.chisou.go.jp/sousei/meeting/chihouiten_yushikisyakaigi/pdf/r04-0308_shiryou2-2.pdf。

其实，东京的非首都功能疏解也由来已久，如第一章所述，在历次首都圈基本规划中都有体现。1976年的《第三次首都圈基本规划》明确了一些非首都功能如大学、工业等要积极引导其向东京圈外迁移，规划建立一个"多极构造的广域城市复合体"，并首次提出了业务核心城市建设目标[1]。1986年的《第四次首都圈基本规划》明确了首都圈开发的基本方向，即改变东京圈对东京都心三区的过度依赖，以业务核心城市为中心形成独自的城市圈，打造东京圈"多核多圈型构造"[2]。1988年时任日本首相竹下登颁布了《多极分散型国土形成促进法》，旨在推动业务核心城市的建设，促使部分政府机关由东京都心转移出去。考虑到东京都心三区的资源依然过度集中，所以1999年的《第五次首都圈基本规划》追加了新的业务核心城市，明确了要加强各业务核心城市间的联系，构造出一个"分散网络结构"[3]。2016年新的《首都圈整备规划》公布，可以将其看作"第六次首都圈基本规划"，在这次计划中再次强调业务核心都市的作用，并明确人口减少时代的首都圈空间构造[4]。与《新国土形成规划》（以下简称"七全综"）相呼应，用"对流型首都圈"取代过去的一极集中型首都圈[5]。

虽然历次首都圈基本规划都强调东京的非首都功能疏解，但对其影响最大的还是东京都2001年4月提出的"环状巨大城市群结构"的构想。该构想的地理范围包括首都大城市圈的7个都县市[6]，首都环状大城市圈构造的骨架由东南西北中五大核心区域、东京湾滨水都市轴、水绿创生连接带和中核据点构成。[7]其囊括了非首都功能疏解的基本设想和规划。

---

[1] 国土庁『首都圏整備計画』，1981年。
[2] 国土庁『首都圏整備計画　首都圏基本計画（1次~4次）』，1997年。
[3] 国土庁大都市圏整備局『第5次首都圏基本計画の要旨』，平成11年3月，https://www.mlit.go.jp/kokudokeikaku/vision/5th_s_k/k-youshi.html。
[4] 国土交通省『首都圏整備計画』，平成18年9月，https://www.mlit.go.jp/kokudokeikaku/vision/s-plan/s-planhonbun.pdf。
[5] 国土交通省『首都圏整備計画』，2016年。
[6] 7个都县市指东京都、神奈川县、千叶县、埼玉县、横滨市、川崎市和千叶市，大致是被首都圈中央联络道路包围的区域。
[7] 東京都『環状メガロポリス構想』，2001年。

二　筑波研究学园城建设

可以说筑波研究学园城的建设是东京非首都功能疏解的标志性实践。筑波研究学园城建设的主要目的是将东京的各省厅所属的科研机构从东京都心区迁移出去。筑波研究学园城位于东京都东北方向的茨城县筑波市境内，距都心约60公里（见图6-2），乘坐筑波特快列车（TX）到达秋叶原站约需要45分钟，距离成田国际机场约40公里，驾车约45分钟即可到达，交通较为便利。筑波研究学园城地处筑波市中部，选取了东西6公里、南北18公里约2700公顷的土地作为"学园城地区"进行开发，计划通过迁移和新建国有研究和教育机构，新建商业设施、住宅和公共服务设施来打造一个以学术科研为主要发展方向的新城。此外学园城地区之外的区域被定位为"周边开发地区"（约2.57万公顷），以此实现筑波市的地区发展平衡。

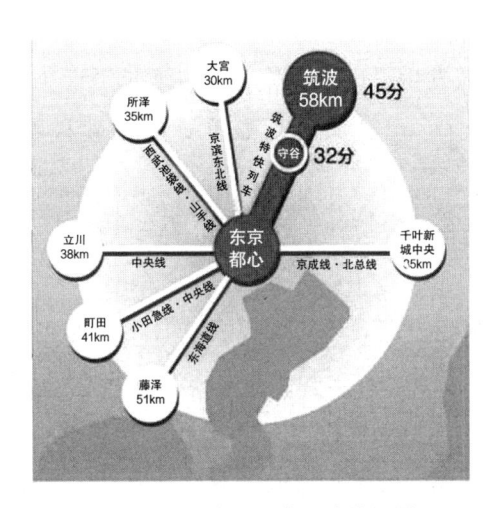

图6-2　筑波研究学园城的位置

资料来源：茨木健政策企画部地域振興課『筑波研究学園都市』，http://www.pref.ibaraki.jp/soshiki/kikaku/chikei/index.html。

筑波研究学园城的构想早在20世纪60年代初就开始策划。1955年以后，随着经济的高速增长，人口迅速向城市集中，特别是东京的人口集中更为显著，疏解东京的非首都功能自然被提到议事日程。为此，日本政府于1961年9月做出决定，为了防止首都的人口过度集中，建议一些没有必要设在东京都心区的政府机构（包括附属机构及国立大学）进行集体转移，以缓解东京的人口过度集中问题，也可以促进首都圈的均衡发展。

鉴于许多战前建立的国立试验研究机构的实验设备已经老化亟须更新的情况，1962年7月，科学技术会议提出了"国立试验研究机构应当离开大城市，选择合适的地点进行集中转移"的建议。根据此建议，首都圈整备委员会经多次研究，最终决定建设研究学园城。在建设之初，筑波研究学园城的目的主要有两个：一是振兴科学技术，充实高等教育；二是作为东京一极集中的一个解决对策。新设的筑波大学和转移的科研机构等能够有效提升筑波市的科研和教育水平，带动当地发展。经过50多年的发展，筑波研究学园城发生了巨大变化，人口增长了近3倍，科研机构的搬迁也实现了预期目标，现已成为日本重要的基础科学和应用科学研究中心。[1]

筑波研究学园城的建设历程大致可以分为三个阶段：新城建设期、新城整备期和新城发展期。

第一阶段：新城建设期。1963年9月，日本政府将研究学园城的地点定在人口比较稀少的筑波地区（位于东京东北部约60公里的茨城县境内），并确定研究学园城的规划规模约为4000公顷，用地的征购与平整由日本住宅公团（现城市基础整备公团）完成。不过由于当地居民的反对抗议活动，最终实际购入的只有2700公顷[2]。作为国家级项目的筑波研究学园城建设自此开始。1964年12月在总理府设立由有关省厅次官组成的"研究学园

---

[1] つくば市都市計画部『統計で見る筑波研究学園都市の50年』，2018年。
[2] つくば市都市計画部『筑波研究学園都市の今までとこれから』，2018年，https://www.city.tsukuba.lg.jp/jigyosha/machinami/kenkyugakuen/1002136.html。

城建设推进本部"（办事机构设在首都圈整备委员会），进行有关转移的各省厅之间的调整以及重要事项的决定。为了推进筑波研究学园城的建设，在1964年成立的学园城建设推进本部，明确了如下分工：（1）由日本住宅公团负责土地购入；（2）建设省（机构改革后并入国土交通省）负责科研机构的迁移新建；（3）大藏省（财政省）负责公务员的管理；（4）茨城县政府负责道路、教育等公共设施的建设；（5）筑波市政府负责消防、供水供电、交流中心等设施的建设运营；（6）由民间资本负责商业、娱乐、医疗、电信等其他配套设施的建设。1966年12月，日本住宅公团的征地工作开始进行，1967年9月，日本政府确定36个机构将转移至筑波研究学园城。

筑波研究学园城建设虽已启动，但计划的进展十分缓慢，当地政府和居民都在担心计划是否能够实现。因为没有一个统一的决策机构，各省厅出于本部门的利益各自为政，计划的实施很分散。为此，1970年制定了《筑波研究学园城建设法》并且明确了各项细则，如学园城建设主体包括建设省等中央省厅和茨城县地方政府等[①]。此后，理顺了许多关系，建设速度加快。根据规划将迁移的科研机构共43所，原计划决定在1975年完成转移工作，但由于1973年石油危机后，建筑单价上涨以及抑制总需求政策的实施等原因，将转移时间推迟到1979年。1980年3月，43个国立试验研究机构和教育机构的转移和新建工作顺利完成。这些研究机构的研究领域涉及量子、粒子等基础学科研究和电子、信息、生物、新材料、新元件、宇宙开发、环境、地球科学、土木建筑、农业等广泛领域。另外，在周边开发地区建设好的工业团地中，也有许多民间研究机构和研究开发型企业前来落户，学园城的最初建设基本完成。不过由于后续的科研教育机构独立行政法人化等影响，随着大规模的合并改编，截至2021年，筑波研究学园城共有29家政府机构所属研究机构（见表6-2）。

---

① 衆議院『筑波研究学園都市建設法』，昭和45年法律第73号，https：//elaws.e-gov.go.jp/search/elawsSearch/elaws_ search/lsg0500/detail? lawId=345AC1000000073。

表 6-2 已迁入筑波研究学园城的重要科研、教育机构

类别	机构名称	所属官厅
文教类机构	(1)(独)国立公文书图书馆筑波分馆	内阁府
	(2)(独)国际协力机构筑波国际中心	外务省
	(3)国立大学法人筑波大学	文部科学省
	(4)国立大学法人筑波技术大学	文部科学省
	(5)大学共同利用机关法人高能加速器研究机构	文部科学省
	(6)(独)国立科学博物馆筑波地区(分馆)	文部科学省
	(7)(独)教职员支援机构	文部科学省
建设类机构	(8)NTT访问服务系统研究所(AS研)	总务省
	(9)(国研)防灾科学技术研究所	文部科学省
	(10)国土地理院	国土交通省
	(11)国土技术政策综合研究所	国土交通省
	(12)(国研)土木研究所	国土交通省
	(13)(国研)建筑研究所	国土交通省
理工系统机构	(14)(国研)物质材料研究所	文部科学省
	(15)(国研)宇宙航空研究开发机构	文部科学省
	(16)(国研)农业技术综合研究所	经济产业省
	(17)气象研究所	国土交通省
	(18)高空气象台	国土交通省
	(19)气象仪器检定试验中心	国土交通省
	(20)(国研)国立环境研究所	环境省
生物系统机构	(21)(国研)理化学研究所筑波事务所	文部科学省
	(22)(国研)医药基础、健康、营养研究所灵长类医科学研究中心	厚生劳动省
	(23)(国研)医药基础、健康、营养研究所药用植物资源研究中心	厚生劳动省
	(24)农林水产技术会议事务局筑波产学合作支援中心	农林水产省
	(25)(国研)农业、食品产业技术综合研究机构	农林水产省
	(26)(国研)国际农林水产业研究中心	农林水产省
	(27)(国研)森林研究、整备机构	农林水产省
	(28)横滨植物防疫所筑波试验场	农林水产省
	(29)研究交流中心	文部科学省
合计	29家机构,面积约1400公顷	

资料来源:茨城县地域振兴课『筑波研究学园都市PRパンフレット』,2021年。

第二阶段:新城整备期。随着1980年国有科研机构的迁移完毕和同年"学园城地区建设规划"的制定,筑波研究学园城的建设也进入整备期。这

一时期，大规模的住宅和商业设施逐步建设完工，相应配套的道路、市民活动中心等也相继完工，1980年3~9月，在筑波研究学园城举办了国际科学技术博览会。通过这次博览会的成功举办，筑波研究学园城在国内外的知名度大大提高。此后民间研究机构大量入驻。1985年的日本筑波世博会，使筑波的知名度进一步提高，常磐高速公路也于同年实现了和东京的直连。1987年，构成筑波研究学园城的6个町村中的大穗町、丰里町、谷田部町和樱花村4个町村合并，成立筑波市，第二年筑波町也合并到该市。1993年和土浦、牛久两市共同被确定为业务核心城市，随着1996年"科学技术基本计划"在内阁会议上通过，筑波研究学园城的地位进一步加强，1997年筑波国际会议中心开工建设。这一阶段可以说是筑波研究学园城的高速发展阶段，人口由1980年的12.7万人增加到2000年的19.2万人，20年的时间里常住人口数增加了51%[1]。

第三阶段：新城发展期。由于泡沫经济的崩溃和2001年国有教育研究机构的独立行政法人化，筑波研究学园城的发展开始趋于平稳，各种配套服务逐步完善起来。2005年筑波特快列车（TX）开通运营，45分钟即可到达东京都心，同年筑波市人口突破20万人；2007年以"筑波"开头的汽车牌照正式运营，筑波市开始向特别市转移，城市地位有所提升；2011年筑波市被指定为"国际战略综合特区"；2016年在筑波国际会议中心举办了七国集团（G7）筑波科学技术大臣会议，2019年在筑波国际会议中心举办了G20筑波贸易数字经济大臣会议。这一阶段筑波研究学园城的发展日渐稳定，截至2022年1月，筑波市常住人口24.8万人，较2000年增长了约29%，其中65岁及以上人口只占20.2%，常住人口中从事第三产业的人口占到76%。其他方面，2019年筑波市的道路铺装率为73.6%、上下水道普及率为94.9%（2020年），污水处理人口普及率为93%（2021年），每10万人拥有医生数达到535.4人（2018年），人均GDP达到396.4万日元

---

[1] つくば市都市計画部『統計で見る筑波研究学園都市の50年』，2018年，https：//www.city.tsukuba.lg.jp/_res/projects/default_project/_page_/001/002/136/25_toukeidemiru.pdf。

(2018年)①，约合人民币23.7万元（2018年）。

现在，筑波研究学园城已经建成了井井有条的美丽街道和先进的城市设施，可以说研究和居住环境已经相当完善，起到分散东京中心区科技功能的作用。但是，现在仍然存在定居居民较少，公共交通和商业、餐饮服务比较薄弱等问题。为了尽快解决这些问题，筑波研究学园城提出，加快商业网点建设，在提高科学研究和学术研究水平的同时，还要形成国内外研究人员集中的国际研究交流据点。

三　业务核心城市

发展业务核心城市是"展都"即"非首都功能疏解"的代表性政策和重要尝试。业务核心城市的选址限定在东京圈内，但不能位于东京23区内。在业务核心城市中可建设的设施主要包括研究机构、信息处理设施、电信设施、展示、研修、大型会议场馆、高信息化大厦、交通、体育、音乐、物流等非首都功能设施。在1976年制定的《第三次首都圈基本规划》中，规划目标被确立为"多极构造的广域城市复合体"，并首次提出要建设具有一定区域中心性的核心城市。在1979年国土厅颁布的《首都整备规划》中才最初形成了"业务核心城市"的概念，并在1986年和1999年的两次"首都圈基本规划"中确定了22个业务核心城市（14个地区）（见图6-3）。

业务核心城市的选址条件：第一，地理位置必须是东京圈范围内，而且是东京都区部以外的地区；第二，该城市应当是在周围广域地区内起中心作用的城市。业务核心城市与普通的卫星城市有所不同，业务核心城市除了具备生产、生活功能外，更重要的是还要起到分散中央政府"业务"的作用。被选定为业务核心城市后，这里将集中建设吸引政府机构业务功能的核心设施，还包括建设研究、信息处理和交通通信等社会基础设施。

1988年日本政府制定《多极分散型国土形成促进法》（以下简称《多

---

① 茨城県『市町村のデータ（つくば市）』，2022年，https：//www.pref.ibaraki.jp/kikaku/tokei/fukyu/tokei/sugata/local/tsukuba.html。

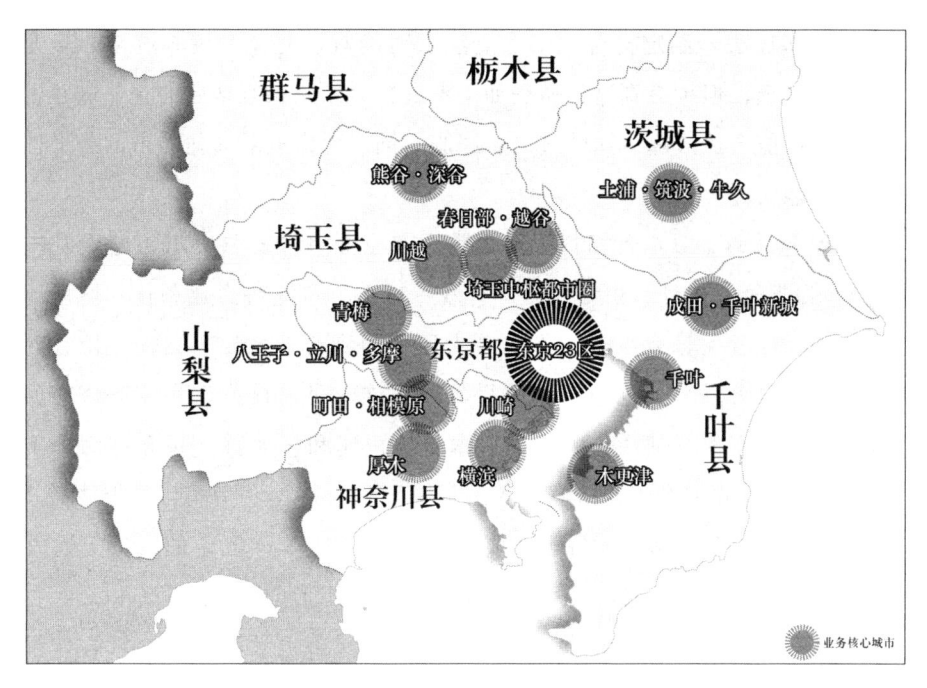

图 6-3　东京圈业务核心城市分布示意

资料来源：国土交通省『業務核都市の整備』。

极法》），对民间投资的业务核心城市公共设施（交通、会展、研究、展示设施）建设给予扶持，包括无息贷款、特别税收政策、特别地方债等，但对于公共设施以外的投资优惠措施则只限于日本开发银行的低息贷款。根据这一法律规定，业务核心城市建设可享受政府以下支援措施。

（1）税制上的优惠。对从事核心设施建设和管理的民间公司法人税实行特别折旧制度、特别土地保有税及"事务所税"的减免。

（2）确保资金。对"第三部门"承建的核心设施的建设事业，用NTT股票销售利益提供无息贷款，另外，还可以由日本政策银行提供低息贷款。

（3）地方债的特例等。将公设民营的核心设施的建设事业等列为区域综合整治事业债的起债对象。

（4）促进公共设施的建设。国家的国土综合开发事业调查费可用于业务核心城市公共设施的建设。

在《多极法》制定时曾试图在立法上明确对进驻业务核心城市的企业给予税收优惠，但考虑到这种做法如果不配合对东京中心地区的企业进驻进行限制，可能会造成都市圈的进一步膨胀，同时考虑到对其他城市的公平性而最终未能实施。

1989年3月，日本首相竹下登批准了东京圈《业务核心城市建设基本方针》。根据这一方针，由都、县（含政令城市）制定各自业务核心城市的基本构想，经过主管大臣（内阁总理大臣、通商产业大臣、运输大臣、建设大臣、自治大臣）的同意后，进行具体实施。目前被指定为业务核心城市的地区有东京都区部周边的千叶、木更津、浦和・大宫（现合并为埼玉市）、土浦・筑波・牛久、横滨、八王子・立川・多摩、川崎以及厚木等8个地区。此外，青梅市、熊谷市、成田市已经被1999年制定的《第五次首都圈基本规划》列入业务核心城市。2005年《国土形成规划》颁布以后，首都圈基本规划并入首都圈整备规划，业务核心城市也被称为"广域合作据点"，至2007年东京周边地区的业务核心城市格局基本稳定（见表6-3）。

表6-3 业务核心城市概况（东京圈广域合作据点城市）

东京城市圈	广域合作据点城市	主管大臣已经同意的 业务核心城市基本构想名称
西部	横滨、川崎广域合作据点	横滨业务核心城市基本构想 川崎业务核心城市基本构想
	厚木广域合作据点	厚木业务核心城市基本构想
	町田、相模原广域合作据点	町田、相模原业务核心城市基本构想
	八王子・立川・多摩广域合作据点	八王子・立川・多摩业务核心城市基本构想
	青梅广域合作据点	
北部	川越广域合作据点	
	熊谷・深谷广域合作据点	熊谷・深谷业务核心城市基本构想
	浦和・大宫广域合作据点	埼玉中枢都市圈业务核心城市基本构想
	春日部・越谷广域合作据点	春日部・越谷业务核心城市基本构想
	柏广域合作据点	柏业务核心城市基本构想
	土浦・筑波・牛久广域合作据点	土浦・筑波・牛久业务核心城市基本构想
东部	成田・千叶新城广域合作据点	成田・千叶新城业务核心城市基本构想
	千叶广域合作据点	千叶业务核心城市基本构想
	木更津广域合作据点	木更津业务核心城市基本构想

资料来源：国土交通省『首都圏整備計画』，2007年。

1975~2015年的40年间，业务核心城市人口增长较快，从业人员增长1倍多。目前，从整个东京圈的从业人员比例来看，东京都区部依然很高，但趋于减少。而以业务核心城市为中心的东京都区部以外地区的从业人员比例明显上升，这说明东京圈的业务功能配置正在从东京都区部一极集中向均衡化的方向转化。

四　多摩新城与八王子大学城

（一）多摩新城开发背景与区位特点

1. 多摩新城开发背景

20世纪50年代后期，随着经济的快速发展，东京都区部的人口急剧膨胀，都心区与多摩地区产生了一定差距。为了实现东京的均衡发展，防止多摩地区的无序开发，缓解东京城区住宅困难，日本政府于1963年7月颁布了《新住宅市街地开发法》，依据该法于1965年12月，在八王子市、町田市、多摩市以及稻城市4市交界处（距离东京中心区20~40公里）开辟一个狭长区域，建设多摩新城。多摩新城的开发规划在1965年得到批准，1966年正式开始建设。东京都政府、UR都市再生机构的前身和东京都住宅供给公社三方主体按照《新住宅市街地开发法》和《土地区划整理法》规定，分区域共同承担开发，而且是新开发和再开发同时进行。

2. 区位与布局特点

多摩新城位于东京都新宿副都心的西南方向19~33公里处，乘城市轨道列车到新宿的时间约30分钟，离横滨市中心西北部约25公里。多摩新城最初的规划面积约为3016hm^2，规划人口约为37.3万人，人口密度为136人/hm^2。

在多摩新城"新住宅市街开发事业区域"（面积为2568hm^2）的范围内，土地使用的构成为：住宅面积占47%，道路面积占15.9%，公园和绿地面积占11.3%，教育设施面积占10.4%，商业和服务业设施面积占3.7%，其他公共福利设施面积占11.7%。1975年11月，根据东京都《西部地区开发大纲》的要求，必须保证新住宅区的建设与自然环境保护相结合。1986年，根据修改后的《新住宅市街地开发法》，新城的发展目标调整为建设工作居住平衡的都市。东西长14km，南北宽2~3km，包括了东京都的多摩市、稻城市、八王子市和町田市的一部分，是日本最大的新城。多摩新城的建设，采取组团开发模式，新城由21个邻里社区构成。

平均每个邻里社区规划面积为100hm²左右，住宅户数约为3300户，人口约12000人，相当于一个中学区。每个邻里社区是一个独立的单位，原则上有1所初级中学、2所小学、2所幼儿园、2个保育院，设有诊疗所、商店、邮局、图书馆、储蓄所、体育设施和儿童公园等。几个邻里社区集中在一起组成一个地区。

新城在总体布局上考虑得更为周全，突出和谐特点。首先，多摩新城以居住功能为主，同时兼具商业和文化的功能，目的在于将东京都的单一集中结构改为多中心结构，把多摩新城建成为东京都两级结构中的次级核心；其次，多摩新城距离东京城区不远，便于上下班通勤，以铁路与公路的联合运输方式来共同承担通勤量；最后，多摩新城位于丘陵地带，可以充分利用地形设置公园和绿地。

（二）开发模式与铁路公路交通

多摩新城建设既有新区开发（新住宅市街开发事业区），也有旧城改造（土地区划整理事业区），由东京都政府、住宅城市整备公团、东京都住宅供给公社等多个开发主体同时进行开发。多摩新城与东京都中心的交通联系有"京王"和"小田急"两家私营电气化铁路。这两条铁路线几乎平行从新城中心通过。"京干电铁"从京王多摩川车站到多摩中心车站（京王相模原铁路线），"小田急电铁"从新百合丘车站到多摩中心车站（小田急多摩铁路线），这两条铁路分别于1974年10月和1975年4月通车。

多摩新城的公路系统包括以下几种：新城干线道路、地区干线道路、邻里社区干线道路、邻里社区道路和步行专用道路等。多摩新城与周围地区由新城干线道路联系。新城干线道路和地区干线道路连接新城内各个邻里社区、车站和地区中心。新城邻里社区内有邻里社区干线道路、邻里社区道路和步行专用道路。车行道和步行道采取分离措施。在交通比较拥挤的地方建设立体交叉道路和人行步道桥,以免发生交通事故。新城干线道路宽度为28~36m。其他各级道路和步行专用道路的宽度,则根据各个地区街道具体情况采取不同的标准。

(三)多摩新城中心与八王子大学城

根据多摩新城的总体规划布局,多摩新城中心位于多摩中心车站区。它是整个新城的中心,在这里集中建设商店、银行、企业、事务所、政府机关、学校、研究所、公共福利和文化娱乐等各种设施。在多摩中心车站前面和中心部分最便利的地方,划定为零售商业和企业混合区;在它的两侧设置娱乐区、事务所、企业、政府机关等公共设施区;与南侧绿树成荫、花草繁茂的中央公园邻接的地区,规划定为文化设施区。

多摩新城中心用地面积共 61.22hm^2,其中商业、企业、政府机关、公共福利和文化娱乐等各种设施占地 18.62hm^2,道路、广场、停车场、车库等占地 30.87hm^2,公园绿地占地 11.73hm^2。多摩新城中心地区公共设施总建筑面积为 483980m^2,其中商业设施的建筑面积占总建筑面积的 42.9%,企业和事务所占 21.2%,娱乐设施占 13.7%,文化设施占 4%,政府行政管理机构占 12.4%,医疗保健设施占 3.5%,市政设施占 2.3%。此外,还设有建筑面积为 13700m^2 的中央医院。

在这个中心地区,为了保证行人步行的安全,采取人行和汽车完全分离的道路体系。在整个中心设置步行专用道路,形成独立的步行道路系统。在站前广场中心地段兴建了约 18400m^2 的 2 层广场,上层为步行专用道路,宽度为 40m,长度约为 300m,从车站广场前直达中央公园,与两侧商业设施等相连接。下层设置公共汽车终点站、出租汽车站等设施。

此外,结合各个街区的用途和特点,设置商业街的步行专用道路和林荫路,在步行专用道路与汽车道路相交的地方,设置人行步道桥。汽车停车场可以停放约 1800 辆汽车,多层停车库能够容纳 4000 辆汽车。

1986 年中央政府修改《新住宅市街地开发法》后,多摩新城发展产业在法律上成为可能。1989~1994 年,进入以车站商业中心为代表的多摩新城中心的"大建设时代",由于中心车站附近的容积率被提升到 7,其完成的建筑面积约为39万平方米，占现有建筑面积的约2/3，并招揽了一些企业和商业设施进驻。泡沫经济期间，东京市中心区的土地价格上涨，办公楼用地短缺，空置率一度接近零，在一定程度上促使企业将部分职能转移到郊区，以降低运营成本。然而，在泡沫经济破灭后，东京城市圈中心区地价回落，办公楼供应有了剩余，再加上日本经济整体上陷入停滞，使得多摩新城产业的引进变得较为缓慢。

多摩新城虽然横跨4个行政市，但其主要位于多摩市和八王子市，2021年多摩新城共计人口22.4万人，其中多摩市有9.8万人，八王子市有8.7万人，两市合计人口约占多摩新城总人口的82.6%[①]。虽然两市所属多摩新城区域的人口相差不大，但在多摩新城中，多摩市的人口老龄化率是31.5%，八王子市的人口老龄化率却仅为22.4%，造成这种差异的主要原因在于八王子市的大学城建设。

截至2022年，多摩新城共有1所公立大学和15所私立大学。其中公立东京都立大学和中央大学、帝京大学、多摩美术大学等5所私立大学位于八王子市的多摩新城地区，在八王子市的其他地区还有拓殖大学、东京造形大学等7所私立大学，这些大学以东京都立大学为中心，共同构成了八王子大学城的主体。在20世纪60年代，位于东京23区内的大学为了追求广大的校园面积，开始积极地在东京23区的周边建设第二校区，以1977年完工的中央大学多摩校区开头，各大学开始逐步向多摩新城地区转移。不过带来最大转变的还是1983年东京都立大学的迁移构想，最初东京都立大学是准备迁移到中央线上的立川市，但当时立川市所能提供的土地面积不足以满足大学发展要求。而多摩都市整备本部计划在多摩新城仅次于多摩中心站的南大泽站周边引入大量的商业设施，而东京都立大学的迁移显然可以有效地保证招商引资的质量，所以开始积极地与东京都立大学进行接触，最终大学确定

---

① 東京都都市整備局『多摩ニュータウンの世帯数と人口について』，令和3年12月，https://www.toshiseibi.metro.tokyo.lg.jp/bosai/tama/pdf/toukei_01.pdf?202201=。

改为迁移到多摩新城①，并于1991年南大泽校区正式建设完成，之后各大学开始加速向多摩新城迁移。

现在南大泽站周边地区被确定为东京西部的地区中心，从站南的巴士终点站到北端的东京都立大学，沿途各设施基本建设完成。在商业设施方面，以三井出口公园为首的各类购物中心、饮食餐饮店一应俱全，成为周边大学生的休闲娱乐地，是八王子大学城的中心之一。此外，紧邻八王子市的京王多摩中心站南侧一带作为多摩新城的中心，是三条轨道交通的节点站，在首都圈基本计划中多摩市作为业务核心城市，同时也被确立为业务设施集中地区。多摩中心站周边的大学众多，如上文提到的中央大学、帝京大学等，虽然位于八王子市，但距离多摩中心站更近，所以人们更多会在这里中转聚会，而由于优越的地理位置，多摩中心站周边汇聚了朝日生命保险多摩本社、东京海上日动系统、瑞穗银行信息中心等企业，还有大量的商业设施等，为多摩新城提供了大量的就业岗位，这一切都促使大学城的发展进入了良性循环。

第三节　东京副都心与非首都功能疏解政策效果评价

一　东京副都心政策的评价

东京的副都心建设开展50多年来，应当说取得了良好的效果。7个副都心的建成，原来千代田、中央和港区中心区域的人口与经济资源得以分散，使东京城市布局更加合理。7个副都心各具特色，承担不同的功能。特别是新宿副都心已成为名副其实的具有东京地方的政治功能、商业功能和消费功能的综合性副都心。池袋副都心成为东京北部的交通枢纽与商务中心；

---

① 北条晃敬：『多摩ニュータウン構想の全貌』，多摩ニュータウン歴史研究会，2012年，p. 204。

涩谷副都心成为年轻人的狂欢世界；上野·浅草成为日本传统文化与现代文明相融合的新天地；大崎的中小企业产业群特色继续发扬光大；以蓝天树新电视塔为标志的锦系町·龟户副都心建设也初具规模；临海副都心正在成为新的东京市民亲水旅游的打卡地。

东京的副都心政策在一些具体的建筑标准等方面也实现目标要求。如1956年的《首都圈整备法》就提出副都心主要建筑物的目标高度是31米，其他住宅建筑20米，最低不得低于9米，同时平均容积率[①]需要达到2.4%[②]，新宿、涩谷和池袋副都心基本达到这一目标，但目前对平均容积率的要求各副都心根据自身情况制定了不同的标准，如新宿站东口区域的平均容积率在2019年就被规划为最大可再增加200%[③]。而1982年的《东京都长期规划》中提出，随着副都心规划的实施，东京都全体预计在2000年总人口可以达到1197万人，其中昼间人口为1412万人，昼夜人口差距缩小。同时预计在1990年，第三产业在经济构成中的占比达到75%，就业人数达到总体的70%[④]，从而实现振兴地区产业，恢复地区活力，建立职住平衡的社区。而2000年东京都总人口为1198万人，昼间人口为1467万人[⑤]，但昼夜人口差距不断扩大，1990年的各产业占比和就业者占比也都达到预定目标[⑥]。

至于具体的副都心建设，以新宿为例，其1960年最初的规划目标十分简单，主要包括四点：一是把新宿建设成一个综合业务地区；二是要在新宿建成立体化交通设施；三是要建设大量汽车停车场，建成都市高速路4号线的分支线、地下一层的站前广场，人口20年后增加3倍；四是9.7公顷的

---

① 容积率：指某一基地范围内，地面以上各类建筑的面积总和与基地面积的比值。
② 首都圈整備委員会：『首都圈整備第2（1957~1958）』，1959年，p.17。
③ 日本経済新聞『新宿駅東口、容積率最大200%上乗せ 都の制度に指定』，2019年，https://www.nikkei.com/article/DGXMZO45725350V00C19A6L83000/。
④ 東京都生活文化局広報部出版課『都政1982』，1983年，p.24。
⑤ 東京都總務局統計部『平成12年国勢調査による東京都の昼間人口の概要』，2004年，https://www.toukei.metro.tokyo.lg.jp/tyukanj/2000/tj-gaiyou.htm。
⑥ 松原宏：「東京における産業構造の変化」，『地学雑誌』，2014，123（2），pp.285-297。

公园建设①。现在规划中的立体交通、公园等早已建成，但预计的1980年人口增加3倍则没有实现，相反随着大量商业设施的建成、房租地租的增加、新建轨道交通的运行等，新宿区的人口反而出现了下降，由1960年的41.369万人减少到1995年的27.905万人，减少了32.2%。2015年人口又恢复至33.356万人（见图6-4）。新宿副都心公园绿地面积增加，人口减少，也意味着市民生活环境质量的提高。

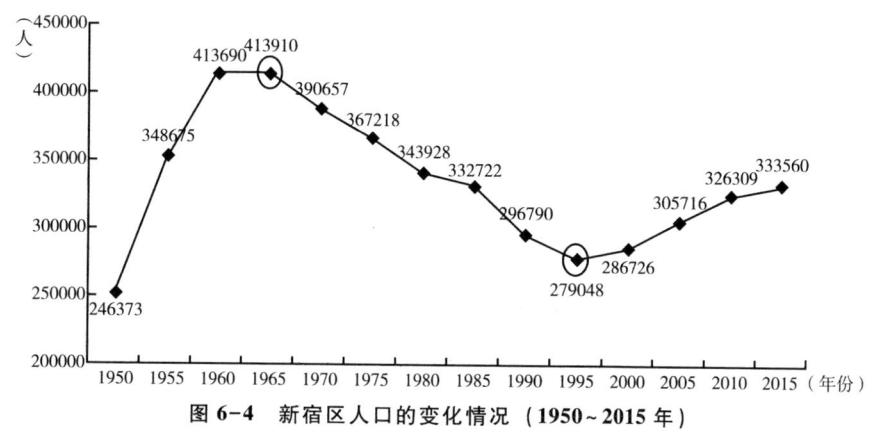

图6-4 新宿区人口的变化情况（1950~2015年）

资料来源：新宿区総合政策部企画政策課，「令和3年度版 新宿区の概況」，2022年，https://www.city.shinjuku.lg.jp/content/000271402.pdf。

不仅是人口，规划制定时认为随着未来新宿各项机能的建设完成和汽车的需求爆发，人们的交通出行方式将像美国一样以汽车为主，因此在各大楼规划时要求建设大量的停车场，但直到1996年各停车场的使用率都不足50%②，现实的交通方式仍然以轨道交通为主。同时由于人行道的建设不足，从新宿站到中央公园这一最繁华的路段出现了极为严重的拥堵，一直到1990年把汽车道从3车道缩减为2车道才稍有缓解，进入21世纪后新宿站和中央公园之间的地下通道"时代大道"完工才完全解决了这一问题，而

---

① 東京都首都整備局『東京都都市計画概要昭和40年』，1966年，p.223。
② 木下ユリ，佐々木葉「新宿副都心エリアの計画・設計の経緯と現状に関する研究」，『土木史研究講演集』，2005，25，pp.353-361。

221

这时已经过去了约半个世纪。

其他的副都心也发展得很好。如涩谷作为年轻人的聚集地，时尚业和IT产业都极为发达；池袋是商业中心和最大的中国人聚集区；上野·浅草逐步建成为文化艺术先行区，文艺气息浓厚；临海的物流、能源中转、国际交流属性进一步加强；锦系町·龟户是地区商业和休闲居住中心，尤其是龟户的防灾职能得到进一步提升；大崎的开发面积虽小，但高新技术产业也逐渐在聚集中。

总的来说，最初的三个副都心发展较好，临海和上野·浅草次之，锦系町·龟户和大崎再次之。但值得注意的是，一些地区虽然没有被指定为副都心，但其依然取得了非常值得称赞的成绩，如秋叶原和品川车站周边地区。

秋叶原位于千代田区和台东区的交界处，指以秋叶原站为中心的神田佐久间町等周边地区。秋叶原地处都心和副都心的交会点，地理位置优越，交通便利，主要有三大产业，即电器、IT软件和二次元产业。作为日本的三大电器街之一，秋叶原的家用电器、电脑手机、无线电等相关的各种电子零件一应俱全，同时与电子产品相关的机器制造工具与特种耗材也可以在这里入手，废旧机器的回收业也十分发达。在这样的环境下，各种IT公司开始慢慢在这里成立会集，秋叶原逐渐发展成为IT产业的汇聚中心。国土交通省的调查显示，与软件相关的IT产业事务所数量按照车站来排名①的话，秋叶原站位列第一，是日本唯一IT产业事务所数量超过650家②的车站，涩谷站位居第二，由此可见秋叶原IT产业的发达程度。IT产业的发达又逐渐催生出电子游戏的大发展，从家用电子游戏机开始广泛普及的1980年开始，ACGN③相关产品就逐渐开始在秋叶原集散中转，与之配套的二次元特色产业也蓬勃发展起来，时至今日，秋叶原已经成为全球动漫爱好者的胜地。

随着日本高龄少子化的日益严峻，人口减少时代的到来，东京也开始出

---

① 评价标准是以车站为中心，半径1公里范围内的IT产业相关事务所数量。
② 国土交通省《增加し続けるソフト系IT産業~ネットバブル後も増加するインターネット業~》，2001年，http://www.mlit.go.jp/kokudokeikaku/softIT/it-report/gaiyo.html。
③ ACGN指Anime（动画）、Comic（漫画）、Game（游戏）和Novel（小说）。

现了人口的"都心回归"①现象，近年来都心的人口也开始了平缓增长。诚然，副都心政策客观上取得了良好的效果，缓解了交通拥挤和产业过度集中，培育出了各具特色的城市街区，但在涉及人口规划时往往无法达到预期。

二 东京非首都功能疏解的成效与问题

（一）筑波研究学园城建设成效显著

东京的非首都功能疏解起到良好的成效，如筑波研究学园城。2021年筑波研究学园城共有在籍研究人员约2万人，约占筑波市总人口的9%，其中外国研究人员7277人，占36%，筑波逐渐汇聚起了全球各地的寻求高质量科研环境的研究人员。筑波研究学园城除了取得众多的科研成果之外，也十分重视高新科技的研发，为了最大限度地发挥学园城的科研优势，学园城大力投资了风险投资企业。截至2021年，学园城共诞生了372家风险投资企业，其中筑波大学主创企业157家，在大学主创的风险投资企业数排名中位列第三（2018年）。世界首个通过身体上的穿着来改善、辅助、增强身体机能的穿戴型生控系统HAL便诞生在筑波研究学园城。

筑波研究学园城在1998年的发展规划修改中，将2030年的目标常住人口设定为35万人，不过截至2022年1月，筑波市人口仅有24.8万人，且其中大多数服务于学园城及其配套设施，年均常住人口的增长率放缓，考虑到日本的高龄少子化问题，筑波研究学园城距离设定的35万人的目标，实现的可能性并不大。

（二）业务核心城市建设收到预期效果

业务核心城市建设在疏解东京非首都功能方面发挥了很好的效果。一些建设较早的业务核心城市据点行政和业务功能的布局、集中速度非常快，已经起到缓解东京市中心区域一极化集中的作用。企事业单位数量从1981～

---

① "都心回归"指随着都心地区自然和社会环境的改善、土地价格的降低等，人口和大学等开始从远郊向都心转移的现象。

1996年的15年间增长2%~24%。从整个东京圈来看，企事业单位数量比例也与从业人员一样，东京都心区的此比例趋于下降，业务核心城市的此比例趋于上升。

90年代末期，"横滨市港口未来21世纪地区"、"千叶市幕张新都心地区"和"浦和·大宫（埼玉）新都心地区"等业务核心城市的基础设施和骨干设施的建设进展迅速，陆续竣工。2000年5月，原来布局在东京都中心的部分政府机构的迁移工作已经完成。仅向埼玉新都心集体迁移的职员就达6260人，涉及10个省厅17个行政机关。这些机构迁移后，留在东京中心区的旧建筑物及其用地估计可能达到35公顷，政府将本着"改善城市环境和生活环境的原则"进行处理。

20世纪70年代以来，业务核心城市所在地政府积极开展了大规模的城市改造计划，如工业用地和铁路用地的再开发和填海造陆等，保证了业务核心城市的建设用地。1989~1994年的5年间，东京都23区内共有106家企业约33000名员工转移到业务核心城市；同时，日本中央政府的10个省厅17个行政机关迁移到埼玉规划的行政副中心；筑波研究学园城的功能进一步充实；横滨未来港和幕张新都心的国际会展中心等也相继建成。

发展业务核心城市实现了以下三个目标：首先是在有效控制东京中心地区总人口的同时降低商务商业用地比例，改善居住环境；其次是促进东京中心地区企业向业务核心城市转移，疏解首都部分功能，降低了东京土地价格；最后是强化居住人口和就业人口在业务核心城市的聚集，实现了职住平衡。业务核心城市和多摩新城在一定程度上起到疏解东京人口的作用。1985年东京中心地区的总人口为835.5万人，到2010年增加到894.9万人，增长率为7.1%，同时期日本全国的人口增长率为6.0%，而东京城市圈埼玉、千叶、神奈川三县的人口增长率分别为22.6%、20.8%和21.8%。可以看到，日本人口仍然在向东京城市圈聚集，但东京周边地区的人口增长远远高于东京中心地区，东京中心地区在都市圈所占人口比例从1985年的27.6%下降到2010年的25.1%。而截至2010年，业务核心城市人口全部实现正增长。

14个业务核心城市建设不仅实现疏解东京非首都功能的目的，而且根据有规划地建设，城市面貌也发生了巨大变化。东京23区非首都功能得到疏解，使东京城市圈的用地、人均居住条件等都得到改善。从用地结构变化来看，东京都的商业用地占日本全国商业用地的比例基本稳定在15%左右，而东京都市圈商业用地占比在1985~1995年的10年间有一定上升，此后基本维持在28%。东京都人均居住面积在1998年为15.8平方米，到2013年上升为19.8平方米，增幅为25.3%；同期日本全国人均居住面积增幅为20.9%，东京都居住环境有一定改善。

东京的非首都功能疏解的确取得了很多成效，不过在经济泡沫破裂后也出现业务核心城市的功能建设并未能按照预想的速度进行推进等问题。

（三）多摩新城建设高开低走

多摩新城的主要效果体现在人口的增加方面。从20世纪70年代初第一期入住以来，人口一直呈上升趋势。在日本，人口增长几乎为零的状况下，人口从不足1万人增加到22万人，这确实是难能可贵的。多摩新城人口的增加有力地缓解了东京中心区的人口压力，也分流了流向东京市中心的人口。与此同时，也起到缩小东京城市东西部地区差距的作用。从这一点看，仍是比较成功的。1986年以后在住宅功能的基础上，引入商务功能，转向职住接近、职住平衡的方向。1999年将多摩市与八王子市/立川市一同整合列为业务核心城市，进一步加大了商务服务设施的建设步伐。

多摩新城由东京都政府和日本住宅城市整备公团主导建设，后者是中央政府专属的住宅开发机构。因此，多摩新城的诞生和发展实际上反映了中央政府和东京都政府的意志，即快速提供大量的住宅，解决东京城市圈中心区工作者的居住问题，支持经济的高速增长。在交通方面，多摩新城通过轨道交通连接东京城市圈中心区，在新城的中心车站乘坐轨道交通约40分钟就能到达东京城市圈中心区副都心之一的新宿。

多摩新城最初完全是作为东京城市圈的卧城被规划和建设的，只有住宅和与生活服务相关的产业。在新城开始入住的第二年，即1972年实施的针对第5、6住区5300户家庭的调查显示，居民通勤流中，流向东京城市圈中心区的占 40.5%~55.9%，流向新城所在城市及邻近城市的占 30%~45%，而在新城内部的只有 2.5%~3.2%。在 20 世纪 90 年代之前，多摩新城的发展颇为辉煌，新城于 1971 年开业，到 1975 年时，入住居民数已达到 30239 人；住宅开发和居民入住持续快速进行，1975~1990 年，平均每年有近 8000 人入住；1990 年时，多摩新城的人口达到约 15 万人。自 20 世纪 90 年代开始，多摩新城人口数量增长变得十分缓慢，在 2010 年新城开业近 40 年之际，人口达到 21.6 万人，约为规划人口的 63.2%。

在人口增长缓慢的同时，旧住区的人口开始减少，居民正快速步入老龄化阶段。居民年龄结构的改变导致旧的住宅和住区环境不再适合他们的生活需要，例如：20 世纪 70 年代设计建造的住宅和住区环境没有充分考虑老年人对无障碍性设计的需求；儿童数量减少使得废弃的中小学校越来越多，而老年人的增加使得对老年人护理中心、老年人活动中心等公共设施的需求增加。陆续有老年人因生活不便等原因搬走，旧住区的人口开始减少，住区里的商店因生意冷清而陆续关门，只剩下车站附近的大型商业中心，导致住在离车站较远的居民的日常购物非常不便，尤其是行动不便的老年人。这样恶性循环，搬走的人越来越多。以最早入住的第 5、6 住区（谏访—永山地区）为例，1995~2005 年，该住区的人口数量从 30061 人减少为 27542 人，老龄化率从 6.5% 上升到 17.8%。

随着今后新城人口高龄化和人口减少的加速进行，作为支柱产业的批发零售业（从业人员占 17.1%）和餐饮住宿业（从业人员占 10.4%）很可能会受到较大影响。尽管远未达到设定之初计划的 34.2 万人，但在 2021 年多摩新城常住人口已达约 22.4 万人[①]。

多摩新城虽然横跨四个行政市，却并没有统一的管理机构，产业的发展由所在地的市政府各自负责。其中约 60% 的面积、70% 的人口属于多摩新城范围的多摩市，采取了企业入驻奖励制度、税收减免、给予雇佣本地市民的企业现金奖励等方式吸引产业。从 20 世纪 80 年代中后期开始，多摩市的卧

---

① 東京都都市整備局「多摩ニュータウンの世帯数と人口について」，令和 3 年 12 月。

城性质正在改变,转向职住平衡发展。然而,从2011年多摩市的产业结构可以看到,按从业人员数计算,与生活服务有关的产业如批发零售、餐饮住宿、医疗福利、生活服务和娱乐业所占比例接近一半,说明多摩市的城市性质仍是一个区域生活服务中心,而相对缺乏高新技术、金融保险等非生活服务的产业。目前如八王子市的大学城,川崎市的高新技术产业集聚等都取得了比较好的成果。

旧住宅需要修缮,住区环境需要维护,但缺乏相关的机构来投入资金,进行新城的更新。新城所在地政府没有相应的资金能力。新城的建设主体东京都政府和住宅城市整备公团(前身为日本住宅公团)也没有为新城的更新出资。事实上,东京都政府和UR都市再生机构分别于2003年和2006年退出了新城的开发,将剩余未开发完的土地卖给了私人房地产开发企业。中央政府虽然制定了关于旧住宅重建的补助金制度,但仅限于对重建前的调查费、规划设计费和建筑物拆除费以及建设过程中的地块基础设施建设费和公用设施建设费,并设国家补助1/3、地方政府补助1/3为上限,而并未对住宅本身的重建给予补助。旧住宅和住区环境的问题只能留给市场解决。2010年2月末至2013年11月,多摩新城的诹访2丁目住区完成了一个由市场参与的重建项目,这也是新城内的首个重建项目。该住区于1971年开始入住,是多摩新城最早开始入住的住区之一。关于重建的讨论始于1989年,居民自发成立了重建检讨准备委员会,并积极向日本国土交通省、东京都政府和多摩市政府要求放宽容积率的限制。到2006年时,终于争取到将容积率由原有的0.5提高到1.5,这使得将原有的多层住宅重建为高层住宅成为可能,分配给原居民后剩余的住宅可以在市场上出售,从而极大地减轻了原居民的资金负担。随后,原居民达成了关于重建的协议,具体的重建计划、施工和分配剩余的新住宅的出售等则交由私人房地产公司负责。改建后的住户数量由原有的640户提升到1249户,每户的平均面积从40平方米增加到100平方米。该住区与新城中心车站仅7分钟步行距离,具有非常好的区位,这一点是通过市场方式完成重建最重要的前提条件。然而,有可能通过类似模式进行更新的住区只是极少一部分,距离车站较远的住区则被私人房地产商"敬而远之"。

总之，东京在副都心建设和非首都功能疏解方面取得了一系列的成效，但其中也不乏经验与教训。随着2017年4月雄安新区的设立，北京的非首都功能疏解也开始进入一个新阶段，通过梳理分析东京的发展经验或许可以为北京提供一些借鉴。

首先，在进行实际的非首都功能疏解之前，要先制定相应的法律法规和具体计划。日本政府从1956年的《首都圈整备法》开始，先后制定了5次首都圈基本规划和之后的延续规划，配合着全国综合开发规划，一步步引导非首都功能向23区外转移。而涉及具体的项目（如筑波研究学园城项目）时也会制定具体相关的法律（如《筑波研究学园城建设法》）保证项目的顺利进行。这些法律的制定明确了项目的各级负责单位、实施主体、开发的区域等，有效避免了由权责不明导致的项目进展缓慢乃至停滞等问题。随着相关法律的颁布，项目的详细建设计划也会随之制定，而实际的大规模开发活动往往会在计划完成的几年乃至几十年之后才进行。非首都功能疏解的国家级项目涉及各方利益和地方权力关系的改变等，其复杂程度往往超乎想象，没有事先规划乃至法律保驾护航，则项目成功的可能性微乎其微，即使有了这些，受到后续国内国际环境改变的影响，最后无法达到预期的项目也屡见不鲜，比如筑波研究学园城、多摩新城，等等。反言之，如果没有相关的法律法规和具体计划，则更是不可能成功。北京市的非首都功能疏解也是一样，为了实现各项目的稳步推进，有必要由中央政府出面来为此专门立法，制定开发规划。

其次，要推动各级城市实现不同的职能分工，并建立协商合作机制。东京的城市发展思路已经从注重城市规模逐步转变为注重城市功能布局，早在1956年的《首都圈整备法》中就第一次用法律手段明确了以东京都心三区为中心、半径100公里的东京圈范围。此后历年编制实施的"首都圈基本规划"中，都强调要疏解都心三区过于集中的金融、商业等职能，其中就包括东京副都心和业务核心城市的建设。根据基本规划，东京于1958年、1982年和1995年确定了7个"副都心"，目标在于使7个副都心和都心三区一起承担起东京的城市功能，并逐渐发展为"都心三区—副都心—业务核心城市—邻县中心"的多核多圈型构造。此外依据产业空间分工和协作规律，日本首都圈积极推动大中小城市的产业联动，有效提升了区域的整体竞争力。例如：在城市开发地区培育各种类型的功能城市，包括工业城市、住宅城市、研究学园以及流通中心等；确立并发展大城市的主导产业，形成大城市间的产业分工；以东京为中心城市的首都圈，以业务核心城市为核心的据点城市群等共同形成了分散的网络状空间结构。北京自20世纪90年代开始进行新城建设，在《北京城市总体规划（2004年—2020年）》中提出，要建设通州等11座具有相对独立性、成规模的新城，并重点发展通州、顺义和亦庄3个新城。不过考虑到这些新城和北京市中心的距离，其所扮演的更像是东京的副都心角色。此外由于新城发展中出现的问题，市中心和新城间出现了严重的交通堵塞、新城人口承载量不足，未能有效发挥新城的支撑作用。今后有必要加强新城的自足性建设，加强产业发展、提供住房保障等，注重特色发展，将新城真正打造成为发展主题鲜明、人口和产业支撑力强、宜居优美的城市次中心。

再次，应大力开展公共交通基础设施的建设，加强各城市之间的联系。东京十分重视轨道交通对地区开发的重要影响，在新宿西部几乎接近直线的中央线便是例证之一。而为了促进副都心的发展，加强各副都心间的联系，东京依托山手线将各副都心串联起来。然后再以各副都心为起点，修建了众多呈放射状、向近郊或邻近城市延伸的轨道交通线路，并在线路末端发展新的中小城市和工业中心。目前，东京城市圈已经建有300多公里地铁线和4000多公里的轨道交通线，极大便利了人们在不同城市间的通勤和生活。目前为了缓解北京巨大的交通压力，极为重要的是在京津冀大范围内构建全方位一体化的交通体系，让天津和河北部分地区充分发挥区域性交通枢纽职能，适当疏解北京作为全国交通枢纽的巨大压力。同时可以不断提升公交、轨道交通等公共交通服务的水平，降低私家车使用率，缓解城市交通拥堵以及由此带来的环境污染。

最后，规划目标制定时应考虑到经济下行期的影响。新宿在1960年规划之初日本正处于经济高速增长期，同年日本池田首相提出了国民收入倍增计划，在这样高昂的社会氛围下，这一时期制定的计划普遍比较乐观，典型如新宿的人口规划和汽车停车场建设规划都远未达到预期目标。在进行国土开发和城市规划时，人口和经济上行期制定的目标往往会较为激进，但目前我国人口总量趋于稳定，经济增速趋于平缓，考虑到外部国际形势的不稳定性，因此这一阶段制定的目标应更加务实，避免"劳伦斯魔咒"[①] 的发生。

---

① 也称为"摩天大楼指数"，指对经济的乐观预期往往会鼓励大型工程的规划新建，但当内外部环境变化危及经济时，政策会转为紧缩以应对经济下行，使得摩天大楼的完工成为经济增速变化的预兆。

协同发展篇

第七章
日本首都圈经济发展轨迹

在日本经济发展的各个阶段，以东京为中心首都圈的发展发挥了重要的作用。特别是战后，在战后复兴时期、高速增长时期、稳定增长时期以及泡沫经济崩溃后的30多年来，东京城市圈的发展都起到火车头的作用。当然首都圈的发展也并非一帆风顺，也存在过各种问题，其中首都圈域内发展不平衡问题也比较显著。通过数十年的努力，在协同发展过程中不断调整，实现了均衡发展的目标。然而随着赶超型经济发展战略的终结和国内外经济环境形势的变化，日本首都圈经济发展面临环境、社会、经济等多方面的新问题，促使其在发展过程中十分注重发展经济与生态环境保护的平衡。日本首都圈循环经济的发展在促进社会经济发展、区域资源合理配置、协调人口资源环境可持续发展等方面取得了较为显著的成就。其不仅实现了区域的协调发展，而且助推了日本经济的可持续发展。

第一节 战后日本首都圈经济发展轨迹

一 不同时期日本首都圈的经济发展

（一）战后复兴期（1945~1955年）

战后初期的东京，由于美军的空袭轰炸，几乎成为废墟。东京的战后重建，主要是落实日本政府的"倾斜式生产方式"，重点推动钢铁工业和煤炭工业的发展，以此拉动整个国民经济的恢复。从城市建设角度看，以战争灾难都市复兴计划为优先，包括建设宽阔的街道和广场、公园、特别地区、绿地区域，对环状线内侧进行区划整理等内容。

从1950年朝鲜战争爆发开始，日本实质上成为美军的后方军需基地，从而带动了工业生产的快速复苏尤其是矿产业迅速增长，使日本经济起死回生。东京都及周边地区也出现了所谓的"办公楼热"，各种民间的开发活动日益活跃。随着"住宅金融公库"的设立，东京都郊外的住宅开发再次活跃起来。东京都中心区人口从1946年的344万人增到1950年的538万人。至此，1949~1950年成为日本真正的战后复兴开始和战后城市发展的重要转折。

1953年首都建设委员会公布了"首都高速公路规划"，明确了高速公路网的规划和实施方案。随着日本的经济复苏，在东京都的周边地区逐渐推进"倾斜式生产方式"构想，将有限的物资投入煤、铁、钢、化肥、电力和外贸等部门，促进重点产业复兴，以带动整个工矿业恢复。由此，战前就已初具规模的京滨工业带和京叶工业带出现了快速增长的势头，并成为沿海的重化工业基地。与此同时，内陆地区的工业建设也在加速发展，对于港口、道路建设的投资不断增加。

（二）高速增长期（1956~1972年）

日本在完成国民经济恢复任务之后，又不失时机地利用自身的岛国地理优势和世界技术革命的成果，重点发展重化学工业，实现年平均近两位数的高速增长。东京湾区以京滨和京叶两大工业地带为中心大力发展钢铁、石油化工等联合企业群，成为支撑日本经济高速增长的重要支点。

经济高速增长带来了环境污染、区域差距和贫富差距拉大等一系列社会问题，从60年代中期开始日本特别是首都圈开始注重均衡发展。具体包括稳定物价，推进贸易和资本交易自由化，中小企业和流通部门的设备以及经营的现代化，高密度社会带来的交通、住宅、公害等问题的改善，各政府部门的公共投资计划，均衡考虑公、私两部门情况的劳动力有效使用、技术开发、人力资本提升、确保资源等多方面的政策措施。通过长期稳健的经济发展计划，以及日本特有的组织管理制度，战后日本不仅在短期内实现了经济产业高速发展，同时由于完善的社会保障制度以及独特的企业文化，日本社会结构也发生了巨大变化，逐步成为一个阶级区分不明显的平等化大众社会，这在首都圈体现得尤为明显。日本的新中间阶层大量增加，实现了"一亿总中流"的局面，而首都圈内的均衡程度更高，具有中流意识的人口比例达到95%以上。

大规模交通基础设施的建设保证经济高速增长。从进入经济高速增长期开始，东京城市交通问题就已经成为关注的焦点。城市群规模不断扩大必然造成交通需求的快速增长，这一时期作为首都圈中心的东京开始了大规模的城市交通设施建设，其中主要是高速公路和地铁的建设。1955年东京都营电车的年客运量达到历史最高纪录的6.4亿人次，同时机动车出行日益普及。机动车交通量的增加，使得包括有轨电车在内的传统电车运营和交通效率面临越来越多的问题。此外，东京奥运会的筹备加快了传统电车的淘汰，到1972年为止，东京都内的大多数有轨电车已经消失，取而代之的是地铁和依靠高速公路的机动车交通。

在高速公路建设方面，首先遇到的最大难题是资金问题。日本为了大力推动道路建设项目的实施，在建设资金问题上采取了税收平衡的政策，1953年公布的《道路建设费用临时措施法》，决定开征汽油税，以保证道路建设的资金来源。这一法律后来被称为《道路整治紧急措施法》，直至今日仍在发挥效力，在机动车交通量和汽油消费日益增加的情况下，为保证城市道路规划项目的实施起到极大作用。此外，1959年公布的《首都高速公路公团法》进一步明确了首都圈内道路建设的体制模式，即由建设大臣按照《首都圈整备法》的整治规划方针，制定首都高速公路基本规划，然后由首都高速公路公团实施，这一道路建设模式直至今日仍未改变。

与此同时，首都圈内城际高速公路网的规划建设也在紧锣密鼓地展开。1958年"第一次首都圈基本规划"公布之后，连接都市圈内各重要设施的道路网规划和公共停车场规划也逐步确定下来，以东京和横滨为核心的环状加放射的道路网结构建设，成为首都圈区域交通发展的主要目标。这些道路建设项目在后来的"第二次首都圈基本规划"（1968年）制定过程中都得到批准，成为现在首都圈区域性道路网络的主要框架。以1964年东京奥运会及新干线和高速公路的建设为标志，东京战后重建完成。东京由于所谓的特需景气，整个经济景气奇迹般地上升，国家政策性住房小区的建设刺激并加速了建筑业的发展，东京民间出现了建筑热潮。为了分散东京中心城市功能，周边地区卫星城市建设和新兴工业城市建设也得到积极推进。

这一时期城市建设的重点主要放在了为控制产业设施开发的聚集、促进产业设施的分散而采取的积极开发周边地区上面，其中主要包括卫星城市和中小工业城市的建设，以及副中心地区和新城开发。同时，在奥运会的筹办过程中，城市交通基础设施和城市高速公路网络建设取得了极大的成就。

在区域与城市开发中，交通、住宅、公共配套设施等一体化开发模式和以公团为主体的开发模式发挥了极大的作用。而各种大型区域及城市开发项目的制定和实施，仍主要以国家政策和区域规划推动为主，但在多摩等新城开发项目和东京副中心再开发项目的实施过程中，民间开发商的实力开始逐渐增强。

（三）稳定增长期（1973~1991年）

两次石油危机引起经济波动，将首都圈带入稳定发展时期。1973年末世界爆发了"第一次石油危机"，1979年又爆发了"第二次石油危机"，支持经济高速增长的廉价能源供给一夜之间被颠覆，输入性通胀引起首都圈的经济发展减速，这期间日本经济逐渐抛弃原来的发展模式，大力发展环保节能技术，拓展高附加值产业，这时期首都圈经济进入稳定发展时期。经济工作重心逐渐转向高质量发展和均衡发展，东京与地方的差距逐渐缩小。

在1973年之后的10年间，作为经济先导的工业发展，由于原油价格的高涨和产业结构的转型而受到较大的负面影响；此外，由于市民运动的高涨，首都圈的建设速度开始放缓。与此同时，东京以外的各地方城市，由于公共投资的增加而出现了高增长的势头，东京与地方的差距大幅度缩小。

20世纪80年代的经济计划明确提出区域均衡发展目标。1982年，铃木俊一任东京都知事时，制定了为期10年的东京都长期规划，此后又分别于1986年和1990年制定了第二次和第三次长期规划。这些规划都明确提出实现区域经济和社会的均衡发展，实现国民有切身感受的富裕生活，实现全国和首都圈经济的稳定增长。

泡沫经济的膨胀加剧了"东京一极集中"，同时也使东京加速成为国际金融中心。虽然从1979年"第二次石油危机"到1985年"广场协议"签订之间，由于财政束缚和公共投资下降经济增长进入低速期，但是地方经济放缓反而促进了人口和产业又一次向首都圈聚集。1985年后，日元升值和原油价格下降，使得日本成为世界最大的债权国，每年巨额的贸易顺差使得东京国际金融市场的活动有了飞跃性发展，信息化和产业活动国际化使得东京在20世纪90年代发展成为与纽约、伦敦实力相当的"国际金融中心城市"。

这一时期的前期产业分散政策未能奏效，随着城市经济的发展和国际经济环境的变化，产业转型带动了工业设施开始向地方分散的同时，第三产业和商务功能进一步向东京聚集，而土地的投机性开发和房地产泡沫进一步加剧了这一趋势，并导致居住向远郊区分散。

这一时期城市政策的主要目标是，通过大力推动业务核心城市的建设，加强区域性交通网络建设，如区域高速公路网和城际轨道交通网络的建设和完善，积极引导城市功能的分散，以促进多核型城市结构的形成。

配合建设国际中心城市的政策，7个城市副都心地区开发项目和14个业务核心城市开发项目得以大力推进，这些项目代表了这一时期城市建设和开发项目大型化、综合性和超前性的特点。虽然作为政策主导性项目的特点没有较多改变，但由于社会舆论中对于扩大地方自治权、增加民间开发的呼声日益强烈，在临海副都心和一些业务核心城市的建设中，政府与企业合作进行联合开发的模式日益增多。而在一些基层规划的制定中，市民参与也有一定程度扩大。可以说，在这一时期的城市政策制定和城市开发中，国家政策主导和政府项目主导的模式开始出现了较大的变化，民间力量有了显著的增加。但是，缺乏对民间开发的有效调控和引导，导致了房地产泡沫的出现。可以说，正是房地产泡沫的出现凸显了战后城市开发管理体制方面的问题和缺陷。

房地产泡沫破灭造成"平成衰退"，首都圈首先受到影响。1985年"广场协议"签订之后，日本银行下调了贴现率，设法平抑日元对美元的升值，以提高本国的经济竞争力，结果低利率刺激了房地产和股市，形成了泡沫经济，这一点东京表现得尤为明显。但是，表面的繁荣只持续了很短时间，日本经济从1992年开始进入泡沫经济破灭期。在1984~1991年的8年中，日本取得了年均4.58%的经济增长率，但1992~1995年，日本经济的平均增长速度下降到1%以下，投资率也3年连续下降，1995年则几乎零增长，此后更是下降为负增长。

东京都23区的住宅地价从1991年的413万日元每坪（一坪约合3.3平方米）暴降至1997年的171万日元每坪；23区以外的住宅地价从1991年的153万日元每坪降至1997年的97万日元每坪。至今日本经济仍然在低迷中苦苦挣扎。

分析泡沫经济出现的原因，除了银行长期低贴现率致使大量信贷资金投资于土地资产、大量企业资金参与土地投机等经济因素之外，落后的土地政策和税收制度也是促进房地产泡沫的重要因素。[①] 日本对长期以来实行的土地政策缺乏有效修正，1941年日本对有关土地和房屋出租的法律进行了修改，明确规定出租者不得通过终止租约或不与承租者续约或大幅度提高租金来驱逐承租者，虽然在20世纪40~50年代战前及战后住宅不足的环境下，这一政策对解决大量中低收入阶层住房难的问题起到较大作用，但是这种一成不变的对租地权的过分保护到80年代就变成抑制出租土地供应、助长地价上涨的重要政策因素。此外，在土地税收制度方面，固定资产实际税率过低（标准税率为1.4%，而实际税率为0.2%~0.3%）。优惠的继承税和较高的转让所得税政策，也使得土地所有者倾向于保有土地，抑制土地交易，相

---

① 详见张季风等《日本泡沫经济再考》，社会科学文献出版社，2022，第54页。

应地减少了土地供应,进一步造成地价上涨。

(四)泡沫经济后遗症处理期(1992~2010年)

通过改革促进经济社会的综合发展。泡沫经济崩溃后,自1991年左右开始,日本进入被称为"失去的30年"的平成衰退时期。这一时期日本的主要任务是处理泡沫经济后遗症,具体来说就是消解金融部门的不良债权,处理企业的"三过剩"(过剩雇佣、过剩设备、过剩债务),与我国的"三去一降一补"供给侧结构性改革相类似。通过桥本"六大改革"(经济改革、财政结构改革、教育改革、金融改革、行政改革、社会保障制度改革)和小泉结构改革(邮政民营化改革),彻底解决了不良债权问题,取得了2002年至2008年上半年长达73个月的战后超长期经济景气,并且平稳度过了2008年国际金融风暴。上述改革基本是以政府主导且以东京首都圈为先导进行的。

需要注意的是,这一时期经济全球化和信息化带动了以首都圈为中心的新兴产业发展。进入20世纪90年代之后,经济全球化和信息化,对东京都发展起着越来越重要的作用。美国发源的"IT革命"随着个人电脑(PC)的普及逐渐在日本兴起。日本IT泡沫在1999~2000年达到顶点,软银和光通信等题材受到个人投资者的追捧,带动日经平均股价大涨至超过2万日元;日本IT泡沫并没有持续太久,2000年4月17日,日经平均股价暴跌6.98%,由此开始IT泡沫的破灭。[①] IT产业是21世纪具有引领性的产业。虽然IT泡沫崩溃了,但是IT革命的确为日本特别是东京城市圈产业信息化、提高人的自由度和创造性发挥了重要作用。

经济全球化、信息化和老龄化对城市生活和产业发展的影响日益明显,社会价值观的多元化不仅带来城市生活方式的转变,也使得城市建设、开发的社会环境有了又一次巨大的变化。

这一时期城市政策的目标与前期单纯强调促进经济增长和城市发展的政

[①] 内閣府経済社会研究所:『バブル・デフレ期の日本経済と経済政策』第二巻第四部第七章。

策相比，明确提出了提高城市生活性功能的目标。为实现这一目标，提出了进一步促进各项功能空间布局的调整，加强就业与居住功能的平衡的方针。城市建设的重点逐渐转变为以居住与就业相平衡的生活圈建设为目标，促进生活性服务设施、交通设施等社会资本的建设和积累。道路交通设施建设的目标也开始从量的增加，转向以提高交通网络系统整体运行效率为目的的促进质的提高，例如为解决交通堵塞而实施的促进公共交通利用、加强公共交通网络建设的一系列措施，为提高干线道路运行速度而开展的干线道路网整治项目和道路连续立交项目等。在以生活型城市为目标的城市建设中，城市开发的模式也从以前的政府主导型，更多地转向以民间和区市町村基层自治体为主体的开发模式。

（五）经济转型期（2011~2021年）

2009年，由于国际金融危机的冲击，日本经济大起大落。2010年日本GDP被中国超过，降为GDP世界排名第三的国家。但是，经过民主党短暂执政之后，2012年底自民党重新取得政权，2013年安倍首相推行"安倍经济学"后日本出现了日元贬值、股价高涨的局面。在日元贬值的情况下，用日元换算的销售额迅速增加，从而增强了企业的出口竞争力，产生汇兑差额，并因此增加了实际收益。为此，市场上出现了预期性投机行为，在第二次安倍内阁成立之前就已经开始影响股票市场，并产生了股价上升的效果。安倍经济学推行以后，出现了战后第一时长的"安倍经济学"景气循环期，到2019年10月，长达85个月。就安倍经济学的经济政策与东京湾区的关系而言，2013年9月8日，东京确定成为2020年夏季奥运会和残奥会的举办地，由此与东京国际都市地位相匹配的城市建设成为主题。虽然受疫情影响，奥运会延期至2021年举办，但为举办奥运会所需的基础设施建设，特别是东京市中心区的改造，使东京市区面貌发生很大变化，也拉动了东京圈经济的发展。

事实上，1999年石原慎太郎就任东京都知事以来，品川、丸之内、汐留及沿海副中心等区域的城市再开发和公路干道维护工程在不断推进。此外，为了承接2020年奥运会的东京发展，东京都启动"国家战略特区"的都市政策。"国家战略特区"是一项新经济特区构想,旨在通过在限定区域内大幅度放宽管制和实施税收优惠吸引民间投资,创造"世界上最优的营商环境"。这一构想作为安倍经济学"第三支箭"增长战略的核心而备受期待。

2014年日本政府指定东京地区成为"国家战略特区"。特区主要由东京都千代田区、中央区、港区、新宿区、文京区、江东区、品川区、大田区及涩谷区、神奈川县、千叶县成田市组成,其中并非涵盖所有东京圈区域,而是仅覆盖9个区。入选国家战略特区的地方需要提出战略具体内容,目前东京战略特区已提出以打造全球创新中心为总体目标的提案。东京战略特区着眼于2020年举办的东京奥运会,希望发挥国家战略特区政策作用,打造国际化商务环境,吸引来自全球的资金、人才、企业,同时通过制药领域的技术创新,创造具有国际竞争力的新事业。具体而言,东京提出三大目标。目标一是打造国际化商务环境,包括促进企业设立便捷化,允许用英语申请设立企业,提供集中窗口服务,简化外国人就业签证申请程序等;为创业企业提供支持和服务,鼓励在日本的留学生创业;为企业雇佣国际人才提供支持和服务;规划和开发具有国际水准的商业区域。目标二是形成医疗药物开发创新中心,包括形成药品研发平台、建立东京药物医疗器械机构。目标三是创建友好的国际都市生活环境,包括打造外国人安心居住的生活环境、创建东京香榭丽舍项目(时尚品牌消费集中场所)、打造外国人访游舒适的环境、向外国人提供安心的医疗健康和教育服务。

二 日本首都圈经济发展的基本特点

(一)交通引导经济,基础设施先行

日本首都圈在战后初期就十分重视公路、铁路、港口等基础设施建设。早在20世纪60年代初,为了东京奥运会的筹备东京就加快了市内公路、轨道交通建设的步伐,1964年日本第一条新干线铁路——东海道建成开通,阪神高速公路开通,首都圈的道路、港口等基础设施日臻完善。到1972年为止,东京都内有轨电车以及其他地区大多数有轨电车已经淘汰,以地铁为主的市内交通网络已经形成。1972年,田中内阁发表"日本列岛改造论",

宣布施行加大公共投资的政策，日本由此建立了从地方到人口密集地区（特别是首都东京）的交通网络。

70年代中期以来，日本就成为世界社会基础设施最好的国家之一，首都圈的基础设施更为发达，这为区域经济的健康发展奠定了基础。到80年代初，为了连接副都心和新城等经济文化中心，东京都内已经形成了由新干线、轻轨和地铁构成的区域轨道交通网络，还有内环、外环和中央联络公路三条高级别的环线公路，以及以东京外环为起点对外建成的六条放射状高速公路。

日本首都圈的轨道交通建设最具特色，目前首都圈已经形成了15公里以内站距短、速度适中、站点密集的地铁网络，15~30公里站距长、速度快的快线铁路网络，30~70公里（卫星城）大容量、高速化、低票价的市郊铁路，70公里及以上的城际、干线铁路网络。东京都内车站将新干线、轻轨和地铁融为一体，东京城市圈轨道交通里程超过4000公里，有61.9%的住宅与车站距离不到500米，只有0.53%的超过1公里，公共交通占城市交通总量的87%，轨道交通占公共交通的90%左右。

（二）经济计划与城市规划发挥重要作用

从战后经济恢复期开始，日本政府和首都圈各都县出台了一系列经济计划，这些计划保证了经济长期健康稳定发展，也起到了一定逆周期调节作用。根据1950年《首都建设法》成立了首都建设委员会这一中央级规划管理机构；在此基础上进一步制定了"首都建设紧急五年计划（1952~1956年）"。虽然由于资金缺乏和地方自治权受限，计划本身的推进缓慢，但是客观上为后来民间开发留下了政策和物理空间，形成了政府引导、市场主导的良性发展格局。

1964年日本政府制定了"中期经济计划"，东京也制定了经济发展计划，推动1964年东京奥运会的成功举办，使得整个经济形势奇迹般地好转，国家政策性住房小区的建设刺激并加速了建筑业的发展，东京民间出现了建筑热潮。随着东京人口急剧增加，大量住宅开工建设，房屋、汽车和家用电器迅速普及，以东京为中心，日本全国进入大众消费型社会。这也是国家政策带动民间投资的典型事例。

1973年的"经济社会基本计划"和1976年的"昭和50年代前期经济计划"致力于实现经济稳定发展和国民生活富足。中曾根内阁（1982~1987年）在1982年通过运用民间部门的活力进行城市再开发，将"都市文艺复兴"作为内阁工作的重点，致力于稳定的经济增长，该政策取得了较好效果。90年代后期，在政府推动的"城市再生战略"过程中，东京也提出了"再造东京"的口号，经济发展向更加高质量的方向转变。

第二节　日本首都圈非均衡发展的调整

一　日本首都圈经济发展不均衡状况

战后，以东京为中心的首都圈经济发展与空间结构一直在日本中央政府统一领导下进行。如何分散东京的产业、人口以及各种功能的过度集中始终是首要任务。而在分散东京人口、产业及各种功能的同时，也实现了首都圈的协同发展。但是，在总体均衡发展的过程中，首都圈也存在一定程度上的不均衡发展现象。这种不平衡主要体现在东京城市圈即一都三县与周边四县（茨城、栃木、山梨、群马）之间的经济差距上。总体来看，一都三县已经形成了更紧密的经济圈，而周边四县似乎还游离于首都圈之外。从产业结构看，周边四县农业产值所占比重较大，而一都三县则是集中了日本最发达的现代服务业、现代制造业，无论是GRP总量还是人均GRP都有一定差距，特别是与东京都的差距较大（见表7-1）。总体感觉，周边四县更像是东京城市圈的郊区。

表7-1　日本首都圈各都县GRP、人均GRP（2011年）

指标	东京	神奈川	千叶	埼玉	茨城	栃木	群马	山梨
GRP总量（亿日元）	923878	304222	187995	203700	114626	78136	76440	31434
人均GRP（千日元）	4373	2926	2820	2785	3044	2955	2890	2779

资料来源：根据矢野恒太记念会『日本国勢図会2015/16』数据作者制表。

二 东京都经济发展的不均衡问题

东京都经济发展不平衡可分为东西部地区的宏观不平衡和23区内存在的东北地区和其他区特别是与都心区的局部地区不平衡。

（一）东京东西部地区的差距

1. 东京城市功能区划分

东京的地形是东西长、南北短的细长形状，可分为市区和多摩地区两大部分。东京都从东向西划分为五大功能区：①最东端的临海地区为"东京湾水岸经济区域"；②中心区即23区所在地的"核心市区再生区域"；③近郊区的"城市环境再生区域"；④远郊的"核心城市群区域"；⑤自然生态环境保护、利用区域。东京在经济发展和城市建设中并未出现大的不均衡发展。但中心与边缘的差距、东西部之间和南北之间的差距还是存在的。

2. 由城市功能区分工引起的区域差距

由于地理区位和功能区划的需要，东京的东半部一直比较发达，而西半部相对比较落后。如果一定要从均衡发展角度看，这是一个大的不平衡。东部地区濒临太平洋，基本上以平原为主，经济发展条件优越，在历史上就是市中心所在地，人口与产业高度集中，经济十分发达；而位于最西端的西多摩地区，即"自然生态环境保护、利用区域"为丘陵地带和山区，是农业、水源涵养、水源区和生态保护区，人口稀少，几乎无产业可言，属于法定的自然保护区，是不允许开发的。如果以GDP或人均GDP为基准以及市民所享受的精神文化生活水平来衡量，其永远不可能与中心区相比。但在人均收入、日常物质生活水平和医疗卫生条件等方面其与都中心区域并无太大差别，而从空气质量、环境质量以及贴近自然等生活质量上看，其比人口密度极大的区更好一些。

如果说存在差距，也只是位于多摩中部、东部的"核心城市群区域"与中心区的差距。东京地方政府通过建设"多摩新城"、"多摩之心"和"业务核心城市"等方式，向多摩地区转移人口、产业、大学、文教设施以及首都的一些功能来缩小这一地区同中心都区的差距，同时也减轻了都区的压力，收到均衡发展的效果。

（二）东京23区内的南北差距问题

1. 23区中落后的东北地区

东京城市除了东西部的大不平衡外，东半部23区的市区部分在发展过程中也出现过小的不平衡，比如与东北部落后地区相邻的上野（浅草）以及池袋等地相对于临近横滨等发达地区的涩谷、新宿、品川等中南部地区来说，就比较落后。位居东北最边缘的台东区和足立区一直很落后，居住的穷人也比较多。如表7-2所示，依靠政府补助金生活的人口比例，台东区（即上野·浅草所在区）最高，达37.1%，其次为足立区，高达34.9%。

表7-2　东京23区中领取生活补助金的比例（2021年）

领取生活补助金比例	30%以上	25%~30%	24%~16%	10%~15%	10%以下
区名	台东、足立	板桥、北区、荒川、葛饰、墨田、江户川、新宿	练马、中野、丰岛、大田	涩谷、品川、江东、衫并、世田谷	千代田、文京、目黑、中央、港区

资料来源：東京都福祉局『令和3年（福祉・衛生行政統計）』111頁，https://www.fukushi.metro.tokyo.lg.jp/kiban/chosa_tokei/nenpou/2021.htm。

上野·浅草地区即台东区与北京的天桥地区比较类似，现在仍保持着浓厚的江户文化传统特色，劳动密集型中小制造业企业较多，商业和饮食服务业发达，但相对来说产业结构比较落后，就业人员人均附加价值在所有的区域中最低（见图7-1），2000年仅为810万日元，仅仅是最高的都心地区（2510万日元）的1/4强。

由于居民收入较低，地区财政收入低下，而地区财政支出却在增加。由于日本经济增长率超低，地方财政税收增幅有限，即便到现在这种差距仍无大的改变。2015年城东地区的台东区、葛饰区、荒川区和城北地区的足立区4个区的从业人员人均附加价值仅为500万~750万日元，而核心区和副

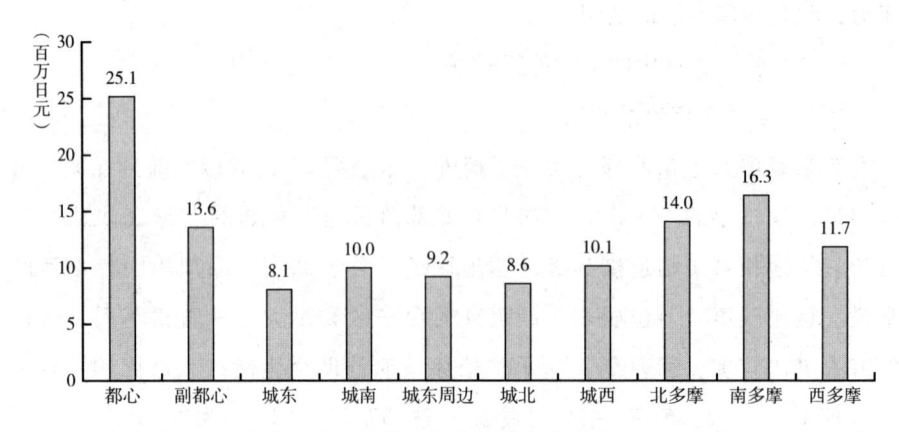

```
(百万日元)
30 ┤ 25.1
25 ┤ ■
20 ┤ ■        16.3
15 ┤ ■ 13.6            14.0  ■
10 ┤ ■  ■  8.1 10.0 9.2 8.6 10.1 ■  ■  11.7
 5 ┤ ■  ■  ■  ■  ■  ■  ■  ■  ■  ■
 0 ┴ 都心 副都心 城东 城南 城东周边 城北 城西 北多摩 南多摩 西多摩
```

图 7-1　东京各地区就业人员人均附加价值状况（2000 年）

注：其中台东区划在"城东"地区，足立区划在"城北"地区。

资料来源：東京都産業労働局『東京の産業と雇用就職 2004』、2004 年 6 月、第 101 頁。

都心地区从业人员人均附加价值在 1000 万日元以上。①

2. 区部中东北地区相对落后的原因

台东区和足立区等东北部地区的落后状况已经持续了半个多世纪，其中既有历史原因，也有地理区位等原因。东京的东北地区，与日本比较落后的东北地区相邻，成为比较典型的边缘区域。日本人一般认为东北方向不是好方位，即风水不好。再者，过去很多屠宰场都集中在台东区的浅草地区，这里曾经是东京皮革业的中心，从事这种职业的人往往被人看不起。虽然现在这种行业已经荡然无存，但其影响，即人们的偏见仍然存在。

足立区，从所处的地理位置看，属于东北更边远的地区，在历史上这里曾是处决犯人的刑场，因此没有人气。在 20 世纪 50 年代中期至 70 年代初期的经济高速增长时期，农村劳动力大量涌入东京，这些农村务工人口大多集中于这一地区。为此，东京地方政府在这里集中修建了大量的都营住宅（即政府廉租房和经济适用房），因此聚集了大量的低收入者。直到现在这种局面也没有彻底改变。

---

① 東京都産業労働局総務部企画調整課、「グラフィック東京の産業と雇用就業 2021」。

三 首都圈均衡发展的实现

到目前为止，我们尚未发现有关于日本首都圈总体经济发展研究的系统性成果，日本也没有以首都圈为对象的 GDP 统计。为此，我们只能通过对日本首都圈各县的 GDP 进行加总来获得首都圈 GDP。

2015 年，日本首都圈（一都七县）GDP 约为 2 万亿美元，为世界经济总量最大的城市圈。人均 GDP 为 4.3 万美元，为粤港澳大湾区的 2 倍。从日本各大经济区来看，2015 年，关东地区（首都圈）的 GDP 最高，为 223 万亿日元，其次是中部地区，约为 85 万亿日元，再次是近畿地区，约为 83 万亿日元。东京、名古屋、大阪三大城市群区域的 GDP 占全国的比重达到 71%。再下面是北海道和东北地区，约为 61 万亿日元，九州地区约为 49 万亿日元，中国地区约为 30 万亿日元，四国地区约为 14 万亿日元。从各地区每五年 GDP 增长率来看，在 1954~1973 年高速增长期，各地区 GDP 取得了很大的跃升。特别是 1965~1975 年，各地区 GDP 均增长至 5 年前的 2 倍以上（见图 7-2）。从五年增长率来看，关东地区增长率仍然在全部地区平均增长率±10%的范围内，与其他地区相比并没有很大差距。也就是说，在 1955 年时，关东地区 GDP 已经比其他地区大，这成为关东地区 GDP 一直遥遥领先的主要原因，尽管其增长率与其他地区并没有较大差距，但其他地区仍然无法赶上关东地区。

从经济均衡度来看，如前所述，日本首都圈内各都县也存在差距，但基本处于均衡发展状态。总体来说，东京都和神奈川县、埼玉县、千叶县"一都三县"的东京城市圈比较发达，人口约占首都圈的 80%，GRP 约为 1.5 万亿美元，约为首都圈总量的 75%，其他四县——茨城县、栃木县、群马县和山梨县相对比较落后，地广人稀，四县经济总量仅为东京湾区的 25% 左右。从人均所得来看，如表 7-3 所示，东京都人均所得最高，神奈川、千叶、埼玉三县次之，茨城、栃木、群马和山梨四县稍低，但差距不大。若以东京都为 100，首都圈内最低的山梨县、茨城县也在 60 以上，如果再考虑物价因素，东京都与首都圈内经济落后县的实际差距就更小，可以说基本实现了区域经济的均衡发展。

日本首都圈空间结构与协同发展

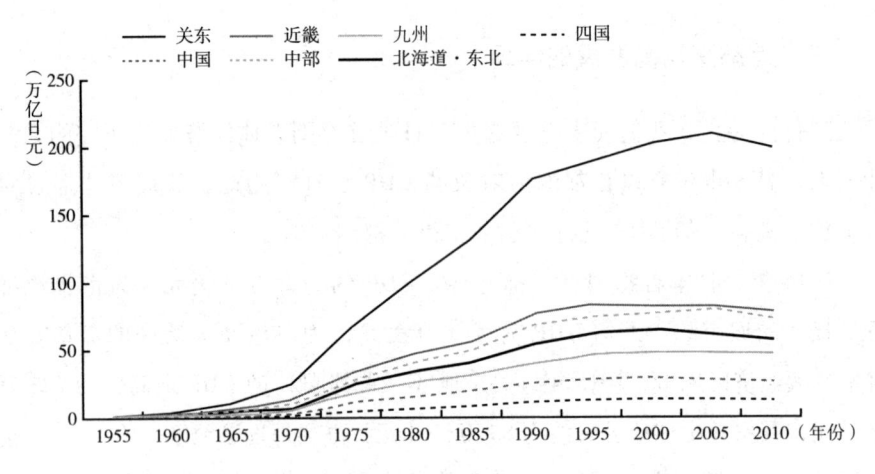

图 7-2　日本各地区 GDP 变化趋势（1955~2010 年）

资料来源：根据矢野恒太记念会『日本国势图会 2015/16』数据作者绘制。

表 7-3　日本首都圈各都县人均所得

单位：千日元

年份	东京都	神奈川县	千叶县	埼玉县	茨城县	栃木县	群马县	山梨县
1976	1715	1348	1162	1231	1142	1207	1079	1018
1986	3395	2497	2205	2324	2415	2333	2133	2219
1996	4359	3662	3304	3272	3117	3202	3077	3021
2006	5973	3257	2996	2887	2868	3226	2799	2870
2016	5348	3180	3020	2958	3116	3318	3098	2873

资料来源：根据日本内阁府「县民经济计算」制作。https://www.esri.cao.go.jp/jp/sna/data/data_list/kenmin/files/files_kenmin.html。

四　日本首都圈经济相对均衡发展的原因分析

尽管东京在城市规划、城市建设和经济发展过程中也出现过一些小的不平衡，但与主要发达国家的著名国际大城市相比，仍然是属于均衡发展的城市。东京能够实现总体上均衡发展的原因是多方面的，其主要原因有以下几个方面。

（一）全国国土均衡开发与均衡发展的大环境

在主要发达国家中，日本是最主张均衡发展的国家。从中央到地方已形成了均衡发展的体制与机制。在这种大环境下，包括东京在内的地方开发与经济发展也都必须将均衡发展作为最高理念，在实际发展中力求不出现大的不平衡。在民主政治和选举制度的政治环境下，地方的最高首脑都是由选民直接选举产生的。一旦出现大的政策失误，特别是一旦出现较大的经济发展不平衡，就有可能被赶下台。

为了实现国土均衡开发的目标，早在战后初期的1950年日本就制定了《国土综合开发法》。从1962年至1999年，共制定了5次国土综合开发规划。5次国土综合开发规划，虽然各具特色，但谋求均衡发展、缩小区域差距，将开发效果均衡地推向整个国土的思想贯穿于每次规划之中。特别是战后高速增长时期，人口和产业及其他功能迅速集中到东京、名古屋、大阪三大城市圈和从东京至九州南部的太平洋沿岸工业地带，形成了"一极一轴"型国土结构。纠正"一极一轴"型国土结构和实现国土均衡发展一直是战后日本国土综合开发的主要目标。

20世纪70年代中期以来日本成为世界上区域差距最小的国家之一，人均GDP最高的东京都与最低的冲绳县之间的差距不到2倍，如果考虑到物价因素几乎看不出差距的存在。人们的收入水平也比较均一，具有中流意识的日本人占90%以上，被称为"一亿皆中流"。经历了90年代长期萧条之后，日本区域差距开始重新拉大，尽管如此，2003年人均收入最高的东京与最低的冲绳县之间的差距也仅仅是刚刚超过2倍，为2.09倍，考虑到物价的差别几乎体现不到差距，但是由于日本人对差距十分敏感，即便是如此小的差距也引起舆论大哗，甚至酿成社会问题。东京和东京城市圈作为全国的最发达地区，经济发展波及效应巨大，就业率高于全国平均水平，地方财政实力雄厚，通过财政转移支付、扩大公共投资、设立副都心等手段，基本上将差距消灭在萌芽之中。

（二）中央主导、计划先行、法规保障

由于地理环境与历史原因，东京的发展模式实际上是以23区为中心向外环均衡辐射的发展，因为东京为东西长南北短的狭长地带，由于地理条件所限，加之城市功能区的法定划分，所以位于东端的东京中心区的发展经济效果很难波及东京都的最西端。相反却很快打破了东京的行政区范围，向邻近的神奈川县、千叶县、埼玉县迅速扩展，形成了东京城市圈或首都经济圈。在日本人的视线中，更多的是看东京圈，而不是东京都，因为周边邻县的川崎市、横滨市、埼玉市、千叶市等城市与东京的经济联系和重要程度要远远超过东京都行政区范围内西半部的多摩地区。东京城市圈所发挥的经济波及效应与东京都行政区相比，对全国的作用更大。

鉴于首都的重要性，战后，中央政府一直直接控制和指导首都圈的经济发展和区域开发事务。设立专门机构（原首都圈整备委员会、国土厅大城市圈整备局，现国土交通省城市区域整备局），对东京城市圈和首都圈进行规划和协调。因为首都是国家的政治、经济、文化、科技中心，与一般的地方行政区有许多不同之处，作为首都东京出现的一些问题单靠东京都地方政府是难以解决和难以协调的，而由中央政府直接处理相对比较容易。

在这种大背景下，东京的开发就出现了中央政府和东京都地方政府的两套规划。中央政府主要是从整个国土开发、大区域开发的全局角度出发，侧重东京与全国或整个首都圈的宏观平衡发展；而东京都地方政府则更多地从地方自身利益出发，侧重东京圈特别是东京都的具体建设。中央政府和东京都地方政府的总体规划和城市空间规划均依据相关法律而制定。

中央政府直接主导首都圈规划的制定，便于协调不同地区的利益关系，可以将国家均衡发展的目标、方针以及政策直接体现于规划之中，为东京都地方政府制定东京具体的发展规划确定了大的方向。而东京都地方政府所制定的长期经济发展计划以及总体规划和具体的城市空间发展规划等也必须体现均衡发展的思想。中央政府和东京都地方政府通过不断对规划进行调整和制定新规划来实现东京的均衡经济发展。

战后 60 多年来，日本是通过对整个国土进行均衡开发的手段来解决首都问题的，即在全国的大视野中解决首都面临的人口、产业集中的问题。《全国综合开发规划》和《首都圈整备规划》对国土的均衡开发产生了一定作用，但其政策效果并未完全发挥出来。"东京一极集中"问题未得到根本性解决[1]，但首都圈，特别是东京都内部地区基本上实现了均衡发展。

（三）发达的交通体系成为均衡发展的基础

四通八达的交通体系是经济均衡发展的重要保障。东京都的均衡发展在一定程度上得益于现代化高速交通体系的完善。到1972年，东京基本淘汰了电车，转而发展地铁和高速公路系统。面对地面铁路运行效率逐渐下降，地面交通拥堵问题：规划将一些线路"复复线化"，使运输紧张、压力过大的线路得到缓解；在现有交通线路运输负荷过大的地方，完全由地铁补充；不拘泥完全的地下化，地铁线路在有条件的路段可以设计为路面行驶；方便市民换乘，地铁线路设计要使公共交通线路相连；等等。城市轨道交通的发达对缓解城市化问题，方便东京居民的生活以及缩小区域差距发挥了巨大作用。东京在重点发展轨道交通的同时，也加快了地面交通环境的整治，通过规划和修订高速公路方案，加强东京中心城区与副中心之间的联系，兼顾城市对外交通联系。东京形成了由36条放射线、11条环线、294条辅助线路构成的高速公路网络系统。

由于交通，特别是城市轨道交通的发达，加之东京23区本身范围又不算太大（625平方公里），市民出行的自由度提高，基本上都能享受比较均一的城市生活。同城不同区域的差距也不可能太大。而且由于郊区以及整个东京城市圈轨道交通的迅速发展，实现了区域交通便利化，大大缩小了东京城市东西部之间的差距，促进了整个城市的均衡发展。

第三节　日本首都圈循环经济的发展

一　日本循环经济发展的历史变迁

进入明治时代以后，日本政府推行"殖产兴业"的发展模式，首先大

---

[1] 关于90年代中期以后再度出现的"东京一极集中"的现象，更多的人士认为这是市场经济规律使然，只有东京一极集中才能继续维持其国际竞争力，不至于被新加坡、香港等城市追赶上，也不至于从世界城市的行列中落伍。只要东京能保持世界领先地位，就能减缓整个日本经济的后退。

力发展采矿业，在当时的采矿业发展过程中，对环境以及周边居民身体健康造成的消极影响几乎完全被忽视，并不存在循环经济的理念。20世纪50年代以后才开始出现循环经济的理念。二战以后随着经济快速发展，城市化进程的加快，经济发展和环境保护之间的矛盾愈加突出，日本首都圈在调整区域经济发展不平衡的过程中，十分注重发展循环经济。循环经济从全过程方面重新反思、改进生产生活方式，达到对资源节约、环境保护以及经济可持续发展的作用。

总体来说，战后日本循环经济可分为四个时期。

第一时期：50~60年代，日本经济迅猛发展，循环经济理念逐步形成。随着工业化的进展，环境污染相伴相生，这一态势在战后经济高速增长时期达到顶峰。日本在经济高速增长的五六十年代发生了非常严重的产业公害，民众反公害运动的兴起，对日本循环经济的兴起起到推动作用。自1968年起，日本逐步发布以环境问题为核心的白皮书，不过，其名称因发展时期不同而存在较大差异，1968~1970年这一阶段，每年都发表《公害白皮书》。

第二时期：70~80年代，日本经济进入中速增长阶段，循环经济思想不断拓展。1971年，一举制定14部公害治理相关法规，成立环境厅，并且将《公害白皮书》名称改为《环境白皮书》。

第三时期：90年代泡沫经济破灭之后经济转型时期循环经济的确立与快速推进阶段。这一时期加大了废弃物处理和减轻环境负荷的力度，同时加强了首都圈域内的协调与合作。进入90年代之后，日本经济处于停滞状态，日本的环境问题、资源问题日益严重，成为社会问题，处理好经济发展与环境保护的平衡关系，发展循环型经济逐步演变为实现可持续发展相关的重要措施。日本首都圈在空间上存在较为明显的溢出效应，由之就会出现协同效应，这样更有利于政府进行循环经济的发展。日本首都圈产业发展与空间存在紧密的相关性。城市与产业的集聚会带来信息的交流和生产要素的聚集，产生规模效应及创新，这些会加速传统产业的结构升级及新兴产业的发展。随着中心城市主导产业的升级，原本的制造业在结构升级的同时逐步向周边区域转移或产生辐射作用，在首都圈协同发展的相关理念政策的指引下，周边各县根据各自的优势,加强基础设施的建设,积极主动接收相关产业,实现了合理的功能分布,具有明显的空间溢出效应,使得整个首都圈实现可持续发展。空间溢出效应是循环经济在空间上的现象,使得循环经济发展水平高的区域会集聚,这有可能是循环经济的外部效应引起的。

第四时期:进入21世纪,经济长期缓慢发展,以确立循环型社会建设目标为代表的循环经济全面发展阶段。2001~2006年,正式将循环经济列为国策,2000年日本颁布《循环型社会形成推进基本法》,2003年又制定了《循环经济社会基本计划》。所谓循环经济,从其本质上来讲是一种生态经济,是一种强调经济发展与生态环境良性互动、协调运行的新经济模式,其核心内涵是减量化(Reduce)、再使用(Reuse)、再生循环(Recycled),即所谓的3R原则。发展循环经济、构建循环型社会,就是要摒弃"大量生产—大量消费—大量废弃"的传统发展方式,开辟一种新的发展方式,控制对自然资源的消费和减少环境负荷,减少排放,目的是实现可持续发展。这一转型意味着日本社会的生产方式、生活方式和价值理念等的全方位变革。循环经济的核心是开展以低能耗、低污染、低排放为标志的绿色革命,实现社会经济的可持续发展,也是日本实现碳达峰和碳中和必不可少的重要环节。除发表《环境白皮书》之外,还另外发表《循环型社会白皮书》。2008年日本经济产业省公布《清凉地球能源技术创新计划》,同年6月,福田康夫首相提出"福田蓝图",明确了2050年日本温室气体排放量减少60%~80%的减排目标及具体减排措施,表明了日本引领世界低碳革命的决心和信心。同年7月,日本内阁会议通过了《实现低碳社会行动计划》,实现低碳社会正式成为国家战略。2009年日本国会通过《推进低碳社会建设基本法案》,并提出如下具体制度与措施:其一,实行碳排放权交易制度;其二,实行"领跑者"(Top Runner)制度;其三,推行节能标识制度和环保积分制度;其四,推广"碳足迹"(Carbon Foot Print)制度。2009年鸠山由纪夫首相力排众议,顶住产业界强烈反对的压力,向国际社会承诺日本到2020年比1990年削减25%的中期减排目标。

通过分析可以看出:二战以后以东京为中心的日本首都圈循环经济发展

的前两个阶段是日本首都圈循环经济的兴起阶段，其发展得益于东京及周边区域经济高水平发展而产生的聚集效应，呈现东京为首、比邻东京和沿海地区为辅、内陆县次之的特点；后两个阶段是日本首都圈循环经济的快速发展阶段，这一阶段的发展具有明显的溢出效应，循环经济反过来促进了日本首都圈的协同发展。

不难看出，日本对于循环经济的认识经历了一个由浅至深、持续深化的过程。60年代日本经济实现高速增长，但是战后经济发展中环境问题凸显，对此进行充分考量后，日本意识到规模生产、规模消费、无节制废弃会对环境造成严重污染和损害。二战后，日本赶超经济的迅猛增长源于资源能源的大量使用，引发了环境污染、生态系统失衡等一系列问题，日本毫无节制的能源消耗致其过早地陷入了资源匮乏的困境。随着资源价格的上涨，企业成本也呈快速上涨趋势。日本亟待探寻不以破坏环境为代价的发展模式，在提高资源利用率的同时抑制对资源的浪费。针对此问题，日本从当时采取强化对质量的全面管控，到缩减废弃物、控制环境负荷成为社会经济政策、环境政策的主要构成部分，循环经济模式在此过程中不断探索，经历了萌芽、扩展、确立及成为国家战略等一系列逐步深化的发展过程。

值得注意的是，空间溢出效应是区域上存在的一般规律，但循环经济的空间溢出效应与日本首都圈循环经济的发展和日本的循环经济政策息息相关。日本在微观、中观、宏观三个层面的努力使得日本的循环经济取得了显著的成效。首都圈的空间规划即五次首都圈基本规划、首都圈整备规划以及相关经济、产业计划使得日本首都圈的经济、环境、生态等得到合理的发展，产生较强的协同效应。可以说，日本首都圈的空间规划和循环经济的发展政策助力了日本首都圈循环经济的发展。

二 日本首都圈循环经济发展的基本特征

日本首都圈循环经济发展过程中的关键特征就是将发展循环经济产业放到突出地位，并形成了一整套行之有效的管理体制，确立了切实可行的发展途径，法规的颁布和机构的设立促进了环境政策与经济、能源政策的协调。

日本首都圈在建设循环型社会的过程中，作为循环经济的重要支柱，相关产业取得了长足的发展。其发展过程也存在一些特征。

首先，从被动应对到主动发展。20世纪六七十年代由于一极集中、公害问题愈加严重，东京不得不着手解决此类问题。经过40余年的发展，进入21世纪，随着环境危机全球范围的爆发，加上政府多方位的宣传与引导，居民环保意识的提高，节约资源、善待废弃物、绿色产品消费等逐渐兴起，并且成为一种风潮，绿色产品和相关服务产业市场规模逐渐扩大，循环经济相关产业得到发展。企业也顺应市场的变化，转变经营理念，加强环境管理，加强相关技术的研发，不断推出新的环境保护型产品和服务。

其次，从少数公共部门的发展向所有产业部门扩展。循环经济相关产业的发展，最初是为了解决矛盾日益突出的污染问题，所以只在防止大气污染、水质污染等相关少数产业部门开始建立，比如大气污染装备、污水处理设备、城市垃圾处理相关装备设施等以公共投入为主的事业部门。但是现阶段，其相关产业已经发展到包括农林水产的第一产业，如有机农产品和体验式农业活动，以制造业为代表的第二产业，如新能源汽车、节能家电，以及成为日本首都圈支柱产业的第三产业，包括金融、保险、商业、运输、通信等各类服务业，为了产品的长久持有和利用，各行业除了改进原材料，还对售后服务环节进行了延伸与改进，对于产品的再利用、废弃物的回收利用进一步加强管理，扩大了生产者责任，发展出了以废弃物的产生为起点的全新的产业链条。循环经济相关产业的发展已经涉及全行业及全产业链。

最后，从国内市场到国际市场。日本利用其技术优势开始向海外市场拓展。通过相关企业在海外设立工厂，为海外相关科研院所提供资金和技术支持，共同合作投资环境保护项目，如东京电力等在海外实施了多项风力发电项目；通过在东京及海外定期召开国际性循环经济发展的相关交流学习会议等形式积极探索发展之路。由于其强大的技术及经验，循环经济相关产业海外市场的拓展起到良好的效果。同样海外市场也为日本的环保型产品与服务提供了广阔的市场。

三 日本首都圈循环经济发展效应分析

日本首都圈循环经济的发展，一方面是实现城市化的指导思路，另一方面是实现经济可持续发展的有效途径。仅仅从表面进行分析，这两个方面的理念并不存在紧密的联系，但是就本质进行分析，这两者都是为了实现城市经济的发展，实现区域资源的合理整合，优化资源配置，实现人口和环境、资源的协调、稳定和可持续发展。

（一）战略定位——建设循环型社会

日本的国土面积狭小，国内资源贫乏，再加之20世纪50年代日本经济高速增长，带来了诸多公害事件，比如水俣湾的水质污染事件、富山县的痛痛病事件、足尾铜矿矿毒事件等。因此，受制于日本本身的资源条件以及经济发展所带来的污染等问题，日本实行循环经济战略势在必行。

20世纪50年代，追求经济高速增长的理念是进行大批量的生产，增加商品的供应，但大量消费在给人们的生活带来改善的同时，还产生了极其严重的后果，就是排放了大量的生活废弃物，而如何处理这些生活废弃物成为政府的重要难题。在那时垃圾处理的方法主要是填埋，而填埋需要巨大的场地，这也给政府增加了巨大的压力。

循环经济的理念就是要对废弃物的排放进行管制，回收、处置、再利用废弃物以达到有效、循环利用，从而降低环境的负荷。日本"循环型社会"就是从整体层面建设具有物质流循环结构的社会，形成资源循环，也可以称之为"资源循环型社会"。2000年，日本通过《推进循环型社会形成基本法》，对"循环型社会"进行了明确的定义，即循环型社会是最大限度地减少废弃物，循环利用以及合理处置废弃物，使得自然资源的消费尽量减少，环境负荷尽量减轻。自此，展开了日本"循环型社会"的构建蓝图。

有了循环型社会建设的战略定位，就要有相应的计划来保障循环经济战略的实施。因此，日本政府提出了新千年计划，这一计划对社会实际状态进行了整体、细致的调研，然后全面服务于日本循环型社会的建设，该项计划从"社会经济系统"和"整备环境技术"两个层面进行了相关举措的制定。

首先，在社会经济系统层面的举措包括：调查世界的先进事例；收集和整理与社会经济相关的数据；调查欧美等国有关循环经济的制度、民意；定量分析循环经济相关的政策效果；研究静脉产业在建设循环型社会中的作用以及如何利用静脉产业推动循环型社会的建设；推进再循环系统的建设，等等。

其次，在整备环境技术层面的举措包括：调查和收集相关的环境技术；调查废弃物污染环境的修复技术；调查研究降低环境负荷、改善水环境系统的技术；完善法律体系，等等。

（二）日本首都圈循环经济发展效率

日本从20世纪60年代开始，就在规划建设日本的循环型社会。而建设循环型社会的理念就是"循环经济"对废弃物的循环利用理念。日本首都圈虽然仅占日本国土面积的9.8%，但是人口却占日本总人口的35%。因此，在日本首都圈，人与土地的关系空前紧张，废弃物的处理对人的影响也更为明显、重要。可以说，日本首都圈的循环经济发展水平在日本经济中占据重要地位。

日本首都圈的循环经济发展水平呈现以东京较为领先，千叶县、埼玉县、茨城县、神奈川县以上靠近东京或者毗邻沿海的县域次之，其余的相距更远的内陆县为相对靠后的格局。20世纪90年代以前，日本对循环经济的重视不够，由于经济发展较为快速，带来了环境污染以及各种社会问题，因此循环经济发展水平主要体现在经济发展水平上。东京循环经济发展水平最高，主要是因为东京都的经济发展水平最高，神奈川县与千叶县次之。由于经济的发展为循环经济的发展提供了较好的管理体制和市场经济体系，从而可以使得循环经济的理念能够更为彻底地贯彻到社会经济的发展中，经济循环取得了显著的成果。

20世纪90年代以后，日本对循环经济愈加关注，循环经济发展的水平得到显著提高，并且发展水平更多地体现在生态系统和社会宜居层面，以经济发展较快，但是环境资源等矛盾较为突出的区域为主。东京、神奈川县是经济发展较快的地区，也是循环经济开始较早的地区，之后日本首都圈也经过数次规划以及产业转型，使得产业的规划更为合理，产业也多升级为互联网、信息等新兴产业及服务业等污染程度较低的产业。茨城县具有较强的信息产业集群，聚集了大量的学校、科研机构、信息企业等，产生了产学研的协同效应，既促进了经济的发展，又保护了环境，对循环经济的贡献较大。

在废弃物处理上，东京联合23区建设废弃物处理设施，并于2000年成立东京23区清扫一部，排除不同区之间的分歧，一致地做到废弃物的合理处理。其中包括不可燃垃圾处理中心、大件垃圾处理设施、飞灰熔融设施，分类处理东京的废弃物。东京在废弃物处理上的努力使得东京的生态系统和宜居系统得到改善。同时首都圈各地对废弃物进行了严格的分类，把可燃垃圾、不可燃垃圾、资源垃圾和大件垃圾分类处理。对于前三类垃圾都要分开放到特殊的垃圾袋，在收集日放到规定的垃圾收集点，没有按规定处理的垃圾不会被回收，大件垃圾，如家电、家具等，可以实行有偿回收。这些举措提高了资源的投入产出效率，使得日本首都圈循环经济的效率有了显著提升。因此，在有了循环经济的发展规划与实施措施后，循环经济发展的水平对经济系统的依赖程度减轻。

经济系统的水平多与经济区位、产业集聚能力相关，而生态系统和社会宜居系统更多靠的是政府的努力。神奈川县、埼玉县和千叶县在经济发展水平上突出，其中神奈川县人口众多，虽然整体GDP较高，但人均GDP较低，循环经济发展水平并没有埼玉县和千叶县突出；茨城县的新兴产业发展较为集中，拉高了经济发展水平，也使得循环经济发展提速；群马县各方面的发展较为均衡，但是整体较弱，这与其处于内陆，离东京较远有关。循环经济的发展不是单一的经济发展，这也是日本开始循环经济的初衷与动机，单纯地依赖经济发展忽略资源、环境问题，带来的结果就是资源匮乏，环境污染严重，不适宜人类生存。

综上，20世纪90年代以后，由于产业转型、首都圈规划，产业得到升级，产业结构及区域结构得到合理规划。发展经济的同时使得循环经济中社会宜居环境、生态环境的贡献更加突出。

第七章 日本首都圈经济发展轨迹

　　东京都、埼玉县、千叶县、茨城县和神奈川县5个地区的循环经济效率较高，各地方政府在循环经济相关方面的措施取得良好的效果。比如，在整备环境技术层面的相关举措，包括：调查和收集相关的环境技术；调查废弃物污染环境的修复技术；调查研究降低环境负荷、改善水环境系统的技术；等等。栃木县和群马县循环经济效率较低，但是处于积极发展阶段，栃木县和群马县日益重视循环经济的发展，不断推动经济结构的优化，处理资源和环境的关系，但是这两个县都处于内陆且离东京都较远，其产业优势不如神奈川县等沿海区域，在高附加值、低资源运用的角度上未达到相应高度，但是如果通过不断地改善生态系统，循环利用资源，优化产业升级，循环经济的发展程度应当不比神奈川等县差。

　　循环经济效率是在日本首都圈循环经济发展现状评价上进行得更为深入地分析。循环经济强调废弃物、资源的再循环、再利用，而循环经济效率的评价就是对资源的投入产出进行对比，对资源的再循环、再利用效率进行评价。对日本首都圈循环经济效率的评价也是从经济系统、生态系统和社会宜居系统三个系统的效率进行评价。循环经济是一个多方面的、可持续性强的经济发展模式，不是只依赖经济发展，还依赖资源利用效率、循环利用效率、废物处理效率等方面。毋庸置疑，日本首都圈的循环经济发展为后来"构筑低碳社会"和碳中和目标的实现奠定了良好的基础。

第八章
日本首都圈的科技创新与产业创新

战后 70 余年来，日本首都圈城市空间建设、经济产业取得健康发展，跃升为全世界经济规模最大的城市圈，其原因是多方面的，但毫无疑问，科技创新是其中的根本动力之一。日本首都圈地区不仅是日本的政治、经济、金融中心，也是科技创新中心。这里有着世界顶尖的科技企业和研究机构，如索尼、松下、日本电气公司等。这些公司通过技术创新不断推动东京的经济发展。此外，东京还是全球最大的高科技产业区之一，这一区域聚集了大量的高科技企业和研究机构，成为全球科技创新的重要中心。科技创新不仅促进了日本首都圈特别是东京城市圈的高质量经济发展，也引领了日本全国的科技创新发展。首都圈各都县政府在落实日本国家科技创新政策的同时，采取多项财政、税收措施，构建区域创新协同中心，有效地促进了区域内部创新，为区域协同发展创造了有利条件。

第一节 日本首都圈高新技术产业创新发展概观

一 日本国家层面的科技创新政策

现阶段日本的科技创新进程主要是以国家为主导，以科技政策为导向，因此在阐述科技创新发展的体制机制方面，就必然需要分析日本科技创新政策制定的体制机制变迁。

(一)日本科技创新政策与"官产学"协同创新机制变迁

日本科技创新政策制定的体制机制经过多次变迁。二战后,日本的科学技术管理体系主要由科技厅、文部省以及其他主要省厅构成,由于各自为政缺乏全局视野,1959年日本成立了"科学技术会议",负责为内阁总理大臣制定科学技术长期发展相关政策提供咨询、审议服务,研究制定长期的综合性科学技术发展方针,并且指导和协调相关政府部门进行计划制定与预算编制工作。2001年,在日本行政体制改革的大背景下,日本政府根据《内阁府设置法》相关条例将"科学技术会议"全面改组为由内阁总理大臣直接负责的"综合科学技术会议",其讨论议题覆盖有关科学技术政策方面的所有问题,组织、规模、权威与职责均远超"科学技术会议"。2012年底,为推进自主创新战略,摆脱依靠技术引进与模仿的影子,日本首相安倍晋三提出打造"全球最适合创新国度"的口号,2013年6月《日本再兴战略》再次强调应进一步强化"综合科学技术会议"的"指挥塔"作用,破除省厅之间的纵向分割,在战略性领域实施政策资源的集中投入,进一步完善科技政策宏观决策体制机制,提升其统揽全局和纵向串联的功能,以实现职能的高度集中与资源的有效投入。2014年,日本政府再次将"综合科学技术会议"改革重组为"综合科学技术创新会议"。"综合科学技术创新会议"是现阶段日本最高的科技政策决策机构,议长由内阁总理大臣担任,议员由内阁官房长官,负责科技创新政策推进的担当大臣,总务省、财务省、文部科学省、经济产业省大臣,日本学术会议议长以及来自教育界、商业有识之士等组成。

另外,在日本科学技术相关的组织构成中,除综合科学技术创新会议之外,与之相关的各省如文部科学省、经济产业省、环境省等内部会设置科学技术政策研究局或者审议会,各省下设独立行政法人、国立大学法人等研究机构,以促进官民连携共同致力于科技研究。除此之外,由内阁总理大臣直接担任部长的各特殊行政机构同样对各领域相关科技创新具有重要影响,如可持续开发目标推进本部、健康·医疗战略推进本部、宇宙开发战略本部、IT综合战略本部、日本经济再生本部等。以日本经济再生本部为例,其在安倍二次组阁不久后成立，与经济财政咨询会议一样成为安倍内阁制定经济政策的核心机构。日本经济再生本部以制定日本经济复苏重要政策"日本再兴战略"为主轴，2016年9月，在日本经济再生本部下设"未来投资会议"，这是日本创设的以讨论经济增长战略为重点的官民组织，意在推进第四次产业革命背景下官民合作对重要尖端领域如人工智能和机器人领域的投资，搭建官民对话机制平台等，由于尖端领域技术发展需要大量投资，而且投资风险较大，通过官民连携不仅可以为前沿技术研发提供大量资金，同时也起到降低投资风险的作用。

日本"产学官"协同创新的历史非常久远，其萌芽期为明治初期的"殖产兴业"时代，之后经历低迷、磨合、复兴、新型发展的变迁历程，经历从自由主义到分工协作，再到共生合作的复杂演化，日本的"产学官"协同创新机制成为独具特色的关于人才培养、知识生产、创新创业的重要制度保障体系，为其他国家提升创新合作能力、建设创新型国家提供了诸多经验借鉴。

在"产""学""官"三者协同合作过程中，日本政府主要负责制定政策，提供资金资助或颁发科研奖励激活创新热情，制定措施促进国际研发交流，促进知识创新的开放性与分享性；学校侧重加强基础教育、高等教育及在职研发人员能力培训等，采取多种办学形式，从初中阶段起，经高中到大学，分梯度培养产业界所需要的从熟练技工到工业技术创新人员的高级人才，适应工业现代化的多重要求；企业则重视为学生提供技术实践基地，向相关研发机构或学校提供科研设备与科研课题，促进研发成果交流与共享，另外企业也会派遣具有国际视野、出色的技术研发人员到学校进行实践指导，或提供奖助学金、人才国际交流机会等协助大学进行创新人才的培养。20世纪80年代之前，日本文献普遍将学术体制称为"学官产"，即突出了学校研究的重要性，后来，在1981年日本产经联发布的《下一代产业基础技术研究开发制度》中出现了"官产学"[1]，即强调了政府主导科技创新的

---

[1] 陈劲、张学文：《日本型产学官合作创新研究——历史、模式、战略与制度的多元化视角》，《科学学研究》2008年第4期，第880页。

地位，但是近年来，"产学官"成为通用的提法，甚至有时候更多强调"产学"合作，即切实突出了企业作为科技创新的主体地位，强调研发与创新实体的深度融合。

20世纪90年代之后，日本政府确定了科技驱动型成长战略，实质性的"产学官"合作受到足够的重视。特别是每期的《科学技术基本计划》均提出促进"产学官"合作的具体要求，从提出加大政府研发投入、引入严格的评价机制，到提出"产业集群计划"、"知识集群事业"，到推进"产学官"从研发初期开展战略性合作、推进特色型国际"产学官"合作，到增设创新战略协议会，完善"产学官"合作成果评价机制，再到现阶段的继续深化"产学官"合作，激励官民共同投资，完善三者创新合作对话机制，强化基础实力，构筑人才、知识、资金的良性循环体系等，日本的"产学官"协同创新的内容愈加丰富、机制愈加完善、目标愈加明确、程度愈加深化，为日本科技创新相关的研发、成果应用与转化提供了重要保障。

（二）现阶段日本主要的产业创新政策

现阶段日本政府出台的整体性科技创新政策主要包括《科学技术基本计划》《科学技术创新综合战略》等，这也是日本现阶段最重要的科技创新政策。

1. 《科学技术基本计划》

为推进自主创新，综合、有计划推进科学技术振兴，1995年在对科技体制进行大幅度改革的同时，日本通过了《科学技术基本法》，这是日本保障科技创新进程的纲领性法律，也是日本推进科技振兴的重要框架。根据《科学技术基本法》的规定，日本应当每五年制定一次推动科学技术发展的基本计划，在日本科技战略规划体系中，最重要的也就是这个每五年制定的《科学技术基本计划》，《科学技术基本计划》实际上是在回顾过去科技发展的基础上，总结经验教训提出未来五年科技发展的基本目标、部署重要任务，具有战略性、系统性、广泛性特点。从《科学技术基本计划》制定来看，第一期《科学技术基本计划》于1996年发布。受2011年3月东日本大地震影响，第四期《科学技术基本计划》（2011~2015年）于2011年8月被内阁会议审议通过，其主要内容是提倡加速科学技术创新，倡导大力推进绿色科技创新和生命科技创新，实现灾后复兴、经济可持续增长与社会发展。第五期《科学技术基本计划》（2016~2020年）由2014年改组的综合科学技术创新会议制定完成，其内容主要围绕构建"世界上最适宜创新国家"、打造"超智能社会"（社会5.0）提出具体的政策措施与目标，与此同时，计划还提出要强化科学技术创新基础，加强人才建设，推进研发资金制度改革，促进人才、知识与资本良性循环，实施科技外交战略，强化综合科学技术创新会议的"指挥塔"职能。另外，第五期《科学技术基本计划》重视对政策目标领域进一步设定更为细致的目标，如到2020年，力争全社会研发支出总额占GDP比例达到4%以上；力争日本论文发表量在世界被引频次排名前10的论文中占10%以上；中小企业专利申请量占总量的比例达到15%，大学的专利许可件数增加50%；未来自然科学领域女性研究人员占研究人员总数比例达到30%；等等。与前四期《科学技术基本计划》的政策着力点不同，第五期计划重视布局日本未来发展，重视与未来产业发展密切相关的研发促进与制度改革等。

2.《科学技术创新综合战略》

为贯彻落实《科学技术基本计划》中提出的各项政策要求，从2013年开始日本政府每年根据科技发展形势变化，制定《科学技术创新综合战略》，具体部署当年重点推进的政策课题，制定详细目标，划分负责部分以及规划具体进度表。尽管《科学技术创新综合战略》在日本科技战略规划体系中的地位次于《科学技术基本计划》，但是直接反映了日本政府推动科技创新发展的具体思路与举措，2013年6月，日本政府制定的《科学技术创新综合战略》即明确提出了"科学技术创新立国"方针[①]，由此，20世纪80年代左右提出的"技术立国"战略方针得以正式升华。目前，日本已于2017年6月通过了《科学技术创新综合战略2017》，实现"超智能社会"

---

① 平力群：《日本科技创新政策形成机制的制度安排》，《日本学刊》2016年第5期，第119页。

依然是核心目标,但是相较于以往,《科学技术创新综合战略2017》将"扩大科技创新领域的官民共同投资"作为新的重点任务进行部署,这既是对日本客观经济现实的重要认识,也是对公私合作共同推进科技创新的国际趋势的响应。一方面,近年来日本政府财政状况不断恶化,政府对科技领域的研发投入一度低迷,日本愈加重视引导民间资本投资技术研发领域,调动官民共同投资积极性则显得尤为重要;另一方面,从国际发展趋势来看,各国均重视官产学研合作交流,科研院所、民间企业与政府在研发领域各取所长、密切配合是大势所趋。

二 日本首都圈高新技术产业创新发展动向

日本首都圈地区具有交通、区位优势,形成了合理的产业分布,同时还具有宜人的自然环境气候。日本政府制定的多项政策为首都圈开展创新活动提供了诸多制度保障,东京圈聚集了日本众多大型企业,并有金融企业作为融资保障,依靠人才、大学以及资金优势,促进了创新企业的集聚,催生了许多创新机构,使得日本首都圈地区成为世界上重要的创新地区。在日本国家的创新理念指导之下,实施诸多创新措施,并取得了许多新进展,具体表现在材料、物联网、半导体产业、金融服务业等方面。进入21世纪后,日本的制造业不断向高端方向发展,制造业内部不断推动转型升级,技术水平不断得到提高,在创新发展方面表现出新的动向,与全国的情况相同,日本首都圈在以下几个领域取得了重要的创新成果。

(一)材料领域

在材料技术方面,日本首都圈地区在逆渗透膜技术方面持续实现创新发展。逆渗透膜是指一种特殊的半渗透膜,能够实现将海水中的盐分分离,从而可以用于制造可饮用的淡水。这一技术最早在20世纪40年代被美国加利福尼亚大学发现,20世纪60年代以后日本开始致力于这一技术的研究开发。日本政府也对这一技术的研发实施了资助。1961年,日本通商产业省工业技术院下属的东京工业试验所开始实施半渗透膜技术的研发。此后,日本首都圈内的大型材料企业也开始致力于半渗透膜技术的研发。例如,日本的大型材料企业东丽、东洋纺、日东电工分别于1968年、1971年和1973年开始进行半渗透膜技术的研究开发。东丽公司通过自主研发，创造出了名为UTC-70的渗透膜，很好地解决了渗透膜的耐盐性问题，并实现了这一技术的商业化。① 东洋纺公司则在用于纯水制造的半渗透膜技术方面寻求突破，该公司通过自主研发发明了兼具耐盐性和高透水性的半渗透膜，被广泛应用于半导体生产和制造方面，为公司获取了较高收益。② 日东电工则开发了名为"NTR-759"的聚酰胺纤维类的复合型膜材料，可以应用于水处理等领域。日东电工将这一材料应用于海水淡化处理方面，在日本的冲绳和福冈等地设立了专门的海水淡化处理工厂，致力于海水淡化，并取得了较好的营业收益，改善了公司的经营状况。③ 由此可见，日本首都圈地区的技术创新，体现在企业积极利用国家的创新政策，实施自主研究开发，并通过有效的技术转化，将自主研发的技术有效转化为商品，从而改善公司的经营状况，提升公司的经营效益，最终实现长期、循环的创新过程。

（二）半导体产业

半导体产业始终是日本制造业最重要的组成部分，也最能体现创新能力的强弱。在日本国家和首都圈创新政策的支持下，首都圈特别是东京城市圈的半导体产业实现了快速发展。在半导体技术领域的创新，带动了日本半导体、电子机械等高科技产业发展，增强了日本高科技产业的国际竞争能力，甚至在美国市场上也具有竞争优势。1995年，世界半导体企业前十中，日本企业占据了五家之多，分别为NEC、东芝、日立、富士通、三菱电机。这五家企业的总部均设置在日本的首都圈地区，因此可以认为是日本首都圈地区半导体产业的代表性企业。可以说，这些龙头企业为日本半导体产业的发展做出了巨大贡献。

---

① 藤原雅俊、青島矢一『イノベーションの長期メカニズム逆浸透膜の技術開発史』、東洋経済新報社、2019年、142頁。
② 藤原雅俊、青島矢一『イノベーションの長期メカニズム逆浸透膜の技術開発史』、東洋経済新報社、2019年、171頁。
③ 藤原雅俊、青島矢一『イノベーションの長期メカニズム逆浸透膜の技術開発史』、東洋経済新報社、2019年、207頁。

但是，在日美半导体协议签署后，日本半导体产业的发展受到阻碍，出现了由盛到衰的转变。从1990年开始，日本半导体企业的产品在世界市场中销售份额开始下滑。在世界半导体市场中，日本企业销售份额从1990年的50%，下降至1996年的40%，到2005年时则进一步下降至不到30%。与此相对应的是，韩国和中国台湾地区的半导体企业在世界市场中所占有的销售份额则不断上升，从1990年的不到40%，上升到2005年的超过50%。

为此，日本半导体产业积极向产业链上游转型，加强半导体装备制造和半导体原材料的生产和技术创新。在这一过程中首都圈的重点企业发挥了引领作用。由NEC、日立、东芝等13家半导体企业共同出资700亿日元，主要研制电路线宽为65纳米的IC芯片；"HALCA"项目除进行实用化制造技术的研究外，还进一步研究高速度、节省能源等技术。[1] 日本还十分重视半导体装置的研发和制造，在检查设备、单晶体成长装置、扩散炉、划针制造、贴片机、树脂成型装置等方面处于世界领先水平。[2] 另外，日本的半导体产业通过技术创新在半导体原材料方面也具有优势。

（三）物联网

物联网是日本政府重点发展的领域，东京城市圈也积极推进物联网领域发展。2007年，东京都提出"东京无所不在计划"，在东京都范围内推广物联网的使用。该计划在银座、新宿等地区实施了物联网部署。其中，"东京银座购物区试验计划"范围涵盖其地面商场及地下街道，并可提供英文、日文、韩文、繁体中文、简体中文5种不同语言操作。整个银座区域内设置上万个RFID标签，系统平台可将道路方向、商店折扣及餐厅菜单等资讯，用信号台传送到游客或消费者的手持式接收器上，手持接收器配有3.5寸OLED触摸屏，具备RFID识别、红外线扫描、429MHz无线传输、Wi-Fi及蓝牙传输功能。游客也可以通过手机读取二维码，获取包含商店资讯、地图路线、观光资讯、设施导游等旅游信息。只要手持此移动装置，游客无论想

---

[1] 冯昭奎：《日本半导体产业发展的赶超与创新》，《日本学刊》2018年第6期，第1~29页。
[2] 伊丹敬之：『日米半導体産業の比較研究』NTT出版，1988年，192頁。

找哪家名店喝茶或哪家精品店购物，都能快速获得资讯。① 此后，东京还实施了第二、第三阶段的计划，将新宿、银座等地的服务信息整合。

（四）人工智能与汽车产业领域

首先，日本政府注重发展人工智能产业，日本首都圈地区政府也积极推进这一领域发展。2019 年，东京发布了《东京 2020 机器人计划》，充分发挥日本在人工智能和机器人领域的技术优势，努力促使东京成为世界领先的人工智能和机器人创新高地。此外，这一文件还表示，要在 2020 年东京奥运会期间充分利用各种人工智能和机器人技术，为运动员和观众提供服务，展现能够改变未来的创新技术。② 此外，2017 年东京还发布了《东京举措 2017》，提出重点发展的五个领域，其中包括制造与机器，以及自动驾驶和出行服务。③

其次，日本首都圈地区的汽车产业持续创新。战后日本政府将汽车产业确定为主导产业，十分重视汽车产业的技术创新，注重吸收国外先进技术，并在吸收和模仿的基础上实现自主创新。丰田公司和本田公司均为日本大型的汽车公司，均在东京设有公司总部，这两家公司的创新发展具有代表性。丰田公司持续学习福特生产方式，根据日本自身的习惯不断实施改造，最终创造出了具有多品种、小批量特点的丰田生产方式，极大地提高了丰田公司的生产效率。此外，丰田公司通过自主创新在混合动力方面的技术处于世界领先水平，有效地降低了汽车的尾气排放，这一技术被用于该公司小型汽车的生产上，成为丰田公司的优势。本田公司自主开发了复合涡流控制燃烧式发动机，不仅提高了性能，而且兼具有害气体排放数量较少的优点，为此被广泛应用于该公司的小

---

① 赵经纬：《东京：树立物联网、低碳信息化样板》，《通信世界》2010 年第 7 期，第 55 页。
② 東京オリンピック・パラリック準備局：『さまざまなロボットが大会をサポートする「東京 2020 ロボットプロジェクト」が本格始動』［EB/OL］. https://tokyo2020.org/jp/news/notice/20190315-02.html。
③ 刘平：《日本以互连产业为核心的数字经济发展举措》，《现代日本经济》2019 年第 4 期，第 24~33 页。

型车辆的生产上，这极大推动了本田公司的汽车销量增长，提高了公司的经营效益。①

第二节　日本首都圈知识密集型服务业的聚集与创新

一　知识密集型服务业的重要性

知识密集型服务业，特别是知识密集型商务服务业（Knowledge Intensive Business Service，KIBS）在东京圈的集中度较高，而且在城市科技创新机制中发挥重要作用。典型的例子是在ICT、金融服务、研究开发等领域活动的事业所，雇佣高级专业人才并产生知识资产。当今，如果说人口向东京圈集中引领了日本的经济增长，那么在很大程度上应该归功于这些知识密集型服务业的活动。

在以下讨论中，将重点关注知识密集型服务业中的信息通信业、学术研究和专业技术服务业以及金融保险业。②许多先行研究表明，人口向大都市集中对金融服务业生产力增长率有正向贡献。这也表明，在讨论人口向大都市集中与经济增长的关系时，必须关注包括金融保险业在内的知识密集型服务业的研究。

首先来看一下日本知识密集型服务业的贡献率。图8-1是1996~2013年各行业对实际GDP增长率的贡献度。制造业贡献最大，除此之外，贡献

---

① 张玉来：《产业政策与企业创新——日本汽车产业成功的启示》，《南昌航空大学学报》2008年第2期，第25~32页。
② 作为知识经济中很有前途的产业，"生命科学"和"医疗保健"等产业已经引起了人们的关注，但由于统计上的困难，这里没有涉及。《企业选址促进法》的基本计划显示，这些"行业部门"与日本标准产业分类中的制造业的行业部门相同。在许多情况下，这些"产业"似乎主要是以日本标准产业分类中的制造业（特别是食品和化学品）来定义的。

较大的是信息通信业和对事业所服务业。事业所服务业的内容多种多样①，其中一部分被归类为学术研究和专业技术服务业。如果说房地产租赁业主要租金是依靠自有房屋出租赚取，而包括保健、卫生在内的公共服务业是随着老龄化加速而数量扩大的部门的话，那么通过创新对经济增长做出贡献的主要是制造业、信息通信业、对事业所的服务业。而在此期间，金融保险业的贡献为负。

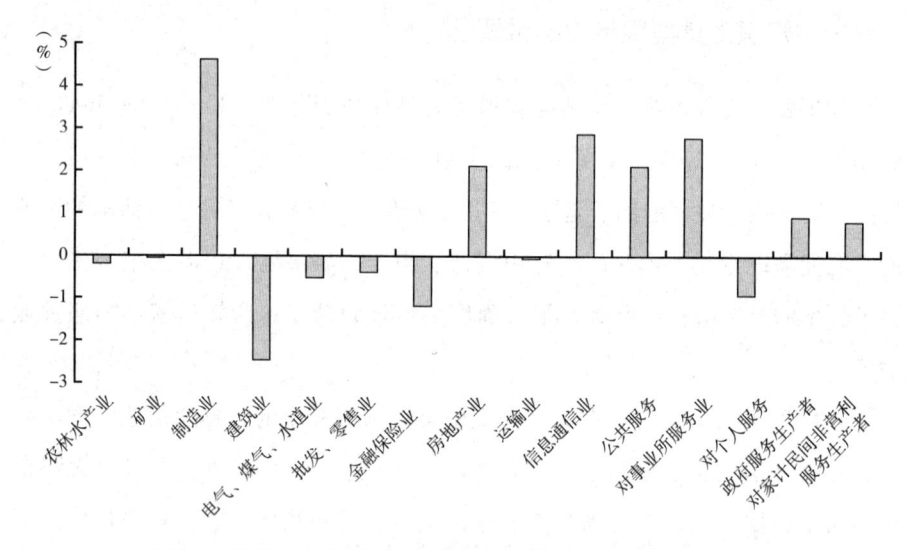

图 8-1 各行业对实际 GDP 增长率的贡献度（1996~2013 年）

资料来源：根据内阁府「国民经济计算」数据制作。

20 世纪 90 年代后半期，ICT 的普及爆发性地推进，在美国宣传新经济的时期（IT 泡沫时期），日本的信息通信业大幅度增长，但是之后平均增长率有放缓的倾向。与之相比，对事业所服务业的增长率似乎保持稳定。金融保险业在金融危机的背景下，到 21 世纪前十年的中期之前都是负增长，雷曼冲击之后稍有恢复。

但值得关注的是，知识密集型服务业在东京圈的集中度较高。如图 8-2

---

① 包括广告业、办公用品租赁业、汽车和机械维修业等。

所示，截至 2010 年，按全部就业者计算，东京圈的集中度为 28%，近畿圈为 13%，而东京圈的金融保险业、信息通信业、学术研究和专业技术服务业的集中度均远高于这一水平。与此相比，近畿圈的学术研究和专业技术服务业明显高于就业者合计的集中度，但金融保险业与之相当，信息通信业则较低。特别是信息通信业在东京圈的集中度非常高，完全处于"一极集中"状态。有了这么多的集聚，东京圈应该是以信息通信业为中心带动日本经济增长，但实际情况如何？

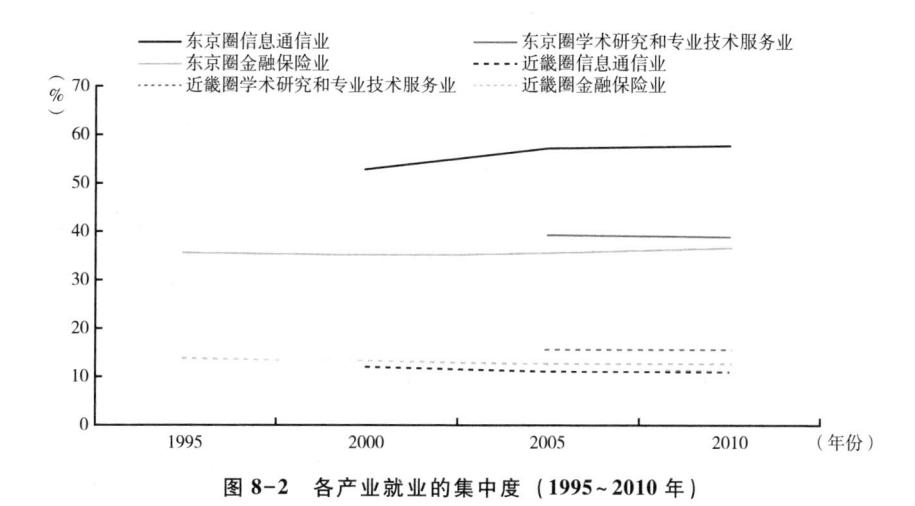

图 8-2　各产业就业的集中度（1995~2010 年）

资料来源：根据総務省『国勢調査』数据制作。

二　知识密集型服务业的集中度和生产率的关系

从海外的实证研究结果来看，在发达国家，人口向大城市集中本身并不能促进经济增长。如果说有可能的话，那就是信息通信业等知识密集型服务业的集中，但就东京圈而言，除了 IT 泡沫时期之外，没有证据表明这有力地推动了东京圈的经济增长。但是，如果只是按照时间顺序来跟踪经济增长率，其与集聚的关系是不清晰的。[1]

---

[1]　西崎文平『東京一極集中と経済成長』JRIレビュー 2015Vol.6。

东京圈内知识密集型服务业集聚，其中信息通信业是"一极集中"的典型案例。但是，一般来说，如果在这些行业集聚的优势特别大的话，全世界都有可能发生同样的情况。OECD各国家中，与首位城市相近地区就业者人数的集中度与附加价值（域内生产总值）集中度的关系（全产业）相对比较一致，例如，日本东京城市圈就业者不到三成，附加价值为三成多，差别不大。首位城市通常生产力相对较高，因此，以附加价值为基础的集中度往往超过就业人数的集中度。无论是金融保险业、信息通信业还是学术研究和专业技术服务业，在任何国家都无一例外地超过了就业者总人数的集中度，可见知识密集型服务业以寻求集聚的好处更容易向首位城市聚集。此外，各国大致共同的趋势是，信息通信业集中度最高，其次是金融保险业、学术研究和专业技术服务业。其中，在日本，信息通信业在东京的集中度为60%，与其他国家相比较高，存在例外的是金融保险业的集中度低于学术研究和专业技术服务业。东京圈的特点是三个部门的附加价值集中度差别不大。这主要是因为信息通信业的附加价值没有达到就业者集中的程度。换言之，东京圈内信息通信业的集聚，并没有带来与之相匹配的高生产率。另外，东京圈的学术研究和专业技术服务业的集中度相对较高。此外，金融保险业由于就业者集中度本来就低（与全产业的就业者集中度相比），附加价值集中度也低。在信息通信业方面，尽管东京圈的就业者集中度从国际上来看较高，但附加价值的集中度并不是很高，其主要原因有几种可能性。这可能是以下这些因素综合作用的结果。

第一，可能是由于该领域的就业者绝对数量太大，即使进行集聚，优势也没有扩大的余地。尽管信息通信业就业者人数集中度较高的首位城市还有很多，但东京圈在绝对数量上是出类拔萃的。此外，不仅是信息通信业，日本的人才流动性较低。开放式创新举措的滞后，使得就业者与公司外的联系局限于较小的范围。对于通过面对面交流的创新来说，通常越集聚应该是越好的条件，但如果交流的范围本来就有限，那么好处的扩大到头也就不奇怪了。

第二，可能是日本企业的信息相关投资偏向于业务效率化、成本削减，在订单方的信息相关企业中创新的空间有限。从目前发达国家的趋势来看，作为创造新的商业模式和组织模式的工具 ICT 已经超越了单纯的效率工具，但在日本，这种趋势似乎很弱。[1] 实际上，与欧美和亚洲的企业相比，从信息技术相关支出的明细来看，日本企业"系统运用费用比率较高，战略投资不足"[2]。

第三，可能是日本企业运用的系统没有充分标准化产生的影响。对遗留系统必须逐一处理，在接受系统订单的企业或技术者之间触发想法交流的余地变小。可以认为这可能稀释了信息相关企业集聚的优势。

通过对日本国内东京城市圈与其他地区相比较，也可发现知识密集型服务业向东京圈集中是否与生产率高有关。在总务省的"经济普查"中，可得到东京都区部、政令市的各产业的从业者人数和劳动生产率的数据。之所以不着眼于都市圈和都道府县，而是着眼于都区部、政令市层面，是因为知识密集型服务业的选址偏向于这些地区。通过调查可知，各部门的结果差异很大，在知识密集型服务业中，学术研究和专业技术服务业、信息通信业如预想的那样，集聚的好处很大，但在金融保险业中，生产率和从业者人数之间没有发现相关性。此外，在其他部门中，批发零售业、房地产和货物租赁业的集聚优势很大。值得注意的是"信息服务业等"，许多城市的从业人员年收入都控制在 600 万~700 万日元的范围内，这表明东京都区部的高产业集聚可能并没有带来高的生产率。[3]

在学术研究和专业技术服务业贡献较大的背景下，同样通过"经济普查"的数据，对同产业的明细进行了内部分类的调查。虽然是都道府县级的数据，但如果将东京都与大阪府进行比较，专业服务业（未被分类到其

---

[1] 根据康奈尔大学、欧洲工商管理学院和世界知识产权组织的 2014 年全球创新指数，日本在"信通技术和商业模式创造"方面排名第 19 位，在"信通技术和组织模式创造"方面排名第 35 位。
[2] 经济产业省经济产业政策局（2014 年 10 月 24 日）《关于大数据和人工智能（秘书处的说明材料）》（讲义 3-3，日本创造"赚钱能力"第七研究小组），第 54 页。
[3] 総務省「経済センサス」（2012 年）数据。

他行业）和广告业的生产率差异较大①，学术研究和专业技术服务业（未被分类到其他行业）的生产率差异较小。一般认为，专业服务业的附加价值比重特别高，对东京的平均生产率贡献很大。其中，税务师事务所、管理顾问、纯粹控股公司等在附加价值基础上的权重较高。这些行业反映了总公司功能的重点在东京的比重特别高。东京专业服务业生产率的高低在一定程度上也是由于这一比重的不同，在论述集聚的生产率效果的基础上，有必要对此进行综合考虑。

三　日本首都圈科技金融的迅速发展

从上述分析结果可以看出，日本首都圈金融保险业的生产率和从业者人数之间不存在相关关系，这说明金融保险业的创新能力还有待提高。为了扭转这一局面，日本首都圈加强了科技金融的开发与发展。

科技金融是社会科技创新体系的重要组成部分，对于促进社会科技创新、发展以及变革的实现都起到巨大的支持作用。日本的大型金融机构，如三菱UFJ银行集团、瑞穗银行集团、三井住友银行集团等大型的金融集团总部均设置在日本首都圈地区。此外，与金融业发展密切相关的日本中央银行，以及具有监督管理职能的日本金融厅均位于日本的首都圈地区。为此，这些金融机构的创新发展动向具有代表性。

从20世纪80年代开始，越来越多的日本企业包括制造业和服务业企业，如住友财团和丰田公司等跨国公司均将其本部搬迁至东京。这导致在东京上市的公司越来越多，东京证券市场的规模也越来越大，从而有利于在日本首都圈地区开展创新，因为这些企业能够在东京获得更多、更好的融资渠道。日本首都圈逐步成为日本规模最大的证券交易中心，占日本证券交易总

---

① 从劳动生产力的水平来看，学术和研究开发机构的数字在东京是1260万日元，在大阪府是1010万日元；而专业服务行业（未分类）的数字在东京是1460万日元，在大阪府是1010万日元；广告业的数字在东京是1370万日元，在大阪府是700万日元；技术服务业（未分类）的数字在东京是560万日元，在大阪府是470万日元。

量的80%，拥有日本最大的证券交易所。①

目前日本的首都圈地区已经成为日本金融科技发展的重要核心地区。2017年11月，东京都政府制定了《全球金融城：东京愿景》，旨在使东京成为无与伦比的全球金融中心。该政策概述了该市应采取的形式、应采取的具体措施以及实现这一愿景所需的结构。

在日本政府以及首都圈地区政府的积极推动之下，日本的金融企业也在积极探索金融领域的创新发展。例如，三菱UFJ银行集团（MUFG）于2015年成立了数字创新部门，并于2016年启动了MUFG数字加速器项目。三菱UFJ银行与美国科技公司AKAMAI合作开发了基于区块链的支付系统，并进一步推出属于三菱UFJ银行的加密货币MUFG COIN。瑞穗银行集团计划在未来十年内裁员数千人，以利用人工智能（AI）和机器人技术提高效率和利润。

目前，日本已经在一些金融科技领域成为世界领先者，包括分布式账本技术（DLT）、区块链、机器人顾问、个人理财（PEM）等。例如：FREEE提供了一个自动化的在线会计软件，可以与银行账户同步，自动创建财务表；FOLIO提供在线金融服务，允许通过使用机器人顾问来配置客户的资产，从而实现多样化的投资组合；日本金融厅则建立了名为QUOINE的加密货币交易所，提供基于区块链技术的金融交易服务。这些措施均在世界上处于领先地位。

但是，金融保险业附加价值集中度低也是日本的一个特点，其中一个原因是对比全产业就业者人数集中度，金融保险业就业者人数集中度低。作为其背景，首先可以指出，在以间接金融为中心发展起来的日本金融体系下，包括"邮储银行"在内，至今金融机构仍广泛分布于全国。与此同时，金融服务的多样化和全球化进展缓慢，在东京圈与人口的入超相比较，扩大金融业务的动力较弱。尽管存在长期金融体系危机的后遗症和亚洲地缘政治条

---

① 杨东亮、李春凤：《东京大湾区的创新格局与日本创新政策研究》，《现代日本经济》2019年第6期，第80~92页。

件的恶劣，但在税制、规制、基础设施、国际领导力等方面与伦敦等相比，不得不说日本对国际金融中心构想的投入力度有所不足。

四 知识密集型服务业的集聚和企业开业率

企业新陈代谢带来创新并提高生产力的机制是增长理论中的重要观点之一。因为现有企业进行研究开发也会产生创新，而新企业可能擅长创造划时代的创新。既然如此，大都市人口和企业活动的聚集就会发挥所谓的孵化器功能，开业（以及由此产生的停业）盛行，由此就浮现出大都市主导的经济增长的事件。从这一观点出发，将着眼于将企业开业率作为创新的代理变量，并探讨其与事业所的集聚有何关系。东京都区部、政令市的数据并不一定显示出事业所集聚越高的都市开业率越高的关系，这表明东京圈的开业并不显著活跃。[1] 一般情况下，开业的动机和业务的增长潜力是多种多样的，例如，由于没有其他就业机会，许多人不得不选择自营业务（在这种情况下，即使业务继续存在，引领地区创新的可能性也很小）。[2] 因此，在观察开业率时，最好也能聚焦知识密集型服务业。

在都市中集聚的好处包括多样化的劳动力、高质量的基础设施、容易与附近的合作伙伴建立关系等，这些都是开业的有利条件。但同样存在办公室租金高、工资高、拥挤现象等劣势，集聚能否提高开业率并不明显。特别是大都市的高成本，对于资金受限的新进入者来说可能是一个很大的障碍。

虽然由于定义不同，很难对开业率进行国际比较，但作为替代，从全球企业家监测的"创业活动从事者比例"（2013年的调查）来看，在OECD

---

[1] 在关闭率方面，东京都区普遍高于其他政府指定都市（在所有行业和信息通信行业中仅次于仙台，在金融和保险行业中仅次于大阪和相模原。学术研究和专业技术服务部门最高）。人们认为，由于成本过高，无利可图的机构可能会被淘汰。
[2] 实证研究中经常报告的创业率和失业率之间的正相关关系表明，事实上有许多这样的案例，人们出于需要而选择自营职业。

成员国中，日本的这一比例仅次于意大利，位居第二低。① 其主要原因是，例如，在日本，大、中型企业的研究开发特别盛行，经济长期低迷反而造成了创业的低潮等。同时，也暗示了在日本大城市集聚的孵化功能可能没有充分发挥作用。但是，这一点需要通过调查都市规模的不同如何影响开业率来确认。

应该如何解释这些结果？一般而言，从比较考量利弊的观点来看在聚集地开业，不少地方较大的都市比东京圈更有利。优点方面，因为开业时事业规模很小，为了获得诀窍和经验，分配给人员交流的时间很有限，即使招募职员也是少数人。在这种情况下，虽然要根据计划开展的项目内容而定，但只要有地方大都市程度的规模，其人才储备、创新优势与东京圈并无太大区别。缺点是办公室租金和工资（包括经营者自身的机会成本）等经费，以及与现有经营者的竞争严峻，但由于开业时缺乏资金和信誉，对这些缺点的敏感度较高，因此，如果优点相差无几，则完全可以选择避开东京地区。在关于开业率决定因素的各种研究中，事业所密度等与聚集有关的变量有时会产生负面作用，这是因为这些变量反映了办公室租金等（工资以外的）成本和竞争的严峻性。

从以上内容可以再次证实，在可能导致创新的开业活动中，由于成本方面的劣势，东京圈并不是特别活跃。相反，东京具有的高雇佣吸收能力是通过既存企业扩大雇佣的形式来实现的。此外，在地方大都市中，也有在开业率高方面表现出良好的地方，今后，这种动向是否会进一步扩大，值得关注。

第三节　日本首都圈科技创新主要举措与经验解析

日本首都圈的高端制造业、半导体行业和金融服务业等均通过不断的自

---

① 日本的创业活动率低是一个众所周知的事实，这个数字被省略了。其他排名较低的国家包括法国和德国，在顶级都市有不同程度的集中。这表明很难找到大都市的集中和新业务的增加之间的关系。

主创新，成为具有优势的产业部门，这与日本国家以及日本首都圈地区的创新环境构建、创新政策的实施密不可分。在世界知识产权组织2017年"全球100强创新城市"评选中，从东京至横滨的东京湾地区整体入选，呈现连成一片的创新高地，产生了积极的聚集效应。

一　日本首都圈地区产业创新环境的构建

日本首都圈地区在落实和贯彻国家层面的创新环境政策的背景下，积极完善与构建首都圈地区的创新环境，推动在日本首都圈内的企业实施创新，促进企业的研究与开发活动。

（一）国家引领，创造良好的创新环境

日本在泡沫经济崩溃后，经济增长长期低迷，被称为日本经济"失去的三十年"。泡沫经济崩溃后，日本的企业和个人均致力于"资产负债表"修复的过程中，对于设备投资需求下降，导致日本资本投入增长陷入困境。与此同时，日本的人口老龄化问题日渐突出，导致日本的劳动力投入增长面临瓶颈。在这种背景下，日本政府以提高全要素生产率为政策导向，持续完善创新环境，试图通过推动加强科学技术创新，带动日本经济增长。日本始终注重对于科学技术研究开发的引领与指导工作，从国家层面出发制定科学技术发展计划，指定需要加强研发的领域，促进日本的创新与研发。日本在1995年制定了《科学技术基本法》，根据这一法律每五年制定一次"科学技术基本计划"，从长期的角度审视日本需要通过创新重点突破的科学技术领域。2016年，日本制定了"第五期科学技术基本计划（2016~2020年）"，指出日本未来的科学技术领域的创新需要集中于机器人、传感器、生物技术、材料科技、物联网系统、人工智能等方面。

（二）积极构筑国家创新体系

为提高日本的创新水平，日本政府积极致力于构建国家创新体系。经济产业省、文部科学省等政府部门共同合作，导入"公开申请研究项目"的制度，完善了日本的科研项目资金的分配制度。此后，日本的大学及研究机构的科研项目资金来源不再仅限于文部科学省，还可以自主申请来自新能源

—— 第八章 日本首都圈的科技创新与产业创新

产业技术综合开发机构、日本学术振兴会、新技术开发事业团体等部门的研究经费。与此同时，日本政府还构建了国家级技术开发项目制度，用于促进工业、医疗、环境等方面的科学技术发展。例如，日本政府推动构建了大型工业技术研究开发制度、产业科学技术研究开发制度、医疗福祉机械研究开发制度、地球环境产业技术研究开发事业制度等。日本首都圈的大学和研究机构积极参与了日本政府所推动的教育、科研经费改革活动，开始导入竞争性研究课题申请制度。

（三）设置七都县市首脑会议

东京都与六县市相协调，设置七都县市首脑会议（现在为九都县市首脑会议），协调首都圈地区的创新发展问题。日本首都圈地区具有推动创新的基础条件，创新要素齐聚，主要的制造业工厂、信息通信和服务业企业、批发零售企业、高等教育和研究院所、金融服务机构、医疗健康养老机构基本位于东京，这成为日本首都圈地区推动创新的最基础的条件。但是首都圈地区涉及一都七县，这是一个非常广泛的地区，而且各地区之间也不是隶属关系，而是平级关系，很难通过行政命令的方式，完成和贯彻日本政府所实施的创新政策。为此，日本首都圈地区的地方政府间设立了七都县市首脑会议（现在为九都县市首脑会议），用以协调首都圈间的创新发展问题。

为鼓励日本首都圈地区企业开展创新活动，从 2010 年开始，九都县市首脑会议还对地区内有一定创新成果的企业实施颁奖措施，设立了"九都县市产业技术表彰"措施，表彰做出一定创新成果的企业。被表彰企业涉及的行业非常广泛，包括汽车零部件、电子信息、半导体材料制造等。[①] 九都县市首脑会议定期召开"首都圈联合论坛"，邀请首都圈内的民营企业参加，从而促进地方政府与民营企业之间的沟通，促进创新活动的开展。通过九都县市首脑会议的召开，有效协调日本首都圈地区关于创新技术政策的相关问题，促进日本首都圈地区的创新发展。

---

① 九都県市首脑会議『九都県市のきらりと産業技術表彰』、http://www.9tokenshi-syunoukaigi.jp/activity/kirari.html。

（四）日本首都圈将自身政策融入国家创新体系

日本首都圈地区积极落实日本国家科学创新基本政策，将自身的产业创新政策融入国家创新体系之中。日本的创新和研究开发主要在大企业的研究所完成，为此日本首都圈地方政府着重落实日本国家的创新发展战略，促进科技创新。根据日本的第一期《科学技术基本计划》，首都圈地方政府积极明确大学技术成果转化的法律地位，允许大学教师在技术转移机构中兼职，延长国立大学的专利优先使用权。在第二期计划中，首都圈地方政府积极调整大学知识产权管理制度，制定共同研发额扣税机制。在第三期计划中，首都圈地方政府向创新能力强的大学派遣官员协调科技成果转化问题。在第四期计划中，在首都圈地区积极培养复合型技术管理人才，建立技术人才培养体系。在第五期计划中，调整技术创新体系，强化大学技术创新的贡献能力，增强技术的商业转化能力。通过积极运用日本国家的创新政策，日本首都圈地方政府采取政策，积极提升创新水平，落实日本国家的政策要求。

二 日本首都圈地区促进产业创新的政策

日本为促进企业开展创新活动，实施了诸多促进创新的技术政策，日本首都圈地区的政府也积极落实这些政策，促进日本首都圈地区的企业开展创新活动。

（一）财税措施并举，促进中小企业研发

日本在国家层面，财税措施并举，注重促进中小企业研发。中小企业是日本企业的重要组成部分，其数量占到日本企业总数的99%以上。但是，近年来日本中小企业的全要素生产率增速与大企业的差距不断扩大，在20世纪80年代中后期日本大企业与中小企业的全要素生产率增速差距还在1个百分点左右，但是到21世纪初期这一差距不仅没有缩小，甚至扩大到2个百分点左右。为此，日本政府采取措施提高中小企业的技术创新，提高全要素生产率，主要的措施包括以下几点。

第一，通过税制改革，激励中小企业开展研究开发。根据研究开发费用增长率计算税收抵扣率，中小企业的税收抵扣率可以达到12%~17%；当研

究开发费用增速超过5%时,还可以将税收抵扣率再提高10个百分点。此外,根据《中小企业管理增强法》,制定了管理改善计划的中小企业,不仅可以享受固定资产的减税措施以及折旧方面的优惠措施,而且可以在实施设备投资时享受来自日本政策金融公库的低息贷款。

第二,对实施基础性研究开发的中小企业实施补助。对于高端制造、跨学科新兴产业以及现代服务业领域的中小企业所开展的基础性研究开发实施政府资金补助,2017年这一项目的补贴金额达到1130亿日元。

第三,建立中小企业技术革新制度,推动新兴产业发展。为进行新兴技术研究开发的中小企业实施财政补贴,并通过日本政策金融公库向中小企业实施低息贷款,促进研究开发成果的商业化进程。

日本政府侧重对实施创新的企业给予减税优惠和补助金。例如,日本在20年前就开始支持氢能源电池的研究和开发。日本的各个县市都设有工业研究所,这些工业研究所主要是支持各个地方的中小企业发展,通过贷款和设备投资等方式支持中小企业的研究开发。

（二）推动产业集群计划

关东经济产业局推动产业集群计划,提升产业国际竞争力。为推动首都圈内企业创新,创造具有国际竞争力的产业集群,日本首都圈的有关部门积极落实日本政府关于促进企业创新的财税政策。[①] 日本首都圈地区促进科学技术创新、推动产业发展的主要工作由日本经济产业省下属的关东经济产业局负责完成。关东经济产业局设立了"区域产业振兴计划""生物风险企业创立计划""IT风险企业创立计划"三个专项计划。按照各区域的不同禀赋,选择对应的区域实施。涉及的产业领域包括电子机械、运输机械、精密机械、机器人产业、生物技术产业、信息技术产业等。在实施这项计划时,除了主要由关东经济产业局推动以外,同时还要求各地区的商工会议所,以及大学和研究院所共同参与实施。主要对区域内的企业实施政策、资

---

① 吴松:《日本政府促进区域创新的政策措施与启示》,《全球科技经济瞭望》2011年第4期,第60~72页。

金和设施的扶持与帮助。具体政策包括以下几点：（1）促进区域内研究开发，对实施重点领域创新的中小企业实施资金补贴；（2）促进创新成果转化，促进中小企业的技术转化为商品；（3）鼓励中小企业对新兴技术实施投资，政府对此实施相应的补贴，加速中小企业折旧，实施针对中小企业的税收优惠，对中小企业的先进设备采购实施补贴；（4）利用大学和研究机构的平台，培养中小企业创新人才和管理人才；（5）促进大学、研究机构和中小企业之间的技术交流，形成技术交流和创新平台；（6）引入金融机构，对区域内企业实施融资支持。[①]受到这些政策措施的影响，日本首都圈地区形成了7个较大规模的产业集群，有效促进了区域内创新网络的形成，促进区域内企业开展技术创新。

（三）构建知识集群

日本首都圈实施知识集群计划，构建首都圈区域创新体系。推动知识密集型产业发展，是促进区域内创新活动的重要组成部分。日本首都圈地方政府，根据文部科学省的计划，选定知识集群计划推进区域，自主推进知识集群计划工作，从而促进区域内部创新体系的形成。日本首都圈知识集群计划的实施主体为日本首都圈地方政府所指定的综合协调机构（财团法人），其负责协调区域内的创新主体，参与者包括区域内的研发机构，如大学和科研院所等。所涉及的领域主要包括环境保护、生命科学、新纳米材料、信息通信等。主要采取的措施包括：（1）提供科学技术咨询服务，引导科学研究机构的技术创新；（2）促进大学、研究机构等根据企业与市场的需要开展研究活动以及技术创新；（3）促进研究成果的专利转化，以及研究成果的商业转化；（4）为研究成果的发表提供资助；（5）对区域内的创新主体提供资金补助，每年实施的补助金额为5亿日元。[②]在这一政策的推动下，取得了良好的经济效果。例如：在长野上田智能装备集群中，中小企业的相关产品销售额达到

---

① 経済産業省地域経済産業グループ『産業クラスター計画の現状と課題（広域関東圏における産業クラスター計画）』，https://www.nistep.go.jp/seminar/017/017_%27。
② 文部科学省『地域科学技術振興』，https://www.mext.go.jp/a_menu/kagaku/chiiki/index.htm。

5000万日元,并开拓了数亿日元的新市场;在滨松光电子集群中,总共有12个产品实现了产业化,销售额累计达10亿日元。[①]

日本首都圈地方政府,充分利用日本政府对中小企业创新的财税措施,积极创造产业集群和知识集群,促进区域内创新活动,并积极引导区域间的合作与协调,从而使得区域内各创新主体呈现互补关系,进而促进日本首都圈地区内形成创新网络。

三 日本首都圈地区"产学官"合作的深化与进展

"产学官"合作是日本促进创新政策的重要组成部分,日本首都圈地方政府也非常注重推动地区的"产学官"合作,从而促进当地的技术创新。

(一)完善"产学官"合作,实现创新驱动

在国家层面,完善"产学官"合作,实现创新驱动。为充分调动日本各个领域的人才和资源,完成日本政府所制定的科学技术发展目标和规划,日本政府积极推进在创新领域的"产学官"合作,主要包括以下几个方面。首先,从制度层面,完善创新环境建设。例如,在1999年和2000年分别制定了《产业活力再生特别措施法》和《产业技术力强化法》,采用财政补贴、税收优惠等措施促进日本企业实施创新性设备投资以及开展研究开发活动。其次,积极推动大学制度改革,推动大学研究成果的转化。允许大学的教师和研究人员到公司从事研究开发的兼职活动,推动国立大学出资建立初创企业,设立专业硕士制度提高人才培养的灵活性。最后,构建"产学官"领域的合作创新平台。举办"产学官合作推进会议",设立"先进技术创新基地""科学技术转让基地"等创新合作平台,促进产、学、官三方共同推进创新活动。由日本政府来提出研究方向,由大学、企业组成研究团体,日本政府提供资金支持。

(二)构建首都圈"产学官"合作平台

在20世纪90年代中后期,实施区域研发中心扶持计划,促进日本首都

---

① 浜松・東三河地域オプトロニクスクラスター,https://www.hai.or.jp/optronics/。

圈地区"产学官"合作平台的形成。这一计划的主要措施为：日本政府下属的科学技术振兴机构（JST）制定区域内的科技中介机构，科技中介机构负责协调区域内部的产、学、官三方，构建"产学官"合作平台，挖掘具有价值的科学研究成果，并促进科研成果转化。[①] 具体的措施为：日本政府派驻科技联络员负责对区域内的科技现状、研发需求和有潜力的科研课题开展调查研究，并成立研究会联系当地的科研机构和企业，从而构建起"产学官"合作平台。此后，在充分调查的基础上，制定研究成果转化计划书，制定政策和措施，帮助具有市场潜力的科学技术转化为商品。1996~2005年，日本首都圈地区的长野县、神奈川县、群马县均参与到区域研发中心扶持计划之中，接受了日本政府派遣的科技联络员，并以此为契机创立了一系列以地方政府为主体的"产学官"合作项目。例如神奈川县推出了神奈川研究开发网络构想项目、静冈县推出了"产学官"合作联络员体制机制强化合作项目等。[②] 这些措施为日本首都圈地区构建"产学官"合作平台打下了基础。

（三）建立区域协同创新服务中心

为了全面推动地方"产学官"合作平台的构建，日本政府2001~2004年设立了"区域协同创新服务中心"，进一步推动地方政府与区域内的科研机构和企业等开展科学技术合作。"区域协同创新服务中心"的主要政策为通过派遣科学技术联络员，积极收集区域内大学、研究机构的科研成果，以及区域内企业的需求信息，通过区域协同创新平台，整合来自大学、研究机构以及企业的信息，对接关于科学技术的供给和需求，从而加强区域内的系统创新能力。此外，对于有潜力的科学技术研发工作，区域协同创新平台会给予一定的资助和资源支持，加快这一技术从研究开发到

[①] 国立研究開発法人科学技術振興機構『地域研究開発促進拠点支援（RSP）事業』、https://www.jst.go.jp/tt/archive/chi-rsp.html。
[②] 孙艳艳、吕志坚等：《日本区域创新政策的案例分析研究》，《科学学与科学技术管理》2016年第6期。

产品生产的全过程。① 日本首都圈地区建立了东海创新服务平台,帮助区域内各地区开展科技创新、成果转化和贯彻学术交流活动。通过实施这一项目,取得了显著成效,总计实施了1000余项创新项目,按照地区的需求推动了24个项目的研究开发,同时还帮助多项研究成果实现了商业转化。

日本首都圈地区通过利用国家的"产学官"合作政策,积极构筑了自身的"产学官"合作平台,经过构建和深化两个阶段,形成了日本首都圈地区的创新协同平台,以这一平台为媒介有效对接企业需求和研究院所供给,不断促进和完善区域内部的科学创新工作,从而形成了创新主体数量持续增加、区域内"产学官"合作不断深化的局面。

(四)积极吸引创新型人才

科技创新,人才是关键。在人才方面,日本首都圈积极推进人才引进和人才生活改善等方面的工作。日本政府通过"亚洲人才育成战略""亚洲人才银行"等举措,吸引亚洲其他国家优秀人才和机构。东京都通过公共服务改革,简化外国人就业签证程序,为企业雇佣国际人才提供支持和服务,另外还通过改善面向国际人士的教育医疗服务和生活环境,打造国际化的都市生活环境,从而促进人才的引进。例如,近年来,东京都多摩地区通过住宅区大规模改造,具备了宜居环境,吸引各国科研人员和留学生入住。通过道路空间重构,当地交通已十分便利,有利于高校、科研院所、高新技术企业和投资机构的"创新交流"。

(五)设立国家战略特区,为未来创新活动铺平道路

2014年日本政府指定东京地区成为"国家战略特区",在城市基础设施建设、商务金融服务、生命医疗等领域重点执行特殊优惠政策。其一,放开城市建设方面限制。进一步放宽对城市容积率、土地用途的管制,放宽道路商业使用标准。其二,放宽先进医疗服务限制。为促进尖端医疗技术的创新发展,在区域内建立生命科学商务中心,吸引制药公司和投资公司入驻,加

---

① JSTイノベーションプラザ,https://www.jst.go.jp/chiiki/pamphlet/2009_innovation_p-s.pdf#search=%27jstイノベーションプラザ%27。

快医药技术成品化，增强生命科学产业活力。其三，优化创新创业环境。针对东京高商务成本的现实，通过政府补贴、社会力量投入等多渠道多方式降低企业综合创新成本。包括：为研发中心提供低廉甚至免费的场地，保障研发活动在无经济压力下顺利开展；促进创新资源开放协同，东京各区大学和研究机构积极开展设备共享和协同研究，为研发提供必要的设备以及相关支撑系统，进一步降低企业的研发成本；提供配套生活条件，向研究者及其家属提供方便的生活居住环境，确保研发人才能够有效集聚；改革制度约束，在制度制定中注重采取各种措施降低商务成本、简化各种行政手续、确保各类研发企业的国际化人才需求，等等。

借助国家战略特区，积极推动筑波研究学园城建设。从20世纪80年代开始，日本地方大量科学城和科学园区与地方政府的城市开发计划直接相联系，其中位于东京圈周边的筑波研究学园城以基础研究为重点。日本政府希望筑波研究学园城在最新最前沿的科技领域能够处于国际领先地位。筑波现在已经成为日本著名的科学城，筑波研究学园城依托已经形成的日本国内最大的国际性研发基地，以促进实现健康长寿社会和低碳生活为目标，构建产学研合作的新平台和新模式，重点关注生命科学创新和绿色生物技术创新领域，推动下一代抗癌药物的实用研发和生活型机器人的应用研发，以及藻类生物质能实用转化和世界级纳米技术研发基地建设，建立能够促进诞生更多新产业、新业态的新机制和新体系。当前，科技创新已经成为促进日本经济增长和首都圈持续发展的重要动力。

第九章
日本首都圈开放经济体的打造

对外开放是指打破国内封闭经济，消除国内市场与国际市场之间的各种壁垒，融入国际经济、参与国际分工合作，实现商品、资本、技术等要素跨境自由流动的过程。通常认为，开放经济强调的是把国内经济与国际市场有效联系起来，尽可能充分且深入地参与国际分工，拓展国际经济合作空间。日本首都圈经济发展变迁实际上是日本经济深入融合国际市场的一个缩影。日本首都圈在对外开放体制打造方面也走在全国的前头，也正是因为对外开放体制的打造与完善，从而促进了日本首都圈的经济发展与国际地位的提升。

第一节 日本首都圈开放经济体的状况与特征

反映一国或一个区域的开放程度有很多方面，一般来说，主要有对外贸易、吸引外资和对外投资、国际人员交往、国际会议、国际会展等指标等，以下就对这几个指标进行分析。

一 日本首都圈对外贸易情况

（一）日本首都圈贸易总额变化

日本首都圈特别是东京城市圈对外贸易活动十分活跃，占全国的比重较高。对外贸易总额方面，由图 9-1 可知，从首都圈情况来看，近 20 年来，首都圈贸易总额基本上是震荡增加。1999 年，首都圈贸易总额为 39 万亿日元，全国为 83 万亿日元，即首都圈占全国比重为 47.0%；2005 年，首都圈贸易总额为 53 万亿日元，全国为 123 万亿日元，即首都圈占全国比重为 43.1%；2010 年，首都圈贸易总额增加至 54 万亿日元，全国贸易总额增加不明显，为 128 万亿日元，首都圈占全国比重为 42.2%；2019 年，首都圈贸易总额高达 66 万亿日元，与此同时，全国贸易总额高达 156 万亿日元，但是，首都圈占全国比重依然维持在 42.3%。整体来看，首都圈对外贸易总额基本上呈震荡增加趋势，但是增速小于全国，故而首都圈贸易总额占全国的比重反而是震荡减少。

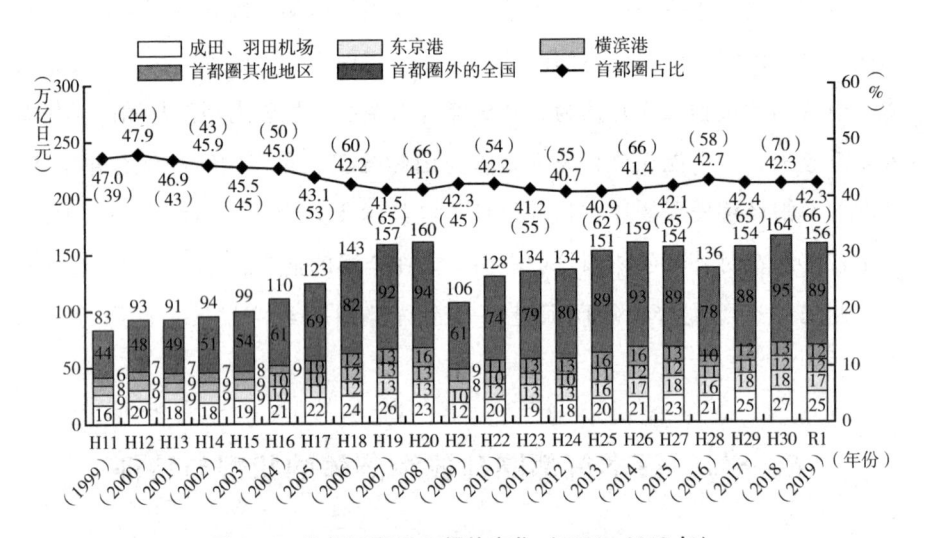

图 9-1　首都圈贸易总额的变化（1999~2019 年）

资料来源：国土交通省『令和元年度首都圏整備に関する年次報告（令和元年版首都圏白書）』，https://www.mlit.go.jp/toshi/daisei/content/001347628.pdf。

从东京城市圈的情况来看，对外贸易总额占全国的比重更高，而且贸易对象较为集中，主要是美国、中国与欧盟等。日本官方并未系统统计各都道府县的对外贸易额，但是一些都道府县对外贸易数据可以在其统计年鉴或者所属税关统计数据中查找。就东京海关管辖领域的对外贸易来说，其主要进出口国家或地区均为亚洲（主要是中国）、美国与欧盟等。在出口方面，2018 年，其出口额约占全国的 22.2%，出口亚洲、美国、欧盟的商品总额占全国比重分别达到 24.5%、23% 与 25%，主要出口类别为再输出品、半导体等电子产品、半导体等制造装置，其中半导体相关产品的主要出口对象为中国，再输出品的主要出口对象为美国；在进口方面，其进口额约占全国的 32.9%，进口亚洲、美国、欧盟的商品总额占全国的比重分别高达 38.6%、46.1% 与 49.9%，主要进口商品类别为通信机械、事务用机械以及半导体等电子产品，这些主要来源于中国大陆与中国台湾[①]。

（二）港口吞吐量比较

从港湾货物吞吐量方面来看，根据日本主要港湾外贸集装箱吞吐货物量及比重的变化情况，也可以在一定程度上分析首都圈或东京圈及周边对外贸易流量情况。其中：东京湾数据是千叶港、东京港、横滨港、川崎港与横须贺港的总和；大阪湾数据是大阪港、堺泉北港与神户港的总和；伊势港数据为名古屋港、三河港与四日市港的总和。整体来看，近 15 年来，除东京湾之外，其他港湾外贸集装箱承载货物量占全国的比重基本上是稳中有增，反而是东京湾基本上逐年下降，2003 年，其占全国比重为 38.2%，2010 年即减少至 37.1%，2017 年为 33.8%，与此同时，大阪湾由 2002 年的 25.5% 增加至 2018 年的 26.6%，伊势湾也由 2003 年的 18.6% 增加至 2018 年的 20.0%。而东京湾吞吐货物量占全国比重之所以减少，主要是出口货物量下降所导致，2003~2007 年，东京湾承载出口货物量逐年增加，由 2003 年的 33.4 百万吨增加至 2007 年的 43.2 百万吨，但是之后趋于减少，2015 年为 28 百万吨，2017 年小幅增加至 29.5 百万吨。但是，东京湾承载的进口货物量基本上逐年增加，由 2003 年的 44.7 百万吨持续增加至 2018 年的 60.1 百万吨。[②] 这一定程度可以说明，首都圈及附近地区对进口商品的需求不断增

[①] 资料来源于东京税关贸易年表（2018 年），https：//www.customs.go.jp/tokyo/content/H30nenpyo.pdf。
[②] 国土交通省『令和元年度首都圏整備に関する年次報告（令和元年版首都圏白書）』，https：//www.mlit.go.jp/toshi/daisei/content/001347628.pdf。

加，消费潜力不断释放，而且生产出口商品的制造业网络正在向全国扩散，特别是基础制造业外迁取得一定成效。

二 接待外国游客与旅游消费

2003年日本提出"观光立国"战略，希望在经济动能衰弱的背景下，借由旅游业与其他诸多经济部门关联性较强的特点，增加经济增长效能，提高经济文化软实力等。东京湾区特别是东京都是日本政治、经济、文化、国际交往中心，名胜古迹众多，自然成为接待外国游客的重点地区。

在"观光立国"战略下，日本大力放宽签证政策，改革有关外国游客消费税制度等，使访日游客数量不断攀升，2018年达到3119.2万人次，2019年为3188.2万人次，再次刷新历史最高纪录，仅东京都便接待国外游客1424万人次，占比高达46.0%左右。如图9-2所示，来访日本的游客中40.0%以上的游客将前往东京都、大阪府游览，东京都列首位，同属首都圈的千叶县排名第3位，神奈川县、山梨县等同样排名靠前。

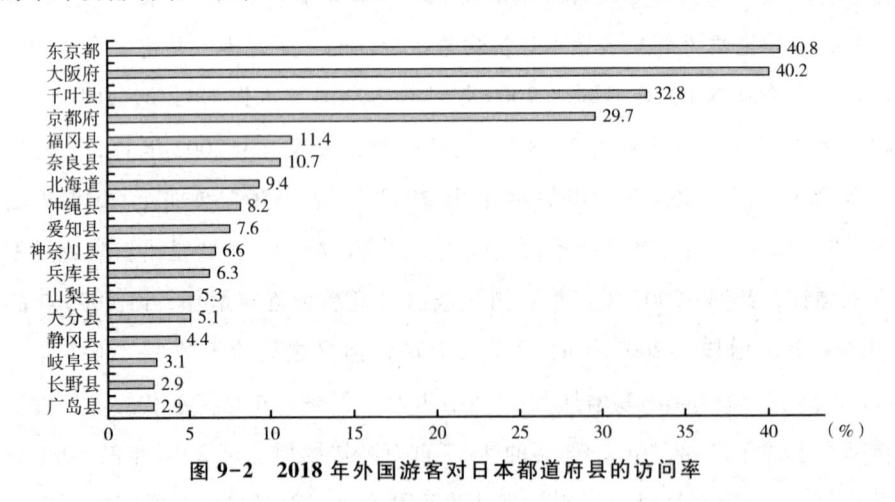

都道府县	访问率(%)
东京都	40.8
大阪府	40.2
千叶县	32.8
京都府	29.7
福冈县	11.4
奈良县	10.7
北海道	9.4
冲绳县	8.2
爱知县	7.6
神奈川县	6.6
兵库县	6.3
山梨县	5.3
大分县	5.1
静冈县	4.4
岐阜县	3.1
长野县	2.9
广岛县	2.9

图9-2 2018年外国游客对日本都道府县的访问率

资料来源：『日本観光統計データベース』https://statistics.jnto.go.jp/graph/#graph--inbound--prefecture--ranking。

在观光旅游消费方面，旅行消费在日本经济增长中越来越发挥重要作用，以2017年旅游消费对产业拉动效应的测算结果来看，旅游消费额约为27.1万亿日元，直接或间接促进生产约55.2万亿日元，附加值效应达12.9万亿日元，占GDP的2.4%，解决就业472万人，占总就业总人数的3.7%，带来税收4.9万亿日元，占总税收的2.2%。从首都圈情况来看，根据测算结果，2015年，东京都外国人旅行消费约1.1万亿日元，直接或间接促进生产约2.4万亿日元，促进雇佣11.47万人，增加税收849.6亿日元。2018年，东京都外国人旅行消费约1.20万亿日元，增长5.4%[1]。另外，以住宿为例，2018年，访日游客住宿人数约为8900万人，首都圈即拥有3152万人，占比为36.0%左右，其中七成（约2177万人）在东京都留宿。东京湾区涵盖的"一都七县"中，东京都外国游客所占比例最高，为36.0%，其次为山梨县（26.0%）、千叶县（14.0%）、神奈川县（12.0%）等，均在10.0%以上[2]。而且，其中来自中国的游客比例较高，如2018年，东京接待的外国游客中，中国大陆游客即占25.0%，居国（地区）别中的首位，其次为美国（12.0%）、欧洲（10.0%）、中国台湾（9.0%）、韩国（7.0%）等。除群马县和栃木县是中国台湾游客比例最高，中国大陆游客比例在第二位，其他首都圈中各县游客中，均是中国大陆游客占比最高。

三 吸收外国投资情况

近年来，日本积极吸收外资并取得了良好成效，自2013年起逐年递增，东京湾区是全国的经济中心，其吸引外资数量远高于全国平均水平。从全国的情况看，按照日本政府目标，即2020年之前对日投资余额倍增至35万亿日元，2019年的第二季度已经达到33万亿日元，离目标愈加趋近。其中，49.5%的投资来源于欧洲，21.8%来源于北美，19.2%来源于亚洲。吸收的外资主要流入了金融、保险领域（33.9%），电气机械器具领域（16.5%）以及输送机械器具领域（15.2%）。

---

[1] 资料来源于东京都产业劳动局网站，http：//www.sangyo-rodo.metro.tokyo.jp/toukei/tourism/h30-jittai/。

[2] 国土交通省『平成30年度首都圈整備に関する年次報告（令和元年版首都圏白書）』，http：//www.mlit.go.jp/common/001294640.pdf。

从首都圈吸收外资情况来看，外资企业母公司密集聚集于首都圈，特别是东京都。如图9-3所示，2009年，日本有资本金5000万日元（外资比例在49%以上）的外资企业3099家，其中2330家位于东京都，362家位于神奈川县、埼玉县、千叶县的近邻3县，即2692家位于东京城市圈地区，占全国比重高达86.9%；截至2018年3月，日本全国有外资企业3224家，其中约88.0%共计2838家集中在首都圈地区，而首都圈的86.0%约2428家位于东京都。整体来看，首都圈拥有的外资企业数量基本上是逐年递增，占全国的比重有小幅增加，保持在88.0%左右，其中东京都拥有外资企业数量占全国的比重保持在75.0%左右，而除东京都外，首都圈其他覆盖地区，外资企业数量也基本上震荡增加，这是因为，为改善东京都"一极集中"情况，在地方提供稳定、优质的就业条件，2015年，日本创设"地方据点强化税制"，以强化地方吸引外资流入、促使东京23区企业本部职能转移为目标。2018年，日本进一步扩充了此税制内容，而且扩充了实施税制特例的必要条件。

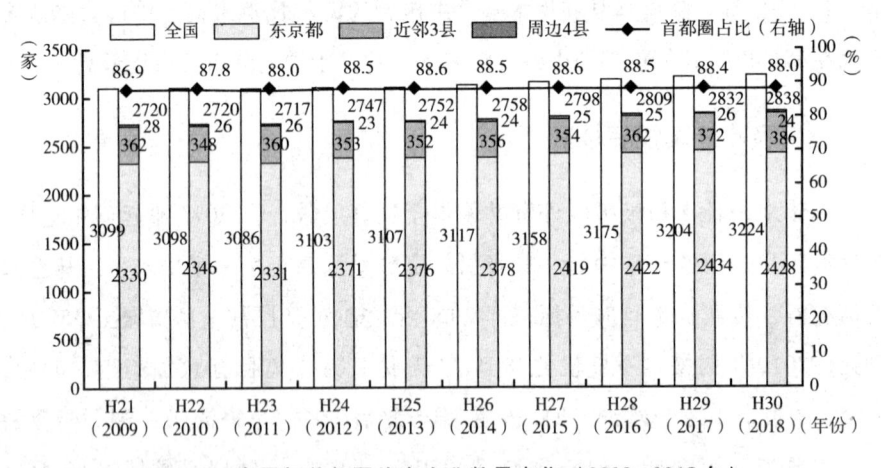

图9-3 全国与首都圈外资企业数量变化（2009~2018年）

资料来源：国土交通省『令和元年度首都圈整備に関する年次報告(令和元年版首都圈白書)』，https://www.mlit.go.jp/toshi/daisei/content/001347628.pdf。

另外，根据JETRO（日本贸易振兴机构）调查报告，外资企业对于投资或追加投资意向地中，首都圈地区仍然占比较高。在302家调研企业中，

26.5%的企业选择将在东京都投资或扩展现有投资规模,神奈川县占比为10.9%,埼玉县占比为3.0%。[①] 这些地区的与客户联系紧密、市场规模较大、产业集聚效应明显等,成为外资企业选择的主要理由。

四 东京的国际金融中心地位变化

东京国际金融中心是全球国际金融中心之一,由资金市场、外汇市场和证券市场组成。资金市场主要包括拆放市场和贴现市场。拆放市场是日本短期资金市场的主要组成部分。由于日本票据市场不发达,各金融机构主要通过拆放市场融通短期资金,因此,拆放市场反映资金松紧情况最敏感。贴现市场是1971年开放的,仅限于商业银行和几家经纪人机构参加,其业务主要是短期票据贴现。

外汇市场的参加者为银行、经纪人和货币当局,交易货币主要是美元和日元。证券市场分为股票市场和债券市场。日本的股票市场不很发达,它不是日本企业筹集资金的主要渠道。日本的债券市场比较发达,每年通过债券市场筹集的资金大大超过股票市场。近年来,外国在日本发行的日元债券渐多,东京债券市场逐渐成为一个主要的国际性债券市场。

在20世纪八九十年代,东京曾是公认的三大全球都市之一和仅次于纽约、伦敦的世界第三金融中心城市。然而,随着日本金融市场和房地产市场的泡沫破裂,90年代中期以后,东京的国际金融中心地位逐步被香港、新加坡等超越。2012年以后,在以金融宽松、积极财政、促进内外投资为特征的安倍内阁经济政策刺激下,日本经济有所恢复,金融业也重现20世纪鼎盛期风光。与此相应,2012年以后历年GFCI(全球金融中心指数)报告(每年3月、9月发行)中,东京的排名均回升到前6名。但是,2010年以后中国成为第二经济大国,在全球经济/金融体系中的地位快速上升。东京不仅要追赶纽约、伦敦以及香港、新加坡,而且面临上海、北京的强劲挑

---

① ジェトロ対日投資報告 2019,https://www.jetro.go.jp/ext_images/invest/ijre/report2019/pdf/jetro_invest_japan_report_2019jp.pdf。

战。因此，近年东京在全球金融中心排名中，一直徘徊在保6争5的位置。当前，随着中美对立的加剧和全球化进程的减速等，国际金融中心体系显现重新洗牌迹象。2020年3月发布的第27期GFCI报告中，东京时隔多年重回世界第三金融中心宝座（见图9-4）。但此后东京的排名又有所下降，但仍然保持前5水平。

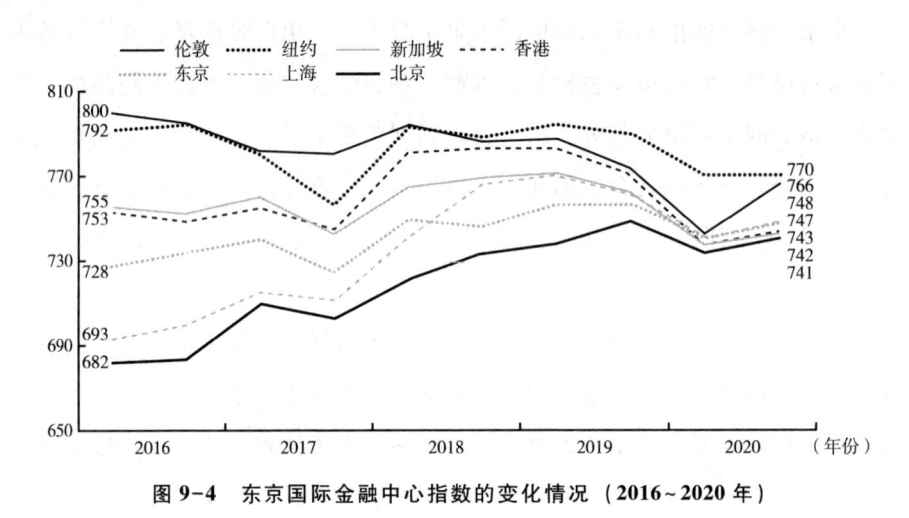

图9-4 东京国际金融中心指数的变化情况（2016~2020年）

资料来源：Z/Yen Group and China Development Institute "The Global Financial Centres Index"。

五 国际交流情况

（一）国际会议

国际会议是日本民间企业、各领域专业人员对外交流的重要渠道。从国际相关机构统计来看，国际大会与会议协会（ICCA）与国际会议联盟（UIA）均是国际上现行对国际会议认定的权威机构，ICCA认定标准更为严苛，其每年发布年度国际会议统计报告，对全球国家举办国际会议情况进行分析。统计报告以ICCA协会数据库为基础，涵盖的国际会议满足其统一标准：会议需定期举办；至少接待50名与会者；会议在数据库包含的至少三个国家或地区间轮流举办。根据ICCA统计报告，全球国际会议数量呈增长态势，其中亚太地区举办国际会议数量增幅明显，在10%左右。在亚太地区国家排名方面，日本稳居亚太地区举办国际会议数量最多的国家地位，2018年日本举办492场，相对2017年增幅高达18.8%，中国则举办449场，居第2位，但是增速为19.4%，是举办国际会议数量增速最快的亚太国家。在亚太城市排名方面，在日本的城市中，东京都由2017年的第5位升至2018年的第4位，在世界排名第13位，亚太地区排名前50位的城市中，日本入选10位，首都圈的东京排名居前列，横滨排名也较为靠前。[1]

从日本国内统计口径来看，首都圈举办国际会议次数较多，占全国比重较高，即东京圈的国际交流机会丰富。2018年，日本全国举办国际会议3433次，而首都圈地区举办国际会议1032次，约占全国的三成，其中，东京都即举办670次国际会议，占首都圈的比重高达64.9%。从参会者情况来看，2018年，日本全国国际会议参会人数约为184万人，其中首都圈便有62万人，其中全国范围的国际会议中，外国参会者占比为11.4%，首都圈国际会议中的外国参会者占比为13.7%，超过全国水平。[2]

（二）外国留学生

首都圈外国留学生人数众多，对提升东京湾区对外交往起到潜移默化作用。首都圈一直是全国吸收留学生最多的地区，约占全国的一半以上（见图9-5）。2012年，首都圈外国留学生约8.2万人，占全国的50.6%；2019年首都圈留学生翻了一番，增至16.9万人，占全国的比重也达到54.2%。在首都圈外国留学生中，仅东京都便占据一半以上的比重，如2019年，东京都拥有外国留学生11.6万人，占首都圈的68.0%左右。

（三）外国劳动力

由于人口老龄化问题愈加凸显，日本面临严峻的劳动力短缺现状，吸纳外国劳动力不仅是促进国际交流与多元化发展的举措，也成为解决劳动力短缺问题的重要一环。近年来，日本吸纳的外国劳动力数量增速明显。截至

---

[1] 资料来源：http：//www.mlit.go.jp/common/001294471.pdf。
[2] 国土交通省『令和元年度首都圏整備に関する年次報告（令和元年版首都圏白書）』，https：//www.mlit.go.jp/toshi/daisei/content/001347628.pdf。

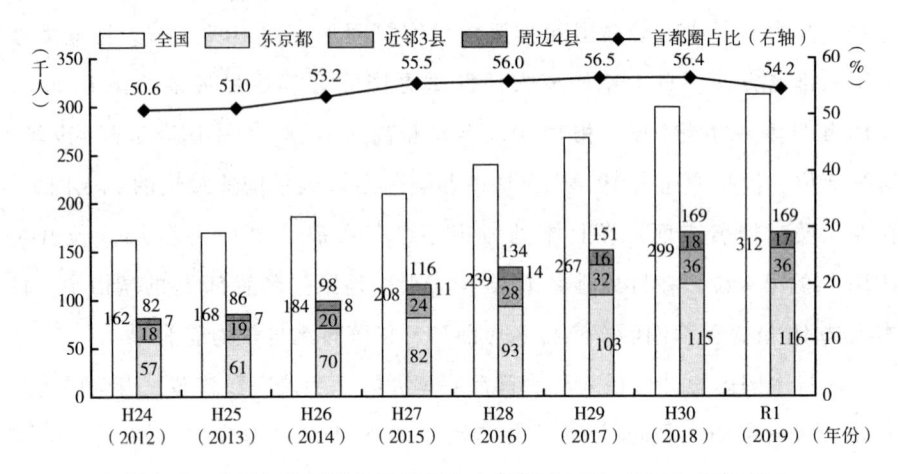

图 9-5 全国与首都圈外国留学生人数变动情况（2012~2019 年）

资料来源：国土交通省，令和元年度首都圈整备に関する年次報告（令和元年版首都圈白書），https://www.mlit.go.jp/toshi/daisei/content/001347628.pdf。

2019 年 10 月，全国雇佣外国劳动力的事务所约 24.26 万家，外国劳动者数量约 165.88 万人，同比分别增长 12.1% 与 13.6%。从国籍来看，来自中国的最多约 41.83 万人，占比为 25% 以上，其次是越南和菲律宾。从产业来看，外国劳动者主要被制造业中小企业雇佣，其次是服务业、零售业等。近年来，随着日本加快吸纳外国劳动力，外国人技能实习生人数也逐年递增，由 2012 年的 15.15 万人，增加至 2017 年的 27.42 万人①。

从首都圈情况来看，2019 年仅东京拥有的雇佣外国劳动力事务所数便高达 6.46 万家，占比为 26% 以上，远超日本其他地区。首都圈覆盖的"一都七县"地区总计 11.69 万家，占全国比例高达 48.19%。而从雇佣外国劳动力数量来看，如图 9-6 所示，东京也稳居第一，约 48.53 万人，占全国的 29.3% 左右，其中，住宿与餐饮业、零售业、其他服务业领域雇佣外国劳动力占比分别约 22.6%、18.8% 与 16.2%。首都圈地区雇佣外国劳动力数量达到 82.53 万人，占全国的 49.0% 以上。

① 资料来源于日本厚生劳动省网站，https://www.mhlw.go.jp/wp/hakusyo/kousei/18-2/dl/06.pdf。

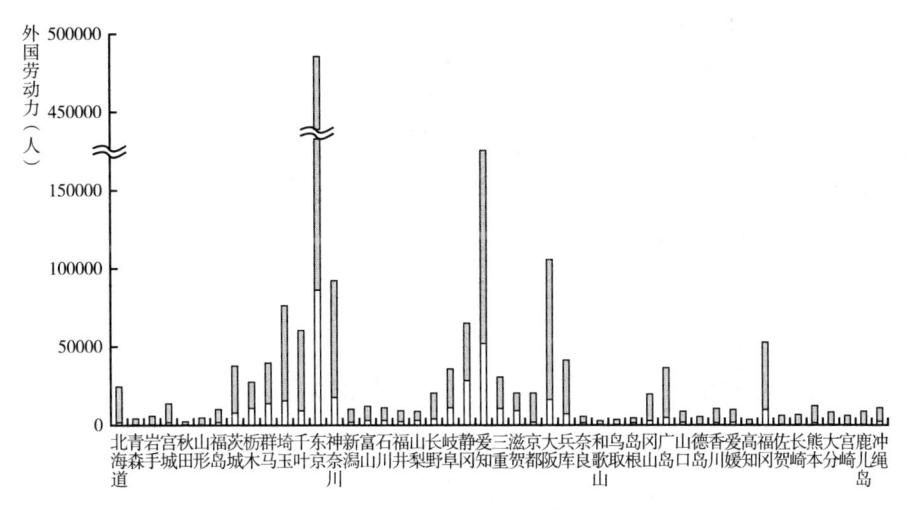

图 9-6　日本雇佣外国劳动力数量（截至 2019 年 10 月）

资料来源：『「外国人雇用状況」の届出状況まとめ（令和元年 10 月末現在）』，https://www.mhlw.go.jp/content/11655000/000590310.pdf。

（四）空港利用

空港利用情况，如国际线路输送客流量情况也一定程度反映了日本民间对外交流程度。首都圈国际线客流量始终占据日本的一半以上。2003 年，首都圈国际线路客流量约为 2600 万人次，2010 年为 3270 万人次，2018 年达到 5210 万人次，约为 2003 年的 2 倍，为 2010 年的 1.59 倍，呈现明显的增长趋势，但是其占全国的比重则由 2003 年的 63.0% 降低至 2018 年的 52.0%，这主要是因为首都圈之外地区的开放程度趋于深化，对外交流活动愈加活跃，如近畿圈国际线客流量占全国的比重小幅增长，2018 年为 22.8%。[①]

（五）技术交往

尽管日本的经济增速滞缓，但是其科技创新实力依然雄厚，其也将科技发展视为启动经济发展新动能的关键，因而日本十分重视与他国的技术交流

---

① 国土交通省『令和元年度首都圏整備に関する年次報告（令和元年版首都圏白書）』，https://www.mlit.go.jp/toshi/daisei/content/001347628.pdf。

与合作，如举办科技相关领域的展览、学术会议、商务调研等，为本国与他国企业提供交流与合作的重要平台。如东京举办全球领先的汽车技术博览会（AUTOMOTIVE WORLD），至2021年已成功举办十二届。该博览会由汽车技术相关的展会及高峰技术论坛组成，主要涵盖了汽车电子技术、车联网技术、EV/HV/FCV技术、汽车轻量化技术、汽车配件加工技术等重要领域。来自世界各地的汽车整车厂商、汽车零部件制造商等行业专业人士纷纷到场参观采购，寻求最新产品与技术。而且，除了举办展会与技术研讨会，日本同期也举办诸如电子展、智能工厂展、机器人展等高科技展览，促进高科技领域企业间来往与技术合作，增加了不同国家企业间海外研发合作的机会，在汽车与相关技术领域企业间具有重要影响力。

第二节　东京国际化状况分析

一　东京国际化现状

国际化大都市是指具有卓越的政治、经济、科技及文化实力，并和全世界或大多数国家发生经济、政治、科技和文化交流关系，有着全球性影响的国际一流都市。能够成为国际大都市，意味着无论是从硬件基础还是软环境来说都是一流的。从国际大都市的概念上来看，国际大都市依托丰富的人力资源并具有强大的经济能力，在本国以及世界范围内发挥重要的辐射作用，且在城市基础设施的便利性与人文环境等方面都有着独一无二的优势。就东京自身来说，其国际化大都市的发展依托于强大的经济实力，在此基础之上不断完善基础设施以优化发展环境，营造了良好的商业环境与生活环境，并构建了自身在世界范围内所具有的独特文化软实力，在这一过程中逐渐建立了同世界密切的联系，成为在经济、政治、文化、科技、金融等领域具有全球影响力的大都市。[1] 在经济全球化大背景下，一般来说，所谓国际大都市

---

[1] 侯隽：《东京国际化大都市的演进过程》，《前线》2017年第9期，第93~97页。

应当是经济网络中心地的所在城市或者是世界经济中心。当然，作为国际大都市，这种经济实力、经济要素不可或缺，但是在其背后拥有世界资本运作的巨大市场和支撑国际贸易的基础设施也是不可缺少的。

第二次世界大战结束之后，伴随着日本经济重建的步伐，东京的城市国际化程度不断提升。经济的腾飞与1964年东京奥运会的举办，使东京国际化程度取得了重大突破，逐渐成为外界所认可的国际化大都市。20世纪80年代后，东京开始追求成为世界城市。90年代，日本经济泡沫破裂，东京克服困难进一步巩固了世界性城市的地位。2011年日本大地震与2013年东京再次取得夏季奥运会举办权，东京在此节点又提出了"世界第一的都市——东京"的更高目标。

国际化程度是城市发展水平的重要标志，作为一个国际大都市，东京生活着约55万名外国人，若论东京都市圈，这一数据还会更大。东京凭借着独特的魅力以及对外国人的"友善"，正吸引着世界各地的人们，而来自各国的人才和文化也让这座城市更具生机和活力。

二 东京国际化的曲折发展

然而，东京国际发展也经历了一个曲折的过程，日本在战后经济复兴和后来经济高速增长过程中，东京一直发挥着火车头的作用。20世纪80年代的东京与纽约、伦敦并驾齐驱，被称为世界城市。这一时期，日本着力提升东京国际服务与沟通能力，举办了世界大城市首脑会议等一系列重大国际会议，与众多世界主要大都市建立友好城市关系。总之，这一时期东京以城市国际化为主导思想，不断增强东京的城市软实力，强化国际社会对于东京的认知，增强东京在世界范围内的存在感。虽然其也存在由泡沫经济引起的地价上涨等负面因素，但毕竟在当时已经成为国际功能、金融功能、信息功能高度集中的国际商务中心。

但是，泡沫经济崩溃后，随着日本经济的长期低迷，而另一方面亚洲其他大都市迅速发展，东京发展相对滞后，在国际城市间的竞争中开始落伍。进入90年代以后，国际大都市间的竞争越来越激烈，可以说，具备国际大都市在竞争中的魅力直接关系该城市的存在。为了进一步提高东京国际竞争能力和国际城市的魅力，东京都从90年代末开始加强了国际化大都市的建设，并于2000年4月，发表了《东京都市白皮书2000——提高国际大都市东京的魅力》。这一白皮书，从商务环境、产业政策、生活环境、旅游与文化政策和交通基础设施等五个方面，将东京的国际化现状与纽约、巴黎、伦敦等大都市进行了比较，并指出了今后的努力方向。

一个城市实际上原本是人们的居住生活空间。从这个意义上讲，成为国际化大都市所具备的条件还应当具备便于生活的居住环境和支撑城市生活和城市活动顺利进行的基础设施。同时还应当具备富于多样性和国际性的生活、文化氛围，也就是说，不仅适合于当地居民居住和生活，也应当向国际社会广泛开放。从这个意义上讲，应当具备这个城市个性的或者说作为这个城市特色的历史、文化生活、旅游、会展、交流活动等人性化的魅力，而且要依靠这种魅力去吸引世界各国的人们集聚于此，形成世界性的交流场所。

如果从以上观点来衡量90年代后期的东京，其却是大为逊色。据美国有关机构统计，1995年东京的"容易工作"这一指标在主要城市排名中，已经下降到第10位，不用说纽约、巴黎等名城，甚至比新加坡、香港还要落后（见表9-1）。

表9-1 "容易工作"的城市排名（1995年）

排名	城市	排名	城市
1	新加坡	6	香港
2	旧金山海岸地区	7	亚特兰大
3	伦敦	8	多伦多
4	纽约	9	巴黎
5	吉隆坡	10	东京

资料来源：東京都『東京都市白皮書2000』，第10頁。

另外，1994年东京都进行的"外资企业投资东京的魅力与课题"调查结果表明，东京在商务环境和生活环境等方面已经落后于国外主要城市。第一，东京在外资企业心目中的地位下降；第二，作为金融中心的东京的地位下降更甚；第三，东京的外资企业数量增长缓慢。

在产业政策、生活环境与都市建设方面的缺陷也逐渐暴露出来。东京城市圈产业基础良好，物流发达畅通，居住成本高的问题得到缓解，但职住比有所扩大（见表9-2）。由于轨道交通发达，交通情况良好，但道路交通仍拥堵严重。与世界大都市相比，东京的空运能力比较落后，甚至与亚洲的主要城市相比也没有太大优势。都心到成田国际机场所需时间为50分钟，非常不便。而巴黎市区到戴高乐机场为30分钟，德国法兰克福从市区到机场仅需10分钟，伦敦从市区到机场为15分钟。

表9-2 四大都市职住比的比较（1995年）

	东京		纽约		伦敦		巴黎	
	10年前	现在	10年前	现在	10年前	现在	10年前	现在
中心部+周边	2.28	2.36	1.78	1.41	1.48	1.38	0.84	0.76
全域	0.89	0.90	0.57	0.48	0.65	0.59	0.56	0.54

注：职住比＝白天就业人口/夜间人口。
资料来源：根据東京都『東京都市白書2000』，作者绘制。

三　疾起直追，再创国际城市辉煌

在世界城市国际化竞争越发激烈的背景下，东京都已经清醒地认识到，在经济全球化不断深化的今天，东京为保持世界枢纽的国际大都市地位，不但要继续充实主导世界的经济活力，还要在提高居住质量、丰富城市文化、保持稳定的市民社会和城市风格、完善社会基础设施方面下功夫。2000年东京都明确提出东京重新恢复国际大都市的四大目标。[①]

第一，经济活力、影响力。完善城市活动的商务环境和信息基础设施，以巨大市场为背景，作为世界商务中心，不仅对国内，而且对世界经济也具

---

① 東京都『東京構想2000—千客万来の世界都市を目指して—』，2000年12月。

有强大影响力。

第二，生活、环境。完善便于居住的环境和城市生活的基础设施，形成环境负荷小、环境风险少的城市活动体系。

第三，交通与协作。在弘扬历史传统、文化、经济魅力和多样性的同时，还要创造具有新价值、新文化，形成内外人才交流顺畅、协作良好的城市。

第四，象征性、管理体系。在构筑富于国际性、教育与教养程度高的稳定的市民社会的同时，还要成为日本、亚洲和世界有代表性的大城市，赢得各方信赖的城市。

进入21世纪以后，东京都一方面改变过去过度依赖国家行政力量与资源支撑推进国际化的做法，重视从城市自身出发，提升城市内在的竞争力，认真面对多年国际化大都市进程中所产生的积攒已久的"城市病"问题，在城市宜居方面给予高度重视。同时随着经济全球化趋势的不断加强，全球经济要素的流动不断加快，主要世界城市之间的竞争也在加剧，吸引国际人口的数量逐渐成为衡量城市开放程度与竞争力的重要指标，也是城市经济发展的重要推动力。东京认识到自身在城市宜居性、法律与制度等层面存在的一些短板，不断进行完善。分别于1994年、2006年先后制定了《东京都国际化政策推进大纲》与《10年后的东京——东京将改变》城市战略规划，使得东京世界城市地位再塑，并进一步得到巩固。①

近年来，东京城市国际化水平提高很快，当然有很多原因，但其根本的经验在于经济实力的不断扩大。经济上的成功是国际化的基础。经济能力是城市国际化进程中依托的重要基础，软硬环境的营造都依赖于强大的财力支撑。同时，从国际化大都市的概念来看，成为国际化大都市，首先要在世界经济中能够发挥重要的辐射作用，成为对区域及全球有着重要核心作用的经济体，从这一点来说，东京世界经济中心之一的称谓名副其

---

① 侯隽：《东京国际化大都市的演进过程》，《前线》2017年第9期，第93~97页。

实。截至 2015 年底，东京 GDP 达 7590 亿美元，全球城市排名居首。全日本资本在 50 亿日元以上的公司，90%集中在东京，各大银行或总行或主要分行都设在东京，并且有着在全球范围内具有重要影响力的东京证券交易所和东京股票交易所。东京雄厚的经济基础与全球经济影响力，一方面得益于东京自身的基础，同时也得益于日本国家的扶持。战前关西的大阪与东京并立为日本的经济中心，战后东京作为日本经济中心的地位是逐渐恢复建立起来的。一方面由于东京在对美国等西方国家贸易方面存在区位优势，同时作为政治中心，日本政府有意引导企业向首都地区集聚，确立以重化工业为优先发展方向，东京的产业优势进一步得到加强，因朝鲜战争而产生的"特需经济"也向首都圈倾斜，有力地促进了东京的经济繁荣。另一方面作为政治中心，战后很长一段时间，东京对于经济发展具有很强的掌控能力，企业本能向其聚拢，政府在一些诸如银行和金融系统等关键行业和领域掌握大量股份，增强了东京在金融等领域的权重和影响力。20世纪 60 年代起，日本开始施行"贸易立国战略"，重点发展外向型经济，逐渐获取了大量外汇，金融储备的增加，从而提升了东京在国际金融和相关事务中的地位。东京在产业布局的设计上也较为科学，在金融和服务业高度发达的东京，一直保有着较强的生产能力，避免了东京的产业空心化，保持了相对强大的生产能力。

近年来东京国际化水平有很大提升，而且长期维持较前排名。2020 年 9 月发布的第 28 期 GFCI 报告使用了 138 个指标，从五大方面评价了 121 个金融中心城市的竞争力。亚洲前五大城市在各方面的相对排名如下。

营商环境：用"政治安定性和法治、制度和监管环境、宏观经济环境、税制和成本竞争力"等相关指标测算。排名顺序是：香港、新加坡、北京、上海、东京，但是香港的优势在减弱。

人力资本：用"专业人才的供给能力、劳动力市场的灵活性、教育与发展、生活质量"等相关指标测算。排名顺序是：香港、新加坡、上海、东京、北京。

基础设施：用"建筑设施、通信基础设施、交通基础设施、可持续性"

等相关指标测算。排名顺序是：东京、新加坡、香港、北京、上海。

金融业发展（水平和潜力）：用"产业集群的广度和深度、资本供给、市场的流动性、经济产出"等相关指标测算。排名顺序是：上海、新加坡、香港、北京、东京。

声誉：用"城市品牌与吸引力、创新水平、城市魅力和文化多样性、与其他金融中心的比较定位"等相关指标测算。排名顺序是：新加坡、香港、东京、上海、北京。

从上面的详细评价可以看出，东京在基础设施方面名列第一，其他指标也进入前5行列。当然这种位次也会随着国际形势的变化而变化。与中国经济关系密切的新加坡、东京的国际金融业受到打击，但是东京有巨大国内金融市场以及日美经贸支持，重回第三国际金融中心的概率很大。当然，如果没有充满活力的中国经济和亚洲经济支撑，东京很可能得到虚名，却失去了繁荣。[①]

2020年东京奥运会的申办成功，为东京的发展带来了新的机遇与挑战。除此之外，东京还面临着少子化、人口下降、日本国家整体竞争力相对下降等诸多因素挑战。东京对于未来十年做出了清晰的规划，提出了"世界第一的都市——东京"的更高目标，2011年12月公布了东京2020年城市发展战略规划——《2020年的东京——跨越大震灾，引导日本的再生》，确立了环境、防灾、交通、能源、高龄、经济、社会、体育等八大目标和十二个重点工程。新规划描绘下的东京，将成为具有超强抗灾能力、高效自给的能源分散型低碳社会、超强国际竞争力、产业魅力和城市魅力兼备、发展轨迹独特的城市等特点的世界第一城市。[②] 虽然由于新冠疫情原因，东京奥运会延期一年举办，但在极其艰难的情况下依然取得成功，这也再次体现了东京城市国际化的魅力。

[①] 戴二彪：《东京能否重新成为世界第三国际金融中心城市？》，《东方财经杂志》2020年11月4日，第4页。

[②] 侯隽：《东京国际化大都市的演进过程》，《前线》2017年第9期，第93~97页。

第三节 打造开放经济体的基础建设与主要举措

日本首都圈开放经济体的形成，最重要的经验就是首先要做好自己，做强自己，自身经济实力增强自然就会产生磁力，吸引外资，吸引外来人才、外来劳动力以及外来合作者。

一 打造开放经济体的基础

在经济全球化大背景下，一般来说，都市圈开放体制的打造往往是以某一都市的国际化发展为起点，形成国际大都市之后，产生辐射效应，带动周边区域协同发展。所谓国际大都市应当是经济网络中心地的所在城市或者是世界经济中心。一个城市圈归根结底是由若干个城市组成，从这个意义上讲，打造都市圈开放性的基础便是国际化大都市的产生。国际化大都市产生的基础便离不开经济实力与经济要素，即拥有世界资本运作的巨大市场和支撑国际贸易的基础设施。但是，从根本上来说，无论是打造国际大都市还是打造开放经济体，其实际利用的经济要素主要是劳动力、资本与科技创新实力。

（一）劳动力与人才的聚集与吸引

从劳动力来看，首都圈具有强大的人口聚集能力与人才吸引能力。20世纪50~70年代，伴随制造业大规模集聚，就业机会剧增，加之独特的地理区位以及政治、经济中心地位，首都圈城市人口快速增长，七八十年代，人口过度集中与土地利用结构的变化凸显了东京"一极集中"的特征，90年代之后的"泡沫经济""失去的二十年"时期，一方面，随着经济增长停滞，制造业"跌落神坛"对就业产生不良影响；另一方面，日本政府主导疏解过度集聚的中心城市功能，推动各大都市圈均衡、有序、协调发展，东京圈经济增速与人口规模出现一定程度的负增长。但是，现阶段，在日本都市圈间人口流动过程中，东京圈往往仍保持着人口净流入。特别是，2011年"东日本大地震"之后，东京圈人口增长率明显提高。而且，在人口结构中，东京圈的15~64岁劳动力人口占比较高，大约为63.7%，超过首都圈的62.4%以及全国的59.8%（2019年）。另外，根据日本民间调查，在东京圈大学的学生中90%左右选择在东京圈内企业工作，在东京圈外就学学生中也有20%~30%选择在东京圈内企业工作，即东京圈仍然拥有较强的人口集聚能力与人才吸引能力。这主要是因为：一是东京圈地理条件优越，政治、经济中心地位突出，对人才具有天然吸引力；二是东京圈就业机会充裕，大企业较多聚集于东京23区，首都圈制造业企业数占全国的26.2%，其从业人员总数也占到全国的25.2%，东京圈的第三产业占比高达75%左右，而第三产业同样具有生产与消费统一、易于吸纳劳动力的特点；三是东京圈具有便利的生活、工作条件，如东京圈不仅具有最健全的医疗、养老体系，而且具有发达的交通网络，方便居民生活与工作。

加大吸收外资与外国劳动力力度，重视发掘国际企业合作机遇，促进企业间国际合作与有序竞争。过去，日本对外商投资相对谨慎，吸收外资主动性较弱，而且日本社会环境相对封闭，对外国劳动力的接纳程度较低。但是，21世纪后特别是近年来，日本政府愈加重视吸收外资，并放松接纳外国劳动力限制，特别是养老护理领域。就首都圈地区来说，一是其隶属于日本的国家战略特区，共享国家战略特区优惠政策。日本国家战略特区目标即通过放宽长期以来束缚企业发展的各种规制，鼓励国内外企业、人才集聚日本，在更加自由的竞争环境中投资、创业，从而将日本建设成世界上最宜于开展商务活动的国家，打造可匹敌伦敦、纽约的国际商务环境，建设汇集世界人才、技术和资金的大都市。因此，针对其目标实施了诸多优惠制度与政策，如2018年3月公布的国家战略特区机制创新的主要内容和规划，提出技术创新、农业改革、放宽外国人限制等诸多举措。就东京都而言，如解禁外国医师业务、在护理领域引入外国人才、简化外国人出入境手续等均有助于加强国际交流，吸收外国劳动力。二是日本政府制定诸多措施鼓励对日投资。首都圈地区普遍通过税收优惠与补偿金政策鼓励外企投资。例如，东京的金融相关外国企业据点设立补助金，即对于金融相关的外国企业，补助一部分设立据点的经费（向律师等专家进行咨询等的相关经费、支付人才中介者的经费的 1/2 以内金额，以 750 万日元为上限），另外设立外国人创业人才接收促进机构，对有志于在东京内创业的外国人，放宽"经营、管理"的在留资格认证条件等。神奈川县则提出，对在县内进行再度投资的外资企业，补助工厂、研究所、办公室等的租金（1/3，以 600 万日元为上限）。千叶市除了租金补助之外，还提出法人市民税减免政策。

（二）构筑现代化的交通体系

打造首都圈与日本国内外的海陆空立体交通网，提升资源配置能力，为深化首都圈的对外交流提供重要条件。东京湾区拥有横滨港、东京港、千叶港、川崎港、横须贺港和木更津港等六大港口。这六大港口与羽田、成田两大国际机场和东海道、北陆、东北等新干线以及数条高速公路一起，构成了东京湾区与日本国内和全球主要城市之间的海陆空立体交通网，为人员、物资的进出提供了非常有力的支撑。早在 20 世纪 60 年代日本首都圈便提出要以建设高效立体交通网络为突破口，增强首都圈都道府县之间的空间连接性与可达性。现阶段，东京圈拥有 3 环状 9 放射的高速公路以及世界第一的高密铁道网络，而且 90% 的 3 环状道路的整修工作将在 2020 年完成，直接有效缩短通行时间，便于都道府县间人员、货物往来。同时，为提升东京圈国际竞争力、促进地方创生以及 2020 年东京奥运会的顺利举办，日本政府也不断推进诸多举措强化东京圈国际性港湾、空港功能。在航空输送体系的整备方面，以羽田空港为例，通过修改飞机飞行路径进一步提高机场的起降量，通过改善航空安保设施配置、完善机场噪声与落下物的应对机制等不断完善羽田空港机能，以促使其在加强对外交往方面发挥更大作用。在海港输送体系的整备方面，日本政府意识到为实现效率化、降低成本以提高国际竞争力、提升对外贸易地位、创造更多的就业岗位，日本必须稳定并逐步拓展连接其与北美、欧洲国家等的国际基干航线。因此，2010 年 8 月，阪神港及京滨港被选定为国际集装箱战略港湾，并提出一系列对其软硬件同步强化的综合措施，即通过搭建国家、港口管理者与民间合作机制，实施了以"集货""创货""竞争力强化"为三大支柱的国际集装箱战略港湾政策。如在京滨港方面，指定 2016 年 3 月在横滨港与川崎港率先创立的横滨川崎国际港湾株式会社为港口运营公司，国家对其出资，建立了国家、港口管理者与民间的合作机制，该公司利用国家支援的"国际战略港湾竞争力强化对策事业"实施集货事业，2018年8月新开设北美航线，9月新开设中南美航线，均取得了较好的成果。总而言之，首都圈通过打造强大的海陆空立体交通网络，不仅有效提升了资源配置效率，而且直接方便了都市圈内各都道府县之间以及其对外交流活动。

（三）合理的区域内职能分工

重视与构筑合理的职能分工，平衡各区域发展关系与在首都圈国际化发展中的机能定位。首都圈的国际化发展过程中，根据各区域资源禀赋特点，产生了不同的都市定位，进而东京都在城市内部以及周边区域形成了明显的分工体系。东京都区部的核心区，尤其是都心三区，主要集中了服务业、商业（尤其是批发业）、金融保险业以及出版印刷等都市型工业。东京都区部的外围区主要集中了杂货业，也有部分机械业，且主要分布在大田区。东京都的市町村集中了大部分工业，主要是电气机械、交通机械和一般机械业。

日本首都圈内各核心城市间也形成了相对比较明显的区域职能分工与合作体系。东京中心区发挥着政治、行政的国际、国内中枢职能，金融、信息等的中枢职能，经济中枢职能，科教文化的中枢职能，是首都圈国际化发展中的重要引擎。多摩地区成为东京都高科技产业、研究开发机构、商业、大学的集聚之地，茨城南部区域已形成以筑波研究学园城为主体的大学和研究机构集聚之地，为首都圈国际化发展提供重要的创新基石。神奈川更好地发挥了作为工业集聚地和国际港湾的职能，同时加强了研发、商业、国际交流、居住等职能。埼玉成为政府机构、居住、生活、商务职能集聚之地，在一定意义上成了日本的副都。千叶更好地发挥了国际空港、港湾、工业集聚地的职能，同时加强了商务、国际交流等职能，是首都圈国际化发展的重要表征与平台。另外，东京发布的《都市营造的宏伟设计——东京2040》，更是提出要建立两个核心区，分别是23区"国际商务交流区"和多摩"创新交流区"，进一步规范了东京都各区域的职能定位。

（四）资本与创新能力的聚集

从资本与科技创新能力来看，首都圈经济发达，2016年，首都圈生产总值占全国的39.7%，仅东京都便占全国的19.5%，加上附近三县的东京圈的生产总值即占全国的33.6%。[①] 由于东京圈经济发达，为其提供了充裕的社会资本，有力加速经济结构调整与提高国际竞争力，完善经济开放体系建设。与此同时，东京圈具有强大的科技创新能力与潜力，又引发创新的智慧积累。这不仅体现在其科技人才、高层次人才数量占全国比重较高，科技研发费用、专利申请与授权数量等居全国首位，而且体现在其初创企业数量不断增加，2018年仅东京都便有1281家初创企业，同时，首都圈的风险投资总额也迅速增长，尤其集中于东京的涩谷、五反田等地区。鉴于这些初创企业大部分为高新科技型企业，在新一轮产业革命拉开序幕的背景下，这些企业有可能加速成长，进而对东京圈不断提高国际竞争力、提高日本在国际产业链条的地位起到一定的推动作用。

二 首都圈打造开放经济体的主要举措

（一）制定完善的区域规划

制定区域性统一规划机制，并以完备的法律体系为保障。例如，1950年日本制定的《首都圈建设法》，强调"东京都不仅仅是一个地方自治政府，更是日本的中心、与世界各国接触的首都"和"有必要为与国内外联系交往的各种中枢性活动具有更高效率而统一性制定规划方案"，即从法律层面提出了东京圈打造开放型经济体的要求。另外，1956年，日本制定的另一部基本法《首都圈整备法》也首次明确地将东京都与周边地区作为一体化的区域设定为法定规划对象，开启了大都市圈发展阶段，即重视区域性统筹，促进跨区域的开发建设协调，由此也便于集中力量加速产业集聚，提升国际竞争力。另外，为了提高东京国际竞争能力和国际城市的魅力，东京

[①] 国土交通省『令和元年度首都圏整備に関する年次報告（令和元年版首都圏白書）』，https://www.mlit.go.jp/toshi/daisei/content/001347628.pdf。

都早在90年代末便开始加强国际化大都市的建设,并于2000年4月,发表了《东京都市白皮书2000——提高国际大都市东京的魅力》。这一白皮书,从商务环境、产业政策、生活环境、旅游与文化政策和交通基础设施等五个方面,将东京的国际化现状与纽约、巴黎、伦敦等大都市进行了比较,并指出了今后的努力方向。

(二)发展高新技术产业,强化国际竞争力

多举措营造创新空间,支持高新技术产业发展,强化国际竞争力。首都圈地区不仅重视对科学技术研究开发的引领、指导,财税措施并举支持中小企业研发,而且注重完善创新环境建设,搭建创新合作平台,强化创新链条对产业升级的带动作用,巩固并提高国际分工地位。例如,涩谷站为中心的周边大规模再开发项目,即不仅打造了优质的办公空间、配套的商业设施、完善的临时停留设施以及防灾储备仓库,而且重视营造创新环境,提出了"以游玩的心带动涩谷"的口号,鼓励创意产业发展,营造创新空间,进而整体提升了区域竞争力。近年来,鉴于涩谷人工成本的不断增加,初创企业由涩谷向五反田聚集,也是因为五反田重视营造良好的创新环境:一方面五反田政府重视宣传,提升了其作为初创企业、创意企业的集聚地的认知度;另一方面,与品川区签订合作协议,通过官民合作,为五反田地区企业提供资金、人才以及技术的支持,除此之外,五反田也制定政策措施鼓励企业对外交往与对外合作,特别是科技开发、高新技术领域的交流合作,以此提升企业创新与经营活力。另外,东京多年来致力于打造最适宜科技创新的城市形象,与"亚洲总部特区"一脉相承,旨在集聚亚洲总部与科技研发业务,重点扶持信息通信、医疗、电子、精密机械等高技术产业,对相关领域企业或外资企业提供诸多支援措施,如制定税收优惠政策、建立一站式服务中心为外资企业办理各种行政手续、为外资企业研发中心设立等提供免费咨询、提供低租金办公场所,等等。现阶段,国际竞争愈加表现为国家间的科技创新实力竞争,在日本劳动力短缺问题愈加突出的背景下,科技创新更是成为日本保障经济增长、维持国际竞争力的最重要的支撑。

（三）发挥东京都的引擎作用

重视东京在首都圈国际化发展的引擎作用，设立国家战略特区，兼顾周边地区发展。首都圈的国际化发展以东京为核心向外辐射，但是在全球化发展日益加速的背景下，面对经济增速放缓、人口老龄化等问题，东京都已经清醒地认识到，东京的国际城市竞争力虽然并未明显下滑，但是相对于北京、上海、深圳等国际都市的迅速崛起，纽约、伦敦等的稳步发展，其城市竞争力有明显的相对下滑风险。不进则退或成为东京面临的主要困境，因此，东京为保持世界枢纽的国际大都市地位，不但要继续增强主导世界的经济活力，还要在提高居住质量、丰富城市文化、保持稳定的市民社会和城市风格、完善社会基础设施方面下功夫。为继续发挥东京在首都圈国际化发展的引擎作用，日本明确提出东京重新恢复国际大都市的四大目标。另外，2014年，日本正式设立"环首都经济圈""关西经济圈"等国家战略特区，在每个特区建立地方政府管理机构与民营企业之间的例会制度，共同商讨具体的放宽管制内容。特区将在指定的行业范围内推行制度改革，通过放宽管制，让强的领域更强，以促进日本经济的整体发展。"环首都经济圈"主要是由东京都、神奈川县以及千叶县成田市组成，其设立的目标是成为吸引全球企业投资的国际商业、贸易创新试点，如此定位不仅实际体现了日本努力维持东京作为国际中心的需求，强化了东京的首都职能，而且也进一步明晰了首都圈周边都市的未来发展方向。

根据首都圈国际化发展定位，在明晰基本方向的宏观操作下，日本重视制定具体目标，细化政策施行路径，运用有针对性的政策举措，并设定关键绩效指标（KPI）明确政策措施的目标事项、目标完成年次与目标完成情况。以东京为例，《东京都综合战略》明确了东京发展的三个基本目标：一是世界领先、持续发展的国际都市；二是每个人都有希望、健康有生机的生活的都市；三是安全、安心、未来可持续发展的都市。在每个基本的发展方向下，设定了具体目标与措施绩效考核指标。在推进东京国际都市发展的基本方向下，日本提出要实现史上最高水准奥林匹克运动会、创造成为日本经济原动力的国际经济都市、创造与第一国际都市对应的世界第一交通基础设施与据点机能等细化目标，而在每一个细化目标下再次提出基本方向、具体目标与措施绩效考核指标。如在创造成为日本经济原动力的国际经济都市目标下，日本提出创造汇集世界人才、资本、信息的国际商务环境，以及支持创业与产业振兴等要求，在支持创业与产业振兴方面，制定了三则关键绩效考核指标：一是2024年度完成参与支援各领域的中小企业事务1000件；二是2024年度实现支援中小企业海外业务开展事务1000件；三是2025年度在东京都内开设六处面向小规模企业承继、持续发展的支援据点。另外，在打造世界一流交通基础设施的目标下，其关键绩效考核指标更加细化至具体道路的整备安排。结合宏观指引与微观举措，加之利用科学管理方法进行的绩效考核，不仅可以准确把握政策措施执行情况与效果，而且可以根据反馈结果进行政策措施调整，有助于提高行政效能。

第十章
中心城市东京的作用与跨界事务共商机制

任何一个城市圈或经济圈的形成，中心城市的牵引作用不可或缺。自明治维新起，东京即成为日本的政治中心和经济中心，对周边的经济辐射和影响越来越大。东京都作为日本首都圈地区的中心城市，充分发挥了引领、集聚效应，通过构建完整的产业体系、有效的分工合作模式，有力地带动了周边地区的城市发展和建设。进入21世纪以后，日本也十分重视东京在首都圈和全国经济社会发展上的引擎作用，设立东京国家战略特区，继续发挥核心城市的龙头作用，带动周边地区和日本经济的健康发展。长期以来，在东京都的主导下，日本首都圈形成了跨界事务共商机制，以市场经济规律为基本原则，针对跨界事务，东京都、神奈川、千叶和埼玉三个不同行政区域默契配合，形成了共商协调机制并且得以有效运作，推动了日本首都圈特别是东京城市圈的高质量协同发展。

第一节 中心城市东京的发展与演变

一 东京的发展演变与各类规划的作用

东京都位于日本列岛中部关东平原南端，东京湾的西北岸。著名的隅田川、荒川等河流，蜿蜒曲折，流经市区，出东京湾，注入太平洋。东京历史上属"武藏国"，原为一荒凉小渔村。大约 12 世纪初，当地的豪族江户四郎在这里建"居馆"，称之为"江户村"，后来逐渐发展为关东地方的要镇。1457 年，武士太田道灌在此建江户城，开始了东京的城市发展史。由于江户面江临海，背依日本最大的关东平原，腹地经济较为发达，故建城后，逐步成为武藏国的政治和贸易中心。1590 年，统领关东八州的德川家康将统治中心移驻江户，在此设立幕府，于 1640 年建成"天下第一城"——江户城。19 世纪初，江户人口已达 100 万人左右，不仅是日本最大的城市，也是世界上人口最多的城市之一。当时的日本朝廷虽设在京都，但统治实权掌握在将军和武士手中，所以江户是事实上的政治中心。1868 年明治维新结束了幕府统治，鉴于江户在全国的重要地位，遂迁都江户，改称东京，与西京即京都相对称。从此，东京正式成为日本首都。这一时期东京的主要角色是国家政治中心。

明治维新后，在引进西方国家先进技术的基础上，日本现代经济获得快速发展。但日本对外开放之初，也就是明治维新后最初的 20 年，东京只是全国的政治、文化中心，工业生产额低于爱知、大阪两地。以后中央政府加强了对全国经济的控制，使东京的经济地位逐步上升。日本工业革命完成于 19 世纪末 20 世纪初，伴随着产业革命中资本、人口以及以三菱、三井、住友等财阀为首的企业管理功能向东京集中，东京由单纯的政治性城市逐渐转向兼有政治、经济中心功能的城市。政治、经济双重中心功能的聚集为东京日后成为世界城市并形成以其为中心的大城市圈奠定了基础。但这时期东京在全国的经济中心地位并不稳固。表现为与大阪的相互竞争。1923 年东京地震对东京造成巨大损失，全国经济中心移至大阪，并一度超越东京。20 世纪 30 年代初期开始，日本走上军国主义的道路，作为首都，东京再次获得高速发展，人口猛增，但二战给东京带来了比地震更为沉重的打击。在美军军事管制下，东京人口锐减，经济也一片萧条。

二战后，东京国家经济中心的功能逐步得到恢复和强化。而大阪经济不振，关东和关西相持的局面从此打破。原因有三：一是东京的工商企业明治以来有官商结合的特点，中央集权的财经政策有利于东京；二是东京横滨一带由于面向太平洋，在与日本经济联系主导方向——美国的经济来往中占据了地理上优势；三是在京滨工业地带、京叶工业地带集中了日本一大批最大的工矿企业，其生产能力也一直领先于关西。这些都决定了以东京为核心的东京圈在二战后恢复成为日本的经济中心，并得到强化。20世纪50年代中期起，在优先发展重化工业的产业政策指号下，日本经济开始腾飞。1960~1986年，日本在世界国民生产总值中所占的比重从3.0%上升到11.8%。从20世纪80年代起日本人均国民生产总值开始超过美国。由于日本产品具有节能、环保和生产自动化等优势，在国际市场极具竞争力，这为日本赢得了巨大的贸易盈余，金融储备因此大量增加，从而提升了东京在国际金融和相关事务中的地位。全国工业化过程的积累为东京发展为世界城市打下了坚实基础。

1985年的"广场协议"极大地促进了日本的对外直接投资（FDI）。在此协议下，日元升值，美元遭贬，促使日本向亚洲国家的投资加快，以寻求更低生产成本。过去东京是日本全国的经济中心，而随着日本FDI由日本流向其他国家，包括亚洲和欧美等国，日本经济也就发展成为一个跨国体系，而东京就是这个体系的中心，它的角色因此而转变成为整个亚洲经济体系乃至世界经济体系的重要管理中心。许多日本企业在生产全球化的同时，将总部留在了日本的中心城市，尤其是东京。中心管理功能（Central Managerial Functions，简称CMF）也就成为东京的主要职能之一。虽然早在20世纪60年代就有越来越多的全国性公司的总部选择了东京，但东京作为亚洲、全球经济体系的中心则进一步升华了东京CMF的发展。跨国金融资本的流动更是促进了东京CMF的发展，巩固并加强了东京在世界经济中的中心控制地位。

战后以来日本首都圈的健康发展与各类规划的指引有很大关系。自20世纪50年代起，日本首都圈制定多种规划与计划，涉及社会经济、空间结构发展等内容。东京都也是如此，战后制定了许多经济社会发展计划。不过随着都知事的更迭，往往没等计划到期，就重新制定新计划，所以规划或计划之间缺乏连续性。这些规划或计划不具有强制性，而且大多数与预算不挂钩。尽管如此，其仍然对宏观经济运行具有一定的导向意义。

从战后到20世纪60年代末期，东京都的经济社会发展规划或计划主要是围绕经济高速增长，如何限制人口和产业向东京的集中。从60年代到1982年，东京都的空间结构形成与经济发展主要遵循国家制定的"首都圈基本规划""首都圈整备规划"。1982年，铃木俊一任东京都知事时，制定了为期10年的东京都长期规划，即《我的城市东京——面向21世纪》，此后又于1986年制定了第二次东京都长期规划，即《我的城市东京——面向21世纪的新进展》，1990年制定了第三次长期规划，即《我的城市东京——开拓21世纪》。1995年青岛幸男担任知事后，在当年就制定了为期3年的东京综合计划《东京计划'95》，此后在1997年又制定了为期10年的《生活都市东京构想》。2000年时任都知事石原慎太郎又制定了为期15年的超长期规划，《东京构想2000——建设迎接八方来客的世界都市》。

小池百合子任都知事后，于2017年9月，东京都最新一版城市总体规划《都市营造的宏伟蓝图——东京2040》发布，提出要建立"国际商务交流区"。"国际商务交流区"由东京都心和临海区域、新宿车站周边地区、涩谷车站周边地区、品川车站和田川车站周边地区、羽田空港旧址5个区域组成。吸引全球化企业在东京建立亚洲总部或研发总部，促进日本国内企业与集聚的国际性企业之间建立合作关系为宗旨，提升东京作为"亚洲中心城市"的地位为目标。规划5年内重点集聚信息通信、医疗及化学、电子和精密仪器、航空器相关产业、金融与证券、内容产业和创意产业等能够促进东京经济社会发展的跨国公司亚洲总部或研发总部50家以上，外国企业500家以上。这个目标如果达成，预计将产生3857亿日元的生产促进效益和37052人的就业扩大效益。为推动"国际商务交流区"的建设，主要落实以下几点：一是促进国内企业与落户特区的外国企业进行商务交流；二是完善企业发展支持措施；三是完善生活环境建设；四是实施确保企业能够持续经营的软环境建设项目及与税收优惠、限制放宽、优良社区建设等组合配套的吸引企业落户的战略性措施。

二　东京都内产业的发展

日本的工业化发展始于19世纪80年代（明治维新后），在1919年工业产值第一次超过农业，完成了工业化初期阶段。在战前的工业化起步阶段，日本工业的发展主要由轻工业推动，轻工业占整个工业的比重高达70.0%以上，战争时期，同日本全国经济一样，东京经济也出现了震荡发展。1945年，遭到美国飞机的狂轰滥炸，战后初期东京几乎成为一片废墟，工矿业指数较战前下降了一半左右，直到1955年才完成了战后经济的恢复。

战后东京第二产业在三产中的相对地位经历了50年代到60年代中期的上升阶段，此后一直处于下降阶段，并逐渐趋向平稳。东京工业结构演变的主要趋势为：时尚、信息相关型产业在工业中的地位持续上升，低度加工型行业、原材料行业和其他类型行业的相对地位一直呈下降趋势。根据东京工业主导产业的演化与发展过程，可以总结出一般的发展模式，即工业将经历初级工业化阶段、重化工业化阶段、高加工度化阶段和知识技术高度密集化阶段这样一个渐次高度化的发展过程，从而实现产业结构的高度化（高级化）。

（一）东京都内主要产业发展动向

1. 出版印刷业

东京的出版印刷业发展很快，自80年代就一举成为制造业的领头羊，但是之后有所下滑，情报通信业与电气机械业发展较快。2015年，东京出版印刷业销售额仅占制造业销售总额的12.0%。但是，东京的出版印刷业在全国有着举足轻重的地位，其销售额占到全国总量的20.0%。东京的出版印刷业主要集中在由千代田区、中央区、港区三个区构成的"都心三区"，都心三区出版印刷业的工厂数、从业人数、产值和附加值分别占全东京都的21.7%、36.8%、41.9%、47.3%。实际上，都心三区的制造业几乎是出版印刷业一统天下，尤其是千代田，其出版印刷业的产值和附加产值占制造业的比例都超过99.0%。此外，新宿、文京区的印刷业也比较集中。

2. 电子机械业

东京的电子机械业 20 世纪 60 年代后一直就发展很快，其销售产值一度名列东京制造业的首位，直到 80 年代出版印刷业成为制造业的领头羊，电子机械业才退居第二位。2015 年东京电子机械业销售额占制造业销售总额的 10.0%，占全国同类行业总销售额的 8.2%，占日本首都圈的 22.7%。东京的电子机械业主要分布在西部的府中、青梅、八王子、小平、日野等地，这些市集中了东京电子机械销售额的 69.3%，尤其是府中市，占了 28.6%。

3. 运输机械业

运输机械业是东京制造业的主导产业之一，2015 年东京运输机械业销售额达 1.6 万亿日元，占制造业销售总额的 10.0%。东京的运输机械业主要集中在东京都西部的武藏村山、日野和羽村等地，这些市集中了东京运输机械销售额的 59.4%，其中武藏村山市占了 28.8%。

4. 一般机械业

一般机械业是东京制造业的主导产业之一，2015 年东京一般机械业销售额达 1.3 万亿日元，占制造业销售总额的 6.4%。东京的运输机械业分布较分散，仅在大田区和八王子市比较集中，分别占了东京一般机械业销售额的 26.5% 和 13.9%。

5. 食品业

食品业也是东京制造业的主导产业之一，2015 年东京食品业销售额达 0.8 万亿日元，占制造业销售总额的 5.0% 左右。东京的食品业分布很分散，除江东区占了全都食品业销售总量的 11.0% 外，其余占的比重都不大。

（二）东京都内产业分布特点

东京都制造业在空间分布上呈现明显的区域差异。

第一，千代田区、中央区、港区、新宿区中心 5 区，以出版印刷业为主。中心 5 区的印刷出版业，在制造业当中具有绝对的优势，制造业中，平均 87.0% 以上的职工从事出版和印刷业，这与该区职能是日本的政治、金融、科教文化中心分不开。

第二，近外围 12 区，各类制造业分布比较均匀。在该区制造业的行业集中度（前五位的首位度）并不是十分明显，职工在行业的分布上相对分散一些。东京制造业的五大主导产业占有的比重相对最低。印刷出版业平均占比为21.0%，主导产业平均占比只有42.0%，明显低于东京都的平均63.0%的比重。

第三，远外围33区市以机械制造业为主。该区机械制造业有重要地位，主导产业中运输机械、一般机械、电子机械的比重要相对大很多，平均占比为63.6%，而出版印刷平均占比仅为6.7%。说明该区为东京都机械制造业密集区。

第二节 东京的定位和辐射力

东京是全国的政治、经济、金融、文化中心，同时也是日本最重要的交通与信息枢纽，是世界上人口最多、经济实力最雄厚的国际中心城市，具有综合性的城市职能。它既有华盛顿的政治功能，又有纽约的经济功能，还有强大的创新能力和现代工业中心的功能，被认为是"纽约+华盛顿+硅谷+洛杉矶"型的集多种功能于一身的世界大城市。

一 国际交往、国内政治、行政中枢职能

东京作为日本的首都，是日本的政治中心，是国家内外政策的决策中心。国家立法机构、行政机构和司法机构均位于东京。此外，日本主要的政治党派总部、外国使领馆、地方政府办事部门以及民间企业的相应机构也均设在东京。东京也是全国最大的交通中心。由千叶港、横滨港、川崎港、东京港、横须贺港、木更津港六大港口组成的东京湾港口群，是国内最大的港口群体；以羽田和成田两大国际机场为核心，组成了东京联系国内外的航空基地。此外，东京的陆路交通也四通八达，高速铁路、公路呈放射状向外伸展[1]。

---

[1] 卢明华：《东京大都市圈各核心城市的职能分工及启示研究》，载北京大学日本研究中心编《卡乐B日本研究基金2000年~2001年度研究课题成果汇编》（本科生），2001，第14~26页。

由于地理、历史和文化上的原因，强调国家战略要求的政治因素在日本经济社会的发展中一直起着极为重要的作用。如前所述，政治中心和经济中心合一是东京成为世界城市的一个重要因素，正是政治中心强劲的吸附能力使东京由一个单纯的政治中心演变为现在的世界经济中心之一。东京与世界经济的关系并不是首先由市场效率来推动，而是出自国家对通过全球经济力量来保持国家自主权的战略考虑。在日本，经济实力体现于国家产业在世界市场中所占的份额，而不是季度分红和私人所积累的财富。因此日本的制造业虽然发端于私营部门，但其国际化过程是由国家政策引导来支撑的。

另外，东京实施全球控制的工具在于在国家政府部门的指导下，在执行公共政策的公司、银行和工业企业之间所构筑的金融和产业的政策网络。实际上，对于企业，日本政府的政策强调的是扩大再生产和就业的重要性，而不是片面追求高利润和个人消费。例如，在 90 年代后期之前，日本的金融体系是一个以大藏省（财务省）为中心纵向统一的体系。大藏省控制日本银行（BOJ），制定货币政策，规范所有的金融研究机构。它鼓励公司企业向银行借贷，而不是上市经营，同时由商业银行组建系列网络，来监督工业的发展，而大藏省等国家机构则通过控制资金借贷的手段影响网络内的会员银行，以进一步影响大公司的发展策略。当然，设计这套制度的另一个目的也是用以保护日本公司不受外国势力的渗透和避免短期利润的压力。这种运作方式能充分体现国家对经济社会发展的战略要求，也使东京在执行政治决策中心功能的同时，进一步加强了其在世界经济体系中的地位。总之，日本是一个整体意识极强的国度，东京与日本全国和中央政府互不可分，东京通过政治体制上的无数联系和中央政府结成一体，因此，东京实际上是"国家冠军"，它是日本国参与全球竞争的代表。

二 经济、金融中枢职能

东京是日本的经济中心，国内生产总值占全国总量的 1/6 以上。东京是全国最大的商业中心，该范围内有 30 余万家大小商店。2016 年批发零售业商品销售额达 1996868 亿日元，占全国的 34.3%；东京第三产业的比重非常

—— 第十章 中心城市东京的作用与跨界事务共商机制

高，达到90.0%以上，非制造业企业的经常收益持续增加，2019年第一季度达到15.6万亿日元。同时，东京是全国的服务业中心，服务业产值达到一半以上。另外，随着大阪经济圈和名古屋经济圈的相对衰落，许多原本将总部设在大阪和名古屋的大公司也在80年代以后在东京设立营业部，此后东京营业部变成东京总部，实行双总部制，再后来逐渐变成以东京总部为主的局面。比如说，松下公司、住友商事就是将总部从大阪迁至东京，丰田公司也是将总部从丰田市迁至东京的。在日本经济成长为世界三大经济实体之一的背景下，东京经济综合发展，首都经济特点突出。与纽约、伦敦不同的是，在第三产业迅速发展的同时，东京仍是日本工业最发达的城市之一。在20世纪80年代以前东京一直是日本最大工业中心，此后因工业外迁，其工业地位在国家经济中有所下降，但仍是日本重要的工业城市。1987年东京的工厂数量、工业销售额分别占全国的12.0%和7.3%，仅次于爱知县、神奈川县和大阪府，居全国第四位。东京的工业结构体现了为中枢管理功能服务的首都特色。印刷出版业和技术密集型的电机、通信机械、精密机械和运输机械为主导部门，尤其是印刷出版业，销售额占全国的一半。

东京是全国的金融中心，金融保险业十分发达，其重要地位在20世纪60年代即已形成。三菱UFJ、瑞穗、三井住友以及日本邮储四大银团的总部全部设在东京，其他30.0%以上的银行总部、50%销售额超过100亿日元的大公司总部设在东京。2020年东京金融保险业增加值占日本全国的50.4%，东京是日本对外投资的总调度中心。东京集中了40家以上世界500强企业总部或地区总部，集中了在日外企的4/5，它们在东京都设有办事机构，总数达2000多家。2020年底东京吸收外商投资29亿美元，对外直接投资约229亿美元。东京证券交易所是全球股票市值最大的交易所之一，2020年共处理50宗IPO，股票市场交易额约为6.2万亿美元。目前，东京的金融保险等辐射范围早已超过国界成为世界级的金融中心，是全球三大金融中心之一。

东京第三产业极为发达，是日本最大的商业、服务业中心。而服务业比重则从1975年的16.1%上升到1992年的25.6%，成为第三产业中最大的一

321

个部门，其中很大一部分需求来自中央及地方政府和各种公司总部。服务业是20世纪70年代以后推动东京第三产业发展的最主要力量。

三　教育、文化、信息中枢职能

东京是日本的文化中心，集中了全国一半以上的大学、图书馆、博物馆、80%以上的报社、出版社，以及全国半数以上的民间学术协会，美术、文学、艺术团体总部。

东京作为全国乃至世界的信息中心，来自政府部门（尤其是中央政府）的信息是主导东京世界城市核心功能形成的关键因素。东京是全国的信息处理中心，拥有全国近1/3的信息服务业，从业人数达24.56万人，年销售额达50987亿日元，均占了全国总量的1/2。根据Junjiro Takahashi和Noriyuki Sugiura（1996）的分析，东京的功能具体表现在7个方面：政府功能、商务和金融/管理功能、流通和运输功能、制造业和R&D功能、服务功能、教育和研究功能、媒体功能。这些功能有一个显著共同点，即都与东京作为全国乃至世界信息中心的角色密切相关。作为首都，东京具有关键性的中央政府功能——立法、行政、司法，以及代表国家间重要交往的外国驻日外交机构，除此之外还有大量的东京地方政府机构，政府在活动过程中产生的信息能犹如一巨大的磁场强烈地吸引着各种中心控制功能聚集于东京，如中央政府将所征收的超过全国2/3的公共税收的相当部分用于财政开支，而且东京政府将开支掉所有税收（包括公共、地方税收）的2/3，巨大而复杂的资金流（某种意义也是一种信息流）不可避免地吸引了各种管理功能集中于东京，同时中央政府的政策信息源作用和拥有的审批权也促进了各种政府办公功能和大公司总部集中于东京。

东京良好的信息技术基础设施为金融、银行、保险、物流、知识密集型制造业的发展提供了重要条件，生产服务业也因此得到迅速发展。东京集中了全国17.0%的高等院校、短期大学和27.0%的大学生，东京还拥有占全国1/3的研究和文化机构，其中大部分是国家级的。由于高校和研究机构、文化机构的聚集与国家政治经济活动（如政策的制定和咨询）、新产品的研

——第十章 中心城市东京的作用与跨界事务共商机制

发有着千丝万缕的联系以及对其有强烈的促进作用，所以虽然日本政府曾试图将东京的高校分散到城市之外，但最终发现人为的分散仍抵挡不住东京强烈的吸引力，尤其是那些与首都活动和产品研发关系密切的科学、工程研究部门。东京也集中了全国大部分的媒体功能。这里发生的各种政治经济活动形成的信息流和来自全国全世界的信息流使东京成为全国信息交汇最为集中和迅速的地方。因此东京集中了众多全国最大最权威的媒体机构，如 NHK、《读卖新闻》、《朝日新闻》、《日本经济新闻》等。

四 科技创新中心功能

创新是东京产业发展的源泉，东京也是全国的创新中心。20 世纪 60 年代以来，激烈的国际竞争和城市环境问题的出现，使东京制造业纷纷外迁到国外或横滨一带，因此曾有人预言制造业将在东京消失。但事实恰好相反，东京的主导工业部门仍然保持着良好的发展态势。其中中小企业的发展起到重要作用。面对日元升值、日益激烈的竞争和顾客的严格要求，它们规模不大，曾经是政府的搬迁对象，却通过不断创新来提高自身的市场适应能力，成为全国制造业中最关键的一部分，如以大田区为中心的东京南部的产业综合体已成为日本机械产业体系中最重要的技术创新核心，并出现了工业与居住良好共存的工业居住综合体，形成理想的土地利用模式，最终获得政府和社会的认可。没有创新就没有东京制造业今天这样的生命力。创新也是东京服务业，尤其是生产者服务业发展的源泉。众多总部在东京的跨国公司，向发展中国家转移了大量的低级产业、资金和外围技术，经济活动分散化导致管理的复杂化。因此跨国公司为了实施全球生产、资本的有效控制，就要求服务业不断创新，生产新的服务种类和新的金融衍生品，以满足控制不断延伸和拓宽的全球产业链的需要。

20 世纪 90 年代早期日本经济泡沫的破灭及随之而来的经济衰退对全国产生了严重影响，东京受到的影响更为严重。1998 年发生的亚洲金融危机，导致东京主要的证券机构和商业银行纷纷破产，而国家政府无法提供任何救助，许多国民开始诧异于市场的力量。这也显示出日本的政府保障国家企业的体制走到尽头。日本国民开始意识到融入全球化发展趋势和改变社会价值体系的必要性。国家政府对东京的态度也在发生变化。增进城市吸引力，提高城市竞争力，成为政府发展东京世界城市的新的政策指向。东京规划顾问委员会的研究报告（2001年3月）提出："东京规划的目标应该定位于创建一座有吸引力和活力的国际城市，并鼓励城市之间的竞争"，"在全球范围的城市竞争中，没有国际吸引力和竞争力的国家与城市将不可避免地面临失败。社会经济结构的全面改革是完全必要的，如在公共行政、产业结构、金融和商业管理等方面"。为了提高东京世界城市的竞争力，东京都市政府提出几项新政策和计划，其中包括振兴城市核心区、首都重新布局、机场和滨水区开发的相关政策和计划。在恢复城市核心区的活力方面，新的发展战略关注提升城市的竞争实力，强调服务和基础设施的建设，以支撑东京落后于其他世界城市的商业功能；强调核心区商业功能聚集的重要性，提倡功能混合，营建一个令人愉快的、方便的环境，以提升城市竞争力，促进日本经济大发展。针对东京人口过度集中、交通拥挤和地价过高等问题，东京都市区政府在规划中提出采用区域的方法和控制政策，使区域在保持中央政府功能的同时实现效率。这种行动整合的观点对于把东京建设成为一个有竞争力的世界城市来说至关重要。

第三节　日本首都圈跨界事务共商机制

一　首都圈跨界事务共商机制概览

对于东京城市圈而言，虽然从解决纷繁复杂的区域性问题出发，迫切需要建立有效的区域性行政协调和管理体制，但是，直到目前为止，仍没有成立一个具有约束力的跨行政区的权威协调机构。从日本的政治制度来看，日本是一个地方高度自治的国家，地方政府一般被称作地方自治体，依据地方自治法的规定，都道府县的知事、市町村的首长由选民直选产生，中央政府与地方政府并非领导与被领导的关系，地方自治体（地方政府）之间的关系也是相互协作的关系,并不存在具有法律意义上的横向协作组织。日本是一个市场主导的国家,中央政府的经济计划和政策发挥着潜移默化的引导作用,但更主要的力量还是来自市场。日本是全国统一市场,大公司的总部绝大多数集中于东京,资源配置与产业布局主要由企业根据市场需求、政府导向进行合理安排。

日本曾经出现过有关实施"道州制"模式的大讨论,但道州制模式的合理性、可行性和有效性有待进一步的证明。如果采取道州制的模式东京城市圈内"一都三县"的地方自治体将合并为一个地方自治体,拥有4000多万人口规模的巨大城市地区,作为一个地方自治体的合理性首先值得怀疑,这样的区域自治体是否存在政府和居民之间距离过大的问题,议会的构成、选区的重新划分设置,等等,都将是随之而来的新问题。更为现实的问题是,市町村合并和都县合并过程中,一些相关部门、区域性团体和居民的反对难以避免,为使各方达成一致意见、推动行政区划合并所需要耗费的人力、财力和时间也成为必须付出的巨大成本。

尽管如此,日本首都圈各都县政府在目前的行政体制下,地方自治体之间处理区域性问题时,非法定的、正式体制外的协议会仍然是最为常见的形式。这其中既有一些以解决专业性问题为目的的区域协议会,如"东京都市圈交通规划协议会"等,也有各地方自治体的首脑所组成的联席会议形式的协议会,如早在1948年就成立的"关东地方知事会",1965年成立的"关东地方行政联席会议",1979年成立的"七都县市首脑会议"(后改为九都县市首脑会议)等。目前在东京城市圈内,以合作解决环境保护、废弃物处理等区域性问题为目的的协议会或联席会议正在日益增加。例如,1997年成立的"一都九县震灾相互援助协定联席会议",2000年成立的"产业废弃物不当处理防止区域联席协议会",2002年成立的"首都圈港湾合作推进协议会"等,都是这一类的专题性协议会。

这种协议会虽然不具有法定的管理职能和权限,但是在处理、解决一些具体的区域性问题方面,往往起到一些实质性的协调作用。这种柔性、非正式的协调机制也正是日本的区域行政体制的特点之一。因此,有些学者提出，根据日本地方行政体制的特点和东京城市圈目前的现状条件，调整、改革现有的各种协议会模式，进一步加强其在处理各种区域问题中的作用和效力，可以说是解决东京城市圈区域行政问题的最为现实可行的方案。

二 九都县市首脑会议

（一）九都县市首脑会议的设立与宗旨

九都县首脑会议是东京城市圈内目前主要的综合性区域协调机构之一。这一组织的活动，最早开始于1976年，由埼玉县、神奈川县、东京都、横滨市、川崎市的知事和市长组成了"首都圈革新首长恳谈会"。恳谈会以解决当时东京城市圈的区域性问题为主要目的，在公营企业收费问题、垃圾处理问题、环境公害等问题的处理方面，开展了一系列的联合行动。1979年，由埼玉县、千叶县、东京都、神奈川县知事和横滨市、川崎市市长组成市长知事会议，1992年千叶市市长加入后，改称为七都县市首脑会议。此后，川崎市和相模原市相继加入，改为九都县市首脑会议。

该会议的宗旨在于通过会议协商，促进九都县市所在地区协调发展，发挥更大活力，共同积极解决广域性问题。东京城市圈占日本全国人口的约三成，不仅是日本政治、经济和文化的中心，而且作为大都市圈，已经形成了一个区域社会。但是，由于该地区人口集中，各种功能集聚，城市化不断推进，产生了超越各个都县市范围的各种问题，而这些问题应在广域框架下进行应对。因此，为解决广域性的各种课题，九都县市有必要进行协调和合作。随着日本地方分权的推进和广域性课题的复杂化及多样化，九都县市首脑会议作为自治体之间合作和协调的组织系统，也作为自治体之间的调整系统，其作用正变得越来越重要。在首脑会议上进行协商和集中讨论的项目，由首都圈联合协议会进行研讨和确定。首脑会议每年一次，由各成员轮流举办。

（二）组织机构

现在的首脑会议主要由若干个专题委员会和企划组织部门组成，专题委员会以下还设有由课长和实务负责人组成的干事会和部门会议等，负责首脑会议的运营和广域性课题的具体调查、讨论和协商等。实际上该组织的每次会议基本由国土交通省的外围智库"日本开发构想研究所"来具体组织实施。[1]

专题委员会的作用主要是根据首脑会议的指示，就一些特定问题进行协商、讨论，并将其协商的结果总结后，向首脑会议汇报。目前设有企划担当部局长会议和废弃物问题研究委员会、防灾和危机管理对策委员会、环境问题对策委员会这三个委员会，下面根据主要议题下设首都功能、地球温暖化对策、地方分权负责人、废弃物合理处理、大气保护、水质改善、绿化政策、地震防灾和危机管理对策、新型流感等传染病对策研讨等分会议等（见图10-1）。

随着日本地方分权的推进和广域性课题的复杂化及多样化，九都县市首脑会议作为自治体之间合作和协调的组织系统，也作为自治体之间的调整系统，其作用正变得越来越重要。

在首脑会议上进行协商和集中讨论的项目，由首都圈联合协议会进行研讨和确定。首脑会议每年一次，由各成员轮流举办。从设立之时至今，首脑会议就东京湾管理、水、交通、废弃物处理、防灾、环保等问题进行了协商和讨论，其主要议题可以分为首都功能、东京湾地区的利用和保护、废弃物处理、环境对策、防灾对策、地方分权这几个主题。在充分协商、讨论的基础上，各成员之间就其中的一些问题达成共识，共同制定了一些区域性政策和治理措施，在建立合作解决区域性问题方面取得了一定的成果。

（三）不同时期的主要议题与活动

从成立之时至今的40多年间，首脑会议的议题和活动内容由于时代背景、参加成员的变化而不断地发生着改变，根据其活动的特点，首脑会议的历史大约可以分为五个时期。

第一个时期：成立初期阶段（1979~1982年）。在这段时期内，由于参加成员中的知事与市长既有保守派，也有改革派、中立派，政治态度和执政

---

[1] 2019年10月下旬，课题组去日本调研，得到该所执行董事阿部和彦先生等专家的热情帮助。

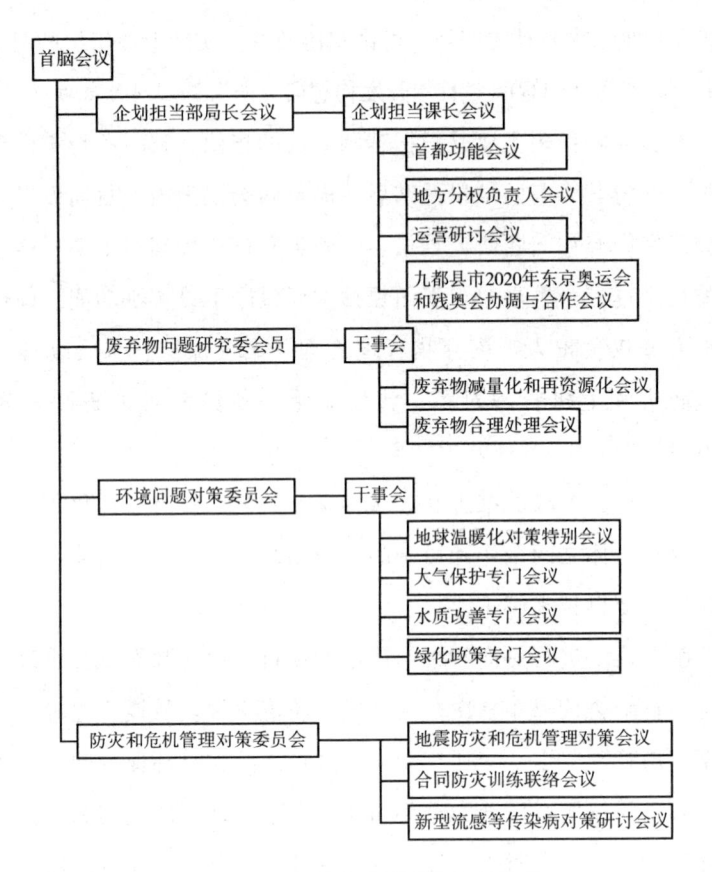

```
首脑会议──┬─企划担当部局长会议──┬─企划担当课长会议
         │                    ├─首都功能会议
         │                    ├─地方分权负责人会议
         │                    ├─运营研讨会议
         │                    └─九都县市2020年东京奥运会
         │                      和残奥会协调与合作会议
         ├─废弃物问题研究委会员──┬─干事会
         │                    ├─废弃物减量化和再资源化会议
         │                    └─废弃物合理处理会议
         ├─环境问题对策委员会──┬─干事会
         │                  ├─地球温暖化对策特别会议
         │                  ├─大气保护专门会议
         │                  ├─水质改善专门会议
         │                  └─绿化政策专门会议
         └─防灾和危机管理对策委员会──┬─地震防灾和危机管理对策会议
                                ├─合同防灾训练联络会议
                                └─新型流感等传染病对策研讨会议
```

图 10-1　九都县市首脑会议组织机构

资料来源：九都县市首脑会议资料。

风格迥异的领导人聚集一堂，共同讨论合作的可能性和方向，其难度可想而知。这一时期首脑会议的主要活动内容就是开展共同调查、研究和讨论，还未进入政策制定和采取行动的阶段。比较早的议题有共同防灾演习和东京湾富营养化对策指导方针的制定，1982年发表的《东京湾富营养化对策指导方针》，但未付诸实施，所以这一时期可以说是行动酝酿时期。

第二个时期：积极提案阶段（1983~1990年）。这一时期日本经济从稳定增长突然进入泡沫经济时期，商务办公设施向东京中心城区聚集、东京一极集中的问题再次突出，其后又出现东京城市圈地价狂涨等新问题。在这一

── 第十章 中心城市东京的作用与跨界事务共商机制

时期,在首都改造规划的编制过程中,首脑会议与国土厅等中央省厅开展了合作调查研究等活动,建立了较为密切的合作关系,并从地方的立场上,提出了建设商务核心城市等多项提案,积极推动了《首都圈基本规划》和《多极分散型国土形成促进法》等国家规划和法律的制定。1988年提出《首都圈环境宣言》,1990年制定《七都县市防灾相互援助协定》。此外,为控制地价上涨、促进合理的土地利用,首脑会议还积极推动中央政府制定并实施了《土地基本法》。因此,这一时期首脑会议的主要活动内容与国家政策的制定密切相关,是首脑会议向中央政府积极建议提案的时期。

第三个时期:积极协商共同决策阶段(1991~1998年)。在这段时期内,随着泡沫经济的破灭,人口出生率降低和人口老龄化程度日益提高,经济全球化和环境问题受到越来越多的社会关注,在这样的经济、社会环境变化的影响下,国家政策也出现了较大的变化。1993年《环境基本法》的制定和实施、1995年《地方分权推进法》的制定,以及《第五次全国综合开发规划》的编制等一系列事项,都对首脑会议的活动产生了较大的影响,1997年提出了《推进地方分权宣言》。这一时期首脑会议的活动中,与环境对策相关的系列活动较为引人注目。经过首脑会议的协商,在七都县市范围内统一实施了低公害车的认定制度,同时向中央政府提出了一系列改革的建议,发表了共同宣言,引起了广泛的社会关注。但是这一时期的活动,过多地集中在向上的建议方面,首脑会议只是成为对基层协议进行事后追认的一种形式,失去了应有的高层面的自由提案、首脑间协商的作用。1998年对首脑会议的议题设定和运作方式进行了调整,首脑会议的作用再次明确为"就七个都县市共同实施的政策的方向性进行协商、讨论、决策"。

第四个时期:共克时艰,侧重环境治理阶段(1999~2009年)。这段时期首脑会议的活动表现出领先于国家政策开展各项活动的特点。在2002年的首脑会议上,一都三县的地方自治体在柴油汽车限制条例、区域性联合防灾体制、危机管理对策会议的设置等方面达成了一致意见,2002年提出《柴油汽车废气排放对策宣言》。这方面的进展已经领先于国家政策,表现出七都县市在处理区域性问题方面合作协调机制的积极作用。此外，在首都功能迁移问题上，在对中央政府的提案表示了明确的反对态度的同时，还积极地提出了"首都功能后备方案"，建议在大型灾害时由中央政府管理各都县市的设施，完成立法、行政等功能。在2009年第55次九都县市首脑会议上探究了"新能源导入、促进、使用及其国际贡献"的问题，推动关于新能源技术的研究与开发。

第五个时期：综合协调阶段（2010年至现在）。这段时间讨论的议题主要是商议首都圈如何携手防灾减灾问题，2011年3月"东日本大地震"发生以后，防灾防震问题引起人们的关注，特别是预防首都圈直陷型大地震的问题甚至成为舆论的焦点。最近这几年来，针对儿童虐待问题、老龄化问题、关爱残疾人问题等综合议题进行了讨论。

特别值得一提的是，这一阶段关于首都圈协同创新的议题比较突出。例如，为鼓励日本首都圈域内企业开展创新活动，从2010年开始，九都县市首脑会议还对地区内有一定创新成果的企业实施颁奖措施，设立了"九都县市产业技术表彰"措施，表彰做出一定创新成果的企业。被表彰企业涉及的行业非常广泛，包括：汽车零部件、电子信息、半导体材料制造等。[①] 2011年第59次九都县市首脑会议探讨了"首都圈优势产业技术共享及战略性情报交换"问题，提出促进各地区之间的创新信息交换。2014年第65次九都县市首脑会议提出了"使用大数据促进城市建设问题"，要求各县市充分利用大数据等新兴的科学技术，推动改善城市环境，应对人口老龄化的挑战，促进创新。[②] 2018年第73次九都县市首脑会议探讨了"促进中小企业远程办公问题"，要求各县市深入落实日本政府关于这一问题的相关政策，积极帮助中小企业导入远程办公系统。此外，九都县市首脑会议定期召开"首都圈联合论坛"，邀请首都圈内的民营企业参加，从而促进地方政府与

---

① 九都県市首脳会議『九都県市のきらりと産業技術表彰』、http://www.9tokenshi-syunoukaigi.jp/activity/kirari.html。
② 九都県市首脳会議『ビッグデータ・オープンデータのまちづくりへの活用』、http://www.9tokenshi-syunoukaigi.jp/activity/result/post.html。

民营企业之间的沟通，促进创新活动的开展。通过九都县市首脑会议的召开，有效协调日本首都圈地区关于创新技术政策的相关问题，促进日本首都圈地区的创新发展。

九都县市首脑会议成立 40 多年来，每年都召开会议，就具体事宜进行研究，并做出决议，所召开的具体会议及其内容见表 10-1。

表 10-1 "九都县市首脑会议"历年会议情况（2006~2019 年）

时间	协议事项	
2019 年 4 月 24 日	第 75 次九都县市首脑会议	主席：东京都
	(1) 关于防止虐待儿童的共同宣言（千叶县）	
	(2) 关于儿童咨询机构制度的强化（神奈川县）	
	(3) 关于促进特别养老院的可持续经营和维护（相模原市）	
	(4) 关于对有可能成为流浪汉的人进行自立支援的措施（川崎市）	
	(5) 关于通过利用 AI 等新技术推进行政智能化（埼玉县）	
	(6) 为实现地域共生社会而增加对残疾人自立生活的支援（横滨市）	
	(7) 关于麻疹对策的推进（千叶市）	
	(8) 关于确保治疗发育障碍儿童的医生及环境优化（埼玉市）	
2018 年 11 月 7 日	第 74 回九都县市首脑会议	主席：埼玉市
	(1) 关于地域防范能力的提高（千叶县）	
	(2) 关于推广预防被动吸烟的措施（神奈川县）	
	(3) 关于促进首都圈木材利用的措施（川崎市）	
	(4) 关于有效防止家具倒塌的对策研究（千叶市）	
	(5) 关于解决微塑料问题的措施（埼玉县）	
	(6) 关于住院者出院后支援的法律修正（相模原市）	
	(7) 关于接受外国人才、与外国人才共同生活的环境维护（横滨市）	
2018 年 4 月 25 日	第 73 回九都县市首脑会议	主席：埼玉市
	(1) 关于推进二手烟的预防措施（东京都）	
	(2) 关于创设儿童医疗费补助制度（千叶县）	
	(3) 关于通过定期租地制度有效利用国有土地（千叶市）	
	(4) 关于防止儿童步行中的交通事故的措施（川崎市）	
	(5) 关于振兴城市农业发展的措施（埼玉县）	
	(6) 关于进一步确保护理人才的措施（横滨市）	
	(7) 关于促进和导入中小企业远程办公（神奈川县）	

续表

时间	协议事项	
2017年11月13日	第72回九都县市首脑会议	主席:相模原市
	(1)关于首都圈道路网络的强化(千叶县)	
	(2)关于婴儿用奶粉的法制规范(东京都)	
	(3)关于促进企业工作方式改革的支援政策(神奈川县)	
	(4)为了防止铁路工作者从站台滚落的支援政策(埼玉县)	
	(5)关于教育工作方式改革(横滨市)	
	(6)关于缓解铁路拥挤和促进铁路交通舒适化的措施(川崎市)	
2017年5月9日	第71回九都县市首脑会议	主席:相模原市
	(1)关于确保地震时紧急运输道路机能,增强沿途建筑物抗震性的措施(东京都)	
	(2)关于通过引进九都县市通用标记促进残疾人支援的措施(千叶市)	
	(3)关于增强户外广告设施安全管理的措施(埼玉县)	
	(4)关于推进实现共生社会的措施(神奈川县)	
	(5)关于加强对恐怖活动等特殊灾害的应对能力(埼玉市)	
	(6)关于推进铁路道口的安全对策(横滨市)	
2016年10月26日	第70回九都县市首脑会议	主席:横滨市
	(1)关于确保地震时紧急运输道路机能,增强沿途建筑物抗震性的措施(东京都)	
	(2)关于通过引进九都县市通用标记促进残疾人支援的措施(千叶市)	
	(1)关于落实和确保护理人才政策的推进(千叶县)	
	(2)关于可再生能源的进一步普及和应用(东京都)	
	(3)关于实现工作方式改革的促进措施(川崎市)	
	(4)关于妊娠、生育、不孕相关知识的普及(埼玉县)	
	(5)关于实现残疾人安全和安心生活的共生社会的共同宣言(神奈川县、相模原市)	
2016年5月25日	第69回九都县市首脑会议	主席:横滨市
2015年11月9日	第68回九都县市首脑会议	主席:千叶县
2015年5月18日	第67回九都县市首脑会议	主席:千叶县
2014年11月12日	第66回九都县市首脑会议	主席:神奈川县
2014年5月20日	第65回九都县市首脑会议	主席:神奈川县
2013年11月12日	第64回九都县市首脑会议	主席:埼玉县
2013年5月15日	第63回九都县市首脑会议	主席:埼玉县
2012年11月13日	第62回九都县市首脑会议	主席:千叶市
2012年5月16日	第61回九都县市首脑会议	主席:千叶市
2011年11月8日	第60回九都县市首脑会议	主席:川崎市
2011年5月30日	第59回九都县市首脑会议	主席:川崎市
2010年11月15日	第58回九都县市首脑会议	主席:东京都

续表

时间	协议事项	
2010年5月13日	第57回九都县市首脑会议	主席：东京都
2009年11月18日	第56回九都县市首脑会议	主席：埼玉市
2009年4月23日	第55回九都县市首脑会议	主席：埼玉市
2008年11月12日	第54回九都县市首脑会议	主席：横滨市
2008年4月21日	第53回九都县市首脑会议	主席：横滨市
2007年11月12日	第52回九都县市首脑会议	主席：千叶县
2007年5月30日	第51回九都县市首脑会议	主席：千叶县
2006年11月15日	第50回九都县市首脑会议	主席：神奈川县
2006年5月15日	第49回九都县市首脑会议	主席：神奈川县

资料来源：九都县市首脑会议资料。

（四）九县市首脑协议会的局限

虽然首脑会议成立以来，在建立区域性行政协调机制、解决区域城市问题等方面取得了一定的成果，但在协调功能、管理体制、政策实施，组织形式等方面表现出其局限性。

首先，在协调功能方面，由于首脑会议的决议必须是全员同意方可通过，有许多利益差距较大的问题难以成为协商的议题。在参加成员中，有的地方城市问题较为突出，而有的则较为重视非城市地区的发展；即使是同样的城市问题，对于各个地区的影响程度不同，相关政策制定和实施时的优先度也就不同，另外，在地方分权和财税权转移等问题上，由于都县政府与地方城市政府立场不同，也往往难以达成一致意见，关于一些区域性问题的协调和调整，由于最终的结果必须尽量地容纳各方面的意见，因此，过高的宽容度使得协议起到的调控作用也就十分有限了。

其次，在运作体制方面，由于采取了由参加成员轮流主办的形式，议题的选择往往是根据主办方所重视的问题来设定，这样，首脑会议的协议内容和重点常常改变，难以保持政策的连贯性。为了在一年一度的首脑会议上取得一定的成果，议题的设定也往往倾向于易于协调的内容，这也对会议内容的重要性和影响程度产生了消极的作用。此外，事务局的协调功能往往过多依靠主办方的县市，这些问题在很大程度上都是轮值制的运作形式所带来的问题。

再次，在政策实施方面，虽然首脑会议成立初期是以开展共同调查研究，向中央政府提出建议、要求为目的的，近年来在地方区域性政策的制定和实施方面开展了一系列的活动，受到较高的评价；但是，在政策实施中，各地方的人力和财源有限，对于同一问题所采取的措施、方法和重点方向的设定也有所不同，这对于政策的实施效果必然产生负面的影响。

最后，在组织形式方面，由于首脑会议的设立没有法律依据，因而它也就是非正式的协议会性质的组织。由于首脑会议不具有法定的行政管理职能、权限和财源，各项政策的实施必须依赖于各地方自治体。另外，首脑会议只是地方高层首脑的会议，区内各区市町村政府代表、议会代表以及其他区域性组织的代表都未能参加，这就使得首脑会议难以反映地方社区和居民的意见，政策的制定和实施是否满足了地方的实际需要，也是一个有待验证的问题。因此，会议的成员构成和组织形式都需要进一步进行改革。

尽管存在各种各样的不足，但九都县市首脑会议还是发挥了一定的协调作用。今后九都县市将继续推进协调解决首都圈广域性各项课题，同时在城市建设等方面谋求共同合作和应对，并协调推进广域行政管理。

三 专业性的区域协议会——以东京都市圈交通规划协议会为例

在东京都市圈，处理一些特定的区域性问题时，相关的地方自治体联合组成协议会的形式较为普遍。"东京都市圈交通规划协议会"就是一个比较典型的例子。

"东京都市圈交通规划协议会"成立于1968年，目前的参加成员正式会员有国土交通省关东地方整备局、东京都、茨城县、埼玉县、千叶县、神奈川县、横滨市、川崎市、千叶市、埼玉市、相模原市、独立行政法人都市再生机构、首都高速公路株式会社、东日本高速公路株式会社、中日本高速公路株式会社。准会员为茨城县、群马县。这一组织不属于《地方自治法》规定的特别地方公共团体的性质，但实质上起着对东京都市圈的区域性交通问题进行调查、研究、协调相关政府部门间关系并制定区域性交通规划的作用。

— 第十章 中心城市东京的作用与跨界事务共商机制

成立50多年来，协议会多次组织区域性交通调查与物流调查，对于东京都市圈综合交通体系建设进行了深入的研究和探讨，在协调各相关部门，如建设省和运输省等中央省厅、一都五县地方自治体、地方铁路和公交企业、交警部门等的关系，各方达成共识的基础之上，负责编制了各个时期的都市圈交通规划。协议会的调查研究和规划编制，从区域性交通发展的角度，对首都圈规划中区域性空间结构的合理性进行了实证性研究，为了保证跨都县的区域交通设施资源的整合，对于各种已建区域交通设施的未来交通需求进行了共同的预测研究。

虽然东京都市圈交通规划协议会开展了各项调查和规划活动，但是由于组织性质的局限，对推动区域交通规划的编制和实施所起的作用仍然十分有限。

首先，由于这种协议会并不是正式的地方自治体，它的调查研究的结果和编制的规划对于各地方自治体制定各自的城市政策和区域发展规划、确定人口规模和土地开发规模等具体的政策目标，并不具有实质性的指导、协调、控制作用，而仅限于参考和建议作用。

其次，协议会编制的交通规划，主要以道路规划为中心，而国家级高速公路、铁路、航空交通、新干线、港湾水运交通等的规划，则为中央省厅或其他行政部门的任务，作为非正式的协议会无权介入；因此，这又极大地影响了协议会编制的区域交通规划的完整性、综合性和指导价值。

同时，行政体制条块分割的弊病在区域性交通管理方面也显得尤为突出。与交通有关的行政部门中，主管道路建设的有原建设省，主管铁路交通建设的有原运输省，主管道路交通管理的有公安委员会的交警部门。这样的部门分割不仅在中央省厅，在都道府县和区市町村各级地方自治体也是一样的。同时，不同级别的交通设施由不同级别的主管部门分管，国家级高速公路的规划、建设，一般的地方自治体无权介入。因此，行政体制中条块分割的矛盾进一步加剧了交通规划、建设、管理的多头和分散的弊病。在这样的体制内，道路、铁路、港口、机场的设施建设和交通规划都是由不同部门分别制定，以区域性交通圈为对象的、综合性区域交通规划和建设管理协调的功能十分缺乏。

第十一章
日本首都圈的未来展望

二战后日本经济快速增长，导致人口和产业持续向东京都集中，从而引发一系列诸如地价飞涨、交通拥堵、职住分离严重等大都市问题[1]。而人口的集中不仅需要加大交通、住宅等的居住环境的建设，更需要加大广域交通体系建设以及公害防治等环境的保护等[2]。为应对这些问题，日本自1958年起先后制定了5次《首都圈基本规划》和2次《首都圈广域地方规划》，从构建环状"三圈层"到"广域多核都市复合体"，从"多核多圈域型构造"到"分散型网络结构"，规划的空间格局也在不断演变。2015年版《首都圈整备规划》和2016年发布的《首都圈广域地方规划》又提出了"对流共生"理念和首都圈版"紧凑+网络"型结构设想。上述为两部最新的首都圈规划方案，与以往不同的是，此次整备计划更加强调国内与国外、区域与区域之间交流的重要性，在对首都圈面临挑战及整备目标做了全面剖析的基础上，明确了首都圈未来空间格局的发展及首都圈各地域在推进人才文化建设、对流共生格局建设、超大经济圈域建设及防灾减灾设施建设的具体方案。作为中心城市的东京也于2017年出台了题为《都市营造的宏伟蓝

---

[1] 何仲禹、翟国方：《业务核都市与东京都市圈空间结构优化》，《国际城市规划》2016年第1期，第46~52页。
[2] 白智立：《日本广域行政的理论与实践：以东京"首都圈"发展为例》，《日本研究》2017年第1期，第10~26页。

图——东京 2040》的长期发展规划,对未来东京的城市定位、战略布局及 2040 年东京建设目标进行了全面阐述。

第一节 日本首都圈空间结构展望

一 首都圈面临的挑战

(一)人口减少与老龄化

虽然东京圈尚未进入人口减少期,但出生率持续低下导致的少子化及高度的老龄化使劳动力人口陷入严重短缺,已经在介护、建设、运输等各个领域有所显现,产学官及各大中型企业间也陷入劳动力的争夺危机之中。同时人口减少和老龄化问题使首都圈不断出现空置房(约 329 万户)、城市内部及周边农田得不到妥善的管理。

(二)大型灾害的威胁

众所周知,日本是一个多灾害的国家,特别是包括东京圈在内的南关东地区预计每隔 200~400 年便会发生一次 8 级左右的大地震。据估计,未来 30 年内东京圈发生 7 级以上地震的概率高达 70%。另外、由于全球变暖等带来的气候变动,暴雨、泥石流、海啸及火山喷发等自然灾害也将对首都圈的发展造成巨大威胁。

(三)国际竞争力的低下

日本 GDP 长期居于世界第二,而自 2010 年起便被中国反超。2014 年 GDP 增长率位于亚洲 24 个国家中的第 23 位。伴随着经济和产业的低迷,近 20 年来在日本开展国际会议的次数也大幅下降,国际竞争力严重下滑。

(四)旅游设施有待改善

近年来不断发展的观光旅游业在吸引游客和资金的同时,国内外游客的滞留也呈现向首都圈一极集中的态势,引发了诸如住宿设施紧张和交通堵塞等问题,确保住宿设施成为今后进一步扩大入境旅游的关键。

（五）资源的制约

日本是世界主要的进口大国，虽然首都圈的农业产量位于全国首位，但仍难实现自给自足。同时农田荒废、植被覆盖率降低、能源大量消费及核电站事故的遗留问题等均将制约首都圈的发展。

（六）技术革新带来新的要求

IT技术的进步与革新正在造福于交通、医疗、教育、防灾等各个领域，但是如何适应时代的发展已成为新的课题。未来的建设离不开网络，优化的网络环境，是产业发展的基础。

二 未来首都圈人口规模与土地利用

（一）未来人口规模

根据总务省"国势调查"公布数据，截至2020年9月1日，首都圈人口达到4434万人，其中东京都人数最多（1406.5万人）[①]，首次超过1400万人，占首都圈总人口的31.7%，其次是神奈川县（924万人）。另据日本国立社会保障·人口问题研究所（以下简称"人口研究所"）的预测，直至2045年，首都圈人口占全国总人口数的比重仍将持续扩大。从以往数据来看，2015年和2020东京都人口占比均位于全国首位（2015年为10.6%，2020年为11.1%），其次是神奈川县（2015年为7.2%，2020年为7.1%）[②]。预计到2045年，东京都和神奈川县在全国总人口中所占的比例仍将有所增加，同时广域首都圈范围内的埼玉县、千叶县以及爱知县、福冈县等地在全国总人口数中所占的比例都将有所提高。东京城市圈（南关东）人口占比将由2020年的29.0%增加到31.9%。与此同时，东京城市圈以外地区的总人口占比总体上将持续减少或保持现状（见表11-1）。

[①] 日本総務省統計局『国勢調査』［EB/OL］.（2020）［2021-11-30］, https://www.e-stat.go.jp/stat-search/files? page=1&toukei=00200521&tstat=000001049104.

[②] 日本総務省統計局『国勢調査』［EB/OL］.（2020）［2021-11-30］, https://www.e-stat.go.jp/stat-search/files? page=1&toukei=00200521&tstat=000001049104.

表 11-1　日本各地区人口占全国总人口的比例（2015~2045 年）

单位：%

地域	平成27年（2015年）	平成32年（2020年）	平成37年（2025年）	平成42年（2030年）	平成47年（2035年）	平成52年（2040年）	平成57年（2045年）
北海道	4.2	4.2	4.1	4.0	3.9	3.9	3.8
东北	7.1	6.9	6.7	6.5	6.3	6.1	5.8
关东	33.8	34.4	34.9	35.4	35.8	36.4	36.9
北关东	5.4	5.3	5.3	5.2	5.2	5.1	5.0
南关东（东京城市圈）	28.4	29.0	29.6	30.1	30.7	31.3	31.9
中部	16.9	16.8	16.8	16.7	16.7	16.7	16.6
近畿	17.7	17.7	17.6	17.5	17.4	17.3	17.3
中国	5.9	5.8	5.8	5.7	5.7	5.7	5.7
四国	3.0	3.0	2.9	2.8	2.8	2.7	2.7
九州·冲绳	11.4	11.3	11.3	11.3	11.3	11.3	11.3

注：北关东包括茨城县、枥木县、群马县；南关东包括埼玉县、千叶县、东京都、神奈川县。
资料来源：国立社会保障·人口研究所『地域别将来人口予测』（2015~2045 年）。

从人口结构来看，劳动力年龄人口（15~64 岁）将进一步减少，65 岁及以上和 75 岁及以上高龄人口将持续增加。

近年来在被日本称为"国难"之一的高龄少子化的严峻背景下，未来除东京都外的地区，15~64 岁的劳动力年龄人口将持续减少，并且从 2025 年开始，包括东京都在内的所有都道府县劳动力年龄人口都将有所下滑。预计到 2045 年，东京都劳动力人口占全国总人口的比例将由 2015 年的 66%减少到 59%，神奈川县也将由 63.6%减少到 55.1%。[1]

另据人口研究所预测，日本全国范围内 65 岁及以上人口还将持续增长。预计到 2045，东京都内 65 岁及以上人口占比将达到 30%以上，神奈川县将超过 35%，即未来首都圈中每三人就会有一名 65 岁及以上的高龄者。与此同时，千叶、埼玉等县的老龄化程度也将进一步加剧。另外，75 岁及以上人口比例

---

[1] 国立社会保障·人口研究所：『地域别将来人口予测』（2015~2045 年）。

也将持续增加，特别是东京圈范围内的埼玉县、千叶县、东京都和神奈川县，预计到 2045 年，75 岁及以上老人比 2015 年将以 1.5 倍以上的速度持续增长。[①]

由此可以看出，未来首都圈总人口数的增加、劳动力年龄人口的减少及高龄者人数的增加，无疑会成为制约首都圈乃至全日本经济发展的"三座大山"，在驱使首都圈向更加一极集中发展的同时，养老护理等经济支出也给地区财政带来极大的负担。虽然近年来日本政府也在积极采取相关政策，例如引导高龄者移居至首都圈以外的地区，以缓解首都圈的医疗护理负担的 CCRC[②] 计划。但由于入住费用高，老人移居意愿不强等问题，这一计划并未得到很好的实施。预计未来，首都圈内劳动力人口的减少和高度老龄化问题将继续深化。

（二）未来土地利用方针

目前在日本全国范围内人口减少的情况下，城市（特别是地方城市）的土地利用率却在增加。因此日本考虑将采取把行政、医疗护理、福利、商业等城市功能和居住设施集中到市中心的方式，从而控制城市向郊区的扩张。在集约化的中心区域，对低利用、未利用土地和空置房屋进行建设，提高城市的活跃度和土地利用效率；在人口密度低的非集约地区，政府将根据当地情况采取相应的措施，如加强公园、农地、森林的再生建设等。同时优化农田及减少荒废农田以确保稳定的粮食供应。为此，政府确定以下利用方针。

第一，自然环境的保护、利用和再生。以保护具有丰富自然资源的地区为核心，促进自然环境的保护和再生，并规定所有建设以国民福利和环境保护为前提。

第二，实现安全放心的土地利用。为预防各种频发的自然灾害，在土地利用前，各责任者要了解当地灾害数据，宣传灾害风险，并决定适当地限制在灾

---

① 国立社会保障・人口研究所『地域別将来人口予測』（2015~2045 年）。
② Continuing Care Retirement Community（持续护理型社区）的缩写。

害风险较高的地区进行土地开发，以确保所有建筑物的用途和结构达到应灾的能力。同时，从长期的角度出发，将引导居民向更安全的地带转移。

三 首都圈空间结构的基本方向

基于首都圈面临的各种挑战，灵活利用首都圈对经济的拉动作用，增强国际竞争力成为首都圈发展的重要课题。因此日本政府决定，未来首都圈的建设应以提高防灾能力和打造安全安心、高质高效的"成熟型"首都圈为目标，具体空间结构的发展分为两个基本方向：第一，建设"对流"型首都圈；第二，有效利用日本海和太平洋的环海地域[1]。

（一）建设"对流型首都圈"

所谓"对流"，是指人口、产业、经济、信息各部门以自身多样性为原动力发展的同时，通过各部门之间的合作与创新从而提高生产效率的结构模式。[2] "对流"可以为地区发展带来活力，并通过不同类型之间的交织和联系创造新价值。通过构建对流型首都圈，可以形成广域合作，提升产业动力和国际竞争力[3]。

与以往"一极集中"结构相比，"对流"在交通上的变革主要强调了合作效用。以北关东地区的改造为例：新修建的北关东公路和圈央道连接了内陆地区与茨城港，使通往国内、海外的交通比以往更加便利；北关东公路与常磐道、东北道、关越道、上信越道等交通道路的横贯连接，使食品产业的选址范围得以扩大；另外，从茨城港日立港区向内陆推进的输气管道的改造，促进了鹿岛（海上风力发电）、栃木市（污水处理厂）等地能源产业的发展。由此可以看出对流型构造的目的在于实现产业多方面、多层次流动，为大规模灾害应对建立能源后备。

---

[1] 国土交通省『首都圏整備計画』[EB/OL].（2016）[2022-4-27]，https：//www.mlit.go.jp/common/001128802.pdf.

[2] 参见本书第一章第二节内容。

[3] 魏涛、范少言：《日本首都圈规划的最新动向及其启示》，载中国城市规划学会编《活力城乡 美好人居——2019 中国城市规划年会论文集》，中国建筑工业出版社，2019，第 498~507 页。

同时，广域地方规划还指出，为实现从"一极集中"向"对流"结构的转变，需要利用磁悬浮新干线、铁路、公路等各交通网络，在整个首都圈范围内打造多个类似于"北关东新产业东西轴①"模式，发挥各基础设施的"存量效应②"，以此产生新的对流。具体实施计划分为四大核心空间结构设想及13个基本措施，内容与目的（见表11-2）。

表11-2 "对流型"战略的四大空间结构、内容及目标

四大空间结构	具体结构内容	合作目标
全国协作轴	①北关东新产业东西轴 ②连接东日本、西日本及全世界的新物流轴 ③在首都圈范围内综合利用日本海和太平洋 ④海洋国家未来轴	贯穿日本国土的广域地区，以综合合作为目标
跨区域协作	⑤富士山、南阿尔卑斯山、八岳对流圈 ⑥海洋文化都市圈 ⑦FIT（福岛、茨城、栃木）对流圈 ⑧日光、会津、上州历史街道对流圈	在广域的区域中，以特定主题合作为目标。例如，世界遗产富士山、南阿尔卑斯山、海洋文化等具有观光发展特性的地区间的协作
跨城市协作	⑨首都圈西南部国际都市群 ⑩多摩川国际临空港据点群	以相对紧凑的多个城市和据点间的合作为目标，在维持和确立各自主体性的同时，进行互补和协调
对流据点*协作	⑪东北、北陆、北海道连接首都圈对流据点 ⑫以筑波为中心的智能对流据点 ⑬国际机场附近的批发市场出口基地	通过各"对流据点"的交汇、联系，在创新的同时，促进对流场所（特别是承担着超越首都圈范围的广域范围）的协助合作功能

注：* 此处据点指各独立区县市等地域。
资料来源：笔者根据2016年《首都圈广域地方规划》整理。

---

① "北关东新产业东西轴"是横跨茨城县，栃木县和群马县的北关东公路沿线，通过确保通往首都地区各港口和机场的快速性和便利性来提高生产率。此轴旨在通过支持集中于太平洋一侧的能源供应基地，引入利用氢气的分散型电源，以及提高物流以支持工业活动，培育下一代增长型工业，形成新的工业聚集区。
② 基础设施的完善效果有流动效应和存量效应。流动效应是通过公共投资项目衍生出生产、就业和消费等经济活动，在短期内扩大整个经济的效应。存量效应是通过完善的社会资本发挥作用，从完善后开始获得的持续和中长期效应。如应对灾害的"安全效应"，改善生活环境的"生活质量提升效应"，以及缩短运输时间的"效率提升效应"。

——第十一章 日本首都圈的未来展望

首先，要在首都圈范围内建设"对流"结构，而后将此模式推广至全国。因此，以中央新干线的建造为契机，加之新开通的北海道新干线以及延伸至敦贺的北陆新干线等广域高速交通网的连接，形成超大都市区域，创造面域的"对流"。在此基础上，由于首都圈位于东北国土轴、日本海国土轴、太平洋新国土轴、西日本国土轴4个国土轴的交点，需要起"交点"作用，由点向面产生"对流"。

其次，建立放射+多环合作结构。放射+多环合作是"对流"构想下的一个分支项目。自第三次首都圈整备计划发布起，首都圈的空间格局规划重点均放在了纠正东京一极集中格局上，为缓解过密过疏，始终在致力"点"的建设，在各地区增加经济中心以分散东京人口和功能。但随着人口数越来越少，政府逐渐发现"点"与"点"之间的联系已经很难强化，所以提出了这一新概念，即：促进首都圈与周边的"点"之间产生"对流"，在以往的辐射方向外通过建设环状的高速交通网连接各"点"成"环"，从而形成"合作群"（见图11-1）。利用首都圈环状分布的旅游资源，加强与国际各产业的合作从而提高国际竞争力。

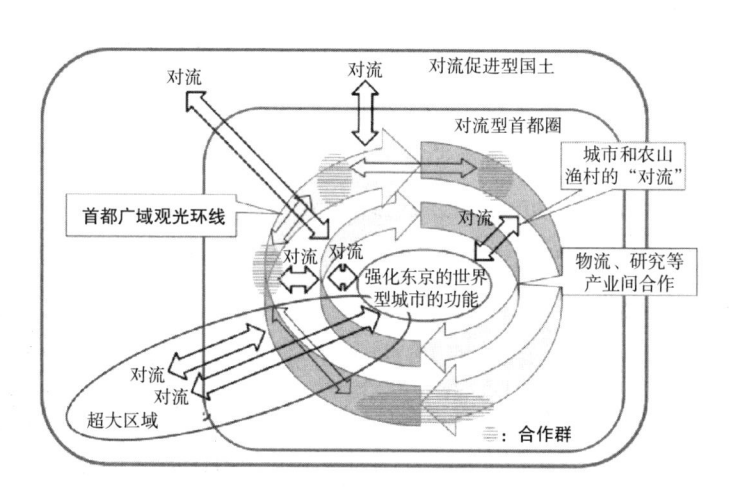

图 11-1 放射多环联动概念示意

资料来源：国土交通省，『首都圏広域地方計画』2016年。

343

最后，促进各"合作群"之间合作。合作群是指通过连接各个据点形成的合作群体。规划指出，在创造"对流"型构造同时，也要加强各"合作群"之间的合作。例如：推动富士山、南阿尔卑斯山、八岳山对流圈同横滨的"海洋文化都市圈"的联合，打造观光项目；FIT（福岛、茨城、栃木）和栃木县西部、福岛县会津地区、群马县（日光、会津、上州历史街道对流圈）的合作，形成广域旅行路线；将成田机场、益子烧等观光设施与日光、会津的结合；等等。在增加各区域吸引力的同时，打造观光周游路线，建设辐射、环状方向的高速交通网络。

同时，利用"合作群"加强防灾抗灾能力。连接"东北圈，北陆圈和北海道的首都圈对流据点"及"多摩川国际航空据点群"，这两个区域若能协同合作，在首都发生地震等大规模灾害时，就能有效进行人员疏散和物资的运输。

（二）福岛复兴及太平洋、日本海的有效利用

1. 福岛复兴与 FIT 对流圈

广域首都圈范围内的福岛县，因"3·11"东日本大地震引发大规模海啸引发的核泄露事件，损失惨重。不仅造成民众对于核污染事件的恐慌，同时民众对福岛县农产品的顾虑至今仍未得到缓解。福岛的兴衰对于首都圈有重要影响。一方面，截至目前福岛仍然是首都圈主要的电力供应地，一旦福岛再次发生大规模自然灾害，首都圈的电力供应将受到严重阻碍。以 2022 年 3 月 16 日夜间在日本福岛县附近海域发生的 7.4 级地震为例，直接造成首都圈约 209 万户发生大规模停电，震感最强的福岛县和宫城县共计约 5 万户停电[①]。另一方面，自"3·11"大地震以来，福岛地区人口大规模流失，这不仅会加速全国地区的过密过疏格局，同时不利于首都圈改善"一极集中"规划进展。因此，首都圈为持续发展，有必要将福岛振兴作为重要方向，由此提出强化 FIT 对流圈。

所谓 FIT 地区，由福岛（Fukushima）、茨城（Ibaraki）、栃木（Tochigi）

---

① 国土交通省气象厅『地震情报』，https：//www.jma.go.jp/bosai/map.html#11/37.475/137.241/&elem=int&contents=earthquake_map。

三个县边缘接壤地区构成,是连接首都圈和东北圈的地区,目的是利用这三个地区与东京圈的邻近性及其丰富的地区资源和自然环境,建立FIT品牌,开展广域观光交流、移居和双区域居住,同时进一步发展广域对流圈,促进福岛复兴(见表11-3)。

表11-3 FIT对流圈规划目的及具体措施

目的	具体措施
建立FIT品牌,打造魅力区域	①充分利用演艺文化、历史街道和自然环境等具有吸引力的社区资源,打造地区形象 ②利用丰富的区域资源推进城市农山渔村对流 ③综合把握地区特点,推进地区资源的信息发布
推进全域旅游交流	①促进以"体验"为核心的旅游项目,如利用当地资源发展观光农业等 ②打造"海蓝宝石福岛县"、五浦海岸、那须高原、甲子高原、日光国立公园等山岳类旅游胜地,打造茨城县北地质公园、阿武隈高地等全域旅游环游路线
促进市民移居、双区域居住	利用FIT地区靠近东京圈的交通便利性,致力于引导首都圈居民乡村生活、旅行、试住等,扩大往返于都市和FIT地区的双区域居住与移居人流
建设安全放心抗灾的地区	①恢复和强化关东地区和东北沿海地区的交通建设 ②消除群众对福岛县等旅游业及农林水产业的顾虑

资料来源:笔者根据2016年《首都圈广域地方规划》整理绘制。

2. 日本海、太平洋的有效利用

首都圈西邻日本海,东侧靠近太平洋,长期以来日本都将首都圈的海上运输事业视为强有力的国际竞争优势。但近年来,上海、香港等中国港口及新加坡等其他亚洲国家港口集装箱吞吐量飞速增长,首都地区港口集装箱货物运输量排名从1984年的世界第15位下滑至2019年的第34位,下滑趋势明显。[①] 所以为维持国际物流主干航线(北美、欧洲等大型船舶通行航线),首都圈未来还会将增强港口功能作为提高国际竞争力主要方式。

日本为增强国际竞争力,扩大和欧洲、北美等地区的海航运营,首都圈

---

① 国土交通省『首都圏白書』2020年。

实施了譬如"打造国际集装箱港口战略"等诸多硬软一体的综合措施,并于2019年3月公布了《国际集装箱战略港口政策推进委员会最终汇总与跟进》①,希望通过国家、港口管理者和民间共同协作的体制,推进国际集装箱战略港口政策,即:通过修建通往港口的高速公路,将全国或广域首都圈范围内的货物向京滨港等战略港口集中,实现"集货"从而"创货",以强化首都圈码头的功能。国家还将提供部分经费支持京滨港港口的运营公司——横滨川崎国际港湾株式会社,希望通过各方努力,推进"国际战略港湾竞争力强化对策项目"。同时,首都圈将 AI、IoT、自动化技术相结合,引入世界最高水平的"AI 终端"和远程操作 RTG 等支援制度,计划最大限度地利用日本和太平洋的海洋航线,支持横滨港事业,促进国际贸易,提高国际竞争力。

四 首都圈空间整备方案与具体规划

(一)首都圈版"紧凑+网络"型结构

今后少子老龄化及人口减少的问题仍将继续加剧,若不对首都圈及周边地域采取有效干预政策,人口密度将整体下降,形成"无核扩散型"结构,这样失去了区域中心,服务产业将无法开展,同时也会阻碍"对流"的产生。所以为了维持必要的服务功能,2016 版《首都圈整备规划》提出要将"无核扩散型"结构转变为"多核网络型"结构,即:将生活中必要的各种功能在一定区域内紧凑布局,同时区域之间以网络连接,这样可以起到提高便利性、维持区域人口和必要的功能的作用②。同时强调要加大对绿地和农田的保护,形成与自然和谐共生的紧凑市区。由此可以看出,"紧凑"的目的是提升人口及空间密度,"网络"可以加强区域与区域之间的联系与合作,从而促进医疗、商业、服务等功能的聚集,皆在为"对流"结构的实施打造基础。具体实施计划见表11-4。

---

① 原文件名:『国際コンテナ戦略港湾政策推進委員会・最終とりまとめフォローアップ』。
② 李国平:《均衡紧凑网络型国土空间规划——日本的实践及其启示》,《资源科学》2019年第9期,第9页。

表11-4 "紧凑+网络"型构造实施方案

目的	具体措施
1. "紧凑"结构的形成	①推动市町村制定合理的选址规划 ②推动市町村制定公共交通网络形成规划和重组规划等 ③推动生活服务设施的选址规划
2. 中枢都市圈的形成	推动市町村在核心区域的联合,通过构建"紧凑"和"网络"结构,引领经济增长,集聚和强化城市功能,提升生活功能服务,形成具有中枢功能的城市圈,保持区域活力
3. 紧凑结构中"硬件"和"软件"的一体完善	①促进新城和老旧住宅的更新改造,实现医职住就近化,区域集约化 ②利用UR住宅园区,打造社区医疗福利基地 ③实现集城市交通、城市空间、防灾减灾等功能于一体的通用型社会 ④打造多元化服务的循环结构 ⑤提高家庭医疗保健的效率和质量 ⑥将车站、公交枢纽、医院、政府机关、托儿所、护理福利机构等分散设施叠加,形成集聚多种功能的核心区域 ⑦维持首都圈近郊的"业务核心城市"的功能
4. 以车站为核心的小据点的建设	通过地方创意,推进设置"道路驿站"和将现有"道之站"作为地区振兴基地的举措。a. 推进以公路车站为核心的6次产业化;b. 推进连接车站(小据点)和周边村落的便利交通网络的形成;c. 推进车站内的无线局域网建设;d. 推进车站的观光服务窗口的建设
5. 强化地区间的合作,实现安全安心生活	①通过加强公路(如首都圈的三环线公路、上信公路等高规格区域公路)和铁路的建设,推动经济发展,提高生活质量 ②通过完善的高速公路网络,推动社区急救医疗体系的建设

注：UR：Urban Renaissance Agency（都市再生机构）的缩写。"UR住宅"是由日本公共机构（都市再生机构）管理的住宅。与一般租赁住宅相比，具有房租较低，无需押金等优点。

资料来源：笔者根据2016年《首都圈广域地方规划》整理绘制。

（二）区域建设推进方案

在日本，小规模的地方政府因为受到财政和人员等行政资源的制约，而期待通过地方政府间协作协助来克服[①]，而广域规划则强调责任下放，要求各地方自治体之间通过自主决策和协同合作，共同应对跨区域公共事务的处理。国家和地方在适当分工的基础上，利用广域行政制度和协商组织等，推

---

① 白智立：《日本广域行政的理论与实践：以东京"首都圈"发展为例》，《日本研究》2017年第1期，第10~26页。

进地方公共团体之间的合作，同时确保其必要的财政支援。另外，各地方政府也要响应居民对社区建设的参与意识，确保信息公开、人人参与，广泛征求居民意见以达成共识。

另外，除上述以都县为单位对整备地区进行了规定外，为了实现城市建设和绿地保护，2016年公布的《首都圈整备规划》延续《首都圈整备法》和《第一次首都圈基本规划》的规定，继续对首都圈进行了城市建成区、近郊整备地带、城市开发区和近郊绿地保护区的区域划分。

城市建成区是防止产业和人口过度集中，同时维护和增进城市功能的区域；近郊整备地带是在既成市区近郊，为防止无秩序的市街化设置的整顿市区地带；城市开发区是为实现首都圈内产业和人口的合理配置，发展工业及建设住宅城市的区域；近郊绿地保护区是根据《首都圈近郊绿地保护》（昭和41年第101号法律）中指定的绿地保护区域，在该区域内的建筑的改建扩建、宅地建造与木竹采伐等行动，有义务向都县知事等申报。具体开发要求如下。

1. 城市建成区、近郊整备地带和城市开发区的治理

在城市建成区、近郊整备地带和城市开发区，应秉承三个原则：一是发展并改善现有城市区域，同时选择性地分散城市功能；二是在保护郊区绿地的基础上开拓城市功能，同时促进城市各产业在城市的设施聚集，培育城市中心功能，促进区域发展；三是促进城市原有功能的发展和工业定位，推进"对流型"城市的构建。

2. 近郊绿地保护区的治理和开发

随着人口规模的减小，空地和农田作为次生自然资源也在不断扩大，为推进首都圈版的"紧凑型功能区+网络"的建设，形成与自然和谐共生的紧凑区域，近年来首都圈在发展的同时也在积极进行近郊绿地保护工作，相继颁布了《首都圈城市环境基础设施设计》等绿地保护方案，旨在加大宣传环保理念力度，提高市民保护绿地等环境意识。今后，仍会继续执行适当制度以改善由城市衰退导致的土地低利用率和未利用率问题，制定近郊绿地保护措施，加大对水资源和绿地区的管控，最大限度地保护绿地功能。

3. 业务核心城市

"业务核心城市"这一概念最初形成于1979年的国土交通省为制定首都圈整备规划而进行的调查中,而后在1986年的《第四次首都圈基本规划》中正式提出要培育"业务核心城市",即通过产业功能的集聚,在东京周边县市形成若干职住平衡、城市服务功能充实的自立型都市[1]。随着近年首都圈各业务设施集聚区的修建,业务布局和各功能得到一定程度的分散,"业务核心城市"在纠正东京"一极集中"和疏解东京非首都功能方面取得了一定的效果。

2016版《首都圈广域地方规划》指出,将继续做好业务核心城市建设工作,并再次明确了"业务核心城市"规划区域(横滨、川崎、厚木、町田·相模原、八王子·立川·多摩、青梅、川越、熊谷、埼玉、春日部·越谷、柏、土浦·筑波·牛久、成田·千叶新城、木更津)。这些地区均匀地分布在首都圈内,今后的发展主要分为两个方向。一是培育和完善各"业务核心城市"的业务功能,进一步集聚提高功能,使之作为就业、产业增长、城市服务、就业的成熟场所,以及提供高级城市服务的中心。二是完善各"业务核心城市"的商业、文化、娱乐、居住等功能,积极推行绿地保护,完善交通、信息通信系统等基础设施,进一步缓解首都圈过密过疏格局。

4. 筑波研究学园城

早在1963年9月,日本内阁会议就提出并通过了筑波研究学园城的建设构想。目的其一是振兴日本的科学技术和高等教育:计划以筑波大学为核心,通过转移和新建国家级研究机构,形成高水准研究教育据点。其二在于缓解东京"过密"形势:将位于东京的国家级研究学院和教育机构迁移到筑波地区,以此缓解首都圈人口的过度集中,推动各地区均衡发展[2]。1980年3月,计划内的大部分研究机构、大学等完成转移,相应的基础性都市设施也相继完成建设。[3] 2005年开通东京地区(秋叶原)至筑波的特快专线

---

[1] 国土交通省:『業務核都市』,https://www.mlit.go.jp/crd/daisei/gyoumukaku/。
[2] 国土交通省:『筑波研究学園城市』(平成20年3月),https://www.mlit.go.jp/crd/daisei/tsukuba/img/tsukuba.pdf。
[3] 参见本书第六章第二节。

(筑波特快 TX)。2011 年筑波地区指定为"筑波国际战略综合特区",同时成为 G7 茨城筑波科学技术部长会议(2016 年)和 G20 茨城筑波贸易与数字经济部长会议(2019 年)的举办地①。可见,筑波研究学园城是近年来首都为实现科技创新的一个重要基地,同时未来也将成为首都圈增强国际竞争力的重点建设区域,具体建设目标与措施见表 11-5。

表 11-5 筑波研究学园城的建设目标与措施

目标	具体措施
增强全球城市功能	①通过筑波研究学园城的建立,形成筑波-关西(学研城市)知识链,促进科研交流 ②加强通往筑波的交通设施建设 ③推进 TX 沿线地区的"筑波风格"建设,强化国际学校的功能,为世界研究人员及其家人创造安心舒适的生活环境
完善研发功能	①加强 R&D(研究开发)功能和开放式创新功能,促进产业发展 ②通过举办国际会议、展会等活动,集聚世界一线研究人员,加强信息共享与传播
推进筑波国际战略综合特区建设	推进生活领域创新(健康和医疗)和绿色领域创新(环境和能源)。a. 推进 BNCT(癌症治疗)项目的实用化、藻类生物质能的实用化、机器人医疗器械及世界性据点的形成;b. 构筑超越领域与组织的界限产学官合作系统
创建创新发明基地	①创造新的产业领域,例如:使用机器人进行医疗护理、解决生活支援问题 ②打造从研发、实验认证、人才培养到风险支援一条龙的机器人项目基地 ③利用创新成果实现多样的生活方式

资料来源:笔者根据 2016 年《首都圈广域地方规划》整理绘制。

第二节 日本首都圈协同发展愿景

一 人才、文化聚集中心

截至目前,日本一直以制造业为优势产业,但随着亚洲各国制造技术的

---

① 茨城县地域振興科『筑波研究学園城市』、令和 3 年 3 月、https://www.pref.ibaraki.jp/kikaku/chiiki/kennan/documents/documents/tsukuba-science-city-2021japanese001.pdf。

快速发展，以往单纯的"以量取胜"已经无法保持国际竞争优势。政府意识到，今后要想继续增长，要转变传统的以"量"为基础的产业发展模式，转为以"质"取胜的新型发展观念。计划以首都圈为中心，通过产业升级和优势领域来提高国际竞争力。这些领域主要有：生命科学、机器人、航空航天和环境领域；日本料理、漫画、歌舞伎等日本独特文化领域；超老龄化问题、巨大灾害的预防与应对、基础设施的老化对策等社会问题领域。

另外，在21世纪的今天，区域成为参与全球经济一体化的经济利益体和国际分工的重要主体，区域创新体系也成为国家创新体系的重要组成部分[1]，可以说创新是经济建设的主要力量。要想以"质"取胜，就需要创新，而创新离不开人才。因此首都圈未来发展也将一直以吸引各行各业人才为重点。通过打造"紧凑+网络"的交通格局，增强人与人、产业与产业之间的联系，打造创意想法"对流"的据点，以吸引世界各地的人才、文化在首都圈聚集。

二 形成"对流-共生"新发展格局

"对流-共生"不仅在空间结构方面能有效增强地区间的交流，而且经济发展方面也同样具有现实意义。因此需在各地区、首都圈以及全世界范围内构建"对流"格局，发掘各地区的个性与价值，缓解人口减少所带来的一系列负效应。

对流结构的重要性不仅体现在城市与城市间，人与人的交流同样重要。为实现首都圈多方文化的聚集，需要充分利用各地区的特性，倡导人人参与，亲临现场或克服时间和地点限制利用网络进行交流。这种接触不仅可以建立信任，还有助于更好地提升地区潜力，进而发掘隐藏资源。

在"对流"基础上，还需实现三个意义上的共生。第一，实现真正与自然和谐共生。维持首都圈在防灾、能源、食品等方面的后备资源。第二，

---

[1] 王志宝、孙铁山、李国平：《区域协同创新研究进展与展望》，《软科学》2013年第1期，第1~4页。

超越性别年龄与自身缺陷，实现每个人都能更积极地参与社会，发挥作用，相互支持的共生。第三，通过共享汽车、共享房间和民宿等方式实现物品和资源间的相互利用。这种以共享为基础的共生有助于解决诸多问题，例如空地和空置房屋合理利用、郊区老年人的交通问题等。

如图11-2所示，共生型首都圈可分为三个部分：原生资源、次生资源和城市部。其中次生自然资源为人类活动提供粮食、能源、水、水产资源等重要物资。近年来由于人口减少等原因，仅靠农山渔村很难维持现有的次生自然资源。所以首都圈为了维持现有的次生自然资源，提出构建共生型首都圈设想。其建设重点是在城市和农村渔村建立"人、物、能源"的新对流和循环结构，例如与城市和农村渔村之间的居住和居住相关的新的人员对流和循环，或者基于流入者对粮食和能源等自产自销的贡献而建立的新的经济循环。

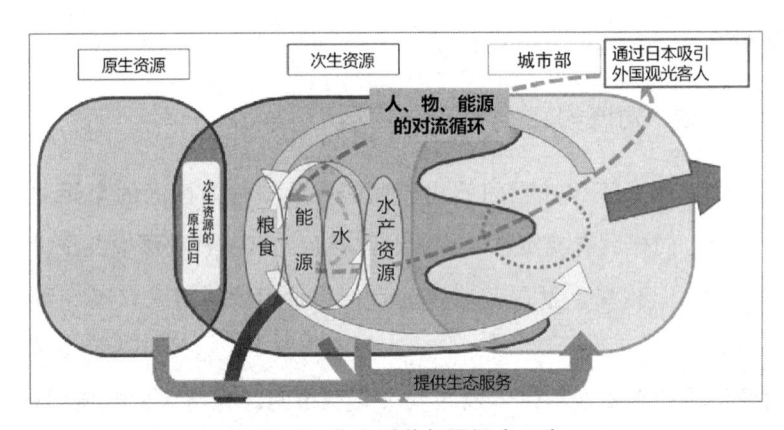

图11-2 共生型首都圈概念示意

资料来源：国土交通省，『首都圏広域地方計画』2016年。

三 促进城乡共生融合发展

据2011年的日本《国土长期展望》预测：到2050年日本仅有不到2%的居住地区将出现人口增加，三大都市圈人口占总人口比例将增至56.7%；66.4%的居住地区人口将减少一半以上，人口规模小的市町村减少幅度更大，甚至会出现无人居住现象，土地闲置、弃耕抛荒比例也将进一步扩大。在此背景下，除2016年《首都圈地方广域规划》提出的要积极促进"城市和农山渔村的对流"外，2018年《第五次环境基本计划》又提出"地域循环共生圈"概念，旨在通过促进乡村资源可持续利用以及城乡之间人员、物资、资金和信息的双向流动与融合，在地方建立环境、经济和社会协调发展的自立分散型社会[1]。城市规划以环境、经济和社会效益的综合提升为目标，促进城乡融合发展，有效整合地域资源，形成生态与经济良性循环发展的局面。

早在2002年日本内阁府就在《关于经济财政运营和结构改革的基本方针》中提出了"都市和农山渔村的对流与共生"政策方案，并于同年9月设立了"城市和农山渔村的共生·对流项目组"，旨在通过加强城市与农村的联系，推动城市和农村的交流，从而活跃整个首都圈的"人·物·信息"的往来。从形态来看，可以分为绿色观光（农村休闲娱乐）为中心的临旅居型，农村、城市往返的两地居住型和定居型等多种形式（见图11-3）。

日本近年来"田园回归"趋势明显，借此契机，通过构建连接城市和农村的网络，加大农村和城市的交流，不仅能促进农村的木材、食品、水等自然资源的有效利用，还能加强以农林水产业为轴心的旅游、教育、福利等多个领域合作，提高地区的产业竞争力。同时最关键的一点是通过将城市人员向农村地区疏散，缓解首都圈内人口过密和农村过疏问题。[2]

另外，首都圈在推行城乡共生融合发展的过程中，十分重视"地域循环共生圈"的形成，使用可再生能源不仅可以改善当地能源平衡，控制农村资本外流，以增加就业机会，提高应对灾害的能力。资源回收不仅可以减少废弃物的最终处理量，还可以促进回收产业的发展，促进农村经济的发展。

---

[1] 李国庆：《日本的地方环境振兴：地方循环共生圈的理念与实践》，《日本学刊》2018年第5期，第142~158页。

[2] 张季风：《乡村振兴视阈下的城乡融合发展：日本的实践与启示》，《中国农村经济》2022年第12期，第124~138页。

城市农村"对流"

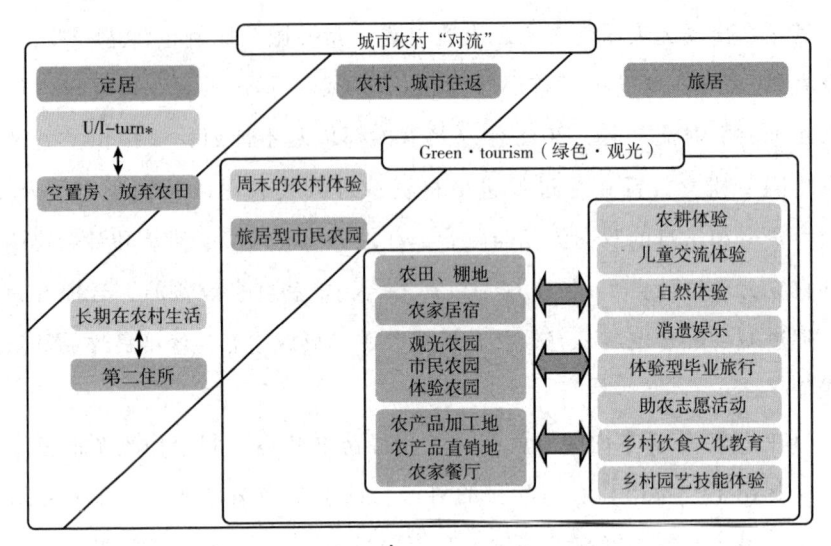

| 定居 | 农村、城市往返 | 旅居 |

U/I-turn*

空置房、放弃农田

长期在农村生活

第二住所

周末的农村体验

旅居型市民农园

Green·tourism（绿色·观光）

农田、棚地
农家居宿

观光农园
市民农园
体验农园

农产品加工地
农产品直销地
农家餐厅

农耕体验
儿童交流体验
自然体验
消遣娱乐
体验型毕业旅行
助农志愿活动
乡村饮食文化教育
乡村园艺技能体验

图 11-3　城市农村"对流"形态

* "U-turn"是指在出生地以外的地方工作/生活后，再次回到出生地。"I-turn"是指在出生地工作/生活后，移居到出生地以外的地方。

资料来源：農林水産省，2012年《食料、農業、農村白書》。

四　超大规模巨型城市圈构想

该构想是通过修建磁悬浮中央新干线，将东京圈、名古屋圈、大阪圈连在一起，形成超大规模城市圈。[①] 半世纪前，东海道新干线（1964年）的开通使日本真切地感受到高速交通所带来的国土结构变革。但与当时正处于经济高速增长期相比，现在所面临的人口减少、产业结构转变和生活方式的巨大变化等问题，若再单纯依靠磁悬浮中央新干线，很难期待有显著改善效果[②]。另外，近年来亚洲各国经济突飞猛进，2013年中国GDP超日本40%，2016年达到日本的4.1倍，而东盟各国经济也在持续发展，预计2023年印度购买力平价GDP将是日本的2.6倍。

[①] 参见本书"绪论"。

[②] 家田仁「リニア中央新幹線とスーパー・メガリージョン（特集スーパー・メガリージョン構想）」．『人と国土21』，2019，45（3）：第10~13頁。

另外，随着世界各地人力、物力、资金和信息流的日益活跃，国际城市之间的竞争也愈演愈烈，如粤港澳大湾区、德里和孟买工业走廊（印度）、BosWash（美国东海岸的波士顿、纽约和华盛顿）、硅谷的尖端技术聚集地以及 Medicon 山谷（丹麦和瑞典）等。这种"亚洲动力"[①]及其他海外大型经济圈已经对日本产业带来严重威胁。由此，日本《第二次国土形成规划（全国规划）》（于 2015 年 8 月 14 日内阁会议通过）提出超大规模巨型城市圈构想：以磁悬浮中央新干线的开通（预计 2027 年建成）为契机，三大都市（东京、大阪、名古屋）将实现一体化，共享 4 个国际机场和 2 个战略港口，成为世界最大的超大规模经济区域。

届时磁悬浮中央新干线的开通在促成超大规模都市圈的同时，预计还会为首都圈的建设带来以下影响。

一是有助于"对流"结构的形成：这种"对流"指产业间及人与人的合作与交流。随着第四次工业革命带来的转变，各行业生产理念均逐渐地从创造物品转向了创造价值，再加上日本人口问题的残酷现实，日本已经意识到要想实现经济可持续增长，通过创新来提高生产力是必经之路。创新就意味着需要沟通、产生思想上碰撞。磁悬浮中央新干线将是完善交通线路，增加各领域面对面交流的机会，从而促进人与人之间建立信赖。

二是缩短出行时间。在日本很多职员必须服从公司的远距离调配，这样就无法和家人一起生活，由此女性不得不承担照顾老人儿童及家务负担，很难再进入职场工作。磁悬浮中央新干线的开通有望在缩短通勤时间的基础上，促进男女共同分担，缓解日本女性就业率低、工作育儿难以两全的困境。

三是吸引海外投资。日本三大城市圈一体化，使首都地区的国际和金融功能、中部地区的制造业和研究开发功能、关西地区的历史文化和生命科学领域的研究功能等联结，将产生巨大的经济效益，从而吸引海外人才和资金的加入。

[①] 日语原文"アジアダイナミズム"、引用于日本国土交通省国土政策局计画官岸 弘之「スーパー・メガリージョン構想-リニアによる三大都市圏の一体化と効果の拡大」。

四是应对灾害风险。磁悬浮中央新干线的开通,有望与日本东海道新干线和北陆新干线一起,成为连接三大都市圈的主动脉,高速交通网将产生更多的"替代品",能够增强人员和货物的有效流动。

五 防灾减灾

众所周知日本是一个灾害发生率极高的国家,而首都圈也近乎四面环海,随时有台风、地震、海啸等灾害发生的风险。首都圈作为全国的"中枢",在灾害来临时不仅自身要具备极强的抗灾功能,同时也必须具备支撑全国正常运转的能力。长期以来,日本在任何地区、任何项目的建设中都不得不考虑防灾减灾的应对及后续工作。因此,防灾减灾设施也被视为经济增长与发展的"种子",而非成本,应创建与防灾减灾相结合的经济发展战略,即:在灾害发生时发挥其防灾减灾功能,在未发生灾害时同样也能创造出一定的经济价值。

在今后的发展中,如何继续加大对灾难的预防及应对,2016年《首都圈地方广域规划》给出了明确的项目目标及措施,其具体防灾减灾的应对措施见表11-6,防灾减灾完善措施见表11-7。

表11-6 首都圈防灾减灾的应对措施

目的	具体措施
1. 确保首都中枢功能的持续性	①构筑首都中枢功能的持续性体制,加强首都中枢功能的基础设施建设 ②将位于日本海一侧和太平洋一侧的埼玉市作为防灾合作据点,将国家驻外机构集聚的"埼玉新都心"定为TEC-FORCE(国土交通省紧急灾害对策派遣队)据点 ③在台风、大雨、暴风等强烈气象发生时警惕引发大地震的可能,同时预想到灾害的最坏情况,实施二次灾害的预防对策
2. 强化直下型地震发生时首都圈的后备功能	①为确保灾害发生时的有效疏散,除周边县(埼玉、千叶、神奈川)外,在北关东各县(茨城、栃木、群马、山梨、长野、新潟、静冈等)设置广域防灾据点,推进第二东海高速公路(新东名高速公路)、中部横断高速公路等高规格干线等道路的建设 ②确立食品等紧急物资运输的体制、能源供给线路,保证能源供给设备的多重化和分散化,推进大直升机场和医疗中心的建设 ③加强能源基础设施与应急运输道路的通达

续表

目的	具体措施
3. 疏散首都圈城市功能	①在拥有新干线的枢纽城市(埼玉市、宇都宫市、高崎市、长野市、新潟市等)、磁悬浮新站拟选城市(相模原市、甲府市、饭田市等)等地充实其城市功能,促进全关东范围内城市功能的后备 ②促进各企业总部职能向广域首都圈及其他地区转移

资料来源:笔者根据2016年《首都圈广域地方规划》整理绘制。

表11-7 防灾减灾完善措施

目的	具体措施
1. 按时间线制定详细防灾计划	①随着大城市地下空间的扩大,人口、产业向"零米地带"不断集聚,增加了水灾频发的风险。所以地方政府和相关机构要按照时间线制定详细防灾计划,并加强防灾演练 ②设置泥石流灾害警戒区域,通过制作危险区域图进行宣传,充实并强化避难体制
2. 实现灾害发生时的无缝应对	①为在灾后迅速恢复和重建,要推进重建计划的方案研究,包括在恢复和重建阶段的"人、物迁回运输"计划等 ②通过制定灾后重建手册,分析一旦发生震源在首都正下方的地震后城市重建过程,分别以行政人员和居民为对象制定重建模拟训练
3. 强化自助、共助及公助	①在灾害发生时,通过官民协作,实行自助、共助、公助 ②建立志愿者活动体制,促进当地志愿者组织和地方政府的协调合作 ③促进地方政府和民间组织签订援助协议
4. 推进灾害废弃物处理对策	①应在平时就做好准备工作,确保灾害发生时也能妥善处理灾害废弃物 ②以"大规模灾害废弃物处理措施"为主题建立关东地区协议会,在国家、都县、市町村现有的合作机制基础上,与各种行业的民间企业单位建立合作机制,推进灾害废弃物的有效利用 ③在关东地区协议会中,就灾害时的废弃物对策进行信息共享,同时推进灾害废弃物的利用研究

资料来源:笔者根据2016年《首都圈广域地方规划》整理绘制。

第三节 2040年的东京

一 东京未来的新定位:ESG

东京都知事小池百合子在2017年发布的《东京城市建设宏伟蓝图》中

指出，东京目前已经成为一个高度成熟的城市。未来要在运用 AI、IoT 等尖端技术的同时，秉承可持续发展的理念，以实现零排放为目标，力求与环境和谐共处。为此，东京将进一步扩大现有的城市功能和城市基础设施储备，并不断地进行产业升级和创新。从长远的角度来看，东京未来发展将主要围绕"ESG"（环境保护 Environment、社会贡献 Social 和城市管理 Governance）概念，秉承"SDGs"（联合国可持续发展）思想来推进城市建设，目标为建成一个被世界各地选择的城市，并计划在 2040 年，发展成为"成长"与"成熟"并存的东京。

（一）对世界的作用

1. 促进多元人才文化交流

东京都一都三县拥有 3600 万人口，以政治、经济、文化等服务和产业的集聚为基础，建立了一个超大规模经济中心，并承担着展示和测试市场的职能。所以东京未来规划将以引领经济、环境、产业、旅游、文化等各领域的共同发展为目标，打造包容型城市，建立文化交流的平台，培养世界型人才。

2. 开创城市问题解决模式

少子老龄化和人口减少的加剧以及大地震等自然灾害的威胁，使东京存在城市根基被动摇的风险和问题。所以今后将积极推行先进方案，挖掘问题的解决方案并付诸实践，并使之成为国际范例。同时，东京也将有计划地高效推进城市基础设施建设，积累城市市区建设经验和应对空气污染和热岛等环境问题方面的经验，发挥其专门知识和技术，迎接未来挑战。

3. 将传统与先进融合

将江户时代以来积累的 400 年历史传统与最先进的技术和艺术相结合，发挥东京独特之处，创造新的商业模式、生活方式、文化价值，并将其传播到世界各地。

（二）对日本的作用

1. 发挥首都的经济推动功能

高度集聚人、物和信息，顺应时代变化，结合生命科学和 ICT（信息与通信技术）等高端技术创造高价值产业和服务。通过发挥这些经济活动的推动力，进一步向世界开放的国际金融和经济城市迈进，支持日本经济的新增长和可持续增长。

2. 推动各地区的合作

不仅仅是东京地区，日本各地区都要各尽其职，通过相互合作搞活地区经济的同时，带动整个日本的可持续发展。同时要最大限度地利用广泛的交通和信息网络，加深产业、旅游、文化等方面交流与合作及各地区与东京合作，向世界展示日本的整体魅力。

二 2040年东京发展蓝图

2016年东京都城市规划审议会指出，到2040年，东京与世界的往来将更加活跃，人民的生活方式会更加多样化，对于艺术和文化的追求将增强，各项技术都将进一步革新。但老龄少子化也将进一步加剧，所以要着重加强对自然灾害和各类危机的应对，把握技术创新和全球化的机遇，立足于长远发展。同时会议确立了"2040年东京未来发展蓝图"，并指出了具体的理念、设想及都内各地域前景。明确了东京未来城市建设应秉承两个目标：其一是通过高度集中的城市功能加强同世界各地的交流与合作，不断为世界各地的人们创造新价值；其二是保证各地区城市生活的舒适与活跃，为所有居民提供高质量的居住、工作和休闲场所。

（一）未来东京城市空间结构设想

1. "交流、合作、挑战"的城市结构

"交流"给地区带来新的"刺激"，通过"交流"促进地区间的"合作"，再通过"合作"向新变化发出"挑战"，从而带动地区经济。因此，应在过去以环状为重点构建道路网络的基础上，将范围扩大到都边的市县，建设成网状的"交流型城市结构"，并强化机场和港湾功能，促进从国内到海外的大范围"交流、合作、挑战"。

2. 加强"广域据点"的合作

在超大规模城市圈设想中，不仅有东京一个"中心核心"，东京圈全域有"北核心""东核心""南核心""西核心"四个均衡核心。今后，为支持东京的首都功能,这四个位于广域交通网络节点的"广域据点"将继续发挥其广域联络功能,实现相互刺激、协调互补的城市结构。另外,加强同北关东的产业集群、东日本大地震的受灾地等东北方向、日本海方向、中京圈、近畿圈、北海道、九州圈以及海外的交流和合作也同样重要。

3."个性化基地"的重组

传统的城市建设理念主要以"培育业务载体"为主,开发市中心、副中心、新基地、核心城市等。今后,为使东京向更成熟型都市迈进,应改变旧观念,秉承"充分发挥各地区特性,在相互竞争中创新值"的观点,重新构建"个性化基地"。并利用交通网络、绿色观光资源等将这些"个性化基地"连接起来,相互刺激,实现更高质量的增长。

4."紧凑型地区结构"的重组

在高龄少子化、人口急剧减少的情况下,为使城市生活舒适和活跃并存,必须改造目前的仅能支持日常生活的紧凑型地区结构,提高城市的经营效益和生产效率。因此,应以不扩散市区为前提,将医疗、福利、育儿支持、教育、文化、商业等各种城市功能重组,汇集到主要车站周围或居民生活中心,保证居住功能在步行圈范围内,同时确保顺畅的公共交通;同时引导生活在自然灾害高发地区的居民向安全地带转移。

(二)东京都内各功能区的空间布局

在2000年提出的环状巨大城市群结构中,曾经将首都圈划分为"中心核心再生区"等4个同心圆状区域,并在临海地区设置"东京湾海滨活化区",在"中心核心再生区"中,将东京枢纽功能的范围扩大到环状7号线附近,促进了临海地区一体化发展。

基于未来经济社会的变化,2017年的新规划中将东京都划分为4个功能区域+2个交流中心区,4个功能区分别为"中枢广域据点区域"、"新城市生活创造区域"、"多摩广域据点区域"和"自然环境共生区域",2个交流中心区分别是位于"中枢广域据点区域"核心部位的"国际商务交流区"和位于"多摩广域据点区域"的"多摩创新交流区"(见图11-4)。其中"中枢广域据点区域""多摩广域据点区域"作为支撑首都功能的广域中心,

"国际商务交流区"和"多摩创新交流区"将发挥引领日本和东京圈经济活力的引擎功能。

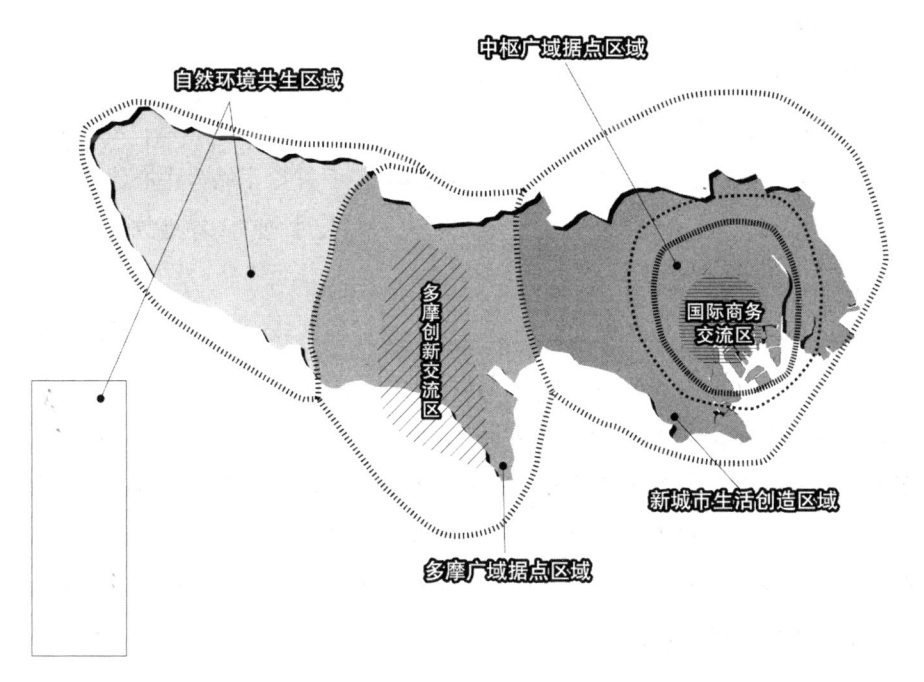

图 11-4 未来东京都区域划分构想图

资料来源：东京都都市整備局，『都市づくりのグランドデザイン—東京の未来を創ろう』，2017 年。

1. 中枢广域据点区域

中枢广域据点区域为环城 7 号线以内的区域，又可分为正中心、中心边缘和区域外缘。其中正中心主要作为国际合作、商业交流和文娱活动的场所。中心边缘为中密度的复合居住区，为居民提供便利于工作和商业往来的住所。区域外缘为临海地区，临海部与陆地的枢纽业务集聚地和广域交通节点紧密相连，为日本进出口贸易提供便利交通。

2. 新城市生活创造区域

新城市生活创造区域从环状 7 号线开始，西侧至武藏野线，东侧至都县境内，以车站为中心集合各功能，并配合木质房屋密集区的消除和大型小区的更新。环城方向公共交通的改善确保了出行的便利，促进老年人、育儿一代、残疾人的社会参与，农田、空地等也将得到有效利用。

3. 多摩广域据点区域

多摩广域据点区域是从武藏野线到圈央道的区域，通过中央新干线和圈央道等基础设施，与中枢广域据点和其他广域据点进行活跃的交流，形成了吸引世界年轻一代的研究、学术、制造业的尖端据点。并以车站为中心建立交通便利的生活基地，拥有商品销售、饮食、医疗、福利、护理等多种服务功能。

4. 自然环境共生区域

自然环境共生域是圈央道的外侧以及岛屿部的区域，以吸引人们的丰富自然环境和地域资源为基础，利用河流、森林、美丽的海滨等自然环境和温泉、当地酒等地域资源，通过两地居住、卫星办公室①、环境教育、体育等多种功能的共生，发挥地域魅力。在多摩地区，丰富的自然风光和多样的地域资源作为观光地和体育运动场所广受欢迎。在岛屿地区，享誉世界的丰富自然风光和观光资源也将进一步发展。此外，还将充分利用医疗、信息等前沿技术，确保生活场所的安全。

5. 两个交流中心区

（1）国际商务交流区

位于"中枢广域据点区域"内，集中了诸多城市功能，因此要加强铁路、公路等交通网络的建设，增强国际商务和交流功能。打造东京成为国际金融和全球企业在亚洲商务交流的据点，为生命科学等新的都市产业建构基础。同时为吸引世界各地人才，还要增加国际医院、国际学校以及国际标准的商务空间建设。

（2）多摩创新交流区

位于"多摩广域据点区域"内，特别是大学、企业、研究机构等集聚

---

① 卫星办公室是指在经济不发达地区设立的办公室，旨在促进当地的发展。这些办公室通常适合更低租金成本的创业者，尤其是从事创作、研发等不需要经常与客户联系的工作。卫星办公室一般租金更便宜，而且可以提供更多的隐私和安静。但是，由于这些办公室通常位于城市以外，所以员工通勤需要花费更多的时间和精力。

的区域，要充分利用中央新干线、圈央道、多摩城市单轨等交通网络，活跃与区域内外的交流，并营造积极"挑战"的环境，促进创意、创新的产生。

三 东京城市建设的七大战略

2017年9月发布的《东京城市建设宏伟蓝图》以"创造东京未来"为口号，明确东京未来发展目标。七大战略是为实现未来目标制定的具体措施，每个战略又包含若干个小的政策方针，从土地、医疗、环境、灾害和艺术各个方面对东京未来发展的具体方向做出了明确的规划。

（一）战略1：打造可持续增长并且充满活力的基地

1. 建立世界领先的国际商务交流区（政策方针-1）

目前世界经济形势发生了翻天覆地的变化，在这种变化下，东京也将紧随时代步伐，积极开展国际商业活动，引领日本前行。为此，首要任务是建设国际商务基地，集聚世界和日本领先的先进商务功能，并计划每年对主要的商业地区进行一次更新①，具体措施见表11-8。

表11-8 建立世界领先的国际商务交流区措施及方案

措施	具体方案
建立多个国际商务枢纽，拉动经济持续增长	①国际商务交流区是将市中心和沿海区域作为一个发展整体，通过完善和利用城市再生发展的相关制度（例如城市发展制度、国家战略特别地区制度、城市再生税制等），促进国际商业项目地区（例如东京站、六本木站、虎之门站、品川站、新宿站和涩谷站等）的持续更新 ②对特定城市再生紧急整备等地区，合理实行日影限制*和高度限制等 ③在大规模开发时，同时兼顾更新基地功能和解决城市问题 ④通过官民一体的海外推广活动等，积极引进海外金融类企业 ⑤修订城镇建设制度，促进车站周围小规模用地的合并、老旧公寓的功能更新等 ⑥为了改善城市环境、提高土地利用率，利用土地区划整理项目等将多个街区合并为一个大街区 ⑦修改东京都景观规划，力求形成独具风格的景观城市，提升东京魅力

---

① 都市整備局都市づくり政策部『東京がめざす都市づくりの来像と都市開発諸制度の活用の方針』，2020年11月。

续表

措施	具体方案
打造高质量城市基础设施	①将以汽车为中心的站前广场(例如新宿站)改造为行人优先的空间,以提高城市的繁华程度 ②加强道路建设,促进城乡一体化
为国内外企业家创造有魅力的商务环境	①推进 BID 制度** 的研究,积极开展以民间为主体的地区管理活动,完善 MICE 功能,引导开设会议大厅和住宿设施,为国际商务活动提供优雅环境(例如东京站、六本木、品川站、海滨地区等) ②改造现有的会议厅、剧院等,完善艺术文化设施

注：*日影限制是日本建筑基准法之一,以冬至日(12月22日左右)作为标准,要求建筑高度不得在冬至日上午8点到下午4点对其他建筑持续产生阴影。

** BID（Business Improvement District）是日本法律规定的特别区制度的一种,是指向地区内的土地所有者征收的共同负担金（与征收税金一样征收）为原始资金,从而为提高地区内房地产价值而进行必要的服务事业的制度。

资料来源：笔者根据《国土宏伟篮图 2050》整理绘制。

2. 建立多摩创新基地（政策方针-2）

通过大规模园区的改建和道路空间的重组营造,将多摩创新交流区建设成为现代化居住环境。目的是为年轻的留学生及研究人员打造优质生活场地,从而促进尖端技术的发展。同时政府也加大了对道路建设的投入,以吸引大型企业、高校及研究所等在多摩创新交流区入驻。具体措施见表 11-9。

表 11-9　多摩创新基地措施及方案

措施	具体方案
吸引大学和研究机构向多摩地区聚集	①支持当地自治体和民间企业利用工厂旧址和都营住宅等公共住宅用地建立创新基地 ②以市町村等为主体,推行税收优惠和创业支援制度,引导尖端产业和制造业等在多摩地区聚集 ③放宽土地使用限制,允许小型办公室、SOHO、工厂等开设在住宅区 ④利用周边大学和研究机构的技术,促进多种形式的创新
加强多摩地区交通网络整备,促进各网点之间的合作	①推进多摩东西公路的修建,如新五日市街道线 ②推进多摩城市单轨铁路的建设（箱崎方向、町田方向） ③在强化道路网络的同时,导入 BRT* 等新型交通模式 ④促进支撑首都圈物流功能的东京西南部物流基地的建设

注：*专用公共汽车高速运输系统。

资料来源：笔者根据《国土宏伟蓝图 2050》整理绘制。

3. 打造突出个性、彰显魅力的多元区域（政策方针-3）

此项方针主要以区市町村为主体，将地域特色融入商业活动中，推进民间企业参与城市建设的合作。计划采取的措施：设立城市再生特别地区、街道景观重点地区、农业的风景培育地区、田园居住地区、特别用途地区；设立城市开发诸制度、街区重组城市建设制度和税收优惠制度等。

（二）战略2：实现"人、物、信息"的自如交流

1. 强化支撑国内外人员、物品活跃交流的机场功能（政策方针-4）

通过多种交通模式和前沿技术的融合，实现道路和交通网络综合构建，促进人口、资源及信息的自由移动和活跃交流。

第一，进一步强化羽田机场功能。利用现有交通模式，保证市区至羽田机场便利交通（例如：轨道交通、船运、夜行巴士等）。在通往羽田机场和成田机场的乘客较多主要枢纽站，完善无障碍通行设施，以实现乘客快速平稳地换乘。第二，提高首都西部航空便利性。为实现横田基地的军民共用，推动日美磋商取得进展，东京表示将增加通往横田基地的交通线路。第三，促进岛民生活的稳定发展。东京将与国家和各町村合作，通过完善岛部机场、直升机等起降设施的稳定运行来支持岛部的航空业发展并推进港口和渔港设施建设，提升定期航线的通航率。

2. 消除交通堵塞，促进人员、物品的顺畅流动和运输（政策方针-5）

第一，提高高速公路的路径选择，加快高速公路、主干线道路和辅助干线道路的建设。第二，采取多项措施促进道路通畅。有计划地推进立交桥项目和匝道加宽项目，全面消除铁路道口造成的交通拥堵和交通事故。

3. 重组道路结构，创造宽敞空间（政策方针-6）

发挥道路网络效应，重组道路空间。根据城市建设和地区的需要，建立自行车和行人的安全通行空间（例如：环城七号线、环城八号线等）。通过区域管理加大开放式咖啡馆和活动举办场所的建设。

4. 避免满员电车，实现市民的舒适出行（政策方针-7）

基于交通政策审议会《东京圈今后的城市铁路目标状态》中提出的路线，在深入探讨的基础上充实东京的铁路网络，通过对电车长编组化和对车

站进行改善等措施，缓解拥堵现象。

5. 以铁路为中心建设交通便利城市（政策方针-8）

第一，在地铁站及周边引入多种功能，营造方便、繁华的空间；第二，扩大交通线路复杂和换乘不方便车站的车站空间，加大车站设施的改善；第三，加强公共汽车和共享自行车等短途交通工具的建设。

6. 建立高效的物流网络（政策方针-9）

加强通往东京港等物流基地的道路建设和高速公路转换入口的建设，强化东京港的功能，有效利用物流系统对货物位置进行管理、监控。通过研究城市开发的各种制度，确保货物装卸空间的共享机制，努力提高区域物流效率。

7. 利用先进技术建设信息城市（政策方针-10）

第一，信息情报人人共享。推进各商业和旅游景点完善 IC 标记，并建立优良的网络通信环境，为物联网社会打下基础。尽可能以手机可读的形式提供开放数据和信息，推进公共和民间数据的利用。第二，利用智能手机和数字化设备，根据个人属性提供行人移动支持信息（例如：通过语音导向向盲人提供帮助，为使用轮椅和婴儿车的用户提供无障碍路线指南等），加大对旅游景点和车站周边的旅游指南设施建设。

（三）战略3：构建防灾、环保城市

1. 加强灾害预警能力和城市抗灾能力（政策方针-11）

推进建筑物的不燃化、耐震化建设，使用阻燃木材，在城市建设过程中需保留原始的胡同风情和木质结构优点。提高道路的防灾性，支持老化、空置房屋的拆除，创造绿色的开放空间等。

2. 建设没有电线杆的安全美丽城市（政策方针-12）

第一，根据《东京都无电线杆化促进条例》制定东京都无电线杆化计划，同时推进与区市町村合作的措施（如向区市町村提供财政支援和技术支援）；第二，在推进技术开发的同时、促进区市町村道路等的无电线杆化，同时向区市町村提供财政支援和技术支援；第三，与电力企业和通信企业合作，改造电线杆材料和设计，推进低成本化与紧凑化。

3. 在保证居民的正常生活前提下积极进行灾区重建工作（政策方针-13）

第一，推进防灾水上运输和防灾码头的管理和建设；第二，为了应对灾害，除了配备防火水槽和消防栓外，还将确保水蓄热槽和雨水的利用等多种消防用水，以强化城市的灭火功能；第三，强化供水设施的备份功能，推进下水道设施的抗震对策。

4. 保证基础设施的长期利用（政策方针-14）

第一，针对道路、地铁、港口设施、上下水道、公共建筑等设施的特点，扩大预防性维护性管理；第二，通过平衡地面设施的更新、整合，延长寿命，减轻财政负担；第三，随着城市基础设施的大规模更新，东京将以连锁方式推动整个城市的功能更新。

5. 减轻城市的能源负荷（政策方针-15）

第一，通过将零能源建筑（ZEB）等零排放理念纳入"东京都建筑环境计划书"中，以能源性能评估为重点，促进节能建筑的普及；第二，推进家庭能源利用的高度化，在普及家用燃料电池、太阳能发电、生态住宅的同时，积极推广物联网、AI等尖端技术的利用。

6. 实现可持续循环型社会（政策方针-16）

第一，推进多摩川上游全域的自来水水源的培育和管理。积极实行水库水质变化等调查，提供安全和高质量的饮用水源。第二，在建筑物开发和更新时，引进中水利用设施，有效、循环利用水资源。第三，通过在公共场所修建雨水贮留槽、在私人住宅安装雨水罐等措施，将雨水作为日常用水和应急用水加以利用。

（四）战略4：为市民提供舒适生活场所

1. 提供应对多种生活方式的生活场所（政策方针-17）

城市开发需严格遵守开发制度，住宅的建设应优先考虑其环保性和防灾性，创造绿色空间，完善文化、交流、商业、医疗福利、教育等设施，以谋求多种城市功能的聚集。

2. 为老年人、残疾人、儿童创造健康的生活环境（政策方针-18）

第一，倡导三代同堂的家庭，促进闲置房屋的利用；第二，结合开发城市建设的动向，在车站周围和办公室等人群聚集的场所，增加哺乳室和公共卫生间的育儿支援功能；第三，为育儿家庭提供认证住房的供应，提供育儿支援服务等，并在公共住房重建的同时，优先考虑育儿家庭；第四，推进城市建设，以建立一个全面的社区护理系统，促进老年人参与社会及老年人护理工作。

3. 保护优质住宅（政策方针-19）

第一，推广建设可长期使用的高质量住房以及易于翻修的住房，以便于根据家庭结构和生活方式的变化改变房间布局；第二，利用物联网等最先进技术，推广环保生态住宅，促进高质量住宅的跨代继承和流通等；第三，推进改变建筑物用途机制的建设，力求创造出能够适应时代需求的城市空间。

4. 将多摩新城建设成为富足和充满活力的区域（政策方针-20）

第一，充分发挥多摩新城绿地、公园和宅地的优势，推进老旧住宅的重建和改建，使其成为同时容纳育儿一代、老年人、外国人等多种人群的生活场所；第二，引入老年人设施、育儿支援设施等多代共生的城市设施；第三，制定《多摩新城地区再生指南》（暂定名），促进有吸引力的城市建设。

（五）战略5：打造便利化、多样化社区

1. 打造张弛有度的社区（政策方针-21）

第一，从广域的观点出发制定地区建设的方针，确立各地区结构的应有状态和支援政策，促进区市町村的选址合理化；第二，根据区市町村的合理选址，采取强化灾害防治、农林业振兴、自然环境保护等应对政策。

2. 重建繁华都市，支持多种生活方式（政策方针-22）

第一，放宽特别用途地区限制和建筑标准法的用途许可制度等，引导建立与低层居住地区协调一致的办公室、咖啡厅、便利店等设施；第二，扩大市街地区绿地地区的指定范围，在农田周围设置田园居住区，促进城市农田的保护和利用；第三，对于市区中心地区的大规模开发，将推行一个新的方案，在确保开发地区的绿地的同时，对市区周边地区和多摩地区的绿地和农田的整治和保护工作进行评估。

3. 打造多元城市空间（政策方针-23）

第一，闲置空置房屋的消减。根据各地的需求，将空置的房屋改造为社区设施、创业场所、托儿所或老年人住宅等，促进地区福利设施建设。第二，在利用空置房屋的住宅区，增添咖啡馆、餐厅等设施，依据地区环境和东京都居民的意向等，引导综合利用土地，创造新的繁荣和交流。第三，为降低空置房率，东京将采取空置房的所有者与使用者之间的匹配方式建立租赁关系，加强维护管理，并对改造后的住宅进行适当评估。

（六）战略6：打造四季秀美的"绿水交织"之城

1. 打造绿色城市（政策方针-24）

第一，设立"悬崖线风景培育区（暂定名）"，支持区市町村的公园建设，积极开展对特别绿地保护区等开展悬崖线保护工作；第二，在悬崖线周围的区域开发中，通过构建新的方案来保护悬崖线的景观，确保现有绿色植被（例如：南北崖线沿线等）；第三，推进水鸟迁徙地和动植物栖息生长空间的滩涂和浅山区的自然保护的措施；第四，在保护丘陵地的同时，为了支持市民体验自然，推进丘陵地公园的建设。

2. 培育都市农业（政策方针-25）

第一，在实施地区规划区域的同时，推进适当的农地保护政策；第二，大规模地域开发时，应尽量远离农田；第三，扩大遗产税纳税缓期制度的适用范围，优化借贷制度。

3. 创造城市水生空间（政策方针-26）

第一，通过灵活运用各种城市开发制度等，推进东京建设成为"绿水交织"的城市；第二，加强河川整备工作，以区市町村为中心，引导"水边住宅"的开发。

（七）战略7：通过艺术、文化、体育的结合，实现新的发展

1. 由历史传统型城市转化为拥有文化魅力的城市（政策方针-27）

第一，抓住各种发展机会等，根据地区的需要加强宴会厅、剧场等的建设，在增加与艺术、文化接触点的同时，增添城市的魅力（例如：日本桥室町三丁目新大厅，新宿住友大厅，有明花园城市大厅，池袋新大厅）；第

二，加大现有文艺设施的改建和重建力度，通过与其他文化设施、商业设施和城市公共设施的合作，构建多样化的演出场所。

2. 打造旅游型城市（政策方针-28）

第一，加强防灾性能公园的建设，调动东京都居民、NPO（非营利组织）、企业等民间力量，致力于城市公园建设；第二，在自然环境共生区域等，创造利用自然和地形进行各种活动和运动的环境，同时确保访问路线；第三，振兴岛屿部的观光，加大岛屿附近公共设施建设。

3. 将体育融入城市生活（政策方针-29）

第一，通过增加公共汽车和自行车等短途交通设备，提高市民的体育活动参与度；第二，进一步推进体育设施周边的车站建设和步行者空间的无障碍化。

4. 有效利用2020东京奥运的竞技设施（政策方针-30）

第一，东京将通过连锁方式重建大型体育设施，促进青山大道沿线等土地的高度利用；第二，利用现有地区规划制度，保护东京标志性的景观，例如神宫外苑的街道、明治神宫圣德纪念绘画馆等；第三，增加武藏野森林综合体育广场和东京体育场周边车站的访问路线，形成无障碍的行人通行道路网络。

针对上述七大战略（30个政策方针）目标，东京都提出，不仅要致力于各个战略目标，而且要与有关部门合作，探讨同时解决横跨多个战略和政策方针的跨领域方案，并在合作的同时共同努力实施好每项措施，推进"项目型城市建设"。在此过程中，要全面消除行政主管和官民主体的差异，推动除城市建设以外的跨领域思路，增加建设的参与主体。规划提出的试点项目及推进主题，旨在一体化推进单项工程和政策导向型城市建设，并期待将项目成果广泛推广到其他地区。因此东京都不仅要积极推进都内的建设目标，还将从广域的角度发挥引领作用，带动其他地区的城市建设工作。

综上所述，日本首都圈的未来将是发展与挑战并存的局面。一方面，随着老龄少子化的加剧、劳动力人口的减少及各种频发性灾害的威胁，在规划建设中必须以应对这些挑战为前提，才能保证各项建设的效益最大化及稳步实施。其中，我们不难发现，日本把"对流"结构视为首都圈发展的万能公式，通过"对流"疏散人口、活跃交通，为各种灾害提供各种储备，促进人才、产业、信息的交流以增强首都圈的国际竞争力。同时，综观整个规划，环保和可持续是首都圈整备的主要理念，无论是城市建设还是土地的开发利用，均明确应以"与自然和谐共生"为前提，这是值得所有城市及国家借鉴的发展理念。另一方面，随着磁悬浮中央新干线项目的推进，东京、大阪、名古屋将实现一体化，形成世界级的超大规模巨型城市圈域，这有望促进日本经济发展及提升日本在国际上的地位。而且就目前来看，各项方针政策的制定基本已经成熟，但在全球化进展迅速的今天，世界各国也在积极发展，未来日本首都圈能否达到目标中所期待的愿景，还需要不断地根据实际进度做出修改与调整。

第十二章
日本首都圈发展经验对京津冀
协同发展战略的启示与建议

　　京津冀协同发展的核心是京、津、冀三地作为一个整体协同发展，要以疏解非首都核心功能、解决北京"大城市病"为基本出发点，调整优化城市布局和空间结构，构建现代化交通网络系统，扩大环境容量生态空间，推进产业升级转移，推动公共服务共建共享，加快市场一体化进程，打造现代化新型首都圈，努力形成京津冀目标同向、措施一体、优势互补、互利共赢的协同发展新格局。2014年京津冀协同发展战略实施以来，京、津、冀三地持续增强协同联动，高质量发展稳步推进。协同发展的成果有目共睹，但也存在若干问题，京津冀地区与日本首都圈无论是空间结构的紧凑性、经济规模还是经济协同发展紧密度等方面都还有很大距离。日本首都圈积极发挥政府和市场的作用，做好顶层设计和总体规划，建设和完善现代化交通，对产业升级、创新发展起到良好作用，当前京津冀协同发展战略正在持续推进并向更深层次发展，日本首都圈地区的丰富经验值得借鉴与参考。

　　京津冀地区人口规模高达1.1亿人，土地面积为21.8万平方公里，分别是日本首都圈的2.5倍和5.9倍，两者相差很大，特别是社会制度、经济制度不同，经济发展水平也不尽相同，所以日本首都圈的经验未必完全符合京津冀协同发展的实际情况，所以对其经验也不能不加分析地移植效仿。

第十二章　日本首都圈发展经验对京津冀协同发展战略的启示与建议

第一节　京津冀协同发展的历史演进

一　京津冀协同发展的历史回顾

京津冀地区最早发展壮大的城市是北京。其带动周边城镇发展的历史始于明朝。明成祖朱棣迁都北京后，北京才真正成为全国的政治中心，并带动了周边城市群的兴起。近代以前，北京的城市发展需求一直影响着京津冀城市群的发展演变。近代以来，随着天津开埠，京津冀城市群发展的动力系统发生了根本性的变革。工业时代的生产方式取代了农业社会平缓有序的生产节奏，也带动了城市面貌和空间格局的改变。天津逐渐成为京津冀城市群的"发动机"。沿海城市引领内陆城市发展的经济地理格局开始形成。中华人民共和国成立以后，为了确保国家重要工业建设项目的顺利完成，京津冀城市群规模快速扩大，总体工业实力大幅度提高，为奠定新中国工业化和工业城市发展基础做出了重大贡献，也初步形成了京津冀城市群的发展格局。

但是，从1949年到20世纪80年代中期，受计划经济体制和行政区划的影响，京津冀城市群的各个城市存在城市功能同质化和各自为政、联系很弱的双重缺陷，造成大量的重复建设和资源低效配置。京津冀城市群既没有形成能够凝聚各类城市的具有竞争力的产业带，也未形成专业化的分工，影响了整个城市群的发展质量[①]。从20世纪80年代中期开始，京津冀区域协调发展被提上了议事日程。1986年，环渤海地区15个城市共同发起成立了环渤海地区市长联席会，"环渤海经济圈"的概念应运而生。1988年，北京与河北省环京六市组成环京经济协作区，建立市长、专员联席会制度。这些地区间横向联合组织促进了京津冀地区的交流与合作。1991~1995年，由京

---

① 彭秀良、魏占杰：《幽燕六百年：京津冀城市群的前世今生》，北京大学出版社，2017，第257页。

津冀两市一省的城市科学研究会发起召开了5次京津冀城市协调发展研讨会。这是第一次在京津冀城市群意义上探讨京津冀区域协调发展的问题。2001年，两院院士、清华大学教授吴良镛主持的"京津冀城乡空间发展规划研究"提出了"京津冀一体化"发展的构想，将京津冀区域一体化看作推动环渤海区域一体化发展的重要内容。2004年2月，国家发改委召集京津冀发改委部门负责人在河北廊坊召开"京津冀地区经济发展战略研讨会"，达成旨在推进京津冀地区实质性合作发展的"廊坊共识"。同年11月，国家发改委决定正式启动京津冀都市圈区域规划的编制工作，规划范围包括北京、天津两个直辖市和河北省的石家庄、保定、唐山、秦皇岛、廊坊、沧州、张家口、承德8个地级市。但是，由于三地各自规划的发展重点和产业方向趋于同质化，功能定位和产业定位难以协同，京津冀都市圈规划迟迟难以推进。河北省提出"环首都经济圈"的战略构想，然而难以契合北京的利益诉求。"十二五"时期，"环首都经济圈"变成了"首都经济圈"。它在很大程度上是"环首都经济圈"战略所催生的产物。但是，首都经济圈的范围和京津冀都市圈并无实质性差异，而"京津冀都市圈"更能凸显区域概念，区域问题需要置于区域整体的系统框架中才能得到有效解决。

二　京津冀协同发展战略的提出

2013年5月，中共中央总书记习近平在天津调研时提出，要谱写新时期社会主义现代化的京津"双城记"。2013年8月，习近平总书记在北戴河主持研究河北发展问题时，又提出要推动京津冀协同发展。2014年2月26日，习近平总书记在北京主持召开座谈会，专题听取京津冀协同发展工作汇报，强调实现京津冀协同发展，是面向未来打造新的首都经济圈、推进区域发展体制机制创新的需要，是探索完善城市群布局和形态、为优化开发区域发展提供示范和样板的需要，是探索生态文明建设有效路径、促进人口经济资源环境相协调的需要，是实现京津冀优势互补、促进环渤海经济区发展、带动北方腹地发展的需要，是一个重大国家战略，要坚持优势互补、互利共

第十二章 日本首都圈发展经验对京津冀协同发展战略的启示与建议

赢、扎实推进，加快走出一条科学持续的协同发展之路①。它标志着京津冀协同发展战略的正式提出。

2014年3月，"加强环渤海及京津冀地区经济协作"被写入中央政府工作报告。2015年4月30日，中共中央政治局召开会议，审议通过了《京津冀协同发展规划纲要》。纲要指出，推动京津冀协同发展是一个重大国家战略，核心是有序疏解北京非首都功能，要在京津冀交通一体化、生态环境保护、产业升级转移等重点领域率先取得突破。这意味着，经过一年多的准备，京津冀协同发展的顶层设计基本完成，推动实施这一战略的总体方针已经明确。该规划纲要将京津冀地区政策互动、资源共享、市场开放等纳入系统化与全局化的体系架构之中，有助于统一规划京、津、冀三地产业布局与生态治理，建立区域一体化大市场，将疏解北京非首都功能与京津冀联动发展有机结合，推动京津冀高质量协同发展。

2018年11月，中共中央、国务院明确要求以疏解北京非首都功能为"牛鼻子"推动京津冀协同发展，调整区域经济结构和空间结构，推动河北雄安新区和北京城市副中心建设，探索超大城市、特大城市等人口经济密集地区有序疏解功能，有效治理"大城市病"的优化开发模式。

第二节 京津冀协同发展存在的突出问题

京津冀协同发展战略实施11年来，在域内空间结构布局和协同发展等各方面都取得了巨大成就，令世人瞩目，但也仍然存在许多亟待解决的课题。

一 交通一体化水平有待提高

11年来，京津冀地区的交通网络发展很快，但交通一体化水平还有待提高。

第一，交通网络不完善且结构性矛盾突出。京津冀地区的人均区际快捷

---

① 纪良纲、许永兵等：《京津冀协同发展：现实与路径》，人民出版社，2016，第3页。

交通（航空、高铁、城际铁路）明显低于长三角水平；人均城市道路面积、人均城市轨道交通、规模以上港口泊位数等也低于长三角和粤港澳大湾区水平。交通基础设施建设规模需进一步扩大。京津冀区域间交通运输过度依赖公路，铁路运力发挥不足。交通系统结构性矛盾依然十分突出。京津冀铁路、航空等交通枢纽集散多为公路运输，枢纽之间、枢纽与城市之间的轨道交通有待完善。

第二，城际通道能力不足，区域轨道交通网络覆盖不全面。京津冀城市群内部城际通道格局不均衡，主要集中在北部的京津通道和中部的京石通道，东南地区通道建设不足。现有通道以国家区域性铁路线网搭载地方客运的模式为主，专门服务城市群内部的城际轨道交通建设滞后，目前通车的仅有3条。都市圈市域（郊）铁路水平低，难以支撑中心城区与郊区和周边城市的城际交通出行。

第三，交通网络和城镇体系之间不协调。京津冀地区交通基础设施布局逐渐呈现网络化。但是，其人口和产业空间集聚依然明显。交通设施网络化与人口产业集聚化之间的矛盾非常突出。该地区人口流动表现为以京、津两市为双核心的极化过程，交通流"核心—边缘"模式明显。城市就业和服务过于集中在中心城区，郊区职住不平衡，长距离通勤和交通拥堵严重，影响了城市居民的生活质量与经济社会发展。

二　生态环境协同治理存在诸多问题

第一，规范化与制度化的合作治理机制欠缺。京津冀生态治理机制偏重于被动性的末端治理，缺乏主动性、预防性和前瞻性的合作治理行动。三地生态环境部门之间合作较为松散，没有建立日常沟通渠道，只有在遇到具体问题时才会沟通。三地生态环境治理合作既缺乏必要的法律法规，又没有以强有力的组织协调机构为依托，因而缺少必要的执行力和约束力，无法保证跨区域的生态治理合作协议有效实施。

第二，三地生态治理进度差别较大。京津冀在地质、地貌、气候、土壤及生物群落等方面虽然是一个完整的地域系统，但是三地生态治理水平很不平衡。相比较而言，京津生态建设起步早、起点高、发展较快，而河北省的生态建设强度与水平都与京津存在明显差距，是京津冀生态建设中的短板。

第三，生态环境治理的主体和手段较为单一。当前京津冀生态环境治理主要是政府行为，片面强调自上而下的决策和执行，弱化乃至忽视企业主体和社会公众的作用。以公共财政体系为主导的生态补偿机制，导致投融资渠道单一，加之资金落实不到位，难以保障生态建设的长期持续投入。另外，生态补偿主要以中央财政转移支付为主，存在形式比较单一的问题。

三 产业分工协作的不足之处

第一，三地产业梯度过大，产业转移难度相对较高。从经济和技术发展程度来看，京、津、冀三地在技术上存在较大的梯度差距，进而导致了产业上较大的梯度差距。目前，北京已进入后工业化时期，而河北正处于工业化中期阶段。经济发展水平的差距使得河北省在承接京津产业转移方面处于弱势地位，承接能力偏低。京、津两市面临着产业结构进一步升级的紧迫任务，急需将一部分不再具有比较优势的产业向外转移。京津冀地域相连，三地间交易成本相对较低，使得向河北进行产业转移成为京、津两市的最佳选择。但是，由于京津产业发展快，而河北产业发展水平相对较低，区域内产业链残缺造成的产业梯度落差较大，加之制造业的转移成本较高，使得京津冀在产业转移方面难度较大，进展缓慢，抑制了三地之间的产业有效分工。

第二，中心城市辐射带动作用较弱，产业关联效应较小。作为该地区经济实力较强的中心城市，北京和天津向河北省转移的产业多为资源能源密集型产业或附加值较低的传统产业。这些产业的产业链较短，产业关联度较低，带动其他产业发展的作用不强。河北省各地的产业基础和配套设施不完善，没有完整的产业承接计划，因而难以很好地接收京津转移的产业；同时自主创新能力较低，又不足以承接京津高技术的转移，使得京津的高技术未能充分带动河北省的产业发展升级，抑制了辐射带动作用的发挥。

第三，产业结构趋同严重，分工协作不明显。在京津冀地区，由于长期以来合作观念的缺乏，产业趋同现象明显，尤其是工业产业结构更为突出。这种趋同既表现为生产技术的趋同，又包括对资源和原材料需求的趋同。这就使得三地产业差异化发展无法实现。该现象只会导致三地对于资源和市场的双向掠夺性竞争，不利于区域整体产业竞争力的增强。

四 京津冀协同发展的制约因素

第一，在要素禀赋方面，京津冀地区存在河北资源向京津单向流动的问题。它导致京津资源高度集中，三地之间的发展差异越来越大。北京是一个巨大的经济体，容易产生"虹吸现象"。京津对河北的"虹吸效应"存在已久。加快京津冀一体化进程，是使人口和产业得以分流的有效途径，但是无论如何疏解，京津冀人口分布仍呈现高度集中的趋势。京津作为超大城市，能够为人才提供的发展机遇是巨大的。河北作为京津的毗邻地区，反而更加不易留住人才。面对京津对人才的巨大吸引力，河北人才流失严重，长期以来缺乏发展活力。

第二，在政策协调方面，京津冀政策沟通协调不顺畅也是影响区域协同发展的主要障碍。当前，影响京津冀协同发展的行政体制机制因素仍然突出。三地政府更倾向于在本地范围内考虑问题，为当地谋发展、争利益，难以打破各自"一亩三分地"的思维定式，导致相互之间无序竞争加剧，增加了三地之间政策沟通协同的难度。长期以来，京、津、冀三地行政地位不平衡。北京的城市功能定位在于服务全国，其首都意识要大于区域意识，降低了北京在京津冀区域合作发展上的投入，致使区域内相对封闭的旧有格局仍具有较强的影响力，严重阻碍了三地之间在经济发展等方面的政策协调与合作。

第三，在基本公共服务方面，京津冀地区存在"断崖式落差"现象。主要表现在京津冀基本公共服务领域的财力资源配置非均衡、人力资源配置非均衡与物力资源配置非均衡等方面。2020年河北省人均公共财力仅为北京的19.6%、天津的37%[①]。不平衡的财力水平,导致京津冀在基本公共服务供给水平方面存在巨大差异。例如,2020年,河北省每千人口拥有卫生技术人员6.96人,而北京市则为12.61人,天津市为8.22人;河北省人均教育经费仅为2755元,而北京市高达7310元,天津市为4676元[②]。

第四,在创新体制机制建设方面,京津冀存在平台载体不均衡与相互协作不足等问题。京、津两地拥有众多一流高校和科研院所,有助于为创新发展搭建良好的平台,提供坚实的学科基础。同时,三地的创新合作机制尚未建立。京、津两地的技术创新成果基本上还是应用于本地产业发展,没有与河北省的产业发展有效衔接[③]。三地之间的科技成果转化平台建设还比较滞后,范围还相对较小,一定程度上制约了三地在产业分工协作方面的发展。

第三节 日本首都圈协同发展经验的启示与意义

京津冀协同发展过程中遇到的问题,甚至制约因素在日本首都圈也曾出现过,但都能在发展过程中得以解决或化解,本书已做详细介绍。因篇幅所限,以下重点总结日本首都圈空间结构形成和协同发展方面的成功经验及其启示。

一 在空间结构形成与完善方面的启示

(一)政府导向、法律当先、规划先行

在日本战后的高速增长期中,以国家政策为主导,做好顶层设计,制定法律与规划,为区域发展奠定了基础。相关法律法规和规划的制定保证了城市发展和城市开发的有序发展,极大地提高了区域和城市开发的整体性和协调性。

日本政府的顶层设计主要体现在总规划方面。制定法律,使城市建设、

---

① 资料来源:《中国统计年鉴2021》。
② 资料来源:《中国统计年鉴2021》。
③ 李国平:《京津冀协同发展:现状、问题及方向》,《前线》2020年第1期,第59~62页。

城市圈建设有法可依，例如日本在战后初期的1950年就制定了《国土综合开发法》《首都建设法》，将国家国土开发与区域开发结合起来。1956年，日本《首都圈整备法》正式实施，该法为首都圈整治的基本法。1958年制定了第一次首都圈基本规划，截至目前，日本依据该法共制定了六次首都圈基本规划，1962年日本制定了第一次全国综合开发规划。从第二次首都圈基本规划开始，每次规划都与全国综合开发规划相呼应、相协调。从六次首都圈基本规划的主要内容来看，每次规划都对首都圈的人口规模、空间结构以及分散东京的非首都功能，即为解决东京一极集中问题，做了导向性规定。在基本规划之下，还制定了多次比较详细的"整备规划"以及具有可操作性的详细的年度实施计划。首都圈内的各都县也都非常积极地按照中央政府制定的规划意图进行落实，并且制定各都县的相应的具体计划，引导本地区的企业投资和经营活动。

从我国的情况来看，2010年我国已经制定《全国主体功能区规划》（全国空间开发规划），明确了长三角、珠三角和京津冀地区的战略定位，与此同时，也分别制定了各大城市圈和大区域发展战略与规划纲要。今后还应制定更详细的区域空间规划、总体规划以及经济产业发展规划。各级政府应牢固树立法律意识和规划意识，以法律为基础，计划先行，这样大方向就不会出问题。

（二）构建现代化交通体系，强化社会基础设施建设

加强各类城市交通基础设施建设，实现域内交通一体化，这是日本首都圈特别是东京圈建设的重要经验，也是京津冀地区的短板所在。在东京城市发展的历程中，城市交通基础设施建设发挥了极为重要的作用，在不同的发展阶段，东京建立了不同的城市交通基础设施建设目标和方向，在20世纪五六十年代的高速增长期，城市基础设施建设以骨干型、生产基础设施和交通网络建设为重点，进入七八十年代，配合都市圈的整体开发和多核分散型区域结构的形成，区域性交通网络建设进一步加强，而在90年代后，在建设生活型城市的政策引导下，基础设施建设的重点逐渐转移到生活性交通基础设施和公共交通网络的建设上来，重视职住均衡，致力于缩短通勤与生活

交通的时间损耗等。

东京的发展经验说明，城市交通基础设施的建设是构筑城市骨架的重要内容，城市干线道路、高速公路和市郊轨道、轨道交通网络等交通基础设施的建设，对于促进各项城市功能的综合发展和城市结构的合理布局，起到十分重要的先导作用。对于京津冀地区来说，也应重视城市交通基础设施对于城市发展的综合作用，根据区域内各城市发展的阶段性特点，全面考虑交通运输等生产性需求、城市功能分散的结构需求以及民生服务性需求等不同交通需求的条件，制定合理的交通基础设施发展政策，全面发挥交通基础设施建设对于城市发展的先导作用和支撑作用。

京津冀协同发展战略实施以来，十分注重域内社会基础设施建设，特别是交通设施建设，"轨道上的京津冀"效果明显，京张高铁、京雄城际、京哈高铁等建成通车，城际铁路、市域（郊）铁路、城市轨道交通融合发展水平加快提升。京昆、京台等高速公路先后建成通车，跨区域国省干线"瓶颈路段"大部分已经消除，环京津地区高等级公路基本实现全覆盖。京津冀核心区1小时交通圈、相邻城市间1.5小时交通圈基本形成。但是，城市交通拥堵现象依然严重，就北京而言，随着城市规模的迅速扩张以及房价居高不下，居民向外围片区转移速度与已聚集于外围片区数量或超过企业转移提供的就业岗位，导致通勤、生活交通距离与时间增加，住宅用地少、开放强度高、人口密集等也增加出行压力，因此应加强各类城市交通基础设施建设，有效促进城市各项功能的综合发展。今后可借鉴东京城市圈的经验：一是应继续加速构建以轨道为主的公共交通网络；二是完善交通数字化服务平台，与民众实际需求相符合，与现有交通体系相衔接；三是整合创新资源打造智能交通网络，如利用大数据、互联网、人工智能发展的福利窗口，推进交通运输基础设施与装备状态感知互联，交通运输的综合一体化管理，公众出行的规划、预约、支付、评价的交通运输信息全过程无缝隙服务，等等。

（三）注重产业的合理布局与产业链的构筑

1. 合理的产业布局

日本首都圈在发展过程中逐渐构筑了合理的职能分工与空间结构，不仅收获了产业集聚效应，而且一定程度上避免了各区域间重复开发与恶性竞争，促进了区域共同发展。京津冀地区在产业布局和分工方面还存在很多不足，日本首都圈的经验很值得借鉴。从日本首都圈的产业布局来看，以京滨、京叶工业区为核心的东京湾沿岸成为日本经济最发达、工业最密集的区域，京滨、京叶两大工业地带宽仅6公里左右，长100公里左右，而工业产值却占全国的40%，GDP占全国的26%。成为以汽车、精密机床、电子产品、钢铁、石油化工、印刷出版等产业为主的综合性工业区。与时俱进，根据时代的变化，日本首都圈不断调整产业结构，构筑产业集群，在保持制造业优势的基础上，积极发展服务业，使产业结构由"重厚长大"向"轻薄短小"方向发展，附加价值不断提高，产业结构不断升级。东京都区部的核心区，尤其是都心三区，主要集中了服务业、商业（尤其是批发业）、金融保险业以及出版印刷等都市型工业。东京都区部的外围区主要集中了杂货业，也有部分机械业，且主要分布在大田区。东京都的市町村集中了大部分工业，主要是电气机械、交通机械和一般机械业。东京中心区发挥着政治、行政的国际、国内中枢职能，金融、信息等的中枢职能，经济中枢职能，科教文化的中枢职能。多摩地区成为东京都高科技产业、研究开发机构、商业、大学的集聚之地。神奈川更好地发挥了作为工业集聚地和国际港湾的职能，同时加强了研发、商业、国际交流、居住等职能。埼玉成为政府机构、居住、生活、商务职能集聚之地，在一定意义上成了东京非首都功能集散中心。千叶更好地发挥了国际空港、港湾、工业集聚地的职能，同时加强了商务、国际交流等职能。茨城南部区域已形成以筑波研究学园城为主体的大学和研究机构集聚之地。

2. 形成合理的价值链、产业链

东京作为全球性世界城市，经济活动高度集中，土地紧缺、地价飞涨、环保和劳动力成本压力巨大，加速了制造业的行业与环节的空间分化，促进了合理价值链分工的形成。许多制造业公司不得不将生产职能转移到区外或海外。就产业各环节来说，一般而言：企业的总部设在东京都心区域，这里接近金融、政府机构，信息畅通，高素质专业人才密集；研究所和开发型工厂设在区部或多摩地区，这里比较接近科研机构、高素质的劳动力供应地和新产品的使用者，并且离总部也较近，同时地价相对要低廉一些；大批量生产部门主要设在本国或海外廉价劳动力较密集的地区，同时要求接近原料供应地和交通枢纽。

从北京的情况看，更应重视制造业生产环节的区外、海外转移，构筑合理的价值链分工，完善现代服务型生产体系，合理分配制造业研发创新职能领域，如重点"核心地区知识创造—次核心地区知识转化—周边与劳动力密集地区应用生产"的合作链条。特别是在国内国际双循环大背景下，合理的产业布局与产业链、价值链的构筑应该是城市政策中需要考虑的重要任务。

随着城市经济发展的日益加速，各种产业形态及其空间布局发生快速的变化。在这一过程中，如何促进城市产业结构的不断升级，如何满足这一过程中产生的对于新型城市空间的需求，并引导新的城市要素形成合理的功能配置和布局，是京津冀协同发展所面临的主要问题，可以说，在对未来发展趋势做出科学合理预测的基础上，采取各种政策手段促进、引导城市的综合发展，应该是城市政策中需要考虑的中心任务。对于京津冀地区来说，也应重视利用国家战略福利，加强区域一体化发展，协调都市圈发展模式，具体而言，在国家统筹规划下，应进一步完善跨区域政府间、企业间、政府与企业间的协调沟通机制，促进经济要素的统筹分配、全面融合，促进融资，加快规划的落实。同时，明晰并发挥多元化优势，协调发展模式，营造良好的多元主体伙伴关系，从经济、城乡、交通、政策与规划等着手推进各区协同发展。经过近十年的发展，京津冀地区的产业布局总体比较合理，但区域经济差距仍比较大，各地产业结构同构性较强，各具特色的产业集群尚未成熟。总体看，京津冀地区在人均产出、单位面积产出、第三产业比重以及世界500强企业总部数上落后于东京城市圈。其未来的发展空间十分宽广。

（四）空间结构的平衡

回顾日本首都圈的发展历程，战后以来，通过各种政策的积极协调，大力促进区域内的整体发展，依托都市圈内合理的产业结构配置、便利的交通通信联系、完善的区域性基础设施和有利的自然人文环境资源条件，东京才得以逐步发展成为世界级大都市，可以说，都市圈的发展模式对于东京城市发展起到决定性的作用。都市圈作为一种城市发展模式，其优势主要在于都市圈内中心城市与周边地区的功能互补和相互带动作用，推动了中心城市的功能升级和周边地区的共同发展。都市圈内区域经济的一体化发展，促进了都市圈内中心城市与周边地区以及各级核心之间的产业结构的合理配置，大都市圈内区域性基础设施的形成，提高了都市圈区域性交通通信联系的密度和效率；都市圈内整体性开发规划和战略的制定，促进了都市圈内区域性环境资源的可持续利用。京津冀地区虽然也采取大城市圈的发展模式，但与日本首都圈相比地理范围过大且比较松散，域内内在联系不够紧密，这需要相当长时间的发展与整合才能实现域内的空间结构的平衡。

在战后发展历程中，由于东京城市发展非常迅速，"一极集中"效应明显，城市政策的目标最初为消极地强调控制城市规模，之后逐渐转变为重视城市功能的空间布局，积极引导城市和区域结构的调整以及合理的功能配置。北京在京津冀地区的地位和东京也有相似之处，虽然还未到"北京一极集中"的程度，但与周边的河北拉开的差距也十分明显。

日本首都圈发展的经验告诉我们，从单一中心型结构向多核心型城市结构的转型，是城市功能发展和城市规模扩大对城市结构提出的要求，而且多核心型城市结构的形成，不仅需要适当地疏散城市功能，建设次一级城市中心，同时还需要保持居住功能和其他城市功能的平衡和共存，在城市中心区和副中心区的开发中，不能单纯依靠商务办公功能的集中，而应强调居住和综合性产业功能相结合。在一些节点地区，可以采取吸引各类科研文化设施和具有较大的人流聚集度的会展、体育娱乐等新型第三产业设施的方法，同时也应重视交通与土地开发的配套，采取交通枢纽和大型综合性开发项目结合的方法，既解决了大型设施的人流集散和交通可达性问题，又进一步聚集人气。通过若干个高密度、多功能副中心的开发，形成密疏有致，适度集中的多核心型城市结构。东京城市圈比较重视社会资源的有效、合理配置，避免部分区域资源过度集聚导致发展失衡。另外，东京在都市圈发展历史中建设的各类副都心、新城、业务核心城市不可谓不多，它们在承担重要城市功能、与中心区分工协作方面也取得了较大成绩。但新城建设远远没有达到规划预期效果，例如作为会展业、企业总部承接地的幕张新城，规划就业岗位15万个、人口2.6万人，经历30年发展后仅有5万人就业和少量人口，入驻的BMW总部、佳能日本市场总部等又重新搬回了东京中心区。又如规划人口35万人的筑波研究学园城，虽然已聚集了30多家国家级科研单位和300余家民营研究机构，成为世界著名的科学城，但至今只有约25万名居民，研究人员不愿住在筑波，长距离通勤仍是常态。

近十几年来，京津冀地区的经济发展取得了巨大成就，协同发展机制基本形成，未来还要建成世界级的首都城市圈，但从目前来看与东京城市圈相比，经济密度明显偏低，特别是在形成协调合理空间结构方面尚有不足。到2035年，京津冀综合实力显著增强，协同发展更加深入广泛，区域内生发展动力进一步提升，发展精力充沛、创新能力突出、产业结构优化、要素流动顺畅、生态环境优美的世界级城市群将基本形成。要实现这一目标，尽快强化以北京、天津为骨架的双核型空间结构，积极引导城市结构转型，加强各种城市功能的平衡极为重要。

二　在区域协同发展方面的启示

（一）经济社会均衡发展

战后日本经济十分注重均衡发展，从日本首都圈内部来看，尽管各都县也存在差距，但基本处于均衡发展状态。总体来说，在整个首都圈中东京、神奈川、千叶和埼玉"一都三县"的东京城市圈比较发达，人口约占日本首都圈的80%，GRP约为1.5万亿美元，约为东京湾区总量的75%，其他四县茨城、栃木、群马和山梨县相对比较落后，地广人稀，四县经济总量仅为东京湾区的25%左右。从人均所得来看，东京最高，神奈川、千叶、埼玉三县次之，茨城、栃木、群马和山梨县稍低，但差距不大。若以东京为100，首都圈内最低的山梨、茨城也在60以上，差距不足1倍，如果再考虑物价因素，东京与湾区内经济落后县的实际差距就更小，可以说基本实现了区域经济的均衡发展。

在京津冀地区中，2021年，北京与河北的人均GDP的差距，高达3.4倍，差距较大，日本首都圈均衡发展的经验值得借鉴。当然，日本首都圈的均衡发展也是在日本经济总体均衡发展大环境下取得的。战后日本通过国家立法以及制定经济计划，通过经济政策、税制政策、社会福利政策的实施，保障了国民经济的均衡发展，从70年代中期，就实现了"一亿总中流"的社会结构。近年来贫富差距尽管有所扩大，但基尼系数也基本保持在0.35左右，是世界最公平的国家之一，这也为首都圈经济的均衡发展奠定了基础。借鉴其经验教训，中国在区域规划以及京津冀协同发展方面，应更清醒认识中国所处的经济发展阶段，特别是相对于日本来说，中国区域经济发展差距较大，京津冀地区内部发展不平衡问题比较突出，今后应加快河北省的经济发展步伐，以缩小与北京和大津的差距。另外，在京津冀协同发展规划与建设中更要处理好现在与未来、疏散与集聚、均质化与特异化、集中与连接、主导与配合以及人与自然等六个不同层面的关系。

（二）打造和完善开放经济体

开放经济强调的是把国内经济与国际市场有效联系起来，尽可能充分且深入参与国际分工，拓展国际经济合作空间。日本首都圈的经济发展变迁实际上便是日本经济深度融入国际市场的一个缩影。日本首都圈特别是东京都在对外贸易、吸引外资、接收外国留学生、接待境外游客，举办国际会议、会展以及吸纳外国劳动力等方面均居全国前列，在亚洲以及全球排名也比较靠前。日本在打造东京圈开放型经济体方面，基本上是以政府主导为核心，通过制定相关的法律、保障性制度与框架举措，在首都圈规划的引导与支持下，借助于社会分摊资本投资，迅速深化首都圈、东京圈融入全球经济循环进程，提高了国际竞争力。

十几年来，京津冀协同发展步伐加快，区域开放程度有目共睹，但从开放度的各种指标来看，与东京城市圈仍有差距。党的二十大召开以来，对未来开放经济体的打造应当提出更高的要求。今后需要重视营造有利于汇集世界资本、人才、信息的都市环境，特别是加强国际尖端领域的人才交流与项目合作。

借鉴东京城市圈国际化发展经验应注意以下几点。一是抓住好京津冀协同发展的战略机遇，利用优惠政策措施的辐射效应，重视加大对外宣传力度，加强对国际资本、人才的引流效应。二是提高国际会议举办的质量与效率，以此为平台构筑企业、人才交流平台，促进实质性成果的产生。近年来，北京举办国际会议数量明显增加，一定程度体现了北京的国际影响力上升，但是国际会议质量参差不齐，这就需要进一步务实性举办国际会议，精简不必要形式与手续，提高会议效率与质量。三是重视城市"温度"，增加外资企业经营，人才生活、工作、学习的优质体验。如主动、积极调研外资企业等在北京的生存现状，通过定期召开外资企业代表座谈会等形式，主动接纳、发现并解决其合理诉求等。

（三）构建科技创新、产业创新中心体系

日本首都圈特别是东京都的一个重要经验就是构建了全国科技创新和产业创新的中心体系。日本首都圈地方政府结合自身实际，充分调动区域内的创新资源，发挥政府的引领作用，积极落实日本国家的创新政策，促进大学、科研机构的体制机制改革，促进科研成果的商业转化，在创新发展中发挥了重要作用。由此可见，21世纪以来，日本政府着力推动经济发展从要素驱动型向创新驱动型转变，而日本的中央政府、地方政府均在这一过程中发挥了重要作用。

日本首都圈地区形成了以东京都为单中心的高度集聚的创新格局。这与一般的双中心或多中心的创新集聚格局不同，单中心集聚格局更加有利于区域经济学中极化效应的发挥，促使中心城市集聚更多的科技创新资源，形成显著的创新优势，快速提升中心城市的创新能力，推动中心城市创新活动的发生。[1] 日本首都圈地区在落实国家创新技术政策的基础上，积极推动研究开发与创新，形成了高端制造业的产业集聚体，同时也是世界级的金融创新中心，具有产业、金融优势，可以进一步推动首都圈地区的创新发展，从而形成正反馈作用。东京都作为日本首都圈地区的中心城市，充分发挥了引领、集聚效

---

[1] 杨东亮、李春风：《东京大湾区的创新格局与日本创新政策研究》，《现代日本经济》2019年第6期，第80~92页。

应，通过构建完整的产业体系、有效的分工合作模式，有力地带动了周边地区的城市发展和建设。

从京津冀地区的情况来看，产业空间、科创空间和数字空间还有待扩展，特别是在科技创新方面更应加快发展步伐。北京市是龙头城市，中关村被誉为"中国硅谷"，长期以来北京坚持"科技立市"的发展方针，高新技术产业是北京经济的第一支撑点与增长点，其产值占全市规模以上企业总产值的70%。但是，新一轮产业革命与科技变革已经拉开序幕，尽管北京在部分领域已经具有非常雄厚的科技实力，但也需客观认识到与东京存在很大差距，还有许多短板要补。具体建议做好以下几点。

第一，营造创新环境。创新者总是选择最有利于创新活动发生的环境来实现其创新目标。因此，对于北京而言，首要任务绝不再是力推"大资金、大项目、大工程"，而是要立足长远，营造"宜居""宜业"的环境，改善现有的创新要素获取与利用机制，降低创新创业的隐性门槛和各类制度性交易成本，建立有序竞争、法制健全、保护产权的市场体系，培育开放合作、多元发展、宽容失败的文化氛围。推动向知识与创新驱动的战略性"转轨"，推动有利于创新的环境建设。

第二，构建科技创新生态系统。创新是一项系统工程，针对这一问题，更要从创新服务、创新文化、创新设施、科技金融、知识产权五个核心内容出发，进一步完善科技创新生态体系，构建区域创新体系。

第三，完善创新创业设施系统。建设具有全球影响力的科技创新中心，必须使新一代的创新设施布局符合信息化、全球化、生活化的发展趋势与潮流。需要充分发挥新时代的创新规律与特点，构建创新基础设施，加速科技创新中心建设。其一，降低大都市高成本对创新的抑制，同时实现创新人口的多元化。设置自由创新区，服务国际人员的自由往来交流，提供国际化服务设施及产业，加速创新全球化。其二，构筑有全球影响力的公共创新平台。公共创新平台是不可缺少的科技基础设施，必须有具备全球影响力的公共创新平台。建立世界实验室、国家科学中心、跨国公司核心研发中心、全球性创业创新孵化器都是全球影响力公共创新平台建设的重要途径。其三，构筑优越的创新生活服务环境。全球化人才日益注重工作所在地城市生活品质，综合营造与发展有利于创新的生活服务环境是科技创新中心建设的重要内容。

（四）官民并举，完善域内地方政府间协调机制

日本首都圈和东京的经验告诉我们，在城市开发和建设中，一方面需要发挥政府主导型开发模式在实施的高效性、协调性和整体性方面的优势，加强政府对于各类城市开发活动的管理和政策引导，健全相关的法治体系，积极引导民间企业开发力量的发展。另一方面，也需要积极地培育城市开发市场机制的建设。进入80年代之后，随着城市发展开始从促进宏观经济增长，逐渐转向自身功能的综合提高，以及民间企业的开发力量逐渐增强，日本国家主导的开发体系的弊端迅速显露出来。可以说，日本过去的城市开发体系缺乏对于市场机制下城市开发活动的宏观管理和有效的制度建设，正是造成20世纪80年代中后期的乱开发和房地产泡沫的重要原因之一。

对于京津冀协同发展来说，应该更为重视在国家行政主导基础下，激活民间合作力量。积极引导民间企业发挥建设开发力量尤为重要，一方面，应积极为民间企业搭建合作交流平台，扩大对外宣传；另一方面，设立跨境区域协调机构与扶持跨境区域合作据点，通过精简行政手续、提供免费咨询服务等，扶持跨境企业合作，发挥民间开发力量，以此缓解制度差异带来的阻滞效应。

另外，日本首都圈地区各都县政府的协调和配合也是值得借鉴的经验。早在1979年日本首都圈就新建立了"七都县市首脑会议"（后为"九都县市首脑会议"）机制。通过这一机制，定期召开会议，召集首都圈内的政府首脑就推动经济发展、环境建设等问题展开讨论。通过会议协商，最终确定具体的政策措施，通过自上而下的方式将政策贯彻到首都圈内的各个地方政府，从而有效地推动解决区域内的产业发展以及创新环境构建等问题。该机制对日本首都圈的生态环境保护及跨区域市郊交通问题的解决发挥了重要作用。

近十几年来，京津冀地区的行政系统之间的各种协调机制已比较完善并

正在发挥重要的作用，但由于地方利益的存在，各自在意自己的"一亩三分地"，协同机制水平仍有进一步提升的空间。区域内的许多创新资源、人才、资金等没有得到有效利用，各地方政府间的政策衔接也存在不完善的地方。针对京津冀地区生态环境保护、产业布局等突出问题，进一步强化环境保护、创新发展、产业建设等专业委员会的协调功能，有效利用区域内的创新资源，创建交通、金融、产业、科技等方面的合作机制，不断消除资源要素的配置障碍，充分调动区域内的创新资源，为深化京津冀协同发展战略做出贡献。

三 发挥中心城市北京的牵引作用

任何一个城市圈或一个经济湾区的形成，中心城市的牵引作用不可或缺。明治维新以来，东京即成为日本的政治中心和经济中心，对周边的经济辐射和影响越来越大。东京都作为日本首都圈地区的中心城市，充分发挥了引领、集聚效应，通过构建完整的产业体系、有效的分工合作模式，有力地带动了周边地区的城市发展和建设，导致其过度汲取周边乃至全国的人力、物力资源，形成了资源不断向东京圈集聚的惯性循环系统，进而导致东京圈在日本对外开放进程中的一极突出化。进入 21 世纪以后，日本也十分重视东京在首都圈和全国的经济社会发展中的引擎作用，设立东京国家战略特区，继续发挥核心城市的龙头作用，带动周边地区和日本经济的健康发展。

从京津冀地区的现状来看，北京的综合经济实力最强，应当在京津冀协同发展中发挥龙头和牵引作用。东京都在首都圈所发挥的牵引作用对北京具有重要的参考意义。今后北京市既要发挥区域核心都市作用，借助政策福利做大整个区域总量的经济蛋糕，形成正的外部性，凝聚各层面优质资源，而且也应重视以利益调整内容为核心，根据各区域要素禀赋优势，匹配并疏解承担的多余部分职能，构建以利益分配、利益补偿、利益共享为基础的利益调整框架，引导并推进周边地区实现共创共享协同红利。北京应进一步优化城市生活工作配套条件，打造适宜居住的国际都市形象。首都北京市的全国政治中心、文化中心、国际交往中心、科技创新中心四大中心定位已经明确，疏解非首都功能的工作也卓有成效。但是，仅按上述四大定位的思路发展，还远远不够，地方财政也需要财政收入，也需要解决就业问题，因此还需要发展一定数量的高端制造业和现代服务业，还应当将北京建成全国乃至地区、世界性的金融中心。

北京现在已成为中国金融中心之一，但与世界金融中心甚至亚洲地区金融中心还有一定距离。而东京在金融创新方面成效卓著，带动了日本首都圈整体经济的发展。北京应借鉴东京的经验，深化科技金融改革，提高全球科技创新资源集聚力和配置力，建设具有全球影响力的科技金融中心。

此外，在城市发展规划框架下，作为中心城市的北京还应严格执行绩效考核制度，突出责任落实。东京在制定城市发展战略中，首先要设定基本发展目标，即从宏观指引切入，确定发展方向，其次重视设定具体目标，特别是利用关键绩效考核指标（KPI）实现对政策举措落实情况的监督与评价。因此，在京津冀协同发展背景下，北京作为重要枢纽，在明晰自身发展定位基础上，应更加重视引进新的管理、评价理念，细化具体目标并制定关键业绩考核指标，明确责任归属，明晰政策举措施行范围、年限、目标效果，以此增强行政效能，保证公务服务的高效率与高质量。

随着中国人口老龄化程度加深，老年人养老护理产业发展相对滞缓，特别是此次新型冠状病毒感染人群有相当大比例为中老年人，中老年人身体素质下降、防护意识欠缺可能是原因之一，因此，如何进一步改善老年人生活环境愈加成为城市发展的重要课题。故而，结合东京的城市发展经验，北京应更为重视营造良好的人文环境，打造优质的生活配套、丰富多元的教育体系。与此同时，针对此次疫情处理中出现的一些问题，摸清行政短板，完善工作体系，将科技创新资源适度向尖端医疗领域倾斜，继续发挥强大的科技创新实力，不仅有助于缓冲人口老龄化带来的负面影响，而且可以提高应对重大疫情风险能力，营造适宜人类居住的国际都市形象。

四　具体施策建议

从经济协同发展而言，在推动京津冀协同发展战略过程中要注意通过经济发展计划平衡不同阶层、不同地区的经济发展差异。根据日本首都圈的发展经验，经济发展初期发展重点在于速度，着力点是重大基础设施建设等方面。当产业逐渐走向成熟之后，环境公害、"大城市病"等问题显现，要通过经济政策和经济计划等方式，将经济工作重心转向高质量发展和均衡发展。

从产业布局而言，从总产出、就业人数及企业数考察，目前东京的主导产业是服务业和批发零售业。虽然制造业在东京所有行业中的比重在下降，但仍稳居第二梯队，是东京的最重要产业之一。尽管这些产业在东京高度集聚，然而在东京各圈层的分布却极不均匀，呈现层次明显的阶梯状分布状态。这里对京津冀协同发展有两点启示：一是产业发展规划要有前瞻性，可以参考东京都递进式、分圈层的规划方式；二是产业升级要符合发展阶段，尊重市场规律。

从科技创新而言，日本首都圈特别是东京最重要的经验是：通过"控心"避免"空心"。早在20世纪50年代末，日本政府就有计划地将产业设施从首都圈分散出去，目的是避免产业过度集中。两次石油危机之后，日本企业海外扩展步伐加快，"产业空心化"问题越来越令人担忧。东京城市圈应对这方面问题的做法有以下几点：一是果断放弃家电等传统产业和最终产品制造，努力向产业链上游发展，特别是关键零部件制造；二是着力发展高附加值、技术密集型产业，特别是将研发环节留在本地；三是着力发展专门化率较高的现代服务业；四是按照"政府引导+企业自主"的原则，积极鼓励企业在海外建立新型研发机构，在海外布点，利用驻在国人才和技术优势，与海外有关高校院所共建海外研发机构，开展国际科技交流合作，进一步探索促进国际技术转移新机制。

综上所述，日本在战后的高速增长期中，以国家政策为主导，以政府公共项目为中心的区域与城市开发体系发挥了极为重要的作用，这一开发模式保证了城市发展和城市开发能够按照国家政策和规划意图高效率地实施，极大地提高了区域和城市开发的整体性和协调性。东京的经验告诉我们，在城市开发和建设中，一方面需要发挥政府主导型开发模式在实施的高效性、协调性和整体性方面的优势，另一方面也需要积极地培育城市开发市场机制的建设，加强政府对于各类城市开发活动的管理和政策引导，健全相关的法治体系，积极引导民间企业开发力量的发展。东京城市政策的目标逐渐从消极地强调控制城市规模，转变为重视城市功能的空间布局，积极引导城市和区域结构的调整以及合理的功能配置。日本首都圈的主要启示有以下几点：一是区域内城市规模要层次分明、分工协作，城市之间生活质量无明显差异；二是以市场为主导，依托高效的交通设施推动首都圈经济发展壮大；三是因地制宜地选择主导产业，打通产学研各环节，建立健全高效的创新体系。日本首都圈积极发挥政府的作用，做好顶层设计和总体规划，建设和完善现代化交通对产业升级、创新发展起到良好作用，当前京津冀协同发展战略正在持续推进并向更深层次发展，日本首都圈地区的经验值得借鉴与参考。

主要参考文献

[1] 郗永勤：《循环经济发展的机制与政策研究》，社会科学文献出版社，2014。

[2] 李岩：《日本循环经济研究》，经济科学出版社，2013。

[3] 赵立祥等：《日本的循环型经济与社会》，科学出版社，2007。

[4] 俞慰刚：《日本城市问题研究》，华东理工大学出版社，2016。

[5] 金仁淑：《日本经济制度变迁及绩效研究》，中国经济出版社，2012。

[6] 春燕：《机遇与谋划——东京名城崛起》，上海社会科学院出版社，2015。

[7] 张玉棉、尹凤宝、边楚雯：《京津冀城市分工与布局协同发展研究——基于日本首都圈的经验》，《日本问题研究》2015年第1期。

[8] 冯玄玉、李国良：《日本产学官联合模式的政府推进路径及大学实绩分析》，《现代日本经济》2015年第6期。

[9] 史艳玲、刘子轩：《日本首都圈建设及启示》，《合作经济与科技》2018年第22期。

[10] 金仁淑、冯志：《日本"政府主导型"经济制度的缺陷》，《现代日本经济》2004年第6期。

[11] 日野正辉、刘云刚：《1990年代以来日本大都市圈的结构变化》，《地理科学》2011年第3期。

[12] 张晓兰、朱秋：《东京都市圈演化与发展机制研究》，《现代日本经济》2013年第2期。

[13] 王玲：《日本产学官合作现状及成功要素分析》，《全球科技经济瞭望》2013年第3期。

[14] 景体华主编《北京蓝皮书：2004年中国首都发展报告》，社会科学文献出版社，2004。

[15] 李国平等：《首都圈结构、分工与营建战略》，中国城市出版社，2004。

[16] 张季风：《日本国土综合开发论》，世界知识出版社，2004。

[17] 张季风：《日本经济概论》，中国社会科学出版社，2009。

[18] 彭秀良、魏占杰：《幽燕六百年：京津冀城市群的前世今生》，北京大学出版社，2017。

[19] 纪良纲、许永兵等：《京津冀协同发展：现实与路径》，人民出版社，2016。

[20] 孙久文、王邹：《新时期京津冀协同发展的现状、难点与路径》，《河北学刊》2022年第3期。

[21] 武义青、冷宣荣：《京津冀协同发展八年回顾与展望》，《经济与管理》2022年第2期。

[22] 柳天恩、王利劢：《京津冀产业转移的重要进展与困境摆脱》，《区域经济评论》2022年第1期。

[23] 齐喆、张贵祥：《城市群综合交通承载力研究——以京津冀为例》，《生态经济》2016年第4期。

[24] 安树伟：《京津冀协同发展战略的调整与政策完善》，《河北学刊》2022年第2期。

[25] 安树伟、董红燕：《京津冀协同发展战略实施效果中期评估》，《经济问题》2022年第4期。

[26] 李国平：《京津冀协同发展：现状、问题及方向》，《前线》2020年第1期。

[27] 杨东亮、李春凤：《东京大湾区的创新格局与日本创新政策研究》，《现代日本经济》2019年第6期。

[28] 何仲禹、翟国方：《业务核都市与东京都市圈空间结构优化》，《国际

城市规划》2016 年第 1 期。

[29] 白智立：《日本广域行政的理论与实践：以东京"首都圈"发展为例》，《日本研究》2017 年第 1 期。

[30] 魏涛、范少言：《日本首都圈规划的最新动向及其启示》，载中国城市规划学会编《活力城乡　美好人居——2019 中国城市规划年会论文集》，中国建筑工业出版社，2019。

[31] 李国平：《均衡紧凑网络型国土空间规划——日本的实践及其启示》，《资源科学》2019 年第 9 期。

[32] 王志宝、孙铁山、李国平：《区域协同创新研究进展与展望》，《软科学》2013 年第 1 期。

[33] 李国庆：《日本的地方环境振兴：地方循环共生圈的理念与实践》，《日本学刊》2018 年第 5 期。

[34] 顾鸿雁：《日本乡村振兴转型的新模式："地域循环共生圈"的实践与启示》，《现代日本经济》2020 年第 6 期。

[35] 家田仁．リニア中央新幹線とスーパー・メガリージョン（特集スーパー・メガリージョン構想）［J］．人と国土 21，2019，45（3）。

[36] 『国土庁史』、2000 年 11 月。

[37] 東京都都市計画局：『都市計画のあらまし』，2003 年。

[38] 国土庁：『第 5 次首都圏基本計画』，1999 年。

[39] 国土交通省：『首都圏整備計画』，2001 年。

[40] 国土交通省：『平成 15 年度首都圏事業計画』，2003 年。

[41] 国土交通省：『平成 14 年度首都圏整備に関する年次報告』，2002 年。

[42] 国土交通省：『平成 15 年度首都圏整備に関する年次報告』，2003 年。

[43] 東京都：『東京都長期計画——マイタウン東京―21 世紀をめざして』，1982 年。

[44] 東京都：『第二次東京都長期計画——マイタウン東京―21 世紀への新たな展開』，1986 年。

[45] 東京都：『第三次東京都長期計画——マイタウン東京―21 世紀をひ

らく』，1990 年。

[46] 東京都：『生活都市東京構想』，1997 年。

[47] 東京都：『東京構想 2000——千客万来の世界都市をめざして』，2000 年。

[48] 東京都：『東京都市白書 2000——国際都市東京の魅力を高める』，2000 年。

[49] 東京都：『東京都市白書 2002』，2002 年。

[50] 東京都：『東京の新しい都市づくりビジョン——都市再生への確かな道筋』，2001 年。

[51] 東京都：『首都圏メガロポリス構想——21 世紀の首都像と件生き作り戦略』，2001 年。

[52] 東京都都市計画局：『Planning of Tokyo』，2002 年。

[53] 東京都：『2001-2015 東京と住宅マスタープラン——豊かで生き生きとした東京居住の実現をめざして』2002 年。

[54] 東京都：『緑の東京計画——「美水と緑がネットワークされた風格都市・とうきょうをめざして」』，2002 年。

[55] 東京都道路協議会：『平成 15 年度　東京都　道づくりアウトカムプラン』，2003 年。

[56] 21 世紀都市研究会：『東京開発計画』、ダイヤモンド社，2003 年。

[57] 東京都：『東京の産業と雇用就業 2004』，2004 年。

[58] 国土交通省：『国土の未来像——生活者の視点から見た 21 世紀の国土』，2001 年。

[59] 国土交通省：『業務核都市ガイド——分散型ネットワーク構造の形成をめざして』，2003 年。

[60] 成美堂：『東京・首都圏未来地図』，2004 年。

[61] 東京都市計画局：『東京の都市交通』2003 年 3 月。

[62] 自然環境の総点検等に関する協議会：『首都圏の都市環境インフラのグランドデザイン——首都圏に水と緑と生き物の環を——』，

397

2004年。

[63] 東京都都市整備局：「都市づくりのグランドデザイン」，2019年。

[64] 国土交通省：国土のグランドデザイン2050。

[65] 国土交通省．平成28年度首都圏整備に関する年次報（平成29年版首都圏白書）。

[66] 国土交通省．平成29年度首都圏整備に関する年次報（平成30年版首都圏白書）。

[67] 国土交通省．平成30年度首都圏整備に関する年次報告（令和元年版首都圏白書）。

[68] 国土交通省．首都圏整備計画［R/OL］．http：//www.mlit.go.jp/common/001128802.pdf。

[69] 国土交通省．大都市圏整備法(首都圏整備法・近畿圏整備法・中部圏開発整備法)［R/OL］．http：//www.mlit.go.jp/toshi/daisei/kokudokeikaku_tk5_000012.html。

[70] 東京税関．東京税関貿易概況(年分)(平成30年)。

[71] 国土交通省．各国の主要都市への集中の現状［R/OL］．http：//www.mlit.go.jp/kokudoseisaku/content/001319312.pdf。

[72] ジェトロ(日本貿易振興機構)．広域経済圏と日本企業の成長戦略［R］．ジェトロ世界貿易投資報告，2016。

[73] ジェトロ(日本貿易振興機構)．転換期を迎えるグローバル経済［R］．ジェトロ世界貿易投資報告，2017。

[74] ジェトロ(日本貿易振興機構)．デジタル化がつなぐ国際経済［R］．ジェトロ世界貿易投資報告，2018。

[75] ジェトロ(日本貿易振興機構)．揺らぐ国際経済秩序とグローバルビジネスの今後［R］．ジェトロ世界貿易投資報告，2019。

[76] ジェトロ(日本貿易振興機構)．日本経済に貢献する外資系企業［R］．ジェトロ対日投資報告，2019。

[77] 株式会社三菱総合研究所．IMD「世界競争力年鑑2019」からみる日

本の競争力。

[78] ICCA. ICCA Statistics Report 2018.

[79] 観光庁. 宿泊旅行統計調査［R］. https：//www. mlit. go. jp/kankocho/siryou/toukei/shukuhakutoukei. html。

[80] ジェトロ(日本貿易振興機構). Attractive Sectors(対日投資有望市場レポート)［R］. ジェトロ対日投資報告, https：//www. jetro. go. jp/en/invest/attract. html。

[81] ジェトロ(日本貿易振興機構). Why Japan？"5 Reasons to Invest in JAPAN"［R］. ジェトロ対日投資報告, 2019。

[82] ジェトロ(日本貿易振興機構). 地域経済に貢献する外資系企業［R］. ジェトロ対日投資報告, 2018。

[83] ジェトロ(日本貿易振興機構). 活性化するスタートアップシステムと変革する日本のビジネスシーン, 2019。

[84] ジェトロ(日本貿易振興機構). ジェトロ対日投資報告, 2019。

[85] 国土交通省観光庁. 地域観光イノベーションに係る調査事業報告書［R/OL］. http：//www. mlit. go. jp/common/001002410. pdf。

[86] 国土交通省観光庁. 旅行環境に関する国際比較調査・分析［R/OL］. http：//www. mlit. go. jp/common/000132782. pdf。

[87] 国土交通省観光庁. 外国人観光案内所先進事例調査業務［R/OL］. http：//www. mlit. go. jp/common/001243000. pdf。

[88] 国土交通省観光庁. 自律的な観光産業の形成に向けた調査・分析［R/OL］. http：//www. mlit. go. jp/common/000163397. pdf。

[89] 国土交通省. 観光白書(平成30年版)。

[90] 文部科学省. 日本人の海外留学の効果測定に関する調査研究, 2018。

[91] 厚生労働省.「外国人雇用状況」の届出状況(令和元年10月末現在)。

[92] 厚生労働省. 平成30年版厚生労働白書—障害や病気などと向き合

い、全ての人が活躍できる社会に(本文)，2018。

[93] 厚生労働省．令和元年版労働経済の分析——人手不足の下での「働き方」をめぐる課題について［R/OL］https：//www.mhlw.go.jp/wp/hakusyo/roudou/19/dl/19-1.pdf。

[94] 独立行政法人日本学生支援機構．平成30年度外国人留学生在籍状況調査結果，2018。

[95] 独立行政法人日本学生支援機構．平成29年度外国人留学生在籍状況調査結果，2017。

[96] 文部科学省．令和元年版科学技術白書，2019。

[97] 経済産業省．2017年度の我が国外資系企業動向のポイント。

[98] 経済産業省．2016年度の我が国外資系企業動向のポイント。

[99] 東京都総務局統計部．東京都統計年鑑(平成29年)。

[100] 東京都都市整備局．東京都市白書(CITY VIEW TOKYO)［R/OL］．https：//www.toshiseibi.metro.tokyo.lg.jp/topics/h28/topi002.html。

[101] 東京都都市整備局．総合的な交通政策［EB/OL］．https：//www.toshiseibi.metro.tokyo.lg.jp/kiban/kotsu_seisaku/index.html。

[102] 東京都都市整備局．都市再開発の方針の概要［EB/OL］．https：//www.toshiseibi.metro.tokyo.lg.jp/seisaku/master_plan/H26_saikaihatuhoushin_gaiyou.pdf? 1508。

[103] 東京都都市整備局．都市づくりのグランドデザイン［EB/OL］．https：//www.toshiseibi.metro.tokyo.lg.jp/keikaku_chousa_singikai/grand_design.html。

[104] 国土交通省関東地方整備局．首都圏広域地方計画［EB/OL］．https：//www.ktr.mlit.go.jp/chiiki/kokudo00000060.html。

[105] 国土交通省．大都市圏整備法(首都圏整備法・近畿圏整備法・中部圏開発整備法)。

[106] 関東経済産業局、イノベーション技術開発支援。

[107] 岡田知広．地域調査は地域づくり：「地域循環型経・地域づくりの

运動」から［M］地域環境型経済・地域づくり研究会.2010。

［108］経済再生諮問会議循環型経済社会に関する専門調査会.循環型経済社会のビジョンとシナリオ：ごみを資源・エネルギーに、環境にやさしく「美しい日本」を次世代へ［R］.循環型社会に関する専門調査会中間とりまとめ.2001。

［109］通商産業省産業構造審議会　循環経済システムの構築に向けて(1-4)［J］.クリーンジャパン.2000。

［110］加藤三郎.循環型経済社会の構築に望むこここと［J］.産業と環境 29（1）。

［111］口芳明,成田孝三.都市圏多核化の展開［M］.東京大学出版社，1986。

［112］産業環境管理協会.特集：循環型経済社会とエコプロダクツ.36（11）2000.11。

［113］経済産業省社会経済生産性本部.環型経済構築に係る内外制度及び経済への影響に関する調査報告書［R］.経済産業省，2002（03）。

［114］特集：循環型経済社会の構築をめざして［J］.生活協同組合研究（287）1999.12。

［115］国土交通政策研究所.わが国の都市・国土空間におけるアクセシビリティと経済活動に関する研究—空間経済分析アプローチ［R/OL］.https：//www.mlit.go.jp/pri/houkoku/gaiyou/pdf/kkk19.pdf。

［116］日本国土交通省:《国土交通白皮书》（日）.2009~2016。

［117］日本经济产业省:《日本产业活动分析》（日）.1990~2015。

［118］日本环境省:《循环型社会推进计划》（日）.2003、2008、2013。

［119］日本环境省:《日本首都圈白皮书》（日）.1999~2016。

［120］国立社会保障・人口研究所、『地域別将来人口予測』(2015~2045年)。

图书在版编目(CIP)数据

日本首都圈空间结构与协同发展／张季风著.--北京：社会科学文献出版社，2025.6
ISBN 978-7-5228-2405-5

Ⅰ.①日… Ⅱ.①张… Ⅲ.①城市经济-经济发展-研究-东京 Ⅳ.①F299.313

中国国家版本馆 CIP 数据核字（2023）第 165168 号

日本首都圈空间结构与协同发展

著　　者／张季风

出 版 人／冀祥德
责任编辑／陈　颖
责任印制／岳　阳

出　　版／社会科学文献出版社·皮书分社（010）59367127
　　　　　　地址：北京市北三环中路甲29号院华龙大厦　邮编：100029
　　　　　　网址：http://www.ssap.com.cn

发　　行／社会科学文献出版社（010）59367028
印　　装／三河市尚艺印装有限公司
规　　格／开　本：787mm×1092mm　1/16
　　　　　　印　张：25.75　字　数：392千字
版　　次／2025年6月第1版　2025年6月第1次印刷
书　　号／ISBN 978-7-5228-2405-5
审 图 号／京审字（2025）G 第 0992 号
定　　价／128.00元

读者服务电话：4008918866

▲ 版权所有 翻印必究